博学而笃志,切问而近思。
(《论语·子张》)

博晓古今,可立一家之说;
学贯中西,或成经国之才。

复旦博学·复旦博学·复旦博学·复旦博学·复旦博学·复旦博学

复旦博学·大学管理类教材丛书

COLLEGE MANAGEMENT SERIES

市场调查教程（第三版）

范伟达　张宇客　编著

复旦大学出版社

内容提要

市场调查是推动经济发展、提供决策依据、增强企业竞争力的重要手段。本书以市场调查的运作为主线，科学、系统地阐述市场调查的基本概念、主要原理、实用方法以及国内外市场调查的最新技术，引入大量精彩、实用的案例，具有较强的实践性和可操作性。

第一、二版出版后，深受广大读者欢迎。第三版对第二版的章节进行了调整，以求反映业界、学界的最新动态、信息和经验，引进并充实最新内容和案例。第三版除保留结构方程分析、顾客满意度测评等应用方法，进一步引导从市场调查宏观定义角度把握研究全过程等内容外，特别增加新的章节介绍了在大数据已经来临的时代，大数据的来源采集和清洗整理、大数据的分析挖掘、常用数据挖掘算法简介、大数据市场营销经典案例。

本书可作高等院校社会学、经济学、管理学、新闻学、统计学、营销学、市场学、广告学等相关专业的教材，也可以作为公司管理决策人士、营销开发人员以及市场调查公司从业人员的培训教材和业务指南。

目 录

第一章　市场调查概述　1
第一节　市场调查的一般概念　2
第二节　市场调查的功能和作用　4
第三节　市场调查的特点和原则　8
第四节　市场调查的内容范围　9
第五节　市场调查在中国的发展　11
　　　　复习思考题　22

第二章　市场调查的机构　23
第一节　市场调查行业的结构　24
第二节　市场调查机构的类型　27
第三节　市场调查机构的部门　32
　　　　复习思考题　34

第三章　市场调查的流程　35
第一节　市场调查的一般流程　36
第二节　市场调查流程实例　42
　　　　复习思考题　53

第四章　研究方案设计　54
第一节　研究方案的几种类型　56
第二节　研究方案的主要内容　60
　　　　复习思考题　63

第五章　抽样设计　64
第一节　抽样调查的基本概念　65
第二节　抽样调查的步骤　67
第三节　抽样调查的方法　71
第四节　样本大小与相关因素　78
　　　　复习思考题　81

第六章　问卷设计　82
第一节　问卷的作用和类型　84
第二节　问卷的结构和内容　88
第三节　问卷设计的程序　89
第四节　问卷设计的技巧　94
复习思考题　100

第七章　测量设计　101
第一节　测量的基本概念　102
第二节　测量的四种尺度　103
第三节　态度量表的运用　106
第四节　测量的信度和效度　109
复习思考题　113

第八章　文案调查　114
第一节　二手资料的来源　116
第二节　建立数据库　118
第三节　辛迪加信息服务　121
复习思考题　122

第九章　定性调查　123
第一节　定性调查的性质　124
第二节　现场观察法　127
第三节　小组座谈会　136
第四节　深度访问法　142
第五节　投射技术法　144
复习思考题　148

第十章　定量调查　149
第一节　定量调查概述　150
第二节　入户访问　152
第三节　其他四种定量调查方法　158
复习思考题　163

第十一章　信息化技术　164
　　第一节　电话调查　165
　　第二节　网上调查　171
　　第三节　机器观察　174
　　第四节　实验测试　177
　　复习思考题　181

第十二章　现场质量控制　182
　　第一节　市场调查中的非抽样误差　183
　　第二节　调查队伍的组织与培训　189
　　复习思考题　193

第十三章　统计分析(一)　194
　　第一节　资料整理　195
　　第二节　统计分析类型　201
　　第三节　描述统计　204
　　第四节　推论统计　221
　　复习思考题　230

第十四章　统计分析(二)　231
　　第一节　因子分析　232
　　第二节　聚类分析　239
　　第三节　结构方程分析　245
　　复习思考题　256

第十五章　大数据与市场调查　257
　　第一节　大数据通论　257
　　第二节　大数据的采集　264
　　第三节　大数据的清洗整理　270
　　第四节　大数据的可视化展现　271
　　第五节　一些常用的可视化工具介绍　276
　　复习思考题　282

第十六章 大数据分析与挖掘 | 283
第一节 数据挖掘方法论 | 283
第二节 IBM SPSS Modeler 数据挖掘软件及数据挖掘示例 | 292
第三节 R 语言软件介绍 | 303
复习思考题 | 317

第十七章 大数据市场营销案例 | 318
第一节 用户标签体系构建及用户画像案例 | 318
第二节 揭开欧莱雅真相：一家披着美妆外衣的数字技术公司 | 325
复习思考题 | 331

第十八章 市场分析（一） | 332
第一节 市场分析的目的和程序 | 333
第二节 市场分析的基本类型 | 337
第三节 消费者购买行为分析 | 339
第四节 顾客满意度指数分析 | 357
复习思考题 | 364

第十九章 市场分析（二） | 365
第一节 营销战略分析 | 367
第二节 品牌决策研究 | 374
复习思考题 | 380

第二十章 市场调查报告 | 381
第一节 调查报告的重要作用 | 382
第二节 调查报告的结构内容 | 383
第三节 调查成果的口头报告 | 390
第四节 调查报告的评价推广 | 392
复习思考题 | 397

附录 统计用表 | 398

参考书目 | 402

第一章

市场调查概述

学习要点

- 了解市场调查的一般概念
- 认识市场调查的意义和作用
- 掌握市场调查的基本原则
- 了解市场调查的内容范围
- 把握市场调查的来龙去脉

开篇案例

从 无 到 有

在20世纪60年代中期,有两个鞋厂的推销员先后到达南太平洋的一个岛屿上,目的都是推销皮鞋。这两位市场调查者发现了一个共同的事实:这个岛屿上人人光脚,都不穿鞋子。在同样的事实面前,一个人沮丧不已,给公司总部发回的电报是:"本岛无人穿鞋,我决定明天返回";另一个却大喜过望,给公司总部发回的电报是:"好极了,该岛无人穿鞋,是个很好的市场。我将驻在此地,开展促销活动。"这是怎么回事呢?原来,这就是不同的思维,有着不同的分析判断。前者认为:不穿鞋的人永远不穿鞋,推销等于"瞎子点灯白费蜡";后者则认为:今天不穿鞋不等于永远不穿鞋,随着生活水平的提高,外来文化的影响,他们的生活习惯会逐渐得以改变。因此,后者便印制了一种没有文字的广告画,画上是:岛上一位壮汉,脚穿皮鞋,肩扛虎豹狼鹿等猎物,形象威武雄壮。岛上的人果然欣然接受了穿鞋这一文明的生活方式,该公司的皮鞋畅销于该岛,公司赚到了一大笔钱,并牢牢地把握住了这一市场[1]。

第一节 市场调查的一般概念

一、市场的多重含义

市场是一种以商品交换为内容的经济联系形式。它是社会分工和商品生产的产物,是商品经济中社会分工的表现。市场是一个商品经济范畴,哪里有社会分工和商品生产,哪里就有市场。市场的基本关系就是商品供求关系,基本活动则是商品交换(商品买卖)活动。

那么,究竟什么是市场?市场是有着多重含义的概念。

其一,市场是商品交换的场所,亦即买主和卖主发生作用的地点或地区。在这里,市场是一个地理的概念,是"作为场所的市场"。很明显,任何调查都要考虑到这些产品销往哪些地区,在何种场所销售。

其二,市场是指某种或某类商品需求的总和,而商品需求的总和是通过买主体现出来的,因而也可以说,市场是某一产品所有现实买主和潜在买主所组成的群体。这是作为"人们的市场",是从商品销售的角度提出来的。当大家说"上海的化妆品市场很大"时,显然不是指买化妆品市场的大小,而是指上海对化妆品的需求量很大,现实的潜在的买主很多。

其三,市场是买主卖主力量的结合,是商品供求双方的力量相互作用的总和。这一含义是从商品供求关系的角度提出的,反映的是作为"供求关系的市场"在买方市场中,产品供给量大于需求量,需求力量占有利地位,产品价格趋于下降,直至很低。在卖方市场中,产品的需求量大于供给量,卖方就成了支配交易关系的主导方面,产品价格往往高于正常水平。显然,判断市场供求力的相对强度和变化趋势,对于企业进行营销决策和市场调研是十分重要的。

其四,市场是指商品流通领域,反映的是商品流通的全局,是交换关系的总和,这是一个"社会整体市场"的概念。商品流通是以货币为媒介的商品交换过程,是商品交换过程连续进行的整体。因而任何一个商品生产经营者的买卖活动必然会与其他商品生产经营者的买卖活动发生联系,因而,任何一个企业都只能在整体市场上开展营销活动,企业的运转时时刻刻都

---

[1] 郭昀:《市场分析》,经济日报出版社2001年版。

与市场保持着输入输出的交换关系。正因为如此,市场才成为企业赖以生存发展的空间和环境。

如果说市场的前三种含义对于市场调查具有微观的意义,那么市场的第四种含义对于市场调查则具有宏观的意义。

美国市场营销协会关于市场的定义是"一种商品或者劳务的所有潜在购买者的需求总和"。可见,市场营销学中,关于市场的定义突出了消费者的需求。市场营销学中关于市场的定义,我们可以用一个简单的公式来概括,即

$$市场＝人口＋购买能力＋购买动机$$

人口、购买能力和购买动机这3个因素,缺少一个都不能构成市场。一个国家或者地区,如果人口很多,但是人均收入极低,那么这个国家的市场是非常狭窄的;反之,收入很高,但是人口过少的国家或者地区,市场同样是有限的。人口多,人均收入也高,这个市场的潜力就大。但是只有人口和购买能力还不够。如果货不对路,不能引起消费者的购买欲望,也不能构成市场。因此,要分析市场,就必须从人口、购买能力、购买动机三个方面同时入手。

二、市场调查的概念

调查是了解情况、认识事物、认识社会的有力武器。市场调查就是了解市场情况,认识市场现状、历史和未来,对企业来说,还包括调查了解同行其他企业的生产和经营情况。

市场调查,又称市场调研、市场研究、营销调研,有时也简称市调。其定义可谓汗牛充栋,不同国家和地区有不同的理解。

德国学者 Lisowsky 的定义是:市场调查是指企业本身在经营上和推销上的各种环境影响条件下,运用系统的科学原理方法所获得并认识的情报。

美国市场调查协会认为:市场调查,是指收集、记录和分析有关生产者将货物与劳务转移及销售给消费者的各种问题的全部事实。

美国学者 Luck 和 Wales 认为:市场调查,是指采用科学方法解决市场营销中的各种问题。

中国台湾学者樊志育认为:市场调查可分为狭义的市场调查和广义的市场调查。

狭义的市场调查(market research)是:主要针对顾客所做的调查,即以购买商品、消费商品的个人或工厂为对象,以探讨商品的购买、消费等各种事实、意见及动机。

近年来,"市场调查"的意义更为扩大。它不仅以市场为对象,而且以市场营销(marketing)的每一阶段,包括市场运营所有的功能、作用为调查研究的对象。这是广义的市场调查,相当于 marketing research。

广义的市场调查包括从认识市场到制定营销决策的全过程。如产品分析,从商品的使用及消费角度对产品的形态、大小、重量、美观、色彩、价格等进行分析,同时,对销售的途径、市场营销的方法、销售组织、经销人员培训、广告作用、促销活动等问题进行分析[1]。

---

[1] 樊志育:《市场调查》,上海人民出版社1996年版。

因此,市场调查是一种有目的的活动,是一个有系统的过程,是对信息的判断、收集、记录、整理,是一项市场信息工作。我们可以将市场调查定义为:对那些可用来解决特定营销问题的信息所进行的设计、收集、分析和报告的过程。

当然,市场调查的观念首先就意味着对消费者的需求应该予以满足,所以公司企业人士一定要聆听消费者的呼声。正如美国市场营销协会对营销调研定义所述,市场调查提供了这种重要联系,通过营销调研"倾听"消费者的声音。同时,市场调查信息也关注除消费者之外的其他实体。

总之,市场调查是从市场环境、市场参与、市场运营、市场行为到市场消费几个环节来层层逼近、刻画市场真实状况的,无论是广义的市场环境(按计划、法律、社会与文化),还是市场参与(供应商、竞争者、软硬件与公众),抑或是市场运营(营销规划、组织、实施与控制),以及市场行为(产品、价格、广告与促销渠道),直至最终消费者的消费购买动机与行为都是研究的对象和内容。市场调查就是指运用科学的方法,系统地、客观地辨别、收集、分析和传递有关市场营销活动各方面的信息,为企业管理者制定有效的营销决策,提供基础性的数据和资料等重要依据,是对市场营销活动全过程的分析和研究[1]。正确的决策不是直觉和猜测得到的,缺乏充分依据的信息可能导致错误的决策。

第二节 市场调查的功能和作用

市场调查是运用科学的手段,对市场态势及市场活动的各个方面进行有效的分析、研究和预测。市场调查不仅是企业生产经营的依据,同时也是国家及相关经济机构进行咨询和决策的前提条件。

马克思曾这样指出过:"商品价值从商品体跳到金体上……是商品的惊险跳跃。这个跳跃如果不成功,摔坏的不是商品,但一定是商品的所有者。"[2]市场,作为一个实现商品体向金体转化的场所,作为一个决定资本投向的非人格化权威地位愈来愈突出了,为了自身的生存和发展,各个企业必须十分重视市场调查工作,以确保经营决策的安全和可靠,以避免在竞争中遭到淘汰。

一、市场调查的功能

市场调查的功能是指市场调查本身具有的基本作用,归纳起来,主要有认识功能和信息功能两方面[3]。

---

[1] 徐井岗:《市场调研与预测》,科学出版社 2004 年版。
[2] 《马克思恩格斯全集》(第 23 卷),人民出版社 1974 年版。
[3] 龚曙明:《市场调查与预测》,清华大学出版社、北京交通大学出版社 2005 年版。

1. 认识功能

市场调查是对市场环境、市场供求和企业营销活动进行信息搜集、记录、整理和分析的一种调查研究活动，或者说是对市场经济现象的一种认识活动。因而，市场调查具有认识市场的功能。通过市场调查能够掌握市场环境、供求情况和企业市场营销状态、特征及其变化的原因，能够消除人们对市场人士的未知度、不定度和模糊度。

2. 信息功能

市场调查的目的在于准确、及时、全面、系统地搜集各种市场信息，如生产信息、供应信息、需求信息、消费信息、价格信息和市场营销环境信息等，为市场宏观调控和企业市场预测决策提供依据。市场调查的信息功能表现为市场调查所获得的市场信息是市场预测决策的先决条件和基础。

二、市场调查的作用

市场调查的作用是市场调查功能的具体体现，根据市场调查的认识功能和信息功能，市场调查对企业经营的作用是多方面的，主要体现在以下三方面。

1. 市场调查是企业实现生产目的的重要环节

企业生产的目的是满足民众日益增长的物质和文化生活需要，为此，首先要了解民众需要什么以便按照消费者的需要进行生产，尤其是消费者的需要在不断变化，这就不但要调查，而且要及时进行调查。因此，市场调查是国民经济各部门制订计划及企业实现生产目的的重要一环。

2. 市场调查是企业进行决策或修订策略的客观依据

企业进行经营决策，首先要了解内部和外部的环境及信息，要掌握信息，就必须进行市场调查。

企业的管理部门或有关负责人要针对某些问题进行决策或修正原定策略——产品策略、定价策略、分销策略、广告和推广策略等，通常需要了解的情况和考虑的问题是多方面的，例如：

(1) 产品在哪些市场的销售前景较好？
(2) 产品在某个市场上的销售预计可达到什么样的数量？
(3) 怎样才能扩大企业产品的销路，增加销售数量？
(4) 如何去掌握产品的价格？
(5) 应该使用什么方法去组织产品推销？

如此种种问题，只有通过实际市场调查之后才能得到具体答案；才能作为决策或修正策略的客观依据。

3. 市场调查也是改进企业的生产技术和提高业务管理水平的重要途径

当今世界，科学技术发展迅速，新发明、新创造、新技术和新产品层出不穷，日新月异。通过市场调查所得到的情况和资料有助于我们及时了解世界各国的经济动态和有关科技信息，为本企业的管理部门和有关决策人员提供科技情报。

4. 市场调查更是增强企业的竞争力和应变能力的重要手段

市场的竞争是激烈的,情况也在不断地发生变化。市场上的各种变化因素可以归结为两类。

(1)"可控制因素",如产品、价格、分销、广告和推广等。

(2)"非可控制因素",如"国内环境"和"国际环境"所包括的有关政治、经济、文化、地理条件、战争与国外分支机构等因素。

这两类因素的关系是互相联系、互相影响,而且不断发生变化的。及时调整"可控制因素"以适应"非可控制因素"的变化情况,才能应付市场上的竞争。只有通过市场调查才能及时了解各种"非可控制因素"的变化情况,从而有针对性地采取某种应变措施去应付竞争。通过市场调查所了解的情况或所获得的资料,除了解市场目前状况之外,还可预测未来的市场变化趋势。可以想象,一家处在激烈竞争的国际市场上的出口公司如果不搞市场调查,那就等于丧失了该公司营销业务活动的"耳"和"目",对市场变化毫无警觉,反应迟钝,甚至一无所知或无所适从,这是十分危险的。

三、市场调查作用的图示

从图1-1对于市场调查的描述可以更好地理解市场调查的重要性。

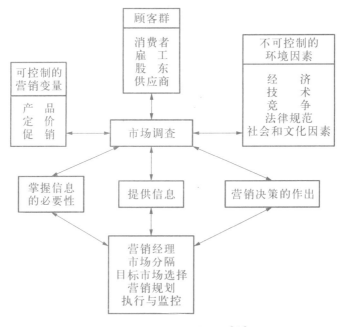

图1-1　市场调查的作用[1]

---

[1] 张华等:《市场调查与预测》,中国国际广播出版社2001年版。

市场调查的关键是发现和满足消费者的需求。为了判断消费者的需求,实施满足消费者需求的营销策略和计划,营销经理需要对消费者、竞争者和市场上的其他力量有相当的了解。近年来,许多因素的出现促使对信息的需求,在质和量两个方面都大大提高。例如,由于企业可以跨国经营,对更大更远的市场信息的需求因此提高;由于消费者变得比以前更富有和更有经验,营销经理必须获得更充分的信息以了解消费者对产品和其他市场服务的反应;由于竞争日益激烈,营销经理需要对自己推销工具的有效性有足够的了解;由于市场变化的速度加快,营销经理还必须获得更多及时的信息。

市场调查的任务就是评估信息需求并向管理者提供相关、准确、可靠、有效和及时的信息。今天,充满竞争的市场环境由于决策失误而造成成本日益增加的状况都要求市场调查能提供充分的信息。在缺乏充分信息的条件下,很有可能出现错误的管理决策。

市调案例1-1

一个总统的营销

美国前总统克林顿曾经采用市场调查的方法推行他的新政策和废除原来的旧政策,他和他的助手们广泛地采用了群体调查、电话、个人调查及面谈形式和会议等方法来了解人们期望从他的政策中得到什么。在克林顿眼里,国家的纳税人是他的政府机构的"顾客"。

克林顿的调研开始于他在美国的第一次演说。在这次演说中,他提出了包括税收在内的一揽子新经济政策。白宫采用市场调查的方法来使这套粗糙的政策变得可行,并把它们推销给美国民众。提高税率是其中最难推销的一项政策,克林顿政府利用群体调查和电话调查的方法来决定如何使之受到大家的欢迎。调查结果显示的是民众愿意缴纳较高的税来减少国家的债务,但它同时还表明民众希望克林顿总统和国会能着手处理浪费性的联邦支出。因此,削减预算赤字就成了这一揽子政策的重要内容。

一位广告经理曾说过这样的话:"制定新的政策和提供新产品完全相同,在推销时你要密切关注最终的利益。"克林顿就是为了达到这一目的而广泛使用了市场调查的方法[1]。

---

[1] 张华等:《市场调查与预测》,中国国际广播出版社2001年版。

第三节 市场调查的特点和原则

一、市场调查的特点

1. 调查具有实践性

市场调查的结果本身没有任何意义,只有在实践中运用市场调查的结果,在企业市场营销活动中取得良好的经济效益,才是市场调查的本质[1]。

2. 内容具有广泛性

市场调查的内容涉及企业生产经营活动的各个方面和各种要素,可以用于测量很简单的项目,如被调查者的性别、年龄、职业、文化程度等基本信息,也可以用于测量像态度或爱好等复杂问题。由于调查内容具有广泛性,复杂程度也不同,有些问题被调查者可能不会回答,可能不知道该如何回答,或者问题太敏感而不愿回答。要得到这些方面的信息需要相当的专业知识、努力和智慧。通常仅靠一般的调查,要想从大部分被调查者都感到为难的问题中得到所需的信息是困难的[2]。调查内容的界定应考虑被调查者回答的可能性。

3. 研究具有目的性

市场调查总是在一定的目的的前提下,是按客户的具体要求"量体裁衣"的,具有明显的目的性或针对性。市场调查是为管理部门制定长远性的战略规划和阶段性的具体政策或策略,作出营销决策或为经营管理提供信息支持和参考依据[3]。

4. 方法具有多样性

市场调查的方案设计是多样的,收集数据的方法、调查的地点以及调查后获取的资料的统计分析和研究方法都是多样的。

5. 程度具有约束性

市场调查通常要受到调查经费、调查事件、空间范围、信息项目等因素的约束。在对一项调查研究进行设计时,首先要想到三个问题:这项调查需要多少费用、需要多少时间,可以获得多少信息?要想方设法将方案设计得尽可能满足客户的信息需求和经费预算,即项目的设计要与客户的需要和财力相适应。

二、市场调查的基本原则

市场调查的基本原则包括科学性原则、客观性原则和保密性原则。一个调查公司的信誉往往就看他们是否彻底地坚持和贯彻这三个基本原则。

---

[1] 刘德寰:《市场调查教程》,经济管理出版社 2005 年版。
[2] 徐井岗:《市场调研与预测》,科学出版社 2004 年版。
[3] 龚曙明:《市场调查与预测》,清华大学出版社、北京交通大学出版社 2005 年版。

1. 科学性原则

科学性原则是指市场信息必须是通过科学的方法获得的。它要求市场调查人员从调查设计、抽样设计到资料收集、数据分析和统计处理等过程都必须严格遵循科学的程序，特别是在抽样设计、资料采集方法和统计方法的运用上，尤其要加以注意。

2. 客观性原则

客观性原则是指在调查过程中，尊重客观事实，真实准确地反映客观情况，避免主观偏见或人为地修改数据结果。有时调查出来的结果与对客户的预测不一致，甚至可能对客户不利。在这种情况下，只要整个调查过程是科学的，结果是可靠的，客户终究会予以承认的，千万不可为了迎合客户而擅自修改数据结果。

3. 保密性原则

市场调查的保密性原则体现在两个方面：第一是为客户保密。许多市场调查是由客户委托市场调查公司进行的。因此市场调查公司以及从事市场调查的人员必须对获得的信息保密，不能将信息泄露给第三方。第二是为受调查者提供的信息保密，不管受调查者提供的是什么信息，也不管受调查者提供的信息重要程度如何。如果受调查者发现自己提供的信息被暴露出来，一方面可能给他们带来某种程度的伤害，同时也会使他们失去对市场调查的信任。

三、市场调查的局限和应注意的问题[1]

首先，任何市场调查都存在误差，调查本身存在犯错误的风险，误差可以通过一定的措施加以控制，但不会消除。

其次，市场调查的结果不是企业的营销战略，只是对于市场情报的收集与分析。因此市场调查报告不能替代决策，要结合管理者的经验、分析和判断能力，然后才会做出科学的决策。市场调查的结果是"死"的，而企业的营销战略是"活"的，期待市场调查报告直接告诉企业应该怎么办的想法是不现实的。

再次，一次调查不能解决市场中出现的各种问题，如果企业希望以市场调查为指导进行企业营销战略的制定，就必须进行长期的市场跟踪调查，只有这样才有可能把握市场和商机。

最后，若市场调查不委托第三方进行，而是以企业为调查主体，那就需要避免将企业领导者的想法带入调查之中，影响调查的客观性。

第四节 市场调查的内容范围

市场调查的内容十分广泛，它要取得的是过去和现在有关市场的各种资料、数据和信息。归纳起来，有以下一些基本内容和一些相关的专项研究。

---

[1] 郑丹、孙更杰：《市场调查实务》，中国对外经济贸易出版社2002年版。

一、基本调查内容

1. 调查市场需求情况

市场商品需求,是指一定时期由消费者在一定购买力条件下的商品需求量。居民购买力是指城乡居民购买消费品的货币支付能力。市场需求调查就是了解一定时期在企业负责供应或服务的范围内,人口的变化,居民生活水平的提高,购买力的投向,购买者的爱好、习惯、需求构成的变化,对各类商品在数量、质量、品种、规格、式样、价格等方面的要求及其发展趋势等,了解消费者对服务、旅游方面的各种需求,特别充分重视农村广大市场需求及其变化等。

2. 调查生产情况

就是要摸清社会产品资源及其构成情况,包括生产规模、生产结构、技术水平、新产品试制投产、生产力布局、生产成本、自然条件和自然资源等生产条件的现状和未来规划,并据此测算产品数量和产品结构及其发展变化趋势。通过调查,掌握工农业生产现状及其发展变化,对市场将要产生什么样的影响,以及影响程度的大小等。

3. 调查市场行情

具体调查各种商品在市场上的供求情况、库存状况和市场竞争状况,特别是影响市场商品价格运动因素的调查,供求关系运动对商品价格的影响。供不应求,价格就会上升;供过于求,价格就会下降。要了解有关地区、有关企业、有关商品之间的差别和具体的供求关系。即了解对比有关地区、企业同类商品的生产经营成本、价格、利润以及资金周转等重要经济指标,它们的流转、销售情况和发展趋势等。

二、专项调查内容

1. 市场环境调查

政治环境:国家政策、法令、条例、重大活动、事件。

经济环境:人口、国民收入、消费结构水平、物价水平。

社会文化环境:教育程度、职业构成、家庭类型、风俗习惯。

科特勒说过:"营销环境一直不断地创造新机会和涌现威胁……持续地监视和适应环境对它们的命运至关重要……许多公司并没有把环境变化作为机会……由于长期忽视宏观环境的变化而遭受挫折。"[1]

2. 消费者调查

购买本产品的消费者是个人还是团体,其性别、年龄、职业、居住区域、收入水平、消费结构,谁是主要购买者、谁是使用者、谁是购买决策者,消费者的欲望和动机,影响消费者购买决策的因素、消费者的购买习惯。消费者调查具体细分可分为:消费者需求分析、消费习惯分析、消费动机分析、文化背景分析、消费者地域特征分析、消费者人口统计特征分析以及阶层差异分析。

---

[1] 菲利普·科特勒:《营销管理》,上海人民出版社 2001 年版。

3. 需求研究

产品的需求量和销售量是供不应求，还是供大于求；产品在市场上的占有率和覆盖率；市场潜在需求量有多少；同行竞争者的地位和作用、优势和劣势；细分市场对某种产品的需求情况；国内外市场的变化动态和趋势。

4. 产品研究

生命周期；产品形式部分，包装质量；产品销售前、后的服务工作；分析老产品的性能，研究如何改进老产品；大力开发新产品；对竞争产品进行比较和分析。

5. 大众传媒调查

销售排行榜是各种出版物的年度销售排行榜和月销售排行榜，评估出版物的受欢迎程度和出版单位发行工作的优劣；读者群与读者偏好调查；广告调查，消费者对广告的认知、记忆、评价；广告的诉求点是否与产品的市场定位一致及广告资源的分配；广播电视收视（听）率调查。

另外，还有广告研究、价格研究、证券调查、房产调查、IT、汽车、家电、通信、环保等各个行业的市场调查。

总之，市场调查的内容及范围十分广泛，其功能也愈显重要。

第五节 市场调查在中国的发展

市场调查在我国的历史是非常短暂的。市场调查一度没有受到国内企业的重视。在20世纪80年代中至90年代初，全国的专业化市场研究公司还寥寥无几。邓小平南方谈话和党的十四大以后，由"计划经济"向"市场经济"过渡，市场调查开始受到人们的重视，专业化市场研究公司相继成立，到1998年，我国已有专业化市场研究公司500多家。2001年4月，中国信息协会市场研究业分会在广州宣告成立。同年12月，中国市场学会也在北京召开第三次会员代表大会，重申了WTO与市场营销调研的紧迫性。

一、缘起和成长

中国较早运用市场调查方法可以追溯到20世纪50年代，那时由中央政府组织各地统计机构开展了全国范围的职工家庭生活调查工作。70年代，亦曾运用抽样调查的方法，在中国59个城市，24个县城抽选13.9万户职工家庭，就收入等基本情况作了一次性调查。进入80年代后，国家的经济调查和预测工作开始走向正规，各地普遍恢复和成立了城乡抽样调查队，建立了了解城乡居民收入、支出，家庭用品等基本生活数据为主要内容的固定样本，开展连续性的调查统计，为政府的宏观决策提供依据。而真正意义的商业市场调查的运用，则始于80年代的中期。当时随着我国改革的深入，对外开放的程度逐步加大，一批外资企业开始涉足中国内地市场,外国的产品也逐步进入中国市场。这些在国际上一直依赖市场研究作为他们开拓先锋和"指路明灯"的外资企业,自然首先想到的和要做的,就是要在中国进行市场研究,寻找自己产品进入中国的途径、方式和打开消费者发生消费行为大门的钥匙。于是,境外一些市场调查机构,纷纷受委托进入中国开展市场调查。为了开展数据收集,他们开始在中国国内寻找合作伙伴,并把初级的实地调查方法带到中国来。如广州的"华南市场研究公司",北京的"中国市场调查所",以及香港市场研究社(SRH)委托复旦大学社会调查中心以及中调所上海办事处所进行的内地初期的各种调查项目。1993年8月6日《南方周末》报的记者曾以"'盖洛普'逐鹿上海滩"为题报道过我国20世纪80年代末和90年代初进行市场调查的一些"镜头"。

市调案例1-2

"盖洛普"逐鹿上海滩

下面的镜头,今日的上海市民早已司空见惯。

镜头一:上海淮海路国际购物中心,一群身穿清一色校服的高中女学生手持一叠叠抽样调查纸,向过往行人散发。原来,这是一家今夏投产的空调厂在搞市场调查,参加回答的市民只要把答案填写后寄给厂里,就可以获得一份纪念品。

镜头二:人称"江南第一学府"的复旦大学门口,20多位穿红着绿的大学生骑车整装待发,正在接受某市场调查公司布置的任务。他们此行的目的是上海某区的18个街道,通过街道把5 000份抽样调查问卷分发给居民……

镜头三:一个初夏的下午,上海柏树大厦内的某市场调查公司来了两位心事重重的客人。原来,他们是某保健品公司的正副经理。这家公司的产品功效早有科学定论,但是,说来也怪,销售就是雷声大,雨点小。无奈之下,正副经理走进调查公司"搬救兵"。调查公司的职员愉快地接受了这家企业的委托。

有人说市场是"斯芬克斯"的难题,有人说市场是"哥德巴赫"的猜想。为了叩开市场这扇大门,现代企业家殚精竭虑,他们有的"拍脑袋"孤注一掷,也有聪明的经营者想到借助科学的市场调查。由此,酿生了一批专吃"调查饭"的市场调查公司。

"上海有中国最大的企业群,企业总数有10多万家,而且,这几年,上海一直是外商投资的热点,外商来上海,首先投石问路,进行一下市场调查。因此,我们的'饭'是不用愁的。"被称为"中国的盖洛普"的中国市场调查所早在去年初就进军申城,谈起调查公司的前景,公司员工无限乐观。在这家仅10人的上海办事处里,所有员工都是名牌大学的毕业生,青春而有活力。

如果说20世纪80年代中期至90年代初期是我国市场调查起步阶段的话,那么自90年代初邓小平南方谈话后至2001年市场研究企业分会的成立则为我国市场调查的成长阶段。

自从我国的"计划经济"向"市场经济"转轨以来,在建立社会主义市场经济的浪潮中,我国的市场调查业快速成长。北京、上海、广州等城市,纷纷成立了专业性的市场调查公司,据有关报纸1997年的报道,全国已有市场调查机构500余家(一说800多家)。上海复旦市场调研中心等一批市场调查机构就是在这个时期相继成立和发展起来的。

在这一时期,中国的市场调查业得到了长足的发展,开始成长了、长大了。当然,当时仅仅是个艰难的起步成长阶段,国内市场亟需培育、开发、规范和发展。

二、现状和特点

20世纪80年代以来,中国市场调查业日益规范与完善,这是一个极富增长潜力的行业,一个日趋规范化、专业化并且面向国际的行业。近几年来,伴随着中国经济的快速增长,各个行业对真实、准确、及时的市场调查成果的依赖度也在不断增强。同时,市场调查在中国经济部门决策、企业经营决策的机制变革中扮演了越来越重要的角色。中国市场调查行业的快速发展显示中国经济质量的显著提高,同时也凸显市场调查对于经济增长发展的特殊拉动作用。在这个发展过程中,中国市场调查业不断成熟,表现出一些重要的特点。

1. 规模上极富增长潜力的行业

自20世纪80年代中期,市场调查进入中国以来,中国市场调查业一直呈现高速增长的态势。主要体现在市场调查公司数量的快速增长和营业额的高速增长两个方面。

从公司数量角度看,市场调查行业由80年代末90年代初的几家,增加到现在的1 000多家,而且有众多的广告公司、营销企业的业务涉及市场调查。据估计,目前我国以市场调查为主业的机构总量为1 500家左右,其中形成了一定规模的有400~500家,规模较大的机构近50家。

从市场调查的营业额角度看,在起步阶段(20世纪80—90年代初)市场调查行业的增长速度一直保持在1 000%以上;90年代中期,市场调查行业的增长速度基本保持在100%左右;目前市场调查行业的增长速度仍然保持在30%左右。虽然表面上,行业的增长速度好像是递减的,但是考虑到营业额的成倍增长,因此30%左右的增长速度属于高速增长。与GDP的增长速度相比,市场调查行业表现出了强劲的增长态势,显示了市场调查行业的活力与发展前景。

2. 服务范围不断扩大的行业

随着内地市场调查从业机构不断增长,市场调查需求更加活跃,市场调查行业在许多方面都取得了巨大的成绩,得到国际国内工商界的广泛认同,其服务对象由90年代初期和中期仅仅服务于大型国际跨国公司和少数国内企业,转变为现在几乎涉及所有全球500强机构、国内上市公司和知名品牌企业。

从服务对象角度看,中国国内市场调查行业也经历了三个阶段。

第一阶段,即市场调查的起步阶段,市场调查的服务对象主要是两类机构:一是以"宝洁"为代表的跨国公司。他们一直对市场调查有成熟与稳定的需求,他们不仅是市场调查的服务对象,也是国内市场调查业的"良师",许多市场调查公司都是在服务于跨国公司与学习跨国公司分析市场调查方法的过程中发展壮大起来的。二是国内竞争比较激烈的一些行业。在这个时期,家用电器、食品等行业日益市场化,竞争日益激烈,且也为了应对市场竞争,需要借助一些容易理解、方便传播的数字,因此以宣传为主要目的的调查一时成为热点,比如品牌排名、占有率排名、消费者评价排名等等,这种行为虽然最早接触到了国内企业的需求,但是也使得市场调查公司的专业形象受到一定的冲击。

第二阶段,进入 90 年代中期,国内民营市场调查公司、高校科研单位的市场研究机构纷纷建立,国外著名调查公司开始进入国内,市场调查的服务范围日益扩大,形成了制造企业、广告公司与媒体三大主体对象。

第三阶段,2000 年以来,内地市场调查行业的服务对象迅速扩大,无论是跨国公司、三资企业,还是民营、私营企业都对市场调查具有了广泛的需求,除了上述制造业企业、广告公司与媒体三大主体需求之外,房地产、通信、邮政、汽车、金融、医药等行业的市场调查需求也大幅增加。

3. 面向国际的行业

令人欣喜的是,国际化的发展方向也已成为调查行业内的共识。中国经济所表现的全球化趋势,使企业对于快速率、大数量、多种类、跨地域和高质量的市场信息的需求会比以往任何时候都表现得更充分、更经常而实际。中国市场研究行业将面临客户对信息深度加工要求,面对更多国际同业机构的竞争,面对自身经营管理瓶颈制约以及经济全球化所带来的观念、知识、技能、服务模式等各方面的多重挑战。

在这种形势下,许多公司开始走上了与国际著名调查机构合资的道路。与此同时,出国学习也成为业内的新时尚。且不说调查公司老板趋之若鹜地去到国外参加各种各样的国际同行的交流活动,一些人索性脱产到国外去留学。

许多老板都向记者吐露他们内心的压力:这是一个高智力的行业,这个行业对老板能力的要求会比任何行业都高,因为,你如果不去不断更新知识,就很难用自己的能力留住人,你手下的强将会一个个炒你鱿鱼,因为他们掌握着技术,又掌握了客户,他们流出去就很容易拉起一个公司。

伴随着中国市场研究业的高速发展,内地市场研究日益与国际接轨,主要表现在以下三个方面。

(1) 从研究方法上讲,内地市场研究公司已经从原来的以频率表(百分比)、交互表为核心的分析方法,逐步转变为各种分析模型并重的分析方式,比如国际上通用的统计分析方法如:回归分析、方差分析、Logistic 回归分析、主成分分析、因子分子、聚类分析、多维尺度分析、多重偏好分析、对应分析、联合分析、结构分析等都经常出现在内地市场研究公司的报告当中,而且这些分析方法也都是在国际通用的统计软件基础上完成的,包括 SPSS、SAS、AMOS、STATA、S-PLUS、EQS、LISREL 等;在定性研究方法中,深度访问、小组座谈、神秘顾客、陪伴购物、投射等方法也更加普及。

（2）国际知名的调查研究机构大量进入中国，成立（合资）了许多调查咨询机构，包括 AC. Nielson、盖洛普、索福瑞、益普索、麦肯锡、波士顿等。

（3）内地市场研究规范日益与国际接轨，市场研究协会先后与英商会、美商会、ESOMAR、AMA 等国际行业组织建立了紧密有效的合作关系，获得了国际行业同行的广泛认可，并准备完成得到国际承认的《中国市场研究规范》。

三、市场研究行业组织

市场研究行业[1]是在市场经济环境下自发产生的行业，90 年代中期，为了统一和规范行业执行准则、加强行业自律，一批业内代表联合发起"中国调查业联席会议"，并于 1998 年在北京组织了首次全国规模的业内会议，通过"海选"的民主选举方式，成立了"全国市场调查协会筹备委员会"。2001 年 2 月经中华人民共和国民政部正式批准成立"中国信息协会市场研究业分会(英文名称：China Marketing Research Association 缩写为：CMRA)"，并在广州召开了全体会员大会正式对外宣布分会成立。到 2002 年 12 月为止，中国信息协会市场研究业分会团体会员单位已达 200 多家，其营业额约占中国内地市场研究业总营业额的 90%以上。全国几乎所有地区的市场研究机构都参与到协会当中，标志着行业初步走向成熟、完善、健全。

2002 年底 CMRA 在上海召开第三次全国会员大会，仍然采用"海选"的方式，改选了第二届常务理事单位并确定了分会的新的组织结构。新的组织结构如图 1-2 所示。

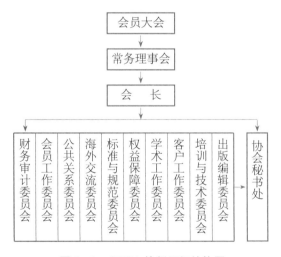

图 1-2　CMRA 的新组织结构图

根据市场研究行业的发展阶段，CMRA 将自己定位为沟通与服务的机构，其次是咨询与中介的机构。各工作委员会由常务理事会全体成员投票选举一家公司作为负责机构，其他业内会员单位自愿组成，各委员会负责在年初制订每年的工作计划，秘书处负责落实执行。各工作委员会的负责人即为分会的副会长，常务理事会除了选举会长外，还选举产生了一位常务副会

---

[1] 刘德寰：《现代市场研究》，高等教育出版社 2005 年版。

长,协助会长协调秘书处和各个工作委员会的工作。会长和所有的副会长均为义务的兼职人员,秘书长和秘书处工作人员为公开聘用的专职人员。

CMRA 的沟通与服务包括以下几个方面。

1. 会员组织以及行业标准建设工作

行业协会正式成立,会员数量规模达近 300 家,其中团体会员 200 余家,全国几乎所有地区的市场研究机构都参与到协会当中,标志着行业初步走向成熟、规范;两年一届举行全国会员大会,在行业内倡导和推行了《ESOMAR 准则》《市场研究行业竞争合作公约》,充分提倡行业自律,为行业的健康有序发展打下了坚实的基础。

2. 公共关系

加强了与政府有关管理部门的沟通,充分改善了行业生存与发展的社会环境。并与相关媒体建立良好的关系,通过媒体向公众传达市场研究行业的信息。

3. 分会的网站建设

分会建立了自己的网站,网址为:www.cmra.org.cn。

4. 编辑出版

编辑出版具体包括:行业内刊《市场研究》的出版、行业名录、行业研究成果汇总成正式或非正式出版物。截至目前已经出版了《市场研究》近 20 期,公开发行图书一本,非正式出版物(论文集)4 册,各种业内会议和培训光盘 10 多套。

5. 与国外行业组织的横向交流

先后与英商会、美商会、ESOMAR、AMA 等国际行业组织建立了紧密有效的合作关系,获得了国际行业同行的广泛认可。

6. 业内培训和学术及行业间交流活动

成功地组织、完成了不同层次的培训活动,如"现场实施质量培训""统计分析技术培训""定性主持人培训""高级定量研修班""高级定性研修班"等多项培训活动,并出版了《现场操作实施手册》《中国市场研究"宝洁"论文奖 2001~2003 获奖论文集》等;推动了区域性市场研究行业工作,先后在长春、沈阳、上海、广州、重庆、成都、烟台、北京等地区组织了内容丰富、形式多样的研讨活动,这些活动对培育和推动当地市场发展、提升当地同业机构能力产生了一定的影响;为会员与客户的交流创造了一个良好的沟通平台,先后数次组织会员与客户共同参加"汽车市场研讨会""家电市场研讨会""IT 市场研讨会""媒体市场研讨会""医药市场研讨会""中国市场研究优秀成果与客户应用峰会"等,推动了客户和市场研究机构的合作。

7. 推动行业竞赛——"中国市场研究'宝洁'论文奖"

以领导营销理念著称的宝洁公司不仅与国内市场研究咨询行业保持频繁互动,而且资助行业协会设立了"以鼓励市场研究咨询行业产生更多创新成果为宗旨"的宝洁奖,通过设立了"宝洁论文奖",推动了从业机构与人员对技术创新和研发的重视。

由政府与民间共同发起的中国市场信息调查业协会在 2004 年 4 月 8 日成立。国家统计局副局长朱向东任会长,国家统计局系统的机构以及市场研究行业的公司共同成为该协会的会员。协会将从以下五方面展开工作。

第一,组织制定全国市场信息调查业的发展规则,引导、促进国内市场信息调查业的健康发展。

第二,组织制定市场信息调查业行为规范和执业标准。市场信息调查业要健康发展,首先要有一套同业共同遵守的行业标准,包括从业人员的资质标准、从业企业的资质标准、服务标准、收费标准等等。

第三,监督行业行为,维护行业秩序。

第四,组织市场信息调查业者进行业务培训和交流。

第五,组织市场信息调查业者的国际交流活动。在市场信息调查方面,西方发达国家具有先进的理念、较高的技术水平和丰富的经验,值得借鉴。协会要通过适当的方式,加强与西方国家有关机构和协会的交流与合作,使我国的市场信息调查业尽快跟上国际业界的发展步伐。

中国市场信息调查业协会的成立,说明中国政府越来越重视和关注市场研究行业在中国的发展。

四、中国市场研究行业双年会——以 2007 年为例

第五届中国市场研究行业双年会暨 CMRA 第三届会员选举大会于 2007 年 10 月 15—17 日在北京召开。本届双年会凸显东亚市场研究特质,日本、韩国几十家市场研究公司与中国同行交流。为期三天的大会就技术进步、行业特质与市场研究,市场研究前沿的新技术与新方法进行了交流。

本届双年会也是 CMRA 常务理事、副会长、会长换届选举的大会。经选举投票,产生常务理事、副会长和会长,名单如表 1-1 所示。

表 1-1　CMRA 第三届会员选举结果

名誉会长	中国传媒大学调查统计研究所	柯惠新	教授
会长	北京大学市场与媒介研究中心	刘德寰	教授
常务副会长	央视市场研究股份有限公司	陈若愚	总裁
副会长 (排名不 分先后)	北京环亚市场研究社	张文平	总经理
	北京益普索市场咨询有限公司	刘立丰	总裁
	广州宝洁有限公司	谢阳清	副总监
	复旦大学市场调研中心	范伟达	教授
	零点研究咨询集团	袁岳	董事长
	北京捷孚凯市场调查有限公司	张弛	总经理
	北京世纪蓝图市场调查有限公司	张治烂	总监
	成都达智市场咨询有限公司	陈伟	总经理
	中国传媒大学调查统计研究所	沈浩	教授
	北京新生代市场监测机构有限公司	何建新	副总经理
	捷孚凯市场咨询(中国)有限公司	赵新宇	总经理

五、中国市场调查行业发展趋势

自 1998 年中国信息协会市场研究业分会成立，20 多年来一直伴随着行业发展不断成长，秉持与坚守公开、公平、公正的工作原则，致力于服务社会、服务行业、服务会员，凝聚行业同仁智慧，积极发挥行业协会的职能作用，为我国市场研究行业健康有序的发展，作出不懈的努力和贡献力量。

2018 年度的调查采用 CMRA 专用的调查平台系统，延续往年的调查方式和调查内容，为行业继续积累可持续分析的数据资料。

报告显示，调查研究行业已经连续两年保持 10% 以上的发展增速，加之调查研究公司对 2019 年的整体预期，调查研究行业已经真正地走过了新理念、新技术冲击的阵痛，使之转化成为行业升级改造的助力，再次迈入平稳持续增长的发展阶段。

在客户类型上，公共部门将成为未来重要的拓展方向，2018 年公共部门（包括中央和地方政府、党政部委）的营业额占比位列所有客户类型的第三位，相较于 2017 年增加了近 3%。同样在对行业发展最佳机遇的调查中可以发现，满足政府对社会调研数据、第三方评估等持续增长的数据采购需求，也已经成为当前调查研究公司业务拓展的关注焦点。

在研究方法上，仍以定量研究为主，定性研究为辅，大数据研究作为补充的方式。但借助互联网技术拓展数据收集渠道，在调查研究行业已成为常态，既有定量研究方法中的在线问卷调查，也有定性研究方法中的在线深层访谈、网上小组座谈，应用范围具有大幅度扩展。随着通信技术的换代、传感器等硬件的升级，互联网调查的数据采集范围将更加广泛、数据采集内容将更加多样、数据采集结果将更加准确。

当前发展环境下，我们将迎来一个充分融合互联网技术、大数据技术和人工智能技术的新时期。对于市场调查研究行业而言，新技术的应用可以扩大数据获取的范围、降低数据获取的成本、提升数据获取的效率。与此同时，调查研究公司可以将积累已久的研究模式、分析方法与新技术相融合，不断提升对数据的研究分析、深度洞察的核心竞争力，推动大小数据的有机整合，为社会提供多样的"数据"解决方案。

相较于我国的经济规模之于世界的比重，中国的市场研究行业仍然处于增长期，发展空间很大，并且将成为世界市场研究行业增长的助推器。在这发展的过程中，CMRA 和行业企业应重视并逐步解决当前面临的主要问题，从而可以更好地把握发展机遇、迎接外战[1]。

1. 调查行业规模持续扩大，发展速度保持稳定

2018 年中国内地的调查研究行业规模达到了 156.03 亿元，行业增长率相较于 2017 年虽然有所减缓，但仍然维持在 10% 以上，达到了 11.37%，增速保持稳定。并且，调查研究公司根据自身业务的发展情况，对于 2019 年调查研究行业的发展呈现出积极态度，行业增长率有望再次提高至 13%，行业规模预计也将突破 170 亿元。

2013 年，中国内地调查研究行业在大数据、互联网调查严重冲击下，行业规模没有在上年度

---

[1] 沈浩：《2018 中国市场调查行业发展趋势报告》序，http://www.gowisdom.com/neus/123.html，2019 年 10 月访问。

的基础上突破百亿大关,甚至出现负增长。此后,调查研究行业经过内部业务调整、外部技术融合后,在2014年、2015年、2016年形成了稳定发展阶段,行业增长率均超过7%,但呈现出下滑的趋势,年增长率逐年下滑1%左右,可见当时的调查研究行业在对互联网、大数据不断借助、调整的过程中,仍然受到外部环境的阶段性影响。2017年,调查研究行业实现爆发式增长,并在2018年保持了增长势头,加之对2019年的整体预期,由此说明调查研究行业已经真正地走过了新理念、新技术冲击的阵痛,使之转化成为行业升级改造的助力,再次迈入高速稳定发展阶段。

中国内地调查研究行业的快速增长,与世界市场研究行业的缓慢增速,甚至全球经济的增长速度,都形成了鲜明的对比。中国已经成为世界市场研究行业的第五大市场,市场规模占全球的约5%,但市场研究行业规模与我国的经济规模严重不匹配,中国的市场研究行业仍然处于增长期,发展空间巨大。总的来看,在当前世界整体的经济环境处于不明朗阶段,基于国内稳定的经济形势,借力"调查"方式、"研究"方法的改造、升级,中国市场研究将成为世界市场研究行业增长的助推器。

2. 国内客户为主要来源,国际客户有增长空间

2018年,国内客户营业额占总体营业额的89.77%,国内客户一直是内地调查研究行业最主要的客户来源。自2013年以来,仅在2015年国内客户营业额占总体的80.81%,其余年份的占比接近9成,2017年达到最高,占总体的92.15%。

国内的市场调查企业在为国内客户提供优质的市场调查服务时,可以与本地实际问题相结合,往往能够更好地满足客户需求。除了服务国内客户外,内地调查研究行业的国际化水平一直有待提升,2015年国际客户的营业额占比达到最高,占总体的19.19%,此后两年占比逐步下滑,2018年国际客户的营业额占比有所回升,占总体的10.23%。内地的调查研究公司的首要任务是扎根本土,服务国内客户,同时也要注意国际客户的拓展,在具体实践中快速提升自身的国际化水平。

通过对国际客户来源的进一步分析发现,近年来内地调查研究行业接受来自境外调查研究公司客户业务呈下降趋势,2017年为近年来最低,占总体营业额的3.38%,2017年有所回升,也仅上升0.31%至3.69%。相较而言,2018年内地调查研究行业接受来自境外其他调查研究行业客户的业务比例回升更为明显,2018年占总体营业额的6.55%,近三年来呈上升趋势。由此可见,调查研究公司逐渐加大与国际客户的直接合作,从而扩大业务范围,提升国际化水平,也侧面反映出国际市场对国内市场调查研究行业的认可在进一步加大。

3. 定量研究为主,定性研究为辅,大数据研究补充

定量研究与定性研究是市场研究常见的方法。通过对调查研究公司所采用的研究方法进行分析可以发现,定量研究依然是市场调查机构最主要的研究方式,营业额占总体的74.19%。定性研究的占比达到17.14%,仍然是调查研究中不可或缺的研究方式。然而,通过进一步分析可以发现,近年来定量研究与定性研究在市场调查研究行业中被采用的比例呈现出截然不同的趋势,定量研究方法逐年增加,定性研究逐年递减。

2016年以来,大数据研究在市场调查研究行业中的应用呈现出不稳定趋势。2016年大数

据研究的营业额占总体的近10%,2017年下滑至6.69%,2018年增到8.67%。多种因素造成了大数据研究在市场研究行业的不断变化,大数据人才的缺失、大数据与固有研究模式的融合等问题,使得调查研究公司对于大数据研究的学习、使用仍处于发展阶段;大数据热潮回归理性、专业的大数据服务商涌现,也提高了大数据应用的专业性和竞争力。

大数据的兴起,让人们更多地认识到了"技术"进步带来的变化,调查研究行业可以更多地从"方法"的角度出发来认识"技术"、融合"技术"、应用"技术"。调查研究行业既需要借助大数据完成底层业务运作的升级,也能够指导大数据实现上层商业模式的落地。

对研究方法更具体的来看,定量研究中的面访研究(入户面访、个人面访)依然是所有研究方法中比重最大,占比达到34.25%。借助其他电子手段,如手机、互联网在线的研究紧随其后,占比19.69%,相较于2016年的13.42%、2017年的13.82%呈现较高增长。传统的神秘顾客研究、电话研究(包括CATI)依然占据一定比例,分别为8.04%、6.87%,而委托方内部数据分析研究所占比例依然较小,数据分析和洞察业务蕴含巨大的开发空间。

在定性研究方法中,小组座谈会和深层访谈仍然是最主要的两种研究方法,在总体中的占比分别为8.65%和6.25%。

互联网大数据采集与分析是大数据研究方法中最主要的构成,在总体中的占比也达到了3.98%,社交媒体、政府大数据以及其他大数据研究,相对来说占比较为平均,并且均未超过总体的2%。

4. 研究设计类型集中,研究项目类型平均

对调查研究公司的研究设计类型分析发现,专项研究仍然是最主要的研究设计类型,2018年营业额占总体的66.94%;其次为其他连续研究,包括跟踪研究、神秘顾客研究等,占总体的16.67%。消费者及其他固定样组类型的营业额占比15.31%,搭车研究类型占比最少,仅为1.18%。

在对调查研究公司的研究项目类型进一步分析后可以发现,占比最高为客户满意度研究和媒介研究,2018年营业额所占总体比例均超过10%,分别为13.48%和11.05%,两种研究项目类型连续两年位列前两位。新产品服务前景研究的营业额占比连续三年保持增长,2018年营业额占比9.19%,位列所有项目类型的第三位。此外,神秘顾客(含暗访和明察)、习惯和态度研究、市场行情研究的实施也较为广泛,营业额占比均超过总体的7%。

5. 互联网调查持续发展,使用方式继续深化

互联网技术已经对调查研究行业产生了深刻的影响,互联网调查已经成为大多数调查研究公司能够运作的调查方式,近三年来,使用互联网调查的调查研究公司比例保持在80%左右。在互联网调查的具体运用方式上,调查研究公司坚持"以我为主、为我所用",根据不同的项目性质采取不同的调查方式。有51.37%的调查研究公司采用传统的线下调查方式,以传统调查为主的方式进行过调查;有50.82%的调查研究公司采用过独立使用互联网的方式进行过调查,有46.45%的调查研究公司采用结合传统的线下调查方式,以网络网调查为主的方式进行调查。

互联网调查有效地降低了调查成本、提升了调查效率，然而，由于互联网的网站开放性及用户流动性特征，有26.78%的调查研究公司采用过互联网固定样组数据库，在互联网上对固定的调查对象在一定期间内施以反复数次的调查方式仍然具有较大的扩展空间，固定样本组招募、调查、维护的整体解决方案则更能体现传统研究方法和现代互联网技术的融合，同样也更具挑战。

6. 大数据研究范围集中，使用方式有待拓展

在大数据研究技术的应用上，可视化分析技术依然最受欢迎，有31.69%的调查研究公司采用过该研究技术，学习成本低、应用效果好、使用范围广的特点使可视化技术的采用比例近三年均位列第一位。有超过2成的调查研究公司采用自然语言的语义、文本分析技术，也体现了当前数据分析和数据挖掘的热点。

此外，空间地理GIS分析技术、商业智能BI相关技术、机器学习和自动建模技术、社会网络分析技术、深度学习技术也得到了采用，占比均在15%左右，有待加强学习、增加应用。

7. 调查研究公司积极乐观，普遍看好行业扩展

2018年，有近6成的调查研究公司对中国未来市场调查研究行业的发展持有积极、乐观的态度，与2016年、2017年相比基本一致。此外，有36.07%的调查研究公司持有中立态度，仅有不足5%的调查研究公司表示消极、悲观，为近三年来最低。近几年内地调查研究行业规模的发展趋势，尤其是近三年重新进入高速增长期，使得绝大多数调查研究公司和从业人员对行业的未来发展充满信心。

随着数字经济逐渐成为全球经济增长的新动能和新引擎，我们将迎来一个充分融合了互联网技术、大数据技术和人工智能技术的新时期。这一背景下，"数据"不再是稀缺资源，但与此同时对数据的研究分析、深度洞察的能力将成为企业的核心竞争力。

调查研究公司一方面可以借助新技术扩大数据获取的范围、降低数据获取的成本、提升数据获取的效率，另一方面，可以将积累已久的研究模式、分析方法与新技术融合，推动大小数据的有机整合，为社会提供多样的"数据"解决方案。

8. 重视行业问题，解决内部积弊

调查研究公司认为当前面对的最大问题，主要集中在雇员成本提高以及行业内部恶性竞争、价格越压越低两个方面，所占比重均超过9成，与2016年、2017年结果可见已经成为行业内部的固有弊端，对调查研究公司产生持续影响。

有近9成的调查研究公司认为最大问题是传统客户（甲方）市场预算减少，相较于2017年比例增加了8%，既是受到当前整体经济环境的影响，又说明国内企业对市场调查的重视程度不足。此外，8成左右调查研究公司认为主要问题还包括传统中国宏观经济的发展大环境、企业税负较重以及人才匮乏，大数据及相关领域发展冲击、找不到合适的市场研究人才。

对于影响市场研究行业发展的短板，调查研究公司认为"行业"的"门槛"低，从而会导致大量问题的出现。除了"行业"整体情况，调查研究公司的关注点和以往相似，指向"数据""研究""人才""人员"方面。调查研究公司认为当前的数据调查、数据研究不够简单化、不够有效、不

够说服力等,在质量、真实、多样方面仍需要持续改进。另外,人才匮乏一直是调查研究公司面对的问题,人才的大量引进才能实现研究水平和调查实力的不断增强,因此要建立有效的人才引进、人才培养机制,创造一个良好的人才使用环境。

复习思考题

1. 如何定义"市场"和"市场调查"?
2. 市场调查的特点是什么?
3. 市场调查的作用是什么?其局限性体现在哪些方面?
4. 阐述市场调查的内容和范围。

第二章

市场调查的机构

学习要点

- 了解市场调查行业的结构
- 认识各种市场调查机构的性质
- 评价市场调查机构的业绩
- 如何选择市场调查公司
- 战略合作和全球市场调查的趋势

开篇案例

在易耗消费品行业,用来提高销售额和获利能力的营销活动主要有三种:中间商促销(占近一半的营销费用)、消费者促销和广告(这两者大约各占营销费用的1/4)。每周的调查数据表明,中间商促销和消费者促销基本都能带来销售额的迅速增加。但是,在获利能力方面几乎没有什么帮助。一项研究发现,仅有11%的优惠券促销和16%的中间商促销是可获利的。由美国最大的使用扫描仪数据调查的组织之一,信息资源公司(information resources, Inc., IRI)做的另一项研究推断,对于中间商促销来说,一般增加1美元销售收入所需成本要大于1美元。

> 依据这项研究,Celestial Seasonings 公司选择广告(而不是中间商和消费者促销)作为其推广草药茶系列新产品的主要工具。然后,Celestial 需要找到一种方法来确保它的广告能够获得收益。
>
> Celestial Seasonings 公司发现,使用恰当的市场调查能提高电视广告效果,影响今天易变的顾客。于是决定采用调查系统公司(research system corporation,RSC)的"全面质量方法"来改善广告效果。RSC 是位于伊利诺伊州埃文斯维尔(Evansville)的一家调查公司。这种方法允许营销人员在市场调查的基础上,采用实证的(或统计的)方法不断改进广告效果。
>
> 通过使用调查信息,Celestial 的市场份额几乎增加了 9%。而且,Celestial 的广告不仅仅是夺取了竞争者的市场份额,同时也扩大了整个草药茶市场的规模。在其他大多数热饮料销量下降的情况下,草药茶的销售却增加了,其中在一个电视购物市场增加了 12%。
>
> IRI 是一家辛迪加式的服务企业,而 RSC 是一家定制调查公司。这两者有什么区别呢?与其他类型的市场调查企业有什么区别呢?市场调查行业目前的基本特征是什么?谁是市场调查信息的使用者呢?这些都是本章要回答的问题[1]。

第一节 市场调查行业的结构

全球花在市场调查、广告调查和民意调查服务上的费用每年超过 90 亿美元。美国每年在市场调查上的花费为 46 亿美元。在过去 20 年中,市场调查行业已经变得高度集中。全球用在调查服务上的花费大约有 39% 集中于 10 家最大的市场调查组织。大约有 51% 的调查由 25 家最大的全球组织进行,其余的由 1 000 家以上的小型调查企业进行。美国的行业集中程度十分明显,10 家最大的公司占了美国在营销、广告、民意调查上的总花费的 59%。20 家最大的公司占了 72%,前 30 家占了 79%。

表 2-1 中列出了调查行业中不同类型的组织。市场调查行业的结构见图 2-1。该图显示了以问卷调查为基础的调查过程中的四个层次。处于层次一和层次二的企业是营销调查数据的最终消费者,即信息使用者。他们需要的信息取决于消费者个人和那些制定商业购买决策的人,即应答者。处在层次三的企业是调查设计者和提供者,处在层次四的企业是数据收集者[2]。

---

[1] 小卡尔·迈克丹尼尔:《当代市场调查》,机械工业出版社 2000 年版。
[2] 同上。

表 2-1　市场调查机构的一般分类

机　构	活动、功能和服务
层次一：企业营销部门	企业中的营销部门，如卡夫通用食品公司和宝洁公司
层次二：广告代理商	广告代理商，如智威汤逊广告公司(J. Walter Thompson)、电扬广告公司(Young & Rubicam)和美格广告公司(Foote, Cone & Belding)
层次三：辛迪加服务企业 定制或专项调查企业	营销调查数据的收集和报告，如 AC 尼尔森公司和 IRI，他们收集很多公司都感兴趣的数据，但不特别针对某一家公司。任何人都可以购买他们收集的数据。一般集中于媒体受众领域和零售数据
	营销调查咨询公司，如 Market Facts、Data Development、MARC 等，他们针对具体问题开展特定的市场调查项目
层次四：现场服务公司	仅收集数据。主要经营企业市场调查部门、广告代理商、定制调查公司或辛迪加式调查公司的转包合同
专业服务公司	为市场调查行业提供专门的辅助服务。例如，亚特兰大的 SDR 公司专门提供先进的定量分析服务
其　他	政府机构、大学调查机构、大学教授、数据库提供者等。

注：专业服务公司通常在前三个层次上经营。

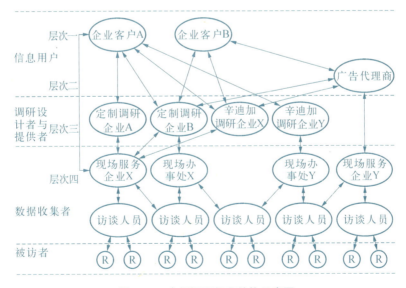

图 2-1　市场调研行业结构示意图

一、层次一：主要的信息使用者(企业营销部门)

处在层次一的组织是市场调查数据的最终使用者，这些数据是由公司或企业营销部提供的。他们利用调查数据来支持营销决策，需要连续的市场调查数据来实现以下目标：(1) 明确各目标顾客群将对不同的营销组合做出何种反应；(2) 评价实施中的营销战略的成效；(3) 评估外部或不可控环境的改变及其服务战略的意义;(4)识别新的目标市场;(5)为新目标市场创造新的营销组合。

图2-1表明,这些公司及其营销调查部门可能会同时使用定制调查机构和辛迪加调查公司,也可能直接去找广告代理商,还可能使用所有类型的调查机构或部分机构来满足市场调查的需求。

二、层次二:信息使用者(广告代理商)

广告代理商(层次二)处在为企业客户服务的位置,但是他们也可能是市场调查数据的最终消费者。广告代理商的主要业务是广告活动的设计与实施。为准确完成此任务,他们通常需要市场调查数据。他们可能从定制调查机构以及辛迪加调查公司那里获得数据,也可能从现场服务公司那里获得,或者使用其他一些组织。

三、层次三:调查设计者和提供者

定制及辛迪加市场调查公司(层次三)代表了调查行业的最前沿。他们提供调查服务、设计调查研究报告、分析结果并向客户提供建议。他们设计并组织实施调查方案,购买、收集数据,或接受下列其他公司提供的服务(见图2-1)。

四、层次四:数据收集者

现场服务公司(层次四)是为辛迪加调查公司、定制调查公司、广告代理商和企业收集数据的。以往,现场办公室由定制调查机构或辛迪加调查公司经营,从事数据收集。但是,今天这种情况已经很少见了。大多数定制调查机构和许多辛迪加调查公司依靠现场服务公司来满足收集调查数据的需求。

层次四中的采访者是实际数据的收集者。他们都是兼职的,以随叫随到的方式工作并同时为几家不同的现场服务公司服务。一般而言,这主要取决于在一定时间内不同现场服务的业务量。

对应答者或潜在购买者的意见、意图、行为等进行测量是调查的基本目的。潜在购买者感觉如何、想些什么以及打算做什么等,都是整个市场调查行业所关注的问题。

五、企业市场调查部

企业是大多数市场调查的最终消费者,所以,理解市场调查如何运作的逻辑起点应该是企业。多数大公司都有自己的调查部门。一些公司把市场调查和战略计划部结合起来,而另一些公司则把市场调查与客户满意部相结合。实际上,几乎所有的包装类消费品制造商都设有市场调查部门。

市场调查部门的规模一般都相当小。最近的一项研究发现,在联邦捷运公司(Federal Express)和三角洲航空公司(Delta Airlines)等服务企业中,拥有10人以上的市场调查部门的企业占15%;在制造业企业中,拥有10人以上的调查部门的企业占23%。由于兼并和再造工程的实施,调查部门的规模逐渐呈缩小趋势。调查部门的经理们不希望继续缩减人员。令人欣慰的是,大约有一半的调查部门经理希望能不断增加他们的预算。企业市场调查部门规模的缩小和预算持续增加意味着,企业自己开展调查的比例在逐渐减少,更多的资源流向了调查提供者。通常,小企业市场调查部门的员工充当的是企业内部的调查使用者与外部提供者之间的媒介。

我们不可能涉及所有类型的调查部门,所以把重点放在那些更为复杂和大型的企业。在这些公司中,调查部门是企业的参谋部门,要向最高营销经理负责。虽然调查部门要向上一级部门汇报工作,但其工作实际上主要服务于产品或品牌经理、新产品开发部经理和其他一线部门经理。除了将各种可以重复的研究编入公司的营销信息系统外,市场调查部门通常不会发起研究项目。事实上,调查部经理可以控制的实际预算很少或者几乎没有。相反,一线部门的经理倒会把他们的一部分预算用于调查。

第二节 | 市场调查机构的类型

市场调查机构是一种服务性的组织机构。按照市场调查服务的独立程度来分,可分为非独立性调查机构和独立调查机构;按其提供的服务类型来分,可分为完全服务公司和有限服务公司;同时作为政府机构、大专院校、科研机构所属机构和其他相关的专业服务公司也是市场调查行业中一种具有特殊功能的类型,如图2-2所示。

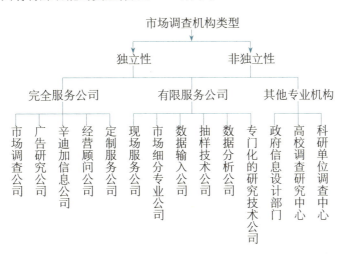

图2-2　市场调查机构一览表

一、完全服务公司

完全服务公司(full-service supplier firms)有能力完成其委托人所要求的全部市场调查工

作。这种完全服务公司能够自己找出问题,进行调查设计,收集和分析数据,并且完成最后的报告。显然,这是一些大的公司,有必需的部门和设备来完成整个任务。

1. 市场调查公司

专营市场调查业务,提供综合服务。一般从研究方案、问卷设计、抽样技术、现场实施、数据分析到研究报告的所有市场调查环节都能独立进行设计操作,并能熟练运用入户调查、街头拦截、开调查会、个案访谈、电话调查、网上调查等各种方式收集资料,如美国的盖洛普市场调查公司、中国的华南市场研究有限公司、上海神州市场调查公司、大正市场调查公司和香港市场研究社(SRH)等均属于这种类型。也有称这些公司为标准服务公司(standardizal service firms)的,他们能提供全套的综合的服务;同时该类公司的报告和数据只提供给唯一的委托客户,但提供的服务式样是标准化的。

市调案例2-1

上海神州市场调查公司是中国大陆研究层次最高的调查公司之一,公司成立于1993年,积累了丰富的市场调查经验。公司以市场调查为主、方法研究为辅在社会经济各个领域广泛开展各类咨询服务,为中国信息协会市场研究分会理事单位。上海神州主要从事市场调查策划、经济信息咨询、企业文化交流、调研人员培训、广告效果研究、办公系统维护等业务。下设研究部、项目部、联络部、财务部、办公室等部门。

上海神州拥有一批社会学、经济学、市场学、金融学、管理学、心理学、统计学、计算机及现代高科技领域的高级专门人才。神州调查公司以中国社会调查方法研究会的理事会员为主体,汇集了北大、复旦、南开、中山、中国社科院、国家统计局等国内高校、科研、统计、管理等系统的一流研究力量,由高素质的市场调查专业人员(全部大学以上学历)操作,并在北京、上海、广州、武汉等地设有联络机构及由兼职调查员组成的全国市场调查网络。公司主要负责人兼任中国社会调查方法研究会副理事长、中国市场信息调查协会常务理事、中国市场学会理事、上海复旦市场调研中心主任。

上海神州在市场调查研究中采用国际通用的规范化方法,运用先进的电脑统计技术,保证各项调研成果达到国内一流水准。公司具有广泛的国际联系,与美国、日本、英国、中国香港地区、中国台湾地区等市场研究机构保持经常交往。

上海神州曾做过各类企业的经济顾问,由专家教授挂帅,定期对企业的内外形象、运行机制、促销活动、宏观调控等提出切实可行的意见和方案,并提供各种媒介和信息,提高企业的活力和产品竞争力。

上海神州曾经实施的部分项目如下：

万宝路香烟测试研究	果珍饮料抽样调查
施格兰冰露市场研究	力士洗发水留置调查
力士香皂香味研究	可维可饮料口味测试
雪碧、芬达饮料研究	旁氏护肤品市场调查
统一集团酱油测试	黑五类芝麻糊调查
电信行业顾客满意度测评	咖啡休闲吧连锁经营调查
名优新现代食品展评会	儿童饮食习惯调查
北京、广州、上海果汁饮料研究	服装街头访问
京、津、沪纺织品市场需求调查	夏令卫生品汇展调查
上海速冻食品市场调查	早餐进食习惯座谈会
洋酒研究街头采访	汽水街头采访
威士忌座谈会	花王产品调查
上海卷烟消费市场调查	全国十六城市赛尼可减肥药调查
西门子CT机市场分析	汽车品牌及用户研究
中国汽车零部件国产化研究（如桑塔纳）	施乐复印机市场调查
家用电脑市场调查	上海传呼机市场调查
上海电信宽带与拨号上网市场调查	互联网在中国的使用及影响调查
中国工商银行"牡丹信用卡"特约商户调查	上海报纸广告调查（《解放日报》广告公司）
《新闻报》读者调查（《新闻报》报社）	全国报纸读者调查
亚运会广告监察汽水广告研究	广告效果研究
视听器材品牌形象调查	年年红红木家具市场调查
IMI消费行为与生活形态年鉴调查	上海罗氏企业文化评估调查
企业的社会责任调查	中国公民展望21世纪调查
上海市民看香港回归抽样调查	上海市民环保意识研究调查
上海市民素质调查	中国青年文学阅读意向调查
上海电信视讯会议业务研究	中国公众科学素养状况抽样调查（中国科协）

2. 广告研究公司

不少稍具规模的广告公司，都设有市场调查机构，有的市场调查下属于广告研究公司，有的则独立成立市场调查公司。他们的服务对象为广告主，同时也接受一般企业的市场调查业务，因此会有精于市场调查的主管，以及储备训练有素的调查员。

3. 辛迪加信息服务公司

辛迪加信息服务公司有 A.C. Nielsen、Arbitron、Information Resources Incorporated 等。他们收集一般的资料（如媒体受众研究资料和零售资料），但不是专门为某个客户服务的，任何人都可以购买他们的资料。与顾客或广告研究公司相反,这类公司数量少,但规模大,主要提供受众的媒体资料和产品流通资料。美国营业额排名在前面的调查公司一般都是这类公司,中国的央视调查咨询中心下属的央视索福瑞媒介研究有限责任公司也属于辛迪加服务公司(见图2-3)。

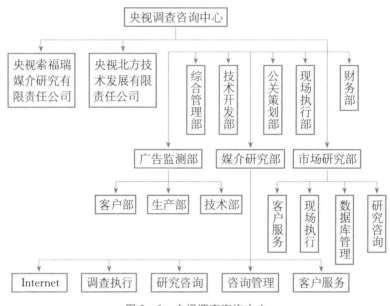

图2-3 央视调查咨询中心

4. 经营顾问公司

它们以办理企业经营指导业务为主,但一般经营顾问公司都兼办市场调查业务。

5. 定制服务公司

根据不同顾客的特殊要求进行定制服务。每个客户的要求都作为一个特定的项目进行。这些调查公司往往需要花费大量的时间与客户一起决定问题。然后,根据客户的特定的问题设计调查。这些公司提供一系列的调查服务,包括测试市场、焦点(小组)访谈、消费者调查和行业调查等。

二、有限服务公司

有限服务公司(limited-service supplier firms)专门从事某个方面或某几个方面的调查工作。这些公司拥有专门的人才开展某种调查技术工作,如目测、佯装购买或从事某个调查领域的工作,再如对年轻人的调查,对某项体育项目如高尔夫球的调查。这些有限服务公司可以根据他们从事的不同领域进行进一步的分类,如现场服务、市场细分、数据输入服务、数据分析以及特殊调查技术服务。

1. 现场服务公司专门收集数据

这些公司进行专门的电话访问、深度小组讨论、邮寄调查或入户调查。因为要在全国范围内进行访问,人员费用很高。因此,有一些公司就提供现场服务来快速有效地收集数据。对现场服务也可以进一步分类,比如,有的公司专门进行个人访问,有的专门进行邮寄调查,有些公司被称作"电话信息库",专门进行电话访问。有的调查公司提供场外督导管理、案情摘要和现场审计。有的调查中心开展对消费者的售点拦截访问。快速调查公司提供经过培训的人员对行人进行拦截访问。

2. 市场细分专业公司

市场细分专业公司对特定的调查对象进行数据收集,如小孩、少年、青年或位于特定区域的人们。有些营销调查公司针对某个特定的行业人员进行调查,如专门对非营利机构进行调查。这些有限服务公司对他们所从事的行业都有较深入的了解。

3. 数据输入服务公司

数据输入服务公司专门编辑已完成的问卷,进行编码和数据输入,提供高质量的软件系统和数据输入服务。计算机使得调查人员能够在访问的同时将数据输入分析软件,从而极大地提高了效率。

4. 调查样本公司和科学电话样本公司

调查样本公司和科学电话样本公司(STS)是专门从事样本设计及分发的公司。该类公司有自己的调查部。它从另一个公司购买样本,然后再把这些样本及调查问卷送到某个"电话信息库"来完成调查,这种情况非常少见。一个拥有全国样本的公司可以自己进行电话调查,从而节约时间。综合系统(genesys)样本公司也是一家样本设计和分发公司,它列出各种家庭及不同行业的样本、行政区样本和用于选择非正规样本的程序。

5. 专门进行数据分析的公司

他们在调查过程中为数据分析和解释提供技术帮助,并采用复杂的数据分析技术,如联合分析。

6. 专门化的研究技术公司

开发行业中非常专业的名单。例如,名字调查公司是一家对名字进行测试的公司,他可以测试品牌名、公司名等。微型测量公司利用计算机图像来测试、估价、修改包装货架外形和对广告用的标志作再设计。他们特别注重于用目光跟踪来测试这些交流载体[1]。

三、其他专业机构

随着我国市场经济的运行,各省市的调查机构都应运而生。如政府信息统计部门、高校调查研究中心、科研单位的研究中心等。

1. 信息统计部门

中央和各省市也建立市场调查机构,调查研究全国性和全(省)市性的市场动态,预测市场趋势,为各行各业提供市场信息。如商务部就有商情信息中心,民政部也有社会调查中心,上

---

[1] 阿尔文·C.伯恩斯等:《营销调查》,中国人民大学出版社、Prentice Hall 出版公司 2001 年版。

海有经贸委的信息研究中心,各省市还有各级的城乡调查队等。这些市场调查中心的任务就在于运用国家的力量,组织全国或全省市的市场通信网,用以收集和交流国内外市场信息。同样,资本主义国家的政府也对收集经贸信息,在组织上和经费上都给予大力支持。如美国商务部每5年或10年定期组织对商业制造业、农业、人口、住房等进行普查,对市场调查和决策起着重大作用。

2. 高校、科研单位

在大专院校、经济研究单位,设立市场研究机构,运用科研人员的力量,有针对性地进行专题调查和预测。如中国人民大学、复旦大学、上海财经大学、上海交通大学、上海社科院等均有市场研究机构。在国外也是如此,如美国哈佛大学市场科学研究所,从事研究有关计量和预测方法的改进以及公共政策对市场销售的影响等;密执安大学调查中心,则集中研究消费者对购买耐用品的态度和意见,向外界提供每年度变化情况的研究资料。

四、非独立性机构

上述调查机构大多为独立性机构,在市场调查行业中还有一些非独立性的机构。

这种机构至少可以起到四个方面的作用:①资料库作用;②模型库作用——做出市场活动计划和管理用的各种模型;③统计库作用——开展资料统计、处理活动;④反馈中心的作用。四种活动机构结合起来,就成为市场信息的写照。

非独立性调查机构的职能比较有限,很少直接从事第一手资料的调查研究。主要职责是搜集第二手商业情报资料,与专业化的调查公司联络,建议企业进行某些适当的市场调查。当企业需要进行第一手资料的调查时,他们要为企业选择合适的专业化的调查公司,同时参与、监督、审查接受委托的市场调查公司的工作。

第三节 市场调查机构的部门

一、职能部门

随着市场调查业的不断发展成熟,专业化的市场调查机构越来越成为第一手资料的主要提供者。不管是政府机构或商业性组织,对专业化市场调查公司所提供的数据资料的依赖性也越来越强。

专业化的市场调查公司,由于服务性质、范围不同,公司各部门的构成以及名称也不完全一样。但是作为一个专业化的市场调查公司,一般来说,都要具备以下几个职能部门。

(1) 总经理室:通常有总经理一人或一人以上,总经理助理或秘书一人。负责整个公司的协调、运作和人事管理。

(2) 客户服务部:业务人员或项目经理若干人。负责与客户的联系联络、推广、销售公司的产品。

(3) 研究开发部：负责市场调查的技术问题和业务的开发、制定市场调查的计划。

(4) 调查部：执行市场调查的资料采集工作。该部门通常包括执行主任一人、督导若干人、专职访问员若干人和许多兼职的访问员。

(5) 统计部：负责数据资料的统计处理工作。

(6) 资料室：负责各种一般性的商业资料的搜集、分类、整理和归档，以便查询。

(7) 财务部：负责公司的财务计划和各种财务管理[1]。

二、成员职责

不同的市场调查机构，其组织机构的形式结构可能不同，但其人员的构成却大同小异，一般都包括以下人员。

1. 管理人员

他们的职位是公司的总经理、副总经理和各部门的经理。他们的职责是组织、控制整个调查运作，协调下属各部门之间的关系；制定公司的管理规则、人员的职责。管理人员通常对市场调查业务运作的各个方面都要十分熟悉，有从事市场调查、社会调查或民意调查的经验。此外还要具有较强的组织管理能力。

2. 研究人员

包括高级研究人员和一般的研究人员。高级研究人员的职位通常是项目经理、客户经理或研究总监。研究人员的职责是拟订调查方案和数据处理计划，进行抽样设计、问卷设计、数据分析以及撰写调查报告，此外还负责向客户汇报调查结果、提供咨询服务。他们通常是经济学、市场营销学、社会学、心理学、数理统计学、管理科学等领域训练有素的专家、学者或博学之士。

3. 督导

顾名思义，督导就是监督指导。督导是访问员的管理者，负责访问员的招聘、访问员的培训，以及对访问员的工作进行指导、监督和检查。

4. 访问员或调查员

访问员通常包括专职访问员和兼职访问员。访问员的工作就是采集资料，对指定的受调查者进行调查访问，以获得原始数据资料。专职的访问员是指公司聘用的全日制工作人员，他们的职责除了进行调查访问之外，还要协助督导员对新招聘的访问员进行培训工作，执行一般访问员难以胜任的调查访问，对某些抽到的受访者进行复访或回访。兼职访问员是公司临时聘用的访问员，他们在公司需要实施调查时，执行调查访问。目前国内的兼职访问员大多是在校的大学生，也有居委会工作人员。招聘大学生做兼职访问员比较方便，素质较高，容易培训，但是不便于管理，而且访问的质量深受大学生责任心的影响。一个调查公司一般招聘一两个

---

[1] 黄合水：《市场调查概论》，东方出版中心2000年版。

专职的访问员即可,但兼职访问员有时需要几十个甚至几百个,因为兼职访问员工作不稳定。

5. 电脑录入员

其主要职责是对搜集到的问卷资料进行编码,并将数据资料输入电脑,以便研究人员做统计分析处理。此外,他们通常也要负责一般资料性文件的电脑编辑、打印工作。电脑录入员一般要比较熟悉各种计算机软件的使用,键盘操作速度比较快。一个调查公司通常需要一个以上的电脑录入员。

6. 资料员

负责各种一般性的商业资料的搜集、分类、整理和归档,以便研究人员查询。资料一般来自各种媒体,包括报纸、杂志、商业通报、邮函或出版物等。一个公司一般要有一个或一个以上的资料员。资料员通常要具备档案管理方面的经验[1]。

复习思考题

1. 描述市场调查行业的层次。
2. 市场调查机构有哪些类型? 各举一例说明。
3. 比较定制调查公司与辛迪加信息公司的异同。
4. 专业化的市场调查公司一般设有哪些职能部门?
5. 你认为下述机构间的市场调查有什么区别?
   (a) 零售商　　　　　(b) 消费品制造商
   (c) 工业品制造商　　(d) 慈善机构
6. 如何选择市场调查公司?

---

[1] 黄合水:《市场调查概论》,东方出版中心 2000 年版,第 22—23 页。

第三章 市场调查的流程

学习要点

- 了解市场调查的一般流程
- 理解每个步骤在调查过程中的作用
- 着重介绍确定调研目标和陈述研究发现
- 通过解剖一个案例介绍调查步骤的具体内容

开篇案例

明尼阿波利斯-圣保罗地区是大型购物中心的诞生地。明尼阿波利斯的一家数据库管理和营销企业IQ/智能营销系统公司(IQ/Intelligent Marketing Systems, Inc.)同该购物中心合作建立了一个数据库,可提供有关Ridgedale典型顾客的准确信息。该数据库是以超过15万个顾客的信息为基础建立的,并且还不断扩展和更新,每年都要补充持续调研所得的信息。

该数据库还导致一份简报《现在》(Right Now)的问世。该简报每季度邮寄给数据库中包括的部分顾客,它发挥以下三项功能:

(1) 事先向选定的有限顾客传递有关即将进行的促销活动的信息。

(2) 塑造 Ridgedale 的"重要"顾客的形象,让他们觉得自己属于"贵宾成员"。

(3) 作为从数据库中提取进一步信息的载体。

当然,对于所有这些调研来说,最重要的问题是能否改善经营绩效,Ridgedale 是否从调研中得到好处?销售额和顾客数量是否增加了?回答是非常肯定的。"要感谢我们的数据库,"Ridgedale 的营销协调员 Gwendolyn Coule 说:"我们知道谁在 Ridgedale 买东西,他们从哪来,他们到这里花多少钱和花在什么地方"①。

建立一个像 Ridgedale 的数据库需要开展营销调研和获得其他信息。开展市场调研需要遵循一系列合乎逻辑的步骤。市场调研过程中的基本步骤有哪些?企业中的优先营销调研项目是如何确定的?

市场调研过程如图 3-1 所示。

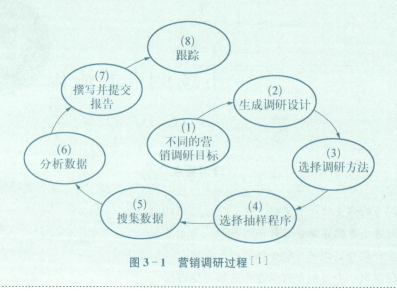

图 3-1 营销调研过程[1]

第一节 市场调查的一般流程

市场调查是以科学的方法收集、研究、分析有关市场活动的资料,以便帮助企业领导和管理部门解决有关市场管理或决策问题的研究,其一般的调查流程或研究步骤如图 3-2 所示。

---

[1] 小卡尔·迈克丹尼尔等:《当代市场调研》,机械工业出版社 2000 年版。

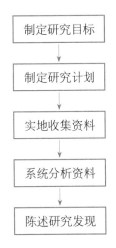

图 3-2 市场调查的一般流程

一、确定研究目标

市场研究的首要工作就是要清楚地界定研究的问题,确定研究的目的。如果对问题的说明含混不清或对所要研究的问题作了错误的界定,那么研究所得到的结果将无法帮助企业领导做出正确的决策。因此,市场调查的第一步,就应首先确定研究目的。

市场研究是一项人们有组织、有计划和有步骤进行的商业信息工作,市场研究的课题与产品营销业务直接有关,是为企业更好地组织产品推销工作以及为企业管理部门提供决策的依据。

例如,新产品的开发研究,制造什么东西才会被消费者接受,才能畅销?产品的规格如何?购买者的特性如何?

又如某企业的产品的市场占有率最近低落,其原因何在?是经济衰退的影响?广告支出的减少?销售代理效率低?消费者偏好转变?需要有什么样的对策?

由于有这些具体的问题,才需要进行市场研究。企业所要求的是有助于具体目的而且直接有用的资料。当然,消费者的意识和价值观今后如何变化,10年后的人民生活又是如何,这些与企业中长期策略有关的问题,也是市场调查研究的任务。要根据公司及企业的要求来决定是否研究。因此,确立研究目的是很关键的阶段。如果目标定得过于广泛,实际的研究设计将很困难。相反的,如果拘泥于战术,考虑太过狭隘,可能不能达到研究的全部目的。由于这一阶段十分困难,有些市场研究者,往往在目的还未明确之前,就草率前进至下一阶段,以致全部研究,花费了金钱和时间,却什么也没有得到。因此必须安排充分的时间来明确研究目的。

确定研究目的,需要思考下列3个问题:为什么要做此研究(认清背景)?想要知道些什么(确认目的)?得知结果后有什么作用?向谁说明(衡量价值)?

应该如何来明确研究目的呢?首先应了解客户所提出的调查主要内容。一般由企业单位所提出的调查主题,大都是问题范围广泛或未经仔细考虑而提出的。从事市场研究的人员要根据客户提出的要求,仔细地进行思考并作一些情况分析。通常可以作以下几项工作。

(1) 收集和分析企业内部的记录以及各种有关的第二手资料。

(2) 访问企业内外对有关问题有丰富知识和经验的人士,如企业领导层人员、推销员、经销店、批发商业企业干部、零售商业企业干部等。

(3) 在消费者中做非正式调查[1]。这项工作,在研究方法程序中是选题的初步探索阶段。初步探索所从事的就是这3个方面的准备工作:查阅文献、专家咨询及试点调查。

在初步探索(也称"摸底调查")基础上,我们可以根据项目要求设立研究假设,或形成某种理论思路。假设是未经实践充分证实的理论,它是研究目标和理论模型之间的中间环节,是建立和发展科学理论的桥梁。研究者可根据所提出的假设确定自己的研究方向,进行有目的、有计划的观测和实验,避免盲目性和被动性。在实际操作中,假设也可使调查限制在一定的范围之内,将模糊不清的问题点逐渐地明朗化,也避免个人对结果的任意解释。因此,假设在市场研究中起着十分重要的作用。当然,也不是任何一个市场调查项目都要求设立假设。是否设立假设,视研究的目的内容和要求来确定。

在确定了研究目的和假设以后,就要求将所需的各种资料加以列举,以决定收集资料的范围和资料的来源。资料过少,不足以取得可靠的数据;资料过多,费时费钱。资料的多少设定依据调查项目要求而定。当然,资料的准备和收集工作有赖于有长期经验积累和经过严格培训的人员。这种资料的收集工作,大体上来说前期(研究设计前后)以第二手资料,即文献资料、专家咨询为主,后期(调查实施及阶段)则以第一手资料为主。

二、制定研究计划

市场调查的第二阶段就要制定一个收集所需信息的最有效的调研计划,或称之为研究设计。研究设计就是研究人员为取得所需资料采用的方法、程序、成本预算的详细计划书。一般来说,这份研究计划书应包括以下一些内容。

(1) 确认研究目标和调查内容。

(2) 决定收集资料的方法。采用观察法、访问法还是实验法,使用抽样调查、典型调查还是个案调查,是入户访问还是开调查会等。

如采用抽样调查,那么调查总体是如何界定的,采用什么方法进行抽样,样本又是多大等,都要有个科学的、明确的说明。

(3) 制定项目进度计划。为了使研究工作能够在预定的期间内完成,并保持相当水平的质量,必须预先规划好完成每一阶段任务所需的天数,并选定开始及完成日期。由于有些工作可同时进行,因此各项工作进行的时间可能会有重复之处。表3-1是某市场研究公司的项目进度计划表,制定项目进度计划时,要将各项工作的时间填入表中。

---

[1] 郑宗成:《市场营销实务》,科学出版社1994年版。

表 3-1　项目进度计划表

项目名称＿＿＿＿＿＿＿＿＿＿＿＿　　　　　项目代号＿＿＿＿＿＿＿＿＿＿＿＿
项目主持人＿＿＿＿＿＿＿＿＿＿＿＿　　　　抄送部门负责人＿＿＿＿＿＿＿＿＿＿

日　　期	工作内容	其　　中			
		研究部	访问部	办公室	电脑部
11月6—8日	设计问卷	√			
11月9—10日	测试问卷	√	√		
11月11日	客户批准问卷	√			
11月6—10日	抽样		√		
11月12—13日	印刷问卷			√	
11月14日	访问员培训		√		
11月15日	访问员试访		√		
11月16—25日	实地访问		√		
11月26—28日	问卷编校及编码	√			√
11月29日—12月6日	问卷输入及统计				√
12月7—12日	编写研究报告	√			
12月13日	复印装订并提交报告	√			

（4）制定项目预算调查组织与人员配备。为了做好成本控制，需要对主要成本项目做好预算。预算和时间进度密切关联，两者应一起考虑。表 3-2 是市场研究公司的项目预决算表。制定项目预算时，可将各项成本填入表中。

表 3-2　项目预决算表

项目名称＿＿＿＿＿＿＿＿＿＿＿＿　　　　　项目代号＿＿＿＿＿＿＿＿＿＿＿＿
作业时间＿＿＿＿＿＿＿＿＿＿＿＿　　　　　填表人＿＿＿＿＿＿＿＿＿＿＿＿

预算项目	摘　要	预算金额	决算金额
设计费			
抽样费			
印刷/复印			
访问费			
复核费			
交通费			
住宿费			

续表

预算项目	摘 要	预算金额	决算金额
问卷编码			
电脑输入、统计、出表			
电脑软盘、色带			
报告编号			
交际费			
杂费			
其他			
合计			

费用支出时间计划

审批　　　　　　　　　　　　　　　　　　　　　年　　月　　日

（5）调查组织与人员配备。

三、实地收集资料

实施阶段的工作就是根据研究方案抽取样本、收集资料。它是整个调查研究中最繁忙的阶段。能否收集到必要的资料，并加以科学的整理，是市场调查能否取得成功的最根本的条件。

1. 抽取样本

市场调查有全体调查、典型调查、抽样调查等各种方式。其中抽样调查是市场调查常用的方法。因此，在实地收集调查资料以前必须在界定的总体范围内抽取样本。抽样方法大体有两类，一是随机抽样法，另一类是非随机抽样法，市场调查要求多用随机抽样的方法。如某研究采用分层定比任意抽样法，就是随机抽样的一种方法。他们从搜集总体名单及数字开始，根据已掌握的总体数目，相应确定抽样比例及各行业样本的大小，同时根据各行业内部的性质和特点，确定各单位的样本人数。

2. 收集资料

样本确定以后，就进入实地收集资料。市场调查中资料的收集是项最艰苦的基础工作。它不仅要求调查研究人员有埋头苦干、吃苦耐劳的精神和实事求是的科学态度，而且需要熟练地掌握收集资料的方法和技术。常用的当然是访问、观察、问卷、文献等各种方法。如某研究采用了发放问卷的方法。他们召集基层单位负责人开会。向到会的人员，详尽交待了问卷发放的步骤和方法，半个月后，问卷陆续收回。总体实发问卷份数与实际有效问卷可以计算一个比例。当然,同一个研究,可能用一种方法,用两种方法,也可能用多种方法收集资料。

3. 整理资料

资料的整理是统计分析的前提,它的主要任务就是对收集来的资料进行系统的科学加工。整理资料主要有两项工作:

(1) 校对。对调查来的原始资料进行审查,有无错误或遗漏,以便及时修正或补充,即校对和订正工作。这项工作对于充分保证研究结果的准确性、科学性有重大意义。

(2) 简录。就是对原始资料进行编码、登录和汇总,加以科学的分组,使材料系统化,并为进行统计分析奠定基础,或者将已经汇集登录的原始资料输入磁盘,为利用电脑进行统计分析做好准备。

四、系统分析资料

分析资料阶段的主要任务是在全面占有调查资料的基础上,对资料进行系统分析,其中包括统计分析和理论分析(验证解释)。

市场调查不能只归结为搜集资料,它的目的是要对事实做出有科学根据的解释。

加工资料分为两种不同的类型:第一种类型是第一手资料的统计分析。在这种场合下,分析的主要手段是数学和逻辑。由此所得到的资料对于进行理论分析得出理论结论和提出实际建议是有用的。第二种类型是从理论上解释资料,从内容上分析正式整理过的市场经济事实(即第二手资料),这里分析的主要手段是与所研究的市场及经济生活领域有关的经济学理论及市场营销等有关的理论。在分析阶段我们要做两方面的工作:即统计分析和理论分析。

1. 统计分析

市场统计分析包括两个方面的内容。

叙述统计也称描述统计,主要依据样本资料计算样本的统计值,找出这些数据的分布特征,计算出一些有代表性的统计数字。叙述统计主要是描述调查观察的结果。它包括频数、累积频数、集中趋势、离散程度、相关分析、回归分析等。

推论统计也有人叫统计推断,它是在描述统计的基础上,利用数据所传递的信息,通过局部去对全体的情形加以推断。也就是说它以样本的统计值去推论总体的参数值,包括区间估计、假设检验等内容。

经过统计分析我们就做出了第二手资料,以供进一步理论分析。

2. 理论分析

理论分析是分析阶段的重要环节,它的任务是在对资料整理汇总统计分析的基础上进行思维加工,从感性认识上升到理性认识。

这个程序是各种科学认识方法的结合,即从抽象上升到具体方法,分析综合方法,归纳法、演绎法、类推法、公理法、系统法及其他的方法综合。

这里要注意的问题是,要考虑验证研究结果与原有假设的关系。研究结果可能与假设是一致的,那时就可以顺理成章地予以解释;但有时研究结果与原来的假设不一致,有时会推翻原来的假设,这里一方面可能会有新的发明和发现,对市场研究是一个很大的推动,另一方面可能由其他种种原因造成,就需要寻找及说明为什么与原假设不一致。

五、陈述研究发现

市场调查的最后一步是陈述调研人员对相关问题的研究发现。调研人员不应该只将大量的数字和复杂的统计技术提供给客户或管理层,否则会丧失它们存在的必要性。调研人员应该向客户或管理层提供与营销决策有关的一些主要调查结果。

当然,报告时,最好先写一两页最简单的摘要,开门见山地告诉客户或管理层,然后进入报告本身。报告本身也要采取不同的形式,要考虑到此报告的读者对象是谁,是给谁看的。是供发表的,印成书的,或是给机关用的,采取的形式都不一样,不能呆板。整篇研究报告对于以下一些问题都应予以说明:

说明研究的目的,它的理论基础是什么,在制定政策上、理论上有什么意义。

研究报告的重点部分是资料分析,要把资料分析的步骤或所用的公式、图表等一步步列出。资料分析要生动清晰,可以与其他资料进行对比讨论。

最后要说明此项研究的贡献何在,说明理论的贡献和实际的贡献,并提出相应的营销建议。

每一个调研人员都应与客户协商确定调研报告的内容。但研究报告本身也有其被广泛接受的内容部分,如介绍、方法、结果等。电脑绘图能从视觉角度来表达信息。图形的作用相当巨大,调研人员总结出有用的模型及一些重要发现后,需要通过图表的形式把这些信息传递给营销经理;营销经理以此来决定调查结果。

在撰写书面调研报告的同时,有时研究人员也需要利用口头演示(oral presentation)的方法来告知客户调研方法及调研发现。通常,在进行演示时都需要运用幻灯片,甚至是彩色的。在幻灯片上列示了报告的概要、重要的结果以及有关图形等内容。

第二节 市场调查流程实例

我们以《新闻报》读者调查为例来说明市场调查流程。

一、确定研究目的

为分析了解《新闻报》读者受众现状,提高办报质量,扩大发行数量,《新闻报》社委托中国社会调查方法研究会上海神州市场调查公司于 1997 年 3—4 月在上海地区进行了首次《新闻报读者调查(1997)》。

二、制订《研究计划书》

1. 研究目的

此次调查须达到如下三个研究目的。

(1) 单位订阅户的所属行业、区域、分布、单位性质、订阅途径及订阅方式选择,单位负责人对《新闻报》的总体评价、忠诚度、二次传阅率,以及继续订阅的意向和建议。

(2) 个人订阅户的读者性别、年龄、文化、职业、收入、生活方式、消费习惯、价值观念、心理素质等特征。分析《新闻报》读者群的相关因素,确定《新闻报》读者定位。

(3) 调查研究《新闻报》受众的读报习惯与特点,探讨分析受众对《新闻报》在上海各报中的选择排行,对《新闻报》各版面及专栏副刊的喜好程度,对《新闻报》如何形成自己的办报特色,形成优势广告以及不断扩大发行量的建议与要求。

2. 问卷设计

这次研究的调查问卷分为个人卷和单位卷两种,以便分别对《新闻报》读者个人和订阅《新闻报》单位的负责人进行调查。

(1) 个人卷。

① 阅读习惯:订阅年限、了解途径、阅读地点、阅读时间、几人阅读、阅读顺序等。

② 评价意见:对《新闻报》的新闻版面、专刊和副刊的喜好程度、对《新闻报》的总体评价、订阅因素、续订意向、断订原因、价格承受力、建议意见等。

③ 生活方式:被访者的生活消费观念,余钱使用倾向、业余时间安排、出外地点及目的、家庭生活设计、个人生活状况、高档用品拥有情况等。

④ 个人资料:性别、年龄、婚姻、收入、教育、职业等。

(2) 单位卷。

① 单位资料:所属行业、单位性质、单位规模、负责部门、订报份数。

② 媒体接触:订报种类、订报经费、各种信息主要从哪份报纸获得、急需信息与资料类型、没有订阅《新闻报》的原因,今后订阅打算等。

③ 评价意见:被访单位订阅《新闻报》的情况、何年起订、订阅途径、订阅因素、二次传阅率、主要阅读者、对《新闻报》总体评价、内容评论、广告评论、对编排发行等工作建议。

3. 研究方法

本研究采用科学的抽样方法收集资料,采取对读者受众、单位用户抽样调查和零售点观察、非订阅户调查相结合的方法进行,同时查阅相关文献与有关同类调查进行比较分析。

(1) 抽样方案。

本研究的对象为具有上海市户籍的 16 岁以上平时订阅或购买《新闻报》的读者受众(含单位部门负责人)。研究采用问卷入户(含到单位)面访的调查方式。

(2) 抽样方法。

本调查采用分层系统抽样的方法,从 10 万《新闻报》读者中抽取 1 000 人(户)和 200 个单位作为样本,抽取方法如下。

第一层抽样从上海市14个区44个邮电局当中抽取22个支局进行抽样调查,抽取数按照各区的订阅数占订阅总数的比例进行分配,然后再采用系统抽样法抽选具体的支局(见表3-3)。

第二层抽样从22个支局的订阅清单中采取等距离抽样的方法抽取200人/单位和700人/户。

① 各区抽取数按各区实际订阅数占总订阅数的比例进行分配(见表3-3)。

② 在全市按零售情况,随机抽取30个报摊进行非稳定读者的调查,计300人。

抽取办法为依零售数量的等级抽取黄浦、虹口、杨浦、长宁、徐汇、浦东等6个区(另加漕河泾地区),每个区抽取5个左右报摊,每个报摊抽10人/户。根据报社要求,调查部分《新闻报》非订阅户。在全市区抽取200个非订阅单位,以公司企业、个体户为主,兼顾机关及文教系统。抽取方法为在已抽取的200个订阅单位附近,按行业配额比例访问相应的非订阅户200户。

表3-3 各区应抽取邮局、单位、人数量

区名	订阅数(户)	百分比(%)	应抽单位数(200份)	应抽个人数(700份)	应抽邮局数
黄浦	2 893	6.7	14	47	1
南市	2 467	5.7	12	40	1
卢湾	2 786	6.4	13	45	1
徐汇	4 123	9.6	19	67	2
长宁	3 925	9.1	18	64	2
静安	3 728	8.6	17	60	2
普陀	3 452	8.0	16	56	2
闸北	3 453	8.0	16	56	1
虹口	5 399	12.5	25	87	3
杨浦	3 700	8.6	17	60	2
浦东	3 255	7.5	15	53	2
闵行	1 713	3.9	8	28	1
宝山	1 065	2.5	5	17	1
嘉定	982	2.3	5	16	1
实际	42 941	100.0	200	700	22

三、实地收集资料

1. 抽样实施

我们派抽样员到上海14个区的22个邮电支局进行抽样,这22个支局如表3-4所示。

表3-4 实地抽样的邮电支局

黄浦——黄浦	闸北——天目路
南市——南车站	虹口——虹口、提篮桥、四川路
卢湾——丽园	杨浦——胜利村、控江
徐汇——徐汇、东安路	浦东——周家渡、洋泾
长宁——天山、新华	闵行——闵行
静安——静安、曹家渡	宝山——吴淞
普陀——普陀、武宁	嘉定——嘉定

在《新闻报》社发行科的介绍联系下,抽样工作得到了各个邮电支局大力配合。我们的调查员首先索取1997年2月(1月或3月)该邮电支局订阅《新闻报》户名卡。然后将该支局订阅总数除以应抽取单位数得到抽样间距K1,再用该总数除以应抽个人数得抽样间距K2。接着,先按K1间距抽取单位样本,每点取A和B两个个案,若遇个人户则跳抽下一个单位户,再按K2间距抽取个人户样本,每点也同样取A和B两个个案,若遇单位户则跳抽下一个个人户。最后,登录单位名称或个人姓名、地址、订阅期限。抽完样本后,对所有订阅户按行业进行分类统计。同时要求,在抽样册封面上要写清支局名称、邮编、支局地址、抽样人姓名、抽样日期、支局联系电话、支局联系人姓名。

2. 观察实施

为了深入了解零售读者的阅读倾向以及《新闻报》零售点的状况,我们设计了"《新闻报》零售点观察记录表"。

我们要求观察员在周六或周日、周二从上午6:30到9:30到零售摊点观察购买《新闻报》的读者人数,记录读者的性别和年龄;同时记录《上海证券报》《消费报》购买的人数。在观察过程中预约《新闻报》零买读者,以便上门或现场进行问卷调查。我们的观察分别在黄浦、虹口、杨浦、长宁、徐汇、浦东和漕河泾地区的30个零售摊位上进行。

3. 项目实施进程

项目实施进程如表3-5所示。

表3-5 项目实施进程表

1997年3月14日	签约,制定研究方案设计问卷
3月15日—3月25日	邮电支局抽样零售摊点预调查
3月26日—3月底	问卷印刷,调查员培训
4月1日—4月20日	实地调查(订阅户个人及单位,零售点观察及部分读者调查)
4月21日—4月30日	资料数据电脑输入
5月4日—5月14日	资料分析,撰写报告
5月15日	递交研究报告

四、系统分析资料

市场研究中最基本的问题是,消费者会接受哪些产品或服务,目标市场的容量、具体细分顾客群、期望的价格,竞争对手类别和态势等。我们知道,市场是指具有需要、有待满足、具有购买力的人群。目标市场也就是企业准备满足其需求的那些顾客。就《新闻报》社而言,报纸的目标市场就是该报纸准备满足其需求的那些读者。对《新闻报》读者进行分析,也就是要选择《新闻报》的目标市场;而要实现目标市场营销,首先进行市场细分。经过市场细分,我们就可以根据消费者需求的不同,形成总体市场中的若干"子市场"。有了这一种战略性的决策,则产品、定价、销售渠道、促销等市场的战术性组合行动,也就会迎刃而解了。

为了细分市场,需要使用一系列的标准。具有代表性的市场细分变量有地理因素、人口统计因素、心理因素、行为因素等四类。

1. 人口统计因素

这类因素很多,如性别、年龄、收入、职业、教育、家庭人口等。它们是最常用的与消费者需求具有密切关系的市场细分因素,也是较其他因素而言,更为客观更易衡量的因素。

(1) 性别。最常用的细分因素。性别的不同对商品的需求及购买行为有明显的差别。它不仅表现在服装、化妆品、香烟等市场的细分上,也一定程度反映在对报纸杂志市场的细分上。

经常阅读《新闻报》的大多数为男性。调查结果显示,男性读者与女性读者的比例大致为 7∶3。由于在实施调查中的要求,并在问卷结果中也反映出来,答卷中应该是订阅户中经常阅读或零售摊上经常购买《新闻报》的读者。根据对杨浦、黄浦、浦东零售摊点的观察记录,在833位购买《新闻报》的零售读者中,有600位是男性,占72.1%,女性则为27.9%,与问卷的调查十分吻合。一致反映订阅或购买《新闻报》的多数是男性。

(2) 年龄。不同年龄对商品会有不同的需求。按年龄细分市场,可分为婴儿市场、儿童市场、青少年市场、中年市场、老年市场等(见图3-3)。

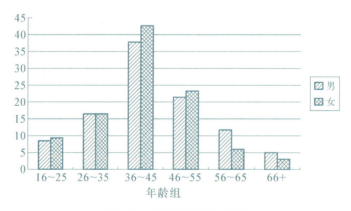

图3-3 性别与年龄交互分类

《新闻报》的读者在各年龄层次均有。其中26~55岁的读者占比76.8%。

进一步对性别与年龄进行交互分类,可以明显看到:《新闻报》的读者以26~55岁(占76.8%)的男性(72%)读者为主,尤其是36~45岁的人士更为集中。

2. 文化

文化教育程度和职业与消费者的收入、社交、消费习惯等均有密切关系(见图3-4)。绝大部分《新闻报》的读者都接受过高中以上教育。有 20% 的读者文化水平在大学本科以上。

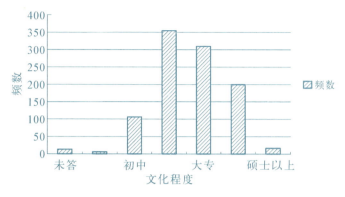

图 3-4 读者文化程度分布

3. 职业

职业表示了一个社会成员在社会关系结构中所处的位置,很大程度上反映了该成员所属的阶级和阶层。很多西方学者在进行阶级、阶层分析时,都以职业为其主要指标。因而"职业"因素是我们分析读者群(层)、进行市场细分的主要依据之一。

调查表明:有 60.3% 的《新闻报》读者属于"白领"阶层,又以一般管理办事阶层的人员最多,约占整个读者群的 1/3 强。另有 14% 的读者身处"企事业负责人"等要职。其他则为商业服务人员和离退休人员等。

4. 读者群特征

以上我们对《新闻报》读者的人口特征作了统计分析,现将其主要特征列于表 3-6。

表 3-6 《新闻报》读者群人口特征

人口特征	指 标 内 容	所占百分比(%)
性　　别	男 女	72 28
年　　龄	26~55 岁 其中,36~45 岁	76.8 38.9
文　　化	高中以上 大专以上 本科以上	87.7 52.2 21.1
收　　入	1 000 元以上 2 000 元以上	63.7 17
职　　业	白领阶层 其中:管理人员 党政负责人 专业人员	60.3 35.8 13.2 10.4
家　　庭	已婚 未婚	83.7 15.4

五、陈述研究发现

1. 报告目录

我们先将《新闻报》读者调查研究报告的目录摘录如下,从中可以看出在陈述研究发现中的主要思想和内容。

调查概况
 一、调查内容
  1. 研究目的
  2. 问卷设计
 二、研究方法
  1. 抽样方案
   (1) 抽样方法
   (2) 抽样实施
  2. 观察方案
 三、样本性质
  1. 个人卷样本构成
  2. 单位卷样本构成
 四、项目实施
《新闻报》读者群分析
 一、《新闻报》读者群特征
 二、《新闻报》订阅单位分析
  1.《新闻报》在上海各区县之分布
  2.《新闻报》在上海各行业之分布
 三、心理因素
  1. 人格个性的因子分析
  2. 生活方式
《新闻报》读者阅读习惯
 一、阅读习惯一般分析
  1. 读报方式
  2. 阅读年限
  3. 了解途径
  4. 零买习惯
  5. 何处阅读
  6. 何时阅读
  7. 二次传阅

    8. 阅读方式
  二、阅读时间专题分析
《新闻报》栏目特色分析
  一、对《新闻报》栏目总体评价
  二、《新闻报》栏目受欢迎程度
    1. 个人卷的选择
    2. 单位卷的选择
    3. 受欢迎栏目与读者层次分析
  三、订阅《新闻报》的考虑因素
    1. 个人卷
    2. 单位卷
  四、不订或断订《新闻报》原因分析
    1. 个人卷
    2. 单位卷
  五、读者对办好《新闻报》的建议和要求
报纸选择与竞争态势
  一、报纸订阅现状
  二、经济信息的报纸来源分析
  三、平时阅读最多的报纸
  四、今后订阅意向分析
    1. 个人自费订阅报纸选择
    2. 读者明年订阅《新闻报》趋势
《新闻报》发行现状
  一、渠道分析
    1. 个人订阅和零售现状
    2. 单位订阅方式和心态
  二、价格分析
  三、广告评价
办好《新闻报》的几点建议
    1. 读者定位
    2. 内容定位
    3. 名牌定位
    4. 发行定位

为便于了解在研究报告中的相关详细内容,我们选择了心理因素分析、阅读习惯分析、栏目特色分析和办报的几点建议的部分内容,以展示在陈述研究发现中可以做到的相关要求。

2. 心理因素分析

心理因素直接影响消费者的购买趋向。特别是在开放的社会中,顾客购买商品不仅仅限于满足基本生活需要,心理因素左右购买行为的力量更为突出。常用的心理细分因素包括生活方式、人格个性等方面。就《新闻报》读者层次的分析与把握而言,心理、人格、习惯因素是不可忽视的重要内容。在读者调查的问卷设计中,我们专门设计了被访者生活方式与行为意向的问题,以便进行心理因素的分析。

在问卷中我们专门设计了如下12个观点,请被访者作出"很赞成""赞成""一般""不赞成""很难赞成"的选择:

W1——在别人眼里,我是一个冷静理智的人

W2——人生本来就应该时常冒险去接受挑战

W3——为享受休闲,多花点钱也是值得的

W4——我一向按时起居休息,饮食定时定量

W5——广告是生活中必不可少的

W6——我希望能多接触新资讯

W7——妻子首先对丈夫而不是对子女负责

W8——我做事一向果断,不会犹豫不决

W9——在社交活动中我是比较活跃分子

W10——股市有风险,但是不愧为生财之道

W11——我经常注意自己的经济状况

W12——除了汽车、房子,买任何东西贷款都是不明智的

我们运用高级统计的因子(因素)分析方法对资料进行处理,得到的结果如表3-7所示。

表3-7 因子分析表

	Factor1	Factor2	Factor3	Factor4
W1	*69 218	−1 114	−6 509	22 414
W2	45 239	−48 210	−10 740	−40 997
W3	28 235	54 021	14 941	−38 840
W4	20 190	23 692	2 371	*77 060
W5	−2 185	65 700	201	10 064
W6	13 552	*65 730	−7 465	12 941
W7	50 921	−8 584	28 970	−22 663
W8	*79 110	14 007	770	9 118

续表

	Factor1	Factor2	Factor3	Factor4
W9	63 321	22 336	15 150	−1 224
W10	3 007	45 495	* 60 366	−11 399
W11	6 530	46 768	44 839	26 026
W12	18 581	−13 038	* 74 254	2 899

注：因子 1(Factor1)为 W1、W8，表示理智型，因子 2(Factor2)为 W5、W6，表示资讯型，因子 3(Factor3)为 W10、W12，表示理财型，因子 4(Factor4)，W4，表示计划型。

从上述因子可以看到，《新闻报》读者大多富有理智型、资讯型、理财型、计划型的人格中的一种，他们崇尚和追求这种个性，并能够以冷静、理智的心态面对经济大潮，注意新的资讯及广告，不断获取新的信息，又善于计划与理财。

在对 W1~W12 这 12 个观点进行均值分析时，W6："我希望能多接触资讯"赞成者最众，($x=1.80$)说明《新闻报》的读者每时每刻都在捕捉新的信息，而期盼《新闻报》能满足他们的需求。

相关分析显示，年轻人最推崇"接触新资讯"（见表 3-8）。

表 3-8 年龄与接触资讯交互分类表

单位：%

年龄 （岁）	很赞成			很不赞成	
	1	2	3	4	5
16~25	48.8	33.3	15.5		1.2
26~35	37.3	50.9	11.2		
36~45	33.9	49.9	14.1	1.3	0.8
46~55	35.3	50.9	10.6	2.8	
56~65	27.5	56.9	12.7	1	
66 岁以上	26.1	54.3	13	4.3	

从"很赞成"的态度中明显看出，随着年龄的增加其赞成程度的百分比在减少，而"16~25 岁"年龄组的年轻人是最赞成这一现代观念的。

3. 阅读习惯分析

阅读习惯是国际上进行报纸杂志读者调查所必备的内容，通过对阅读习惯的调查，有助于报刊机构改进工作，不断适应读者的需求。

表 3-9 读报方式频数表

读报途径	频 数	百分比(%)
未　　答	1	0.1
邮局订阅	581	58.1
零售购买	253	25.3
单位传阅	66	6.6
集订分送	50	5
免费赠阅	21	2.1
报栏阅读	14	1.4
其　　他	14	1.4
合　　计	1 000	100

(1) 读报方式。超过半数的读者(58.1%)是通过邮局订阅得到《新闻报》的,另有 25.3% 的读者主要通过零售购买《新闻报》(见表 3-9)。

(2) 阅读年限。图 3-5 显示有 71.3% 的读者阅读《新闻报》的历史在两年以下,说明大多数都是"读龄"近两年的新读者。当然这也反映出《新闻报》的订阅户在逐年增加这一可喜现象。

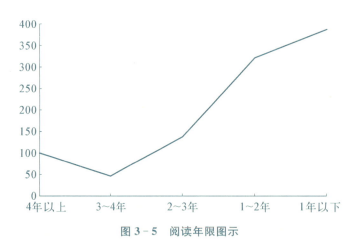

图 3-5　阅读年限图示

在增长率方面,从 1994 年的 4.6% 增加到 1997 年的 31.6%,即每年以接近 10 个百分点以上的速度增加。

4. 办好《新闻报》的几点建议

(1) 读者定位。读者定位也就是目标市场定位。从区域角度,在目前原 10 个老区发展订户的基础上,加强对浦东、宝山、闵行、嘉定等 4 个新区的发展,并试着向华东地区开拓。从行业角度,重点向工业、商业行业发展,面向国有企业开发集团企业,主攻三资企业。从读者角度,面向 26~55 岁高中文化、个人月收入在 1 000 元以上的白领阶层(党政负责人、专业人员、管理人员、服务人员);重点研究 36～45 岁大专以上文化、个人月收入 2 000 元以上的男性管理人员的需要。

(2) 内容定位。继续加强证券、邮市、财经的分析报道,形成区别于同类专业报纸的特色。同时拓宽经济信息内容,注重经济政策、经济评论、经济理论、国内外经济动态方面的版面与内容,以适应不断扩大的更广泛的读者层(主要是单位负责人、管理人员、专业人员)的较高层次的需求。在娱乐、休闲、生活方式的版面内容上也可加强。

(3) 名牌定位。由于《新闻报》恢复发行时间短,尚处于市场开拓形成期,因而加大宣传力度,制定名牌策略实属当务之急。可在提高知名度和增强权威性两方面下功夫。现在尚未订阅《新闻报》的不少单位主要原因是不了解《新闻报》,提高报纸在上海市民和单位中的知名度很重要。借用在经济实业界威信较高的《解放日报》之优势,提高《新闻报》的权威性不失为良策之一。

(4) 发行定位。单位订阅中可否增加"免费赠阅"比例,促使更多单位了解《新闻报》;零售发行中可否试点"可以退报",以使零售点无后顾之忧。加强广告版面的编排和管理,提高广告的质量和效果。鉴于有 45% 左右的读者在"晚上"读报的特点,可否考虑加强早晚两头的发行与试点。加强上海近郊地区的投递质量以不断扩大《新闻报》的读者队伍。

复习思考题

1. 简述市场调查的一般步骤。
2. 举例说明市场调查的步骤并非总是被有序使用的。
3. 确定研究目标需要思考哪三个问题?
4. 到图书馆或网上查找一个市场调查案例,针对此案例确认出涉及该市场调查流程的步骤。

第四章

研究方案设计

学习要点

- 市场调查研究方案设计的重要意义
- 怎样招标、投标及设计研究方案
- 研究方案的几种类型
- 研究方案的主要内容
- 研究方案的可行性研究与评价

开篇案例

标志搜寻咨询集团公司

　　NFO调研公司执行副总裁理查德·A.斯皮策说过,调查方案设计是有效市场调查的基础。事实上,我们可以认为它相当于建筑蓝图。在蓝图上,建筑设计方案清楚地描绘出建筑物的整体结构,并详述了完成该项目的计划和方法。同样,调查研究方案也提供了这样一份蓝图,以帮助调研人员运用最有效的资料收集和分析技术,从而获得所需信息。

　　戴比·塔克是标志搜寻(mark search)咨询集团公司的资深项目主任。她在一周内进

行了3次客户访问,并在周五下午查看了她的工作笔记:

周三上午,会见玛丽安娜·贝克——营销、证券和信托国家银行的新任副总裁。该银行只有5年历史。总裁建议贝克考虑银行在社会中的形象。总裁认为银行的形象对于客户作选择是至关重要的,良好的形象会给银行带来更多的存款和客户。管理层中至今还没有人考虑过银行的形象。贝克想聘请我们为她出谋划策,以决定如何考虑银行的形象。一周后再谈。

周三下午1:30。与波西·普卢斯狗医治公司的品牌经理杰弗里·迪安会谈。由于竞争者之间各种活跃的促销和价格竞争,狗医治市场竞争激烈,且公司的市场份额不断变化。迪安的工作是负责扩大公司的市场份额。他的员工和3个广告代理机构已给他提供了几个促销活动方案。他想知道在过去的竞争性促销活动中,哪一种类型能最大限度地获得市场份额。这些信息将帮助他选择最佳的促销活动。他希望我们能进行独立的评估。下周二上午打电话给他。

周五上午8:30。会见劳里·富克尔逊,他是拥有46家连锁店的巴沙超市的业务负责人。富克尔逊决定在店内安装一套新的音响系统,他所面临的问题是在店里播放何种音乐。有关音乐对顾客的影响,他只知道一些有限的调研结果。他还参考了在新英格兰进行的一次调研,以了解各种音乐(休闲音乐、软摇滚音乐和乡村音乐等)对平均销售额、购买次数以及消费者的总体态度的影响。富克尔逊想知道我们是否要对巴沙超市的顾客进行研究。他希望在一周内得到研究计划。

戴比·塔克把材料放进公事包,开始乘车前往其在郊外的家。到家后,她要为这3个客户编写基本的调查研究方案。在星期一,她将准备本星期的工作安排[1]。

戴比·塔克的客户访问要求说明了调研问题有许多不同的形式。没有一种调研方法能解决所有类型的调研问题。然而,我们可以为每一种类型的调研问题设计出一个研究计划,这些计划包含着解决问题的最佳调查方法。

调查方案是为调查工作制定的基本格式和具体计划。在进行市场调查之前,必须进行调查方案的设计,以统一认识、统一内容、统一方法和统一步调,使调查工作有条不紊地顺利开展,取得范围、口径、方法等统一的资料,获得预期的调查效果。

所谓方案设计,我们这里指的是市场研究方案的设计。研究方案的设计是对某项研究的程序和实施过程中各种问题进行详细、全面的考虑,对研究意义、研究目的、研究设想、研究方法的详细说明,制定出总体计划和切实可行的调查研究大纲。

---

[1] 阿尔文·C.伯恩斯等:《营销调研》,中国人民大学出版社、Prentice Hall 出版公司2001年版。

第一节 研究方案的几种类型

从研究方案的作用、性质、研究方式等不同角度来分析可以将方案划分成多种不同的类型。

从方案作用划分,可分为项目提案书、项目申报书(建议书)和正式研究方案等3种。

一、项目提案书

在市场经济条件下,公司企业要进行某项市场调查经常采用招标的方式。委托方先向有关市场调查机构或咨询公司提出"项目提案书",由各相关机构根据"提案书"的要求进行竞标。

我们在"市调案例4-1"中提出一份"提案书"的样式。

市调案例4-1

冷饮等食品市场调查提案书

一、提案背景说明:

××雪糕国际有限公司计划和上海××食品厂在上海建立合资公司,从而进入中国食品市场。为深入了解当地市场环境,以及探讨现有市场营销发展机会;希望有系统地建立市场咨询和进行市场观察,以协助日后决策与营销策略发展。

二、研究目的:

此项市场调查计划是要达成下列3个目标:

1. 收集上海市地区人口与地理环境资料;
2. 收集冷饮(冰淇淋、雪糕、冰棒)、果汁(冷冻/非冷冻)、巧克力和糖果产品的产业资料;
3. 冷饮、果汁、巧克力和糖果产品之消费行为与消费态度调查。

三、针对以上3项目标,调查工作应包括以下内容:

1. 上海市地区人口与地理环境资料。

1.1 人口统计资料;

1.2 气候资料。

2. 冷饮(冰淇淋、雪糕、冰棒),果汁(冷冻/非冷冻)巧克力和糖果产品的产业资料。

2.1 总体市场;

2.2 现有市场产品结构；

2.3 目前市场上之主要生产厂商、品牌与其产品类型；

2.4 销售通路与货铺；

2.5 品牌竞争分析。

3.消费者消费行为与消费态度调查。

3.1 消费行为；

3.2 消费态度；

3.3 媒体接触行为。

四、根据以上内容，详细提交调查方案及所需费用，方案包括：

1.调查方法以及质量控制方法；

2.数据收集及处理；

3.提交报告形式；

4.实施计划、时间表。

当然我们也要防止社会上"假招标"的现象，并不断揭露此种行业的不道德行为。

二、正式研究方案

正式研究方案是指导调查研究的正式文本，它主要包括：研究课题的具体化、研究课题的操作化、调查内容及问卷设计、抽样方案、资料分析方法、调研人员组织与培训、工作计划、经费预算等。项目申报书与正式研究方案的内容基本上是相似的。但前者常带有论证性质。研究者的某些设想都是基于文献资料，认识也较抽象；后者则将设想和假设具体化，计划也更为周密，更具操作性。而且在正式调研方案中有时还必须根据实际情况对原先项目申报书的设想进行修正。

下面我们介绍上海复旦市场调研中心为某烟草集团公司所提供的正式研究方案的文本，以供读者结合实例了解正式研究方案之形成。

市调案例4-2

某地卷烟消费市场调查

一、研究目的

1.某地卷烟消费市场总量测算。

2.某地各区县卷烟消费市场分区总量测算。

3.某地各类卷烟及主要品牌在某地及各区县的消费量以及所占市场份额分布。

4. 某地区吸烟率估算。

5. 卷烟消费群体的消费行为研究。

6. 某地卷烟消费市场趋势预测。

7. 某地区假烟、走私烟比例估算。

8. 加入世贸组织(WTO)对卷烟消费的影响。

二、研究内容

1. 调查范围：某地各区县。

2. 调查对象：某地15岁以上卷烟消费者，包括有正式户籍的人口和外来常住及流动人口。

3. 卷烟类型：烤烟型、低焦油型、混合型，并注意沪烟、云烟等各产区卷烟，探讨主要类型的市场趋势。

4. 研究品牌：中华、双喜、牡丹、红塔山、云烟、三五、七星等。

5. 研究结果将反映出吸烟人数及卷烟消费总量。

6. 了解区域人口结构，包括各区县人口数、人口性别数、人口性别比、各年龄段人口比、文化程度、职业构成、外来常住及流动人口总数等，以及吸烟者在上述各结构中的分布，为推算总体数据提供依据。

7. 了解卷烟消费者吸烟现状：各类卷烟消费者人数、吸烟率、各类卷烟消费量、主要品牌消费量、卷烟知名度、消费者戒烟意向及卷烟消费趋势。

8. 卷烟消费者消费行为研究，购买考虑因素、购买场所时段、品牌认知程度等。

9. 新产品发展前景，单项预测及其他类型产品比较预测。

10. 研究结果要求有95%的可靠性，经抽样调查的估计消费量与真实消费量之间的抽样误差不超过2%～3%。

三、研究方法

本研究运用科学的随机抽样方法调查，采用入户问卷面访及部分定点补充调查方式实地收集资料，并辅之以文献资料查阅了解基本状况。

（一）问卷设计

问卷内容涉及卷烟品牌、消费数量、消费群体、地区分布及市场规模估计和市场需求预测等上述调查研究要求中所涉及的相关指标，据此统计推断市场消费总量、地区总量相关数据。

在具体设计中，问卷将设置以下一些指标。

1. 关于品牌：对于翻盖中华、云烟、三五、摩尔等35种以上品牌的认知程度（提示前、提示后），吸烟数量（吸得最多、次多、常吸）、最喜欢的品牌等。

2. 关于类型：以烤烟型等7种类型分，以焦油含量分，以口味淡浓分。研究各自的喜欢程度;对低焦油烟的认知程度;对"花色烟"认知、喜欢及可能购买情况。

3. 关于消费行为:每天吸烟数量,香烟来源比例,隔多少天买一次烟,每月花多少钱买烟,影响购买的因素(如品牌、口味、价格、包装、焦油含量、季节等),季节因素、购买地点、吸烟原因(如缓解情绪、社交、提神、好奇、减肥、显示个性等),对"戒烟"的看法等。

4. 关于假冒烟和外烟:能否辨别真烟、假烟,是否吸过假冒烟、吸过假冒烟的品牌,WTO与外烟等。

5. 关于生活态度:列出一些形容自己的句子,由被访者回答同意的程度,如"我认为自己是个外向型的人""现今社会有关系比才能更重要"等。

6. 背景资料:性别、年龄、文化、户籍、家庭人口、职业、收入等。

7. 最后,记录被访者对某地卷烟的生产和销售提出希望和要求。

(二) 抽样方案

1. 调查总体。

本研究的调查研究总体为15岁以上在本地居住,包括有正式户籍的人口和外来流动及外来常住人口等在内的所有卷烟消费者。

2. 抽样方法。

本研究主要采用分段系统随机抽样法抽取样本,抽样框如下:即:市区(县)—居委(村)—家庭(人)三阶段。三段抽样的抽样框:

20个区县到303个街道(镇)的抽样清单;

303个街道(乡镇)到6 213个居(村)委的抽样清单;

6 213个居(村)委到户的抽样清单。

对外来人口除以上方式抽取样本以外,再补充从各类企业单位外来人员集体居住户、船上、市郊结合部及海陆空等通道进行定点补充抽样调查。

3. 样本大小。

本研究样本大小按抽样方案来决定:

方案一:区县—居(村)委—户,每区抽 x 居委,每居委抽 x 户;

方案二:区县—居委—户,每区抽 X(多于方案一的数量)居(村)委;每居(村)委抽 X(少于方案一的数量)户;

方案三:区县—街道(乡镇)—居(村)委—户(人)。

(1) 样本大小可以下述公式进行计算。

无限样本大小:

$$n = (k \cdot s/e)^2$$

其中,s 为标准差;e 为允许误差;k 为可信度系数。

有效样本大小：

$$n = 1/[(e/k \cdot s)^2 + 1/N]$$

其中，N 为总体个案数。

(2) 抽样误差计算的依据。

二阶抽样误差：

$$S_X = [(L_1 - f_1)/K]S_1^2 + (f_1 L_1 - f_2)/mk(S_2^2)^{1/2}$$

式中，$f_1 = k/K$；$f_2 = m/M$。K 表示各区的居委会总数；k 表示各区抽取的居委会数；M 表示各居委会的户数；m 表示各居委会抽取的户数。

三阶抽样误差：

$$S_X = (((L - f_1)/K)S_1^2 + (f_1(L - f_1)/mk)S_2^2 + (f_1 f_2(L - f_3)/nmk)S_3^2)^{1/2}$$

式中，$f_1 = k/K$；$f_2 = m/M$；$f_3 = n/N$。K 表示各区的街道总数；k 表示抽取的街道数；M 表示各街道的居委会数；m 表示抽取的居委会数；N 表示各居委会的户数；n 表示抽取的户数。

经计算，本研究的样本容量应为 X 人/户。

四、研究进度（略）

五、经费预算（略）

第二节 研究方案的主要内容

虽然研究方案可以不同角度分为不同类型，不同类型的研究方案在具体形式和内容上也有差别，但一般来说，凡研究方案都会包括以下八个方面的主要内容。

一、研究目标

任何一项调查研究都具有其理论意义和应用价值，因此方案要开宗明义地说明调研任务的目的、意义和阐明研究课题。

这部分的内容主要方面即为"破题"，说明你选择这一研究课题的目的和意义，简单说明此课题是如何形成的，是从哪些角度提出来的。

此外还要提出你这项研究的理论框架（或研究设想）是什么，研究假设（或主要思路）是什么,假设(或设想)中的概念定义是什么。

必要时也可简单综述此领域已有的研究成果以及你的研究起点及突破。

二、研究内容

确定调查研究内容,设计调查问卷(或调查提纲)的主要思路,并对概念进行分解和界定,根据操作定义确定所要调查的指标和项目。并根据指标和项目具体设计问卷、观察表或调查大纲。

这部分内容中既要体现研究人员的考虑角度,也要体现项目委托方的要求和意见(假如此项目是接受委托方的话),并在前期交流讨论中形成双方认同的研究内容。

在这部分内容中也往往要说明此项研究的最终成果形式及包括中期的阶段性的成果形式是什么。

三、研究方法

为达到既定的调查目标,必须解决的问题是:"在何处""由何人""以何种方法"进行调查,方能得到必要的资料。因此在研究方法部分应说明:

(1) 关于调查地点的确定;
(2) 关于调查对象的确定;
(3) 关于样本数量(被调查者数目)的确定;
(4) 关于抽样方法的确定。

首先要明确界定总体和确定分析单位,也即要说明此项目调查研究的范围和调查对象。"何年何月在何地调查何人",这是界定总体的基本要素。在什么区域调查,其界定方式如何,分析单位是个人,还是群体,调查对象的范围有多大,调查要求的对象特征如何,这是体现研究方法的重要环节。

同时要确定研究和调查的方式、方法。说明是探索性研究还是描述性研究;是横剖研究还是纵贯研究;是综合研究还是专题研究;采用何种调查研究方式,是统计调查还是实地研究;具体的调查方法是什么;是采用问卷法还是采用访问法或观察法。

再次要确定抽样方案,确定抽样方法。如果采用抽样调查要说明研究总体是什么,采用何种抽样方法,是概率抽样,还是非概率抽样,抽取多少样本。此外,还要考虑具体抽样时的各种问题,如被抽中的调查对象因各种原因无法调查时怎么办?采用典型调查或个案调查,如何选择典型或选"点"等。

最后要说明如何进行资料分析。如何进行调查研究资料的分析也是研究方案中必须阐明的重要问题。拟订资料分析方法是什么,是采用定性分析还是结合定量分析;如果是定量分析,采用何种统计分析,是仅做单变量分析,还是做相关分析,或者多变量分析等。

四、研究组织

一个研究项目一般总要组成一个研究小组,在研究方案中要介绍参加研究人员的基本状况,包括年龄、学历、职称、职务、主要研究方向和研究成果等,以便反映课题组的总体实力和水平。

规模较大的市场调查除有研究人员参与外,还要有一定数量的调查人员帮助收集资料。这些成员大多没有受过专业训练或不具有实际调查的经验,因而就需要对调查人员进行选择和培训。培训有多种方式,可以较系统地讲授市场调查的基本知识,也可以进行模拟调查或现场实习,也有在实际中由研究人员带队,边工作边实习。

五、研究进程

调研计划需要一份时间表,否则项目可能要无限拖下去。一份时间表的两个决定因素是最终实现和计划中的调研活动要多长时间完成。

确定调查研究的时点界限和调查期限,其调查的地点、时间、实际工作进度计划,也可制订如表 4-1 所示的"研究计划进程表"。

表 4-1 研究计划进程表

研究进程表	1	3	6	9	12	15	18	21	24	27	31
1. 选题	—										
2. 初探		—									
3. 研究设计			—								
4. 拟定问卷			—								
5. 测试问卷					—						
6. 训练访问员						—					
7. 实地调查							—				
8. 整理资料								—			
9. 分析									—		
10. 报告										—	—

六、研究经费

研究经费广义上包括调查经费和物质手段的计划与安排。调查经费主要包括以下项目:调研人员的差旅费、课题资料费(包括书籍、统计资料、文献的费用以及复印费等)、调查表格的印刷费、调查人员和协作人员的劳务费、文具费、资料处理费用(包括计算机使用费等)。统计调查由于需要收集大量的数据,因而所需经费较多,而实地研究则相对节约经费。物质手段主要指调查工具、设备以及资料加工整理的手段,如录音机、照相机、计算器、计算机,等等。在手工汇总资料的时候,还需要汇总卡片、汇总表格等。

一般来说,一份完整的研究方案包括以上所列举的六个方面的内容,即研究目的、研究内容、研究方法、研究组织、研究进程、研究经费,当然应视调查项目的具体要求而有所侧重,增减及调整。

复习思考题

1. 市场调查的基本流程为何?如何根据实际情况组织开展市场调查?
2. 根据理解说明设计市场调查方案的重要意义。
3. 举例说明招标、投标与方案设计的过程。
4. 一份完整签约市场调查方案一般应包括哪些主要内容?
5. 确定一个主题,设计一份市场调查方案。

第五章

抽样设计

学习要点

- 掌握抽样调查的基本概念
- 制定抽样调查的步骤
- 了解"随机"与"非随机"抽样方法的区别
- 如何设计与决定样本大小

开篇案例

现代抽样方法的先驱——盖洛普

"一种客观测量报刊读者阅读兴趣的新方法"是乔治·盖洛普(George Gallup)在爱荷华大学写博士论文时用的题目。通过对"Des Moines Register and Tribune"和瑞士数学家雅各布·伯努利(Jakob Bernonlli)具有200年历史的概率统计理论的研究,盖洛普在抽样技术领域取得了进展。他指出,当抽样计划中的调查对象涵盖广泛,涉及不同地域、不同种族、不同经济层次的各种人时,你只需随机抽取而无需采访每个人。尽管当时他的方法不能为每个人理解和认同,但是现在,这已经被广泛使用。

> 盖洛普通常引出一些特例来解释他自己在说什么或做什么。假设有 7 000 个白豆子和 3 000 个黑豆子十分均匀地混在一起,装在一只桶里。当你舀出 100 个时,你大约可以拿到 70 个白的和 30 个黑的,而且你失误的几率可以用数学方法计算出来。只要桶里的豆子多于一把,那么你出错的几率就少于 3%。
>
> 20 世纪 30 年代早期,盖洛普在美国很受欢迎。他成为德雷克大学新闻系的系主任,然后转至西北大学。在此期间,他从事美国东北部报刊的读者调查。1932 年的夏天,一家新的广告代理商电扬广告公司,邀请他去纽约创立一个旨在评估广告效果的调查部门,并制定一套调查方案。同年,他利用他的民意测验法帮助他的岳母竞选爱荷华州议员。这使他确信他的抽样调查方法不仅在数豆子和报刊读者调查方面有效,并有助于选举人。只要你了解到抽样范围具有广泛性:白人、黑人,男性、女性,富有、贫穷,城市、郊区,共和党、民主党。只要有一部分人代表他们所属的总体,你就可以通过采访相对少的一部分人,来预测选举结果或反映公众对其关心问题的态度。盖洛普证实,通过科学抽样,可以准确地估测出总体的指标。同时,在抽样过程中,可节省大量资金[1]。

第一节 | 抽样调查的基本概念

抽样调查是一种非全面调查,它是从全部调查研究对象中,抽选一部分单位进行调查,并据以对全部调查研究对象作出估计和推断的一种调查方法。显然,抽样调查虽然是非全面调查,但它的目的却在于取得反映总体情况的信息资料,因而,也可起到全面调查的作用。

根据抽选样本的方法,抽样调查可以分为概率抽样和非概率抽样两类。概率抽样是按照概率论和数理统计的原理从调查研究的总体中,根据随机原则来抽选样本,并从数量上对总体的某些特征作出估计推断,对推断出可能出现的误差可以从概率意义上加以控制。

一、抽样调查的特点

(1) 随机原则。所谓随机原则,就是在我们所研究的总体中,每一个个案都有被选中、抽取的机会。也即我们在总体中抽样时,哪一个个案能被抽取,哪一个个案不能被抽取,不是人为主观决定的,而完全是偶然碰机会的。

(2) 推断总体。抽样调查是抽取部分个案(单位)进行调查,但它的主要目的不是为了了解这部分单位本身。它的任务是从某一事物的总体中,抽取部分样本进行调查观察,取得所需要的指标,据以从数量上推断全体。

---

[1] George Gallup's Natioc of Numbers, Esquire, 1983.

(3) 抽样调查使我们有可能用更少的人力、物力、时间、费用达到对总体的认识,而且可以起到对普查资料进行修正补充,提高大范围调查的准确程度的作用,因而在理论上和方法上都具有重要的意义。

(4) 可以用一定的概率来保证将误差控制在规定的范围之内。

二、抽样调查的几个概念

1. 总体

总体也称之为母体、一般总体等。具有某种统计特征的一类事物的全部个案,在统计学上称为总体。也即是说,研究对象的全体称为总体。例如,某批产品、某类病人、某个生产过程等。总体的单位数常用符号 N 表示。

2. 个体

个体也称为个案。组成总体的每个元素称为个体。有时也称具有某种统计特征的每一个对象为个案。构成一个总体的个案,可以是人或物,也可以指个性、心理反应等。

3. 样本

样本也称之为抽样总体、样本总体等。

从总体中抽取一部分代表进行研究分析时,这一部分被抽取的个案称为总体中的一个样本。也就是说,从总体中抽取的若干个案所组成的群体,称之为样本。可见,总体是大群体,而样本是小群体。

样本的单位数(即样本容量)常用符号 n 表示。

4. 抽样框

抽样框是指用以代表总体,并从中抽选样本的一个框架,其具体表现形式主要有包括总体全部单位的名册、地图等。抽样框在抽样调查中处于基础地位,是抽样调查必不可少的部分,其对于推断总体具有相当大的影响。

5. 抽样比

抽样比是指在抽选样本时,所抽取的样本单位数与总体单位数之比。对于抽样调查来说,样本的代表性如何,抽样调查最终推算的估计值真实性如何,首先取决于抽样框的质量。

6. 样本的统计值

在实际研究中直接从样本中计算得到的各种量数,称为统计值。

7. 置信度

置信度也称为可靠度,或置信水平、置信系数,即在抽样对总体参数作出估计时,由于样本的随机性,其结论总是不确定的。因此,采用一种概率的陈述方法,也就是数理统计中的区间估计法,即估计值与总体参数在一定允许的误差范围以内,其相应的概率有多大,这个相应的概率称作置信度。

8. 抽样误差

在抽样调查中,通常以样本作出估计值对总体的某个特征进行估计,当二者不一致时,就会产生误差。因为由样本作出的估计值是随着抽选的样本不同而变化,即使观察完全正确,它和总体指标之间也往往存在差异,这种差异纯粹是抽样引起的,故称之为抽样误差。

9. 偏差

所谓偏差,也称为偏误,通常是指在抽样调查中除抽样误差以外,由于各种原因而引起的一些偏差。

10. 均方差

在抽样调查估计总体的某个指标时,需要采用一定的抽样方式和选择合适的估计量,当抽样方式与估计量确定后,所有可能样本的估计值与总体指标之间离差平方的均值即为均方差。

11. 总体的参数值

那些从已知统计值进行推论得到的各种量数,称为总体参数值。所以今后讲到统计值就是指样本的,而讲到参数值,则是指总体的。

12. 统计推论

统计推论就是用样本的统计值推论总体的参数值的统计方法。

第二节 │ 抽样调查的步骤

在设计一个抽样调查方案时,我们通常需要做的工作是:定义总体及抽样单元、确定抽样框、选择抽样技术、确定样本量的大小、制定实施细节并实施。这里我们着重介绍一下定量研究的抽样方法和样本量这两个技术环节。

一、定义总体(全域)界定调查总体

为了满足市场研究目标,确定可提供信息或与所需信息有关的个体或实体(所具有的特性是十分重要的)。抽样总体可以从以下几方面特征进行描述:地域特征、人口统计学的特征、产品或服务使用情况、认知程度等。在调查中,从调查问卷开始部分的过滤性问题,可以看出某个体是否属于总体。在实际应用中,即使有总体和样本清单,但仍有必要使用过滤性问题识别合格的被访问者。

另外,我们为了确定总体,通常情况下,还需要确定那些应排除在外的被访问者的特征。例如,大部分商业市场调查就因为一些所谓的安全性问题而排除某些个体。通常,调查问卷上的第一个问题就是询问采访对象或其家庭成员是否从事市场调查、广告或生产与调查内容有关产品的工作,如果采访对象指出他们从事其中某项工作,那么就不必要去采访他们了,这就是所说的安全性问题,因为这样的采访对象不保险。他们也许是竞争对手或为竞争对手服务的。

界定调查总体就是要清楚地说明研究对象的范围(时间、地点、人物),如 2000 年 6 月,

A市B区C街道18～35岁青年对互联网发展的看法。

为了满足研究目的的需要,注意详细说明可提供信息或所需信息有关的个体或实体(譬如公司、商店等)所具有的特性。调查总体可以从以下几方面进行描述:地域特征、人口统计学的特征、产品或服务使用情况、认知程度等。在调查中,从调查表开始部分的过滤性问题,可以看出某个体是否属于本次调查的总体范围。即使有总体和样本清单,仍有必要使用过滤性问题识别合格的应答者。

二、选择资料收集方式

资料收集方式对抽样过程有重要影响。例如,采用入户面访、电话调查、街上拦截还是网上调查、邮寄调查对抽样结果都会有不同的影响。

举例来说,某商业中心一向注重服务,调查显示,顾客十分看重服务,而且公司自信在这方面的口碑颇佳。他们想在良好的商誉基础上继续提供更为出色的服务。然而,经营规模的不断扩大,使得他们有点力不从心。根据经验,他们选择了两家供应商来设计和制作追踪消费者满意程度的系统。

这两家公司拟采用不同的资料收集方式。第一家公司建议用电话采访来建立一个调查系统,该公司提议电话号码随机抽取,全部采访由当地电话中心调控。每月对400名消费者进行采访,经计算,该抽样方式所提供的消费者满意程度评估的结果,有95%的把握,误差不超过5%。

第二家公司建议通过邮寄调研收集必要资料。他们的理由有两条:第一,此方法成本低、质量高;第二,消费者在回信时比在接受电话访谈时更坦率。电话采访的月成本比邮寄方式的月成本要高。

如何评价这两种方法? 从抽样的角度看:

(1) 邮寄调查的回收率估计为25%。显然,这表明75%的收信人会不回信。如果回信的人与不回信的人观点截然不同,那么调查结果就有偏差并且不能真实代表公司的顾客。

(2) 电话采访的回答率估计为70%。这表明1/3以下(30%)的被采访人联系不上或拒绝接受采访。尽管电话采访仍存在很高的不回答率,但潜在的不回答者的不同意见要少得多。调查结果也更接近于他们商业中心消费者的真实观点。

(3) 另外,电话采访更快捷,因为可以在大约两周内完成调查、制表并提交报告。同样的程序,邮寄调查则需差不多6周时间,因为人们收信、填表、回收都需要时间。而且,邮寄方式如仅收到25%的回信,就需要进行二次调研。

从上例可以看出,在进行抽样设计时,要反复比较不同的资料收集之方式,争取做出最好的选择。

三、选择抽样框

抽样框又称抽样范畴,是抽取样本的所有单位的名单。例如,要调查某大学学生上网的情况,这时抽样框就是该校全体大学生的花名册。在一次抽样中,抽样框的数目是与抽样单位的层次相对应的。若有3个层次的抽样单位,如乡、村、家庭,则抽样框也应有3个,全乡的名单、乡样本中所有村的名单、村样本中所有家庭的名单。

准确的抽样框包括两个含义:完整性与不重复性。完整性是指不遗漏总体中的任意一个个体;不重复性是指任意一个个体不能重复列入抽样框。在实际抽样操作中,满足这两项原则非常不容易。例如,在城市居民户的抽样中,会经常出现一户有多处住房的情况,这样很容易把这一户重复列入抽样框,使得他们在抽样中的中选概率高于其他居民,从而违背了随机抽样的等概率原则;同样,许多城市居民居住条件较差,很多居民同住在一个门牌号中,因此很容易遗漏。例如,在上海,会有10多个家庭居住在一个门牌号的情况,如果出现这种情况,被遗漏掉的户就没有可能被抽中,也就是说,他们的中选概率为零,当然也就违背了随机抽取的等概率原则。

又如,电话号码本就可能是电话调查的框架。在问卷中,调查总体很有可能是城市中的所有居民。但是,电话号码本就不包括那些没有电话的居民和那些没有公布他们号码的居民。

一些潜在的因素证明,公布电话的居民和不公开电话号码的居民在一些重要的特征方面具有很大的区别。很明显地,那些不主动提供电话号码的居民很有可能是房客,居住在城市中心,最近刚搬家,或人口多,孩子小,收入低。在某些产品的购买、拥有、使用方面,两种类型的人具有很显著的差别。

可见,在抽样领域,形成一个适当的抽样框经常是调查者面临的最有挑战性的问题之一。

我们把抽样框定义为被调查总体的数据清单(数据库或者数据仓),从抽样框中可以抽出适合访问的样本单位。友邦顾问经过多年的积累,已经拥有了适合不同调查领域的抽样框,这些抽样框,可以部分地满足一些常规性调查的需要。众所周知,一些抽样框原来根本是不存在的,因此,在调查的初期还要建立符合需要的抽样框。例如,在一项调查中,调查的总体是那些在近30天内打三轮或三轮以上十八洞高尔夫球的人。但是,根本就没有一种计算方法可以完全提供这份名单。在不存在传统意义上的抽样框的情况下,我们需要依据能够产生具有希望特征的样本个体的程序来建立新样本框。

市调案例5-1

抽样框误差的例子

菲什(Fish)、巴恩斯(Barnes)和巴纳汗(Banahan)提供了两个有趣的关于抽样框误差的例子。一个是1936年《文学摘要》(*Literary Digest*)作的民意测验。这个杂志社从电话簿和汽车主登记表中选出了一大批选民(超过200万人次)作抽样调查,基于这个调查的结果,它预言阿尔弗·伦敦(Alf London)会在竞选中击败富兰克林·罗斯福。不幸的是,这份抽样框选择的(电话簿和汽车主登记表中)选民并不能代表

1936年整个美国的所有选民。因为,当时大多数人没有电话,没有汽车。并且这部分被忽略的选民收入很低。然而,抽样中作为重点的富裕阶层的选择,更倾向于投共和党的票。所以,在竞选后不久,《文学摘要》因其失误的预言使其可信度急剧下降,最终导致了破产的结局。

另一个狗食品制造商的案例更有趣。这个厂商在超级市场里对狗的主人进行了广泛的访问调查,他们调查并估计顾客们对包装式样和型号的要求,并试探顾客们对广告设计方案的反应。产品投入市场初期,经历了一个高销售额的阶段。但数月后,销售额却停滞不前。这家公司讨论研究后,把自己生产的狗食带到当地的流浪狗收容所,然后把狗食放在狗的面前,但它们却连碰都不碰!尽管访问调查了所有的狗的主人,但厂商却不知道自己的抽样框是错误的[1]。

选择了抽样框后,我们就可以确定抽样方法,并决定样本大小。这两个步骤我们将在下一步作专题研究,至于第六步抽取样本收集资料,会在资料收集章节中专门介绍。

四、评估样本正误

我们把样本从总体中取出来后,不要急于作全面调查,要初步检查一下这个样本对总体的代表性如何,资料有无代表性,需要按确定的标准加以评估。

例如,《中国青年的生育意愿》一书中讲到,为了评估样本之正误,他们拟定评估标准两条。

第一,性别。根据我们的有效样本看,3 921人当中男青年2 081人,占总数的53%,女青年1 840人,占总数的47%。根据我国1978年人口统计的资料看来,男占51.28%,女占48.72%。又根据我国1975年部分省市县的人口统计资料看,在15~24岁的青年中,男青年占总数的51%,女青年占总数的49%。

第二,年龄均值。在我们的有效样本中,15~24岁的青年2 537人,其年龄均值为20.6岁。根据上述我国1975年部分地区人口年龄分组统计资料推算,15~24岁青年的均值为19.53岁。由此可见,所抽样本误差不大[2]。

评估样本之正误,可同时使用两个或两个以上的标准。当然,无论是用哪些标准,都应该是在总体内容中易找到的,并且是当初抽样时所确定了的。当我们作调查报告时,应有抽样评估说明,以表示资料的正确性。

五、选择抽样方法

制定抽样计划的第四步是选择抽样方法。选择哪种抽样方法取决于研究目的、研究经费、

---

[1] Kelly E. Fish, James H.barnes, and Benjamin F. Banahan Ⅲ,Convennience or Calamity:Pharmaceutical Study Explores the Effects of Sample Frame Error on Research Results, *Journal of Health Care Marketing*,1994.

[2] 张子毅等:《中国青年的生育意愿》,天津人民出版社1982年版。

时间限制、欲调查问题的性质等。可供选择的重要抽样方法可以分为两大类：概率抽样与非概率抽样，每大类中又有许多可供选择的具体方法。

六、确定样本量

一旦选定抽样方法，下一步就要确定合适的样本量。样本量的确定方法将在样本量确定单元中给出。

七、制定抽样计划

无论使用概率或非概率抽样，在一个研究项目的资料收集阶段必须指定和明确选择样本单位的操作程序。对于成功的概率抽样来说，这个程序更为重要，必须详细、清晰。若不能知道合适的选择样本单位的操作程序，则整个抽样程序会陷入困境。

第三节 抽样调查的方法

一、非概率抽样

1. 判断抽样

判断抽样又名立意抽样，是研究者根据自己的主观判断去选定符合自己研究目的的样本。受主观影响比较大，研究人员若判断不准，则误差极大。

2. 巧合抽样

巧合抽样又名方便抽样，就是选取偶然遇见的个案或者利用自己身边和附近的人作为研究对象和样本。如"街头拦人法"就是一例。巧合抽样好像有随机的味道，其实不然，因为巧合有很大的局限性，缺乏代表性(见图5-1)。

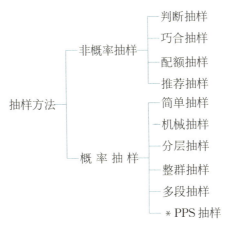

图5-1 抽样调查的方法

3. 配额抽样

配额抽样又称定额抽样,根据某些标准分组,然后用判断和巧合抽样法抽样。它与分层随机抽样相似,也是按调查对象的某种属性或特征将总体中所有个体分成若干类或层。但不同的是,分层抽样中各层的子样本是随机抽取的,而配额抽样中各层的子样本是非随机抽取的[1]。

4. 推荐抽样

推荐抽样有时又叫"雪球抽样",要求回答者提供附加回答者的名单。有时营销调研者为符合研究的要求,起初汇编一个比总体样本要小得多的样本名单。在采访了每个回答者之后,要求他或她提供其他可能的回答者名单。如此,先前的回答者就提供了额外的回答者。其他名单意味着样本如雪球滚下坡一样越滚越大。

当手头只有一份有限且少得可怜的样本构架时,而回答者又能提供对调查可能有用的别的回答者的名单时,推荐抽样是最合适的。最初的名单在某些方面也可能是特殊的,然而增加样本的主要方法是通过原始名单中那些人的回忆产生的[2]。

以上非随机抽样的优点是方便易行,多用于探索性研究及总体边界不清或由于客观制约无法实施概率抽样之时,在市场研究中也用。但其致命缺点是无法保证样本代表性,不能做推论总体之用。

二、概率抽样

1. 简单抽样

简单抽样又称纯随机抽样,简单任意抽样法等。它是从调查总体中完全按照随机的原则抽取调查单位,是抽样调查的基本形式。这种方法使每一单位都有同等机会被抽中,它的工作过程,一般是先把总体中每个分子都编上号码,然后抽出需要的样本。

简单抽样经常使用统计上的"乱数表",即"随机数表"(见本书附录统计用表一)。所谓随机数表,就是让每一个数字号码在表上出现的机会长期平均起来都是一样的。数字号码如果随便让它出现,会有一定的循环性,数学家用一套公式把这些数字一一列出,使它们出现时不会有循环性。

怎样使用"随机数表"?比如,你要从 130 个中抽出 50 个样本,编排号码就从 001 到 130。你可以随意指出表上其中的一个同位数码,然后从这个数码向上、下或左、右走向(往哪个方向都可以,因机遇一样,但要固定向一个方向走),把走向经过的每组数目中三位数不超过 130 的写下来,直到抽满 50 个数码为止,这 50 个个案就是你要抽的样本。

简单随机抽样也称为单纯随机抽样,是指从总体 N 个单位中任意抽取 n 个单位作为样本,使每个可能的样本被抽中的概率相等的一种抽样方式。

---

[1] 范伟达:《现代社会研究方法》,复旦大学出版社 2001 年版。
[2] For an application of referral sampling see Rowland T. Moriarity Jr and Robert E. Speckman, An Empirical Investigation of the Information Sources Used During the Industrial Buying Process, *Journal of Marketing Research*, 1984(21):137–147.

简单随机抽样一般可采用掷硬币、掷骰子、抽签、查随机数表等办法抽取样本。在统计调查中,由于总体单位较多,前三种方法较少采用,主要运用后一种方法。

按照样本抽选时每个单位是否允许被重复抽中,简单随机抽样可分为重复抽样和不重复抽样两种。在抽样调查中,特别是社会经济的抽样调查中,一般是指不重复抽样。

简单随机抽样是其他抽样方法的基础,因为它在理论上最容易处理,而且当总体单位数 N 不太大时,实施起来并不困难。但在实际中,若 N 相当大时,简单随机抽样就不是很容易办到的。首先它要求有一个包含全部 N 个单位的抽样框;其次用这种抽样得到的样本单位较为分散,调查不容易实施。因此,在实际中直接采用简单随机抽样的并不多。

但简单抽样也有缺陷,按数字分配的研究对象不一定有代表性。虽然样本每分子机遇平等,但最后所得出的结果不一定相等,往往不能照顾各方面和各部分,很可能抽出的全是老年人或全是青年人,而不是老、中、青各有一定的比例。

2. 等距抽样

等距抽样又称为机械抽样、系统任意抽样。这种方法就是依据构成总体中个案的出现顺序,排列起来,每隔 K 个单位抽一个单位作为样本,如逢十抽一、每隔七户抽一户等。

K 值指每隔多少个抽一个,计算公式是:

$$K = \frac{N(总体个案数)}{n(样本个案数)}$$

与简单抽样相比,等距抽样易于实施,工作量小;而且样本在总体中分布更为均匀,抽样误差小于简单抽样。因此,等距抽样成为实际中广泛应用的一种抽样方法。

这种方法的一个弱点就是容易出现周期性偏差。为了防止这种情况,我们可以取一定数量的样本以后,打乱原来的秩序,建立新的秩序,以纠正周期性偏差。

根据总体单位排列方法,等距抽样的单位排列可分为三类:按有关标志排队、按无关标志排队以及介于按有关标志排队和按无关标志排队之间的按自然状态排列。

按照具体实施等距抽样的作法,等距抽样可分为:直线等距抽样、对称等距抽样和循环等距抽样三种。

等距抽样的最主要优点是简便易行,且当对总体结构有一定了解时,充分利用已有信息对总体单位进行排队后再抽样,则可提高抽样效率。

3. 多阶段抽样

多阶段抽样,也称为多级抽样,是指在抽取样本时,分为两个及两个以上的阶段从总体中抽取样本的一种抽样方式。其具体操作过程是:第一阶段,将总体分为若干个一级抽样单位,从中抽选若干一级抽样单位入样;第二阶段,将入样的每个一级单位分成若干个二级抽样单位,从入样的每个一级单位中各抽选若干个二级抽样单位入样……,依此类推,直到获得最终样本。

多阶段抽样区别于分层抽样,也区别于整群抽样,其优点在于适用于抽样调查的面特别广,没有一个包括所有总体单位的抽样框,或总体范围太大,无法直接抽取样本等情况,可以相对节省调查费用。其主要缺点是抽样时较为麻烦,而且从样本对总体的估计比较复杂。

4. 分层抽样

分层抽样也称类型抽样、分类抽样或分层定比任意抽样等。

分层抽样是将总体各单位先按主要标志分组,然后在各组中采用简单或机械抽样方式,确定所要抽取的单位。分层抽样实质上是科学分组和抽样原理的结合。

要确定抽样的数目,一般有定比和异比两种方法。

(1) 定比:就是对各个分层一律使用同一个抽样比例。

抽样比例 f 的计算公式为:

$$f = \frac{n(样本个案数)}{N(总体个案数)}$$

(2) 异比:如遇其中某一层人的数量特别少,按统一比例取样所得的个案数量太少以致会影响这一层抽样个案的分析时,则这一层可采用比其他层较大的取样比例,这叫做异比抽样的方法。

如图 5-2 所示,三层中皆不相同,但每一层之内部每一单元却相同,换言之,每一群体(group)所含之要素,在其内部虽然是"同质"的(homogeneous),但在各群体间却是"异质"的(heterogeneous),这样,将样本分为几个层抽出时,其群体称为层(strata),被分的层称为层化(stratification),经过这种程序所选的样本为分层抽样(stratified sample)。

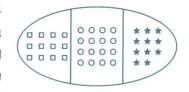

图 5-2 分层抽样

分层的作用主要有三:一是为了工作的方便和研究目的的需要;二是为了提高抽样的精度;三是为了在一定精度的要求下,减少样本的单位数以节约调查费用。因此,分层抽样是应用上最为普遍的抽样技术之一。

按照各层之间的抽样比是否相同,分层抽样可分为等比例分层抽样与非等比例分层抽样。

实际上,分层抽样是科学分组与抽样原理的有机结合,前者是划分出性质比较接近的层,以减少标志值之间的变异程度;后者是按照抽样原理抽选样本。因此,分层抽样一般比简单随机抽样和等距抽样更为精确,能够通过对较少的样本进行调查,得到比较准确的推断结果,特别是当总体数目较大、内部结构复杂时,分层抽样常能取得令人满意的效果。

5. 整群抽样

整群抽样也称聚类抽样、集团抽样。整群抽样是首先将总体中各单位归并成若干个互不交叉、互不重复的集合,我们称之为群;然后以群为抽样单位抽取样本的一种抽样方式。

上述三种抽样调查方式,都是以总体中的各个个体为单位进行抽样调查。在实际工作中,当总体特别大时,有时不是一个个单位(个案)抽选,而是整群(组)、整批地抽选,对被抽选的各群(组)中的所有个案毫无遗漏地全部进行调查,这样的抽样组织方式叫做整群随机抽样。

如我们从几所中学,任意地选几个班级,以班为一整群,对这几个班所有学生进行整体调查。这种方式往往用于同质性比较强的总体。

分层抽样中,层的划分依据是层间异质性高,层内尽可能同质的原则。整群抽样,因仅抽取某几个子群作为整体的代表,如果子群间差异显著,而每个子群内同质性很高,则抽出的几个子群显然无法代表总体。因此,整群抽样的分群原则与分层抽样不同,它是使群间异质性低,而群内异质性高。所以,分层抽样适用于界质分明的总体,而整群抽样适用于界质不清的总体。

整群抽样特别适用于缺乏总体单位的抽样框。应用整群抽样时,要求各群有较好的代表性,即群内各单位的差异要大,群间差异要小。

整群抽样的优点是实施方便、节省经费;缺点是往往由于不同群之间的差异较大,由此而引起的抽样误差往往大于简单随机抽样。

6. 多段抽样

这种方法就是从集体抽样到个体抽样,分成若干阶段逐步地进行。如对某县 200 000 人的抽样可分为三段进行。

县 →从中抽取→ 8个乡 →从中抽取→ 15个村 →从中抽取→ 500人

整个过程的各段抽样,都可采取简单的或分层的抽样法。在上例具体的过程中有三段,则可称为三段抽样。也可分五段抽样:

华东 → 省 → 县 → 乡 → 村 → 农民

这种方法,在大规模调查时非用它不可。但由于每段抽样都会有误差,经过多段抽样,最后抽出来的样本误差就会比较大,这是多段抽样的缺点。

抽样的方法很多,以上只是介绍几种基本的抽样方法。随着现代抽样方法的日益发展,抽样方法已成为专门学问,出现了抽样专家。在国外就有空间抽样法、饱和抽样法、多相抽样法等不少特殊的抽样方法。其中以 PPS 抽样法为学界所瞩目。

7. 二重抽样(又称两相抽样)

二重抽样是指在抽样时分两次抽取样本的一种抽样方式,先抽取一个容量比较大的初始样本,用初始样本估计总体的某些参数或某些必要的信息作为分层的比例或再次抽样的标志,然后将抽出的初始大样本作为"总体",从中抽取容量合适的样本进行比较详细的调查。其具体为:首先抽取一个初步样本,并搜取一些简单项目以获得有关总体的信息;然后,在此基础上再进行深入抽样。在实际运用中,双重抽样可以推广为多重抽样。特点是,适合用于对总体信息了解比较少的调查。主要作用是提高抽样效率、节约调查经费。

上述各种抽样方式均为随机抽样方式。此外还有非随机抽样方式,即按照调查人员主观设立的某个标准抽选样本的抽样方式,如偶遇抽样、立意抽样、配额抽样等。

三、PPS 抽样

PPS 抽样(sampling with probability proportionate to size),是一种不等概率抽样,即"概率与元素的规模大小成比例的抽样"方法。

PPS 抽样就是将总体按一种准确的标准划分出容量不等的具有相同标志的单位在总体中不同比率分配的样本量进行的抽样。特点是总体中含量大的部分被抽中的概率也大,可以提高样本的代表性。

在抽样调查的实际工作中,经常是要将几种抽样方法结合起来应用。比如,城市居民的收支调查,是将二重抽样、多阶段抽样、分层抽样、机械抽样等多种方法结合起来使用。

在现实的商业性的市场调查中也有非概率抽样的应用。如配额抽样、随意抽样、志愿者抽样、判断抽样、修正的概率抽样和滚雪球抽样,等,由于这些抽样方法容易出现偏差,所以只在对共性特别强的群体的商业性调查中应用。

总结:我们介绍的概率抽样方法有一个共同的特点,即总体中的每一个元素都具有同等的被抽中的概率。如果总体中每个元素的"大小"基本相同,或者每个元素在总体中的地位或重要性差不多,则这种基于同等概率的抽样是合适的。但当元素的大小不同,或元素在总体中地位不同时,则需采用不等概率抽样的方法。比如,从某区几百家企业中抽取 20 家企业进行调查时,一个有着几十万职工的大型企业与一个只有几十个人的小企业所占的地位显然是不同的。如果仍用等概率抽样方法,样本的代表性和精度显然都比较差。这时就需要用 PPS 抽样法。

用一个例子来说明 PPS 抽样。在中国科协组织的"2001 中国公众科学素养调查"中就采用了 PPS 抽样法进行抽样。我们选取从区抽至街道乡镇的第二阶样本的方法来说明如何进行 PPS 抽样。

从城市的区抽取第二阶样本(街道或乡镇)的方法为:在抽取街道的时候,直接将选中区内的所有街道汇总在一起,按照 PPS 抽样步骤抽取要求的街道数即可。例如,在第一阶抽样中,抽中某城市的区 N,它管辖的街道分布如表 5-1,该区应抽取两个街道。

表 5-1 区内抽取街道的方法示例

街道序号	街道名称	街道常住人口数 M_i(人)	累计人口数 T_i(人)	产生的随机数码
1	N1	8 659	8 659	
2	N2	7 569	16 228	
3	N3	10 112	26 340	
4	N4	5 328	31 668	27 449
5	N5	14 563	46 231	
6	N6	12 034	58 265	52 132
7	N7	6 752	65 017	
8	N8	9 778	74 795	

(1) 根据有关部门的统计资料,查核 N 区各街道的常住人口数,并计算汇总人口,结果如表 5-1。

(2) 用计算器产生两个随机数,分别为 0.367 和 0.697。

(3) 把 0.367 和 0.697 分别乘以 N 区街道的总人口数 $T = \sum_{i=1}^{N} Mi = 74\,795$,得随机数码 $74\,795 \times 0.367 = 27\,449.765$ 和 $74\,795 \times 0.697 = 52\,132.115$,取整后分别为 27 449 和 52 132。

(4) 27 449 和 52 132 分别位于累计数 Ti 的 26 340~31 668 和 46 231~58 265 之间,所以 4 号和 6 号街道,也就是街道 N4 和街道 N6 被抽中。

(5) 如果产生的随机数挨得太近,使得算出的随机数码对应于同一街道,那么,需要重新产生随机数,直到取整后的随机数码对应于不同于被抽中的街道为止。

四、KISH 表的应用

1. KISH 表

这是指美国著名的抽样专家 Kish 创立的一种在确立了户之后,如何选择户内家庭成员的方法。它的原理与随机数表的原理是一致的。

2. 如何运用 KISH 表

(1) 确定该户的符合调查要求的人口数。

(2) 依照年龄由高到低,按家庭成员编号的顺序写在表的相应位置上。

(3) 确定样本户的编号。通常的作法是:调查员调查的第一户的编号为 1,第二户的编号为 2,以此类推;或以问卷号的末位数为准。

(4) 样本编号末位数所在列,于家庭成员人口数行所对应的数字为该户成员年龄由大到小排列的编号,此编号所对应的人为抽样样本。

举例来说,该户有 5 人,年龄分别为 69 岁、67 岁、38 岁、32 岁、4 岁,调查对象年龄要求为 18~70 岁,所以确定人口数为 4,依照年龄顺序分别填入表中;该户的样本编号末位数为 5,从而确定该户的样本的调查顺序号为 3,即该户 38 岁的人为调查的样本(见表 5-2)。

表 5-2 入户抽样表

家中 14~70 岁人口数:人

序号	姓名	年龄	性别	选样	问卷编号尾数									
					1	2	3	4	5	6	7	8	9	0
1					1	1	1	1	1	1	1	1	1	1
2					2	1	2	1	2	1	2	1	2	1
3					1	3	2	3	2	3	1	3	1	2
4					2	2	4	3	4	3	4	1	3	2
5					2	5	3	3	4	4	1	1	5	3

续表

序号	姓名	年龄	性别	选样	问卷编号尾数									
					1	2	3	4	5	6	7	8	9	0
6					3	1	4	1	5	2	6	2	3	6
7					4	5	6	5	7	2	3	1	7	3
8					4	5	6	2	7	1	8	3	4	5
9					2	4	9	5	9	3	7	6	1	8
10					5	2	3	4	10	8	9	8	9	1

注意事项：1. 家庭成员的登记序号按照年龄大小"从大到小"的顺序依次排列；
2. 所列家庭成员应同时具备下列条件：18～70 岁，具有本市正式户口或暂住证；
3. 选样依据表中问卷编号尾数与家庭人口数交汇的数字而确定相应的序号所对应的家庭成员，并在该家庭成员同一行的"选样"栏中打勾。

什么时候用概率抽样，什么时候用非概率抽样，应当根据各种条件来决定，例如研究的性质、对误差容忍的程度、抽样误差与非抽样误差的相对大小、总体中的变差以及统计上的操作上的考虑等。尽管非概率抽样不能推断总体，不能计算抽样误差，但在实际调查中仍常被应用。一方面是操作的考虑，减少非抽样误差的发生，另一方面也是因为所调查内容不需投射总体，而且一般总体的同质性较强。如概念测试、包装测试、名称测试以及广告测试等，这类研究中，主要的兴趣集中在样本给出各种不同应答的比例。概率抽样用于需要对总体给出很准确的估计的情况，例如要估计市场占有率、整个市场的销售量、估计某个地区的电视收视率等。还有全国性的市场跟踪研究(提供有关产品分类和品牌使用率等信息的研究)，以及用户的心理特征和人口分布的研究等，都采取概率抽样。但在概率抽样时要特别注意控制调查过程中的非抽样误差。

第四节 样本大小与相关因素

样本大小又称样本容量，指的是样本所含个体数量的多少。样本的大小不仅影响其自身的代表性，而且还直接影响到调查的费用和人力的花费。确定样本大小，一般应考虑的因素有：(1) 精确度要求；(2) 总体的性质；(3) 抽样方法；(4) 客观制约。

一、样本

样本是从总体的所有单位中抽取出来的能代表总体的部分单位，用 n 表示。样本是总体的缩影，是用以估计或推断总体全面特征的依据。影响样本对总体代表性强弱的因素有：(1) 总体分布的离散程度——总体的平均离散程度小，样本的代表性就大；总体的平均离散程度大,样本的代表性就小。(2) 抽样单位的数量多少——样本单位过少,代表性就差;样本单位达到一定数量,才有一定的代表性。(3) 抽样的方式方法——以不重复抽样和不等概率抽样的样本代表性为好。不重复抽样,是指从总体中随机抽取一个单位,经调查观察后,不再放回原总体,就余下的总体单位中,又随机抽取第二个单位,如此继续抽下去,直至抽满预定单位数为止。不等概率抽样,是指对中间层抽样时,按抽样单位包括下级单位或基本单位数所占比例的不同,给予相应于这些不同比例的抽样。如调查某区小学生体质情况,可分区抽学校、学校抽学生两个层次。在区抽学校时,学生数多的学校,给予较大的被抽概率;学生数少的学校,给予相应较小的被抽概率。30 个及以上单位的称为大样本;不到 30 个单位的称为小样本。

二、如何确定样本量

在确定了抽样方法后,大家都很关心调查多少人合适,也就是样本量多大合适。

根据市场调查的经验,市场潜力等对量的要求比较严格的调查所需样本量较大,而产品测试、产品定价、广告效果等彼此差异不是特别大或对量的要求不严格的调查所需样本量较小些。

样本量的大小涉及调研中所要包括的人数或单元数。确定样本量的大小是比较复杂的问题,既要有定性的考虑也要有定量的考虑。

从定性的方面考虑样本量的大小,其考虑因素有:决策的重要性,调研的性质,变量个数,数据分析的性质,同类研究中所用的样本量,发生率,完成率,资源限制等。具体地说,更重要的决策,需要更多的信息和更准确的信息,这就需要较大的样本;探索性研究,样本量一般较小,而结论性研究如描述性的调查,就需要较大的样本;收集有关许多变量的数据,样本量就要大一些,以减少抽样误差的累积效应;如果需要采用多元统计方法对数据进行复杂的高级分析,样本量就应当较大;如果需要特别详细的分析,如做许多分类等,也需要大样本。针对子样本分析比只限于对总样本分析,所需样本量要大得多。

具体确定样本量还有相应的统计学公式,根据样本量计算公式,我们知道,样本量的大小不取决于总体的规模,而取决于:(1) 研究对象的差异程度;(2) 所要求或允许的误差大小;(3) 要求推断的置信程度。也就是说,当所研究的现象越复杂,差异越大时,样本量要求越大;当要求的精度越高,可推断性要求越高时,样本量越大。因此,如果不同城市分别进行推断时,"大城市多抽,小城市少抽"这种说法原则上是不对的。在大城市抽样太大是浪费,在小城市抽样太少没有推断价值。

总之,在确定抽样方法和样本量的时候,既要考虑调查目的、调查性质、精度要求(抽样误差)等因素,又要考虑实际操作的可实施性、非抽样误差的控制、经费预算等因素。专业调查公司在这方面会根据具体情况及调查性质,进行综合权衡,达到一个最优的样本量的选择。

首先我们要了解,样本数和总体两者不是直接关系,而是缓慢的曲线关系。如从 1 000 人中抽取 380 人,可信度为 95%,置信区间为±3%;那么就是从 50 万人中抽样所需抽出的样本数量是增加得很缓慢的,只达到 600 个。如果从 100 万以上的人中抽样,所需抽出的样本数就增加得更慢了,如图 5-3 所示。

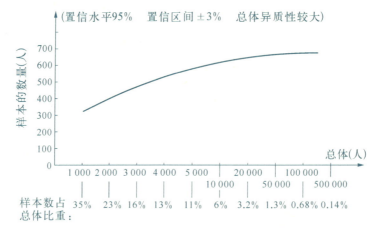

图5-3 不同的总体规模所需的样本数量[1]

同时,我们还要从两个方面来考虑其样本数目。

1. 资料分析上的要求

这里有一条准则,样本的数目起码要够作资料分析用。比如,抽取30个样本,研究年龄与收入的关系。

把年龄分为三组:(1) 21~40岁,(2) 41~60岁,(3) 60岁以上。把工资收入分为上、中、下3个层次。

要找出年龄和工资收入的关系,可以把年龄和工资收入进行交互分类,如图5-4所示。

		年 龄		
	(1)	(2)	(3)	
工资收入 上	0	0	4	4
中	0	8	2	10
下	12	2	2	16
	12	10	8	30

图5-4 年龄和工资收入交互分类结果

由图5-4可见,用30个样本个案进行资料分析是不够用的,这样得出的结论不可靠,因为数字太少,在统计上是没有意义的。那就要增加个案,如这组资料统计分析,最少要有120个个案。

2. 统计上的要求

样本的大小与抽样误差成反比,与研究代价成正比。这里有个均衡的准则。

均衡的主要准则
(1) 根据代价限度抽取最大样本辅助准则
(2) 容忍错误的程度越小,样本越大
(3) 研究对象之间差异越大,样本越大

---

[1] Nan Lin, *Foundations of Social Research*, N.Y.MCG Raw-Hill Book Co,1976.

总之,我们依据"代价小,代表性高"的原则。对同质性强的总体,其差异不大,选择样本可以小一点。而异质性高的总体,则要选择大一些的样本。

估计样本大小,我们有个简单的公式:

$$n=(k \cdot 6/e)^2$$

公式中,e 是抽样误差,即总体的参数值与样本的统计值之间的差异,$e=$(参数值－统计值)。

根据统计资料的随机性的特点,决定了从各总体中抽取一部分进行研究时,根据样本计算的统计量与总体的参数是不可能相等的,而具有多值性。

6 为总体的标准差。总体标准差反映了总体变量值分散的程度(也可以说是异质性程度)。

如果总体变量值分散程度大,即 6 大,样本变量也就要大。如果总体变量值分散程度小,即 6 小,样本变量也就要小。

k 为可信度系数。可信度,即可靠程度,也就是样本对总体的代表性程度。在统计中,可信度和可信度系数具有这样的关系:

可信度为 99%,可信度系数 $k=2.58$;

可信度为 95%,可信度系数 $k=1.96$;

可信度为 68%,可信度系数 $k=1.00$。

复习思考题

1. 抽样设计中常用的概念有哪些?如何理解?
2. 如何选择确定抽样框?
3. 学会使用"随机数表"进行简单随机抽样。
4. 怎样决定样本的大小?
5. 结合实际项目,设计一份抽样方案。

第六章

问 卷 设 计

学习要点

- 问卷的作用和类型
- 问卷的结构和内容
- 问卷设计的程序
- 问卷设计的技巧
- 问卷评价的标准

开篇案例

运用这些要点来撰写一份优秀问卷

莱恩·纽曼（Lynn Newman），是玛瑞兹（Maritz）公司市场研究部的副主管，曾谈到撰写一份优秀问卷的要点。如果你曾将你认为的"最终"问卷送给一位市场研究人员，结果拿回的问卷上到处是添加或删改的痕迹及其他编辑意见，这并不奇怪。乍一看，撰写问卷并不是一件非常困难的任务，只要表达出你想了解什么，并写出能得到哪些信息的问题即可。虽然撰写问卷很简单，但撰写优秀问卷却不容易。这里有一些在撰写问卷时应该做什么和

不应该做什么的要点:

(1) 避免应答者可能不明白的缩写、俗语或生僻的用语。比如,你对PPO的意见是什么?很可能不是每个人都知道PPO代表优先提供者组织(preferred provider organization)。如果这一问题以一般公众为目标应答者,研究人员可能会遇到麻烦。另一方面,如果问题针对物理学家或医院管理者,那么缩写PPO很可能是可接受的。

(2) 要具体。含糊的提问得到含糊的答案。例如,您的家庭收入是多少?当应答者给出此问题的数字答案时,其答案是各式各样的,如1994年的税前收入,1994年的税后收入,1995年税前收入,1995年税后收入。

(3) 不要过头。当问题的要求过多时,人们是不会回答的,他们或者拒绝或者乱猜。例如,1996年您读了多少本书?需给出一个范围:①无;②1~10本;③11~25本;④26~50本;⑤多于50本。

(4) 确保问题易于回答。要求过高的问题也会导致拒答或猜想。例如,请您以购买新车时考虑因素的重要性将以下20项排序。你正在让应答者做一次相当大的计算工作。不要让人们为20项排序,应让他们挑选出前5项。

(5) 不要过多假设。问题撰写者默认了人们的一些知识、态度和行为。例如,您对总统关于枪支控制的立场倾向于同意还是反对?这一问题假设了应答者知道总统对枪支控制有一个立场并知道立场是什么。

(6) 注意双重问题和相反观点的问题,将多个问题结合起来或运用相反观点的问题会导致模棱两可的问题和答案。例如,"您赞同在私人住宅而不在公共场所吸食大麻合法化吗?"如果此问题精确描述应答者的立场,那么就很容易解释"是"这种回答。但是回答为"不"可能意味着应答者赞同在公共场所吸大麻而不赞同在私人场所吸,或两者都反对,或两者都赞同。"警察总长不应该对市长直接负责吗?"这个问题也是模棱两可,几乎任何回答都可以。

(7) 检查误差。带有误差的问题会引导人们以某一方式回答,但这种方式不能准确反映其立场。有几种使问题存在偏向性的方式。一种方式是暗示应答者本应参与某一行为。例如,"今年看电影《狮子王》的人比看其他电影的人多。您看过这部电影吗?"为了不显示出"不同",应答者即使没有看过也会说是的。问题应该是"您曾看过电影《狮子王》吗?"

另一种使问题具有误差性的方式是使选择答案不均衡。例如,"近期我国每年在援助外国方面花费××百万美元。您认为这个数字应:①增加;②保持不变;③稍减一点;④减少一点;⑤大量减少"。这套答案鼓励应答者选择"减少"选项,因为其中有3项"减少",而只有一项是增加。

(8) 预先测试。正式调查之前的试调查,"所有的修改和编辑都不能保证成功。事先测试是保证你的问卷研究项目成功而费用最低的方式。"事先测试的基本目的是保证问卷提供给应答者以清晰、容易理解的问题,这样的问题将得到清晰、容易理解的回答[1]。

---

[1] Lynn Newman. That's a good question, *American Demographics*, 1995: 10-15.

第一节 问卷的作用和类型

问卷又称调查表,或问卷表。它既是一种收集数据的结构化技术,又是实施各种市场调查方法的一种必备的工具,一种类似于体温表、测量器、磅秤那样的工具。它与这些工具所不同的是,问卷以书面的形式,按顺序事先设计的反映调查目的和调查内容的一系列问题及答案组成的,从调查对象那里获取信息的表格。它也是收集来自被访者信息的正式一览表。

在市场调查中采用问卷法来收集资料有很多优点,问卷与抽样技术相结合的方法在市场调查中得到越来越广泛的应用。

一、问卷的作用

问卷在调查过程中的作用如下:
(1) 问卷是调查中广泛使用的一种工具;
(2) 提供标准化的数据收集程序;
(3) 访问员了解应答者信息的工具;
(4) 提供委托方管理决策所需的信息;
(5) 将研究目标转化为具体的问题;
(6) 实施方便,提高精度;
(7) 易于对资料进行统计处理和定量分析;
(8) 节省调查时间,提高调查效率。

图 6-1 说明了问卷在调研目标和调研信息之间的中心地位。制作一份优秀的问卷既需要努力的工作,也需要有创造力。如果问卷设计得不好,那么所有精心制作的抽样计划、训练有素的访问人员、合理的数据分析技术和良好的编辑和编码都将徒然无用。

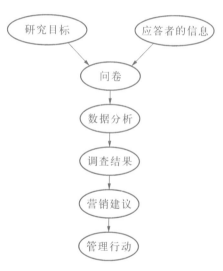

图 6-1 问卷在调查过程中的作用

不科学的不规范的问卷设计将导致不完全的信息、不准确的数据而且导致不必要的高成本。

也正如有的研究人员所肯定的:"调查问卷有 6 种主要功能:①把研究目标转化为特定的问题;②使问题和答案范围标准化,让每一个人面临同样的问题环境;③通过措辞、问题流程和卷面形象来获得应答者的合作,并在整个谈话中激励被访问者;④可作为调研的永久记录;⑤它们能加快数据分析的进程,例如有些公司使用能被计算机扫描的问卷来快速处理原始数据;⑥它们包括测定可行性假设的信息,如安排测试一再测试或等效形式的问题,并可以据此验证调研参与者的有效性。正因为调查问卷有以上功能,所以,它是调研过程中的一个非常重要的因素。研究表明,调查问卷的设计直接影响所收集到的数据的质量。即使有经验的调研者也不能弥补问卷上的缺陷。"[1]

二、问卷的类型

问卷的类型,可以从不同的角度进行划分。如按问题答案划分,可分为结构式、无结构式、开放式三种;如按调查方式划分,可分为访问问卷和自填问卷;如按问卷用途分,可分为甄别问卷、调查问卷和回访问卷等。

1. 按问题答案划分

问卷可分为结构式、开放式、半结构式三种基本类型。

(1) 结构式通常也称为封闭式或闭口式。这种问卷的答案,研究者在问卷上早已确定,由回答者认真选择一个回答划上圈或打上勾就可以了。

优点:

① 答案标准化,回答者的答案可相互加以比较。

② 便于资料处理,答案事先编了码,可直接转入电脑处理。

③ 回答者对问题意思比较容易明白。

④ 答案较完整,减少不相干的回答。

⑤ 当问及敏感性与威胁性问题时,因为答案已编码,比较容易取得合作。

不少调查,尤其是大型的调查,一般都用这种结构式的问卷。但此种问卷也有其先天性的无法克服的缺陷。

缺点:

① 回答者在不清楚问题时,容易胡乱打勾。

② 回答者与研究者对问题有不同解释与理解时,勾出的答案意义容易使研究者误解。

③ 有时容易在两个答案之间圈错或勾错。

④ 一个问题有好多种可能的回答,全部列出,会浪费回答者的时间。

(2) 开放式也称之为开口式。这种问卷不设置固定的答案,让回答者自由发挥。

优点:

① 当研究者不知道答案时,可由回答者自己填写,提供答案。

② 能让回答者充分发表意见及看法,回答详尽。

③ 特别适用于复杂的、需要列出太多的答案项目、可能变化的情况太多的问题。

缺点:

① 可能答非所问,收回一些无用的资料。

② 提供的答案不划一,不标准,难以处理。

---

[1] Susan Carroll. Questionarie Design Affects Respondse Rate, *Marketing News*, 1994(28): 25; Maria Elem Sandeg. Effects of Questionarie Design on the Quality of Survey Data, *Pubic Opinion Quarterly*, 1992(56): 206-207.

③ 要求回答者有较高的文化水平、表达能力。
④ 这类问题往往是探索性与广泛性的问题，回答者可能不清楚研究者的意思及确切的含义。
⑤ 有时回答者不愿多花时间，因而拒绝率高。
⑥ 空间多，纸张多，问卷长而厚。

(3) 半结构式。这种问卷介于结构式和开放式两者之间，问题的答案既有固定的、标准的，也有让回答者自由发挥的，吸取了两者的长处。这类问卷在实际调查中运用还是比较广泛的。

2. 按调查方式分

按调查方式分，问卷可分为发送问卷和邮寄问卷两类。发送问卷是由调查员直接将问卷送到被访问者手中，并由调查员直接回收的调查形式。而邮寄问卷是由调查单位直接邮寄给被访者，被访者自己填答后，再邮寄回调查单位的调查形式。

相比而言，访问问卷的回收率最高，填答的结果也最可靠，但是成本高，费时长，这种问卷的回收率一般要求在 90% 以上；邮寄问卷，回收率低，调查过程不能进行控制，因此可信性与有效性都较低。而且由于回收率低，会导致样本出现偏差，影响样本对总体的推断。一般来讲，邮寄问卷的回收率在 50% 左右就可以了；发送式自填问卷的优缺点介于上述两者之间，回收率要求在 67% 以上。

3. 按问卷用途分

按问卷用途来分，一般来讲，问卷调查，尤其是市场调查的问卷调查，都包括三种类型的问卷，即甄别问卷、调查问卷和回访问卷(复核问卷)。

它一般包括对个体自然状态变量的排除、对产品适用性的排除、对产品使用频率的排除、对产品评价有特殊影响状态的排除和对调查拒绝的排除五个方面。

① 对个体自然状态的排除主要是为了甄别被访者的自然状态是否符合产品的目标市场。主要的自然状态变量包括年龄、性别、文化程度、收入等。我们用一个高档化妆品的市场调查的甄别问卷为例来说明对个体自然状态不适用的排除。

● 对年龄的甄别。由于中国人使用化妆品具有明显的年龄倾向，要排除年少的人和年老的人，所以年龄的甄别问题设计为：

您的年龄：

18 岁以下　　　　　中止访问

18～45 岁　　　　　继续

45 岁以上　　　　　中止访问

● 对性别的甄别。假设此产品为女性所专用，那么对性别的甄别问题的设计为：

您的性别：

男　　　中止访问

女　　　继续

● 对收入的甄别。在中国，收入影响女性购买化妆品的因素有两个，即个人收入和家庭总收入。因此，对收入的甄别问题的设计就包括两个方面，方式为：

您的个人月收入(包括工资、奖金、第二职业收入等)为:

1 500 元及以上　　　　继续

1 500 元以下　　　　　中止访问

您的家庭月总收入为:

3 000 元及以上　　　　继续

3 000 元以下　　　　　中止访问

② 假设这种化妆品只适用于油性和混合性皮肤,那么其对产品适用性的甄别问题的设计为:

● 您的皮肤是:

油性　　　　　　　继续

混合性　　　　　　继续

干性　　　　　　　中止访问

③ 很明显,个人对化妆品使用频率过低,就不可能成为调查产品的目标消费者,所以对产品使用频率的甄别问题的设计为:

● 您平时多长时间使用一次化妆品:

几乎不用　　　　　中止访问

每月一次以下　　　中止访问

每月一次或以上　　继续

④ 这种排除主要是为了使职业习惯可能对调查结果的影响排除掉。它一般有固定的设计格式,人们对产品评价有特殊影响状态的甄别问题的设计为:

● 您和您的家人是否有在以下单位工作的:

市场调查公司或广告公司　　　　中止访问

社情民意调查机构、咨询公司　　中止访问

电台、电视台、报社、杂志社　　中止访问

化妆品生产或经销单位　　　　　中止访问

以上都没有　　　　　　　　　　继续

● 在过去 6 个月里,您是否接受过市场调查公司的访问:

是　　　　中止访问

否　　　　继续

⑤ 对调查拒绝的排除。对拒绝调查的甄别问题的设计为:

● 您是否愿意帮助我完成这次访问:

是　　　　继续

否　　　　谢谢被访者,中止访问

任何调查,可以没有甄别问卷,也可以没有复核问卷,但是必须有调查问卷,它是分析的基础。

它是由卷首语、甄别问卷的所有问题和调查问卷中的一些关键性问题所组成,具体实例见甄别问卷。

第二节 问卷的结构和内容

问卷表的一般结构有标题、说明、被调查者基本情况、主体、编码号、致谢语和实施记录等七项。

一、标题

例如,"厂级干部推荐表",这个问卷的标题,把该厂人事部门的调查内容和范围反映出来了。又如,"中国互联网发展状况及趋势调查"这个标题,把调查对象和调查中心内容和盘托出,十分鲜明。我们在这里提这个常识性问题并不是多此一举,在实际工作中,有的同志不注意问卷的标题,要么没有标题,要么列一个放之四海而通用的标题。

二、说明

问卷的说明是十分必要的,对采用发放或邮寄办法使用的问卷尤其不可缺少。我们调查某个问题的目的意义和方法,不光要使所有参加调查工作的人知道,而且要使被调查的群众都知道。我们应该明白,群众不是材料袋,他们也是调查研究的主人。因此,我们要让群众去做的事,就要相信他们,让他们知道为什么要去做,怎么去做。当他们明白了目的意义和方法,就会给予很大的支持,积极认真地配合。信后署上调查研究单位(不是笼统的"市场调查组"、"青年问题调查组"),这本身又是尊重群众、相信群众的表现,是不可小视的。

问卷的指导语,长短由内容决定。但尽可能的简短扼要,务必摒弃废话和不实之词(如虚张声势、夸大其词一类的话)。

三、被调查者基本情况

如在消费者调查中,消费者的性别、年龄、民族、家庭人口、婚姻状况、文化程度、职业、单位、收入、所在地区等。通过这些项目,便于对调查资料进行统计分组、分析。在实际调查中,列入哪些项目,列入多少项目,应根据目的、调查要求而定,并非多多益善。

四、主体

事实性问题——要求调查对象回答有关的事实情况,如姓名、性别、出生年月、文化程度、职业、工龄、民族、宗教信仰、家庭成员、经济收入、闲暇时间安排和行为举止等。

断定性问题——假定某个调查对象在某个问题上确有其行为或态度,继续就其另一些行为或态度作进一步的了解。这种问题由两个或两个以上的问题相互衔接构成。前面一个问题是后面一个问题的前提,如长年订阅或坚持阅读《人民日报》的读者才需要转折回答第二个问题,如果回答是"否"的人,就不必填答第二个问题:你经常阅读的是哪些版面和专栏。所以这类问题又叫转折性问题。

假设性问题——假定某种情况已经发生,了解调查对象将采取什么行为或什么态度。

敏感性问题——所谓敏感性问题,是指涉及个人社会地位、政治声誉,不为一般社会道德和法纪所允许的行为,以及私生活等方面的问题。例如问:"您小时候是否偷拿过别人的钱物?""您是否利用职务搞不正之风?""您是否有贪污行为?"这类问题对那些事情已经败露或在押犯,已不是什么秘密,大多数能如实地回答。但对其他确有此类行为但尚未为他人所知的人来说,则总是企图回避,不说真话。欲要了解这些情况,就要想法变换提问方式或采取其他深入群众的调查方法。

五、编码号

也就是在问卷主题内容的右边留一统一的空白顺序编上1,2,3……的号码(中间用一条竖线分开),用以填写答案的代码。整个问卷有多少种答案,就要有多少个编码号。如果一个问题有一个答案,就占用一个编码号,如果一个问题有3种答案,则需要占用3个编码号。答案的代码由研究者核对后填写在编码号右边的横线上。

六、致谢语

为了表示对调查对象真诚合作的谢意,研究者应当在问卷的末端写上"感谢您的真诚合作!"或"谢谢您的大力协助!"等语。如果在说明中已经有了表示感谢的话,问卷之末就不必再写。

七、实施记录

其作用是用以记录调查的完成情况和需要复查、校订的问题,格式和要求都比较灵活,调查访问员和校查者均在上面签署姓名和日期。

以上问卷的基本项目,是要求比较完整的问卷所应有的结构内容。但通常使用的如征询意见及一般调查问卷可以简单些,有一个标题,主题内容和致谢语及调查研究单位就行了。

第三节 问卷设计的程序

问卷设计是由一系列相关的工作过程所构成的。为使问卷具有科学性、规范性和可行性,一般可以参照以下程序进行(见图6-2)。

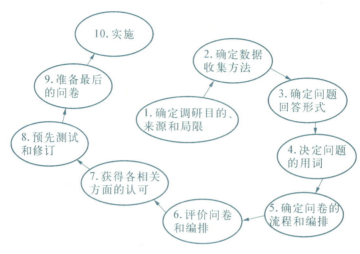

图 6-2 问卷设计的程序

一、步骤 1：确定调研目的、来源和局限

调研过程经常是在市场部经理、品牌经理或新产品开发专家做决策时感到所需信息不足发起的。在一些公司中，评价全部二手资料以确认所需信息是否收集齐全是经理的责任。在另外一些公司中，经理将所有的市场调研活动，包括一手资料和二手资料的收集交由市场研究部门去做。

尽管可能是品牌经理发起了市场研究，但受这个项目影响的每个人，如品牌经理助理、产品经理，甚至生产营销经理都应当一起讨论究竟需要些什么数据。询问的目标应当尽可能精确、清楚，如果这一步做得好，下面的步骤会更顺利、更有效。

二、步骤 2：确定数据收集方法

获得询问数据可以有多种方法，主要有人员访问、电话调查、邮寄调查与自我管理访问。每一种方法对问卷设计都有影响。事实上，在街上进行拦截访问比入户访问有更多的限制，街上拦截访问有着时间上的限制；自我管理访问则要求问卷设计得非常清楚，而且相对较短，因为访问人员不在场，没有澄清问题的机会；电话调查经常需要丰富的词汇来描述一种概念以肯定应答者理解了正在讨论的问题。对比而言，在个人访谈中访问员可以向应答者出示图片以解释或证明概念。

三、步骤 3：确定问题回答形式

1. 开放式问题

开放式问题是一种应答者可以自由地用自己的语言来回答和解释有关想法的问题类型。也就是说，调研人员没有对应答者的选择进行任何限制。

2. 封闭式问题

封闭式问题是一种需要应答者从一系列应答项做出选择的问题。

3. 量表应答式问题

量表应答式问题则是以量表形式设置的问题。

市调案例6-1

为沟通的一致性而努力

虽然我们曾听过世界由于电信技术的存在而变小了的话,但调研者仍须记住世界由数以千计的不同子文化所组成。要设计一张调查问卷就须考虑文化的差异。即使在同一种文化中,不同地域文化差异仍使调研者头痛。例如,在美国大陆有 1 600 万拉丁美洲消费者和超过 1 000 亿美元的购买力。然而,拉美人种由古巴、得克萨斯-墨西哥、哥伦比亚-墨西哥和波多黎各血统组成。虽说他们都使用西班牙语,但语言的格式和俚语都不同。调查者必须对调查问卷进行恰当的翻译。

当对国际市场进行调研时,对调查问卷的仔细准备尤为重要。温斯顿·丘吉尔(Winston Churchill)曾这样评价英国和美国:"英国和美国是共有同一种语言的两个国家。"BRX 全球公司的乔尔·阿克塞尔罗德给他在法国进行化妆品市场调查的同事发了一份传真,要求其访问 150 名高加索妇女。第二天,BRX 全球公司接到一个电话,询问如何安排 150 名在高加索出生并长大的妇女在巴黎的住宿。其实,高加索妇女是指从高加索地区到法国来的妇女。当阿克塞尔罗德博士把这一情况向一个美国的调研人员描述时,对方却认为这简直是不可能的。考虑另一个在德国的例子,在为同一制造商进行调研时,BRX 全球公司花了 3 天时间去寻求"扁平的化妆品"(pancake makeup)的正确翻译。当在意大利为一个工业企业调研时,BRX 全球公司针对某些品牌的工业用封口机设计了一套英文版问卷。当它收到意大利的翻译版并把它译回英语时发现,封口机已被改为蜂蜡。

使所有的应答者明白一致的意思是设计调查问卷时应注意的重点之一。然而,各种不同文化和语言的差异使市场调研人员面临着极大的困难[1]。

四、步骤 4:决定问题的用词

问卷的用词应尽量考虑到:(1) 用词必须清楚;(2) 避免诱导性的用语;(3) 应答者回答问题的能力;(4) 应答者回答问题的意愿。

五、步骤 5:确定问卷的流程和编排

问卷不能任意编排,问卷每一部分的位置安排都具有一定的逻辑性。其逻辑性描述在

---

[1] 阿尔文·C.伯恩斯等:《营销调研》,中国人民大学出版社 2001 年版。

表 6-1 中列出。有经验的市场研究人员很清楚问卷制作是获得访谈双方联系的关键。联系越紧密,访问者越可能得到完整彻底的访谈。同时,应答者的答案可能思考得越仔细,回答得越仔细。

表 6-1 问题在问卷中的位置是符合逻辑的

问卷结构			
问题类型	问题所处位置	例句	理论
过滤	最早提出的问题	在过去一个月中你是否在超市买过东西?	用于选择符合调研要求的被访问者
热身	在过滤问题之后	你经常买东西吗?你通常在一周的哪几天买东西?	问题通常较为简单、有趣,使被访者感到调研是轻松的
过渡	在主要问题前或变换一下提问方式	在以后几个问题中,我要问一些关于你家中看电视习惯的问题。下面我会读一些句子,要求你在我读完每一句后告诉我同意或不同意该说法。	将被访者引入正题,或是提醒他接下来要变换一下提问方式
较复杂或难以回答的问题	一般位于中间;接近结束	请按你的喜欢程度将下列店从 1 到 7 排列。在以后的 3 个月中你可能有多少时间会做一下这些事情。	此时被访者已同意完成调研
分类和个人统计	最后统计	你的最高学历是什么?	一些关于"个人"的资料问题,应将这些可能令人不快的问题放在最后

那么,解决问题流程有什么方法吗?

至少有三种特殊的问题组织方法,即漏斗方法,作业方法和部分解决方法。漏斗方法 (funnel approach) 使用一些由广泛到狭窄,从一般到特殊的问题流程。在开始时是一些通常较简单的问题,然后是一些较为详细的问题。作业方法 (work approach) 往往是调研者认为被访问者在回答一些问题时需要动的脑筋。当提问触及一些较为复杂的问题时,被访问者必须集中一定的精力来回答。较难的问题,通常放在问卷较后面,一些关于度量的提问往往放在这儿。因为它们的形式较为复杂,比一般普通形式的问题难回答。正如我们所述,当被访问者参与访问时,他必须适应以上提问形式的变化,否则将无法完成问卷。如果是这样,被访问者将会花更多的努力去回答。对部分解决方法 (sections approach) 来说,可能从逻辑上讲简单形式的提问往往放在问卷开始部分,这是一种步步逼近的方法。有时一个部分是由调研目标所划分,但有时也用调研提问形式来划分。例如,在某公司调研的项目中,我们可按烤蛋糕,烤馅饼,烹调,用手头现有材料烧烤,用混合材料,还是用某公司的产品等分类。所有这些都可以用一些短语表示,并将之放在一个部分中,在这部分对每一条短语都用 7 个表示不同"同意"程度的量表,让被访问者选择。

那么哪个方法最好呢?没有一种问卷形式是可以用来适应所有调研项目的。事实上,我们所说的这三种方法并不是相互孤立的。没有理由说在一张问卷中不能同时使用两种方法。事实上,我们会发现调研项目往往会影响问卷问题流程。

如前面所述,问卷设计是一项多重活动的组合。往往与创造性、简洁和常规指标相联系。需记住的一条重要准则是问卷流程设计必须将拒访率降至最小,使被访问者能明白完整地理解,并回答问题。要达到这一目标,调研者要选用合理的提问形式,给予清楚的方向说明,使问卷设计能打动人,并且在每个部分及短语前加注号码。

六、步骤 6:评价问卷和编排

一旦问卷草稿设计好后,问卷设计人员应再回过来做一些批评性评估。如果每一个问题都是深思熟虑的结果,这一阶段似乎是多余的。但是,考虑到问卷所起的关键作用,这一步还是必不可少的。在问卷评估过程中,下面一些原则应当考虑。

(1) 问题是否必要。
(2) 问卷是否太长。
(3) 问卷是否回答了调研目标所需的信息。
(4) 邮寄及自填问卷的外观设计。
(5) 开放试题是否留足空间。
(6) 问卷说明是否用了明显字体等。

七、步骤 7:获得各方面的认可

问卷设计进行到这一步,问卷的草稿已经完成。草稿的复印件应当分发到直接有权管理这一项目的各部门。实际上,营销经理在设计过程中可能会多次加进新的信息、要求或关注。不管经理什么时候提出新要求,经常的修改是必需的。即使经理在问卷设计过程中已经多次加入,草稿获得各方面的认可仍然是重要的。

经理的认可表明了经理想通过具体的问卷来获得信息。如果问题没有问,数据将收集不到。因此,问卷的认可再次确认了决策所需要的信息以及它将如何获得。例如,假设新产品的问卷询问了形状、材料以及最终用途和包装,一旦得到认可,意味着新产品开发经理已经知道"什么颜色用在产品上"或"这次决定用什么颜色"并不重要。

八、步骤 8:预先测试和修订

当问卷已经获得管理层的最终认可后,还必须进行预先测试。在没有进行预先测试前,不应当进行正式的询问调查。通过访问寻找问卷中存在的错误解释、不连贯的地方、不正确的跳跃模型、为封闭式问题寻找额外的选项以及应答者的一般反应。预先测试也应当以最终访问的相同形式进行。如果访问是入户调查,预先测试应当采取入户的方式。

在预先测试完成后,任何需要改变的地方应当切实修改。在进行实地调研前应当再一次获得各方的认同,如果预先测试导致问卷产生较大的改动,应进行第二次测试。

九、步骤 9：准备最后的问卷

精确的打印指导、空间、数字、预先编码必须安排好，监督并校对，问卷可能进行特殊的折叠和装订。

十、步骤 10：实施

问卷填写完后，为从市场获得所需决策信息提供了基础。问卷可以根据不同的数据收集方法并配合一系列的形式和过程以确保数据可正确地、高效地、以合理的费用收集。这些过程包括管理者说明、访问员说明、过滤性问题、记录纸和可视辅助材料[1]。

第四节 问卷设计的技巧

在本节中，我们从问卷设计的原则，问卷开始的说明，问卷措辞的语言、问卷的题型设计等几个方面来总结一下问卷设计的一些技巧，或者说，问卷设计应注意的一些问题。

一、问卷设计的原则

问卷设计中的一些基本的原则[2]。

1. 目的原则

目的原则是问卷设计中最重要的原则。问卷设计的根本目的就是设计出符合调查需要，能够获得足够、适用和准确的信息资料的调查问卷，以保证调查工作的顺利完成。对于任何一项问卷设计工作来说，调查的目的都是其灵魂。

2. 接受原则

接受原则是获得被调查者支持的关键。设计问卷时要为被调查者着想，从被调查者的角度去考虑问题的结果，使得被调查者容易接受。比如，调查的内容要是被调查者熟悉的；问题的数量不能过多等。

3. 简明原则

简明原则是评价问卷质量的重要因素。具体表现在整体设计要简明；问卷要简明；问句要简明。

4. 匹配原则

简明原则是进行资料整理和统计分析的重要依据。坚持这个原则需要正确把握调查目的与信息资料之间的关系，使得问卷调查完成后，能够方便地检查其正确性和适用性，便于进行调查结果的整理和统计分析；把握数据与数据之间的关系，便于进行数据之间的核算、检验和分析。

---

[1] 小卡尔·麦克丹尼尔等：《当代市场调研》，机械工业出版社 2000 年版。
[2] 朱胜：《市场调查方法与应用》，中国统计出版社 2004 年版。

5. 排序原则

排序原则是问卷能否激发被调查者兴趣的关键。问卷的排序就是要将问卷的全部问题按照一定的顺序来排列。一般可以按照时间顺序、类别顺序和逻辑顺序来排列问题。

二、问卷的措辞语言

无论哪种问卷,问题的措辞与语言十分重要。

语言与措辞要求简洁、易懂、不引起误解,在语言、情绪、理解几个方面都有要求。

(1) 多用普通用语、语法,对专门术语必须加以解释。

(2) 要避免一句话中使用两个以上的同类概念或双重否定语。

(3) 要防止诱导性、暗示性的问题,以免影响回卷者的思考。

(4) 问及敏感性的问题时要讲究技巧。

(5) 行文要浅显易读,要考虑到回卷者的知识水准及文化程度,不要超过回卷者的领悟能力。

(6) 可运用方言,访问时更是如此。

在国外出版的一些市场营销管理、营销调研的相关书籍中,在 MBA 的有关教材中都用大量篇幅来论述这一问题。有的教材则把问题措辞的要求归纳为五个"应该"等。

(1) 问题应该针对单一论题。调研者必须立足于特定的论题,如"您通常几点上班?"是一个不明确的问题。这到底是指你何时离家还是在办公地点何时正式开始工作?问题应改为:"通常情况下,你几点离家去上班?"

(2) 问题应该简短。无论采取何种收集模式,不必要的和多余的单词应该被剔除。这一要求在设计口头提问时尤其重要(如通过电话进行调研)。以下就是一个复杂的问题,"假设你注意到你冰箱中的自动制冰功能并不像你刚把冰箱买回来时的制冰效果那样好,于是打算去修理一下,遇到这些情况,你脑子里会有一些什么顾虑?"简短的问题应该是"若你的制冰机运转不正常,你会怎样解决?"

(3) 问题应该以同样的方式解释给所有的应答者。所有的应答者应对问题理解一致。例如,对问题"你有几个孩子?"可以有各种各样的解释方式。有的应答者认为仅仅是居住家里的孩子,然而,另一个可能会把上次结婚所生的孩子也包括进去。这个问题应改为:"你有几个 18 岁以下并居住在家里的孩子?"

(4) 问题应该使用应答者的核心词汇。核心词汇就是应答者每天与其他人进行交流的日常语言词汇,但其中并不包括俚语和行语。比如,"你认为商店提供的额外奖金是吸引你去的原因吗"这一问题的前提应是对应答者知道什么是额外奖金并能把它和商店的吸引力联系起来。所以,问题可以改为:"赠送一个免费礼品是你上次去乡村服装店的原因吗?"

(5) 若可能,问题应该使用简单句。简单句之所以受到欢迎是因为它只有单一的主语和谓语。然而复合句和复杂句却可能有多个主语、谓语、宾语和状语等。句子越复杂,应答者出错的潜在可能性就越大。例如,"如果你正在寻找一辆让管家使用的、主要用来接送孩子们去学校、祷告和去朋友家的车,你和你的妻子会如何评价你们试用的一辆车的安全性?"若回答"是",接着问:"你们对安全性的要求是'很低''一般''很高',还是'非常高'?"

三、问卷的题型设计

在国内,问卷法运用于市场调查中已是非常普遍的现象,而且在研究设计、确立题型、假设、概念分解、操作定义、指标综合、问卷的题型设计等方面都取得了一些成绩。如果问卷的题型单一,不仅缺乏生动活泼的美感,还会使问卷本身的局限性更加突出。在市场研究方面,中国台湾学者樊志育先生所著《市场调查》一书,为我们在问卷设计特别是题型设计和问卷速成法方面提出了不少可供借鉴的经验。在本小节中,作者以该书提示为线索,介绍部分问卷题型的设计思路。

□ 二项选择题
● 您对飘柔的广告是否喜欢?
　(1) 喜欢　　　　　　(2) 不喜欢

□ 多项选择题
● 您至今没有上网的主要原因是(可选多项)
(1) 家里没有电脑　　　　(2) 对上网不感兴趣
(3) 担心孩子受不好影响　(4) 工作太忙,没时间上网
(5) 上网费用太贵　　　　(6) 电脑不够好,速度跟不上
(7) 家里没装电话　　　　(8) 不知道怎么用
(9) 其他(请说明)

□ 顺位法(排序题)
● 您认为决定个人收入高低的因素主要是什么,并按重要性排序:
(1) 年龄　　　　(2) 学历　　　　(3) 岗位职务
(4) 工作态度　　(5) 业务能力　　(6) 与领导的关系
(7) 成就贡献　　(8) 风险责任感　(9) 其他
第一因素_____　第二因素_____　第三因素_____

□ 倾向偏差询问法
●(1) 现在您用什么牌子的口红?(答:甲牌)
　(2) 目前最受欢迎的是乙牌,今后您是否仍然打算用甲牌?
　　　(答:是或否)
　(3) 若答是,据说乙牌的价格要下降一成,您还用甲牌吗?
　这种设计表面上违背了不能有"诱导性问题"的原则,但正是这种"诱导"才使人们的购买动机更加清晰。

☐ 回想法
● 请列举您所知道的巧克力糖的名字 _____

☐ 再确认法
● _____、_____,一曲歌来一片情;
● 每当我看到天边的绿洲,就想起_____。

☐ 配合法
　　配合法是再确认法的另一变化,是将公司名、商标牌名与提示文句等两个项目间的某些关系连结起来,作为记忆的媒介,从而发现认知程度及了解程度。举例如下:
　　这张表左侧列有各种营养保健药的牌名,右侧列有它们的效能,各种营养保健药与哪一项效能有较深的关系,请用划线方式把它连结起来。(两种效能以上亦可)

营养保健药　　　　　效能
(1) 硫克肝　　　　　(1) 解酒
(2) 欲不老　　　　　(2) 消除疲劳
(3) 安赐白乐　　　　(3) 强肝
(4) 合利他命　　　　(4) 养颜美肌
(5) 克补　　　　　　(5) 治神经痛
(6) 克劳酸化蒙　　　(6) 促进血液循环

☐ 项目核对法(check list)
　　列出产品的各种特征,以探询被调查者的意见。其测量方式举例说明如下:
　　某汽车公司拟用本法调查一般人士对汽车的意见,下面是它们的量表:
　　请问你具有下列各种条件的汽车,对你的重要性如何?(请按个人的意见,在"重要"到"不重要"之间,某一定点,画一垂直线,以表示你的看法,如果无意见请在"无意见"栏中画"√"记号)

特　　征　　重要　　　　不重要　　　无意见
速度快　　　———　　　———　　　———
设计新颖　　———　　　———　　　———
价格低廉　　———　　　———　　　———
　……
　……

以不超过20个项目为宜

☐ 强制选择法(forced choice technique)
　　评价量表法和自我报告法(self-report method),经常遭到"社会压力"的问题,因此常使被调查者不按其真正看法作答。譬如针对下列的问题发问时:你觉得A牌口香糖好不好吃?

如果让被调查者在许多可能的答案中自由选取一个答案(free choice),本来被调查者可能觉得不好吃,但是由于我们的社会传统,不要使人难堪,或应该对人奖励等社会要求,于是所选取的答案可能是"还不错"。如此则调查效度降低。针对"社会要求"这个缺点,于是发展出强制选择法。

强制选择法是同时列出两种以上的描述时,要被调查者选出一句最接近他的看法者。这些描述句,必须都是同方向的,全是描写被调查商品的特性好的一面或是坏的一面,只是程度上不同而已。例如,上述 A 牌口香糖的例子,如果用强制选择法,可以变成有被调查者在下列两个句子中选出一个较接近它的看法的一句:

(1) A 牌口香糖具有迷人的滋味。

(2) A 牌口香糖吃起来感觉不错。

如果被调查者选择 2,表示他在这两句中选取不好的一句,这可能是同时对 A 牌口香糖的口味并不喜欢。用本方法可以克服"社会要求"困扰。但是有一些实验证据显示,强制选择法并不能完全消除"社会要求"这个束缚,只是降低"社会要求"的影响而已。

□ 数值分配法(constant-sum method)

按调查对象所具有的各种特性程度,分配一定的数值。此数值通常设定为 10 或 100。

只要调查 30~50 个样本,即可表示出稳定的数值。多用于对商品的评价。

例如要被调查者就好吃的程度,将 100 分配于 A, B 两种牌子的冰淇淋,如果被调查者觉得 A 比 B 牌好吃 3 倍,则应给 A 牌 75 分,给 B 牌 25 分。

统计方式是把所有 A 牌分数加在一起,和 B 牌得分的总和比较,所得的比率,即为 A 与 B 牌好吃程度之比。如有 n 个牌子,则得分最低的牌子为基数,将其他各牌的得分和此一基数比,所得到的一系列比数,就是量表值。

市调案例6-2

通过语义差别量表会发现麦当娜、约翰·麦肯罗和汤姆·塞莱克有哪些共同处。

一位调研者曾使用了一种资源可信度量表来比较各种人,如麦当娜、约翰·麦肯罗和汤姆·莱塞克和琳达·埃文斯。这个量表是可信的和有效的。通过对大学生和"真实的"消费者的调查,他调研了下列个人及其产品。

麦当娜促销一种新线条的牛仔裤;

约翰·麦肯罗促销一种网球拍产品线;

汤姆·莱塞克促销一种男用科隆香水;

琳达·埃文斯促销一种新的香水。

用最基本的语义差别量表度量人们对这些人在以下三方面的印象:(1) 吸引力;(2) 信任度;(3) 专长。在每组中都用了五对反义词(见表 6-2)。

表 6-2 语义差别量表的事例

吸引力								
有吸引力的	—	—	—	—	—	—	—	无吸引力的
时髦的	—	—	—	—	—	—	—	不时髦的
漂亮的	—	—	—	—	—	—	—	难看的
精致的	—	—	—	—	—	—	—	平淡的
性感的	—	—	—	—	—	—	—	不性感的
信任度								
可靠的	—	—	—	—	—	—	—	不可靠的
诚实的	—	—	—	—	—	—	—	不诚实的
可信赖的	—	—	—	—	—	—	—	不可信赖的
真诚的	—	—	—	—	—	—	—	不真诚的
值得信赖的	—	—	—	—	—	—	—	不值得信赖的
专家								
专家的	—	—	—	—	—	—	—	不是专家
经验丰富的	—	—	—	—	—	—	—	没有经验的
知识丰富的	—	—	—	—	—	—	—	知识不丰富的
质量高的	—	—	—	—	—	—	—	质量不高的
技术丰富的	—	—	—	—	—	—	—	技术不够的

1. 评比量表

调查者在试卷中事先拟定有关问题的答案量表,由回答者自由选择回答,量表的两端是极端性答案,在两个极端之间划分若干阶段。应该注意中间阶段的划分不宜过细。

2. 语义差异量表

语义差异量表是用成对反义形容词测试回答者对某一项目的态度。在市场调查中,主要用于市场比较、个人以及群体之间差异的比较以及人们对事物或是周围环境的态度的研究等。

3. 瑟斯顿量表

由一系列要求对测试对象加以评测的表述组成,然后由被测试者选出他所同意的表述。这种量表与前面两种的显著区别是:上述两种量表中的各种询问语句以及答案是由调查者事先设计拟定的,而这种量表的语句是由回答者自己选定的,调查者在回答者回答的基础上建立差异量表。

这种量表的优点是:语句是根据各评定人员的标准差确定的,有一定的科学性。缺点是:费时、费力;评定人员的选择应该具有一定的代表性,否则,当评定人员的态度和实际被调查者的态度发生较大差异时,会使得这种方法失去信度;无法反映被调查者的态度在程度上的差异。

4. 李克特量表

李克特量表也是要求被调查者表明对某一表述赞成或是否定。与瑟斯顿量表不同的是，回答者对这些问题的态度不再是简单的同意或是不同意，而是将赞同的程度划分若干类，可以充分反映人们在态度上的差别。

复习思考题

1. 什么是问卷？
2. 问卷在市场调查中的作用？
3. 问卷类型的划分。
4. 简述问卷的一般结构和内容。
5. 问卷设计的基本原则。
6. 怎样才能设计一份优秀的问卷？
7. 问卷的题型类型。

第七章 测量设计

学习要点

- 认识测量在收集信息中的重要性
- 掌握测量的 4 个基本尺度
- 了解市场调查中态度量表的运用
- 测量设计中的信度和效度问题

开篇案例

有关回答者的真实性

马丁·韦恩博格(Martin Weinberger)是美国纽约 Oxto-by-Smith 公司的执行副总裁。由于拥有在调研方面 25 年的丰富经验,他对消费者调查的测量有明确的认识。

1. 有时消费者不说真话,有时甚至想隐瞒真相。
2. 有时消费者说的比他们所知道的要多,有时却很迷茫。
3. 有时消费者不知道为什么要购买他们所买的品牌。
4. 消费者不仅有意见,还有强烈的爱好。

> 一般来说,消费者都很合作,他们回答你所问的大部分问题。但是,我的经验告诉我,你需要知道的不仅仅是他们的意见,更需要知道他们的爱好。

第一节 测量的基本概念

问卷是用来收集信息的,那么信息是如何收集的呢?它的收集必须通过度量或测量(measurement),度量是调研者对调研对象某些特性的数量或强度的测量。比如,某营销经理希望了解人们对某项产品的感觉如何,或在某段时间内,他或她使用了多少该种产品,如何获得这些信息,会有助于解决某些特定的问题。

测量是指按照特定的规则将数字或符号分配给目标、人、状态或事件,将其特性量化的过程。它是一个分配数字的过程,这些数字反映了事件、个人或物体所具有的特性。注意,要测量的不是事件、个人或物体本身,而是它们的特性。例如,调研者不是去测量某个消费者,而是测量消费者的态度、收入、品牌忠诚度、年龄等相关因素。

测量的关键方面是如何理解规则。规则是一种指南、方法或指令,它告诉调研者该做什么。例如,"请您对家务事的处理作出评价,将数字1~5分配给它们。如果认为非常愿意做家务事,则将数字1分配给它;如果不愿意做任何家务事则将数字5分配给它;按照相应标准,分配数字2、3、4。"

测量者经常会碰到的难题是:规则含糊不清,缺乏具体性或清晰性。一些事件容易测量是因为调研者很容易制定出规则并按之进行操作。例如,性别的规则非常容易制定,并可以用"1"表示"男性","2"表示"女性"。但是,遗憾的是,市场调研者感兴趣的特性,如品牌忠诚度、购买意向或家庭总收入等,是难以测量的。因为调研者很难找到能够测量这些特性真实值的规则。因此,作为测量,必然包括以下三个要点。

一、测量客体

客体(物体或事件即调查对象)的属性与特征。测量首先要有测量客体,即人、事物或事件、现象等。但是,我们所要测量的并不是客体本身,而是它的特征或属性。例如,我们研究的主要对象是工人,这是测量的客体;但我们主要感兴趣或需要测量的并不是某个工人,而是工人对某产品的满意程度、他们的价值观念、生活方式、管理的能力等特征或属性。

二、数字或符号

测量既然是用数字或符号这些形式语言从理论上把握客体的过程,那么我们可以把测量中的一个数字当作一种物体或事件特征的代表符号。例如,我们常以60千克或70千克代表某一个人的体重,以 1.60 米或 1.70 米来代表一个人的身高,同样,我们也可用智商(如 110)来表示一个人的智力状况。这些数字或符号,不是客体本身,而仅仅是代表客体的特征,用以表示各个调查对象在属性、特征上的数量差异或类别差异。

三、测量规则

测量规则即法则,是把数字或符号分派给调查对象的统一标准,它是一种索引或操作方法。测量中较为困难的工作是确定法则,也就是说,要设立一种如何分派数字或符号的准则。例如,有一种法则描述说,"根据每个人工作积极性的高低而分派 1~5 的数字。如果某个人工作积极性高就给他分派数字'5',反之则给他分派数字'1'。介于两者之间的人,则分派给他们中间的数字'2~4'"。这样 1~5 这些抽象的数字符号就依据我们规定的法则来表示一个人的工作的积极性的高低了。

第二节 | 测量的四种尺度

我们都知道史蒂文斯(S.S.Stevens)创立了被大家广泛采用的测量水平的分类法,即有四种类型的尺度:类别尺度、顺序尺度、等距尺度、定比尺度。与这 4 种尺度相对应,市场研究中所测量的变量可分为:类别变量、顺序变量、等距变量、定比变量。与此相对应而制作的量表则可称之为:类别量表、顺序量表、等距量表、定比量表(见表 7-1)。

表 7-1 四种测量尺度[1]

尺度	描述	基本的实践操作	一般使用	一般描述性统计
类别	用数字来识别对象、个体、事件或小组	判断相等/不等	归类(男、女、购买者/非购买者)	频数、百分比/众数
顺序	除识别外,数字提供了一种事件或对象等拥有的特点或相对数量信息	判断更大或更小	排序/打分(对旅馆和银行等的偏爱,社会阶层,对食品口味的打分)	中位数(四分位差)
等距	拥有类别与顺序量表所有的性质,加上相邻点间的间距是相等的	判断间距的相等性	复杂概念/架构偏好的测量(温度、空气压力、有关品牌的认知水平)	均值/方差
等比	综合了上面 3 种的所有性质,加上绝对零点	判断等比的相等性	当精确工具可获得时(销售数量,年龄)	几何平均数/调和平均数

注:因为高水平的测量包括了所有低水平测量的特性,因此,我们可以将高水平的量表转换成低水平的量表(如等比量表可以转换为类别量表、顺序量表、等距量表,或者等距量表转换为类别量表、顺序量表,或者顺序量表转换为类别量表)。

---

[1] S.S.Stevens, On the Theory of Measurement, Science, 1946:667-680.

一、类别量表

类别量表是市场调研中最普通的量表之一,它将数据分成各种互相排斥、互不相容的各种类别。这意味着,任何一个数字都将适合于一类而且是唯一的一个类别,在量表中所有的数据都有合适的类别。

"类别"是指"与名字类似的"。这意味着赋予目标或现象不同的数字是用来命名或分类的,但这些数字没有真实的意义。这些数字不能排序或加减乘除,它们只是一种标签或识别数字,别无他意。以下是类别量表的一个例子。

性别　　　(1) 男　　　(2) 女

地理区域　(1) 城市　　(2) 农村　　(3) 郊区

类别量表中唯一的量化是对每一类别的客体进行频次和百分比计算。例如,有 50 位男性(占 48.5%)和 53 位女性(占 51.5%)。计算平均数(如对地理区域求平均数为 2.4)是毫无意义的。只有计算众数(出现频率最多的数)才比较恰当。

二、顺序量表

顺序量表除了具有类别量表用数字代表特征的特点外,还增加了对数据排序的能力。顺序测量是基于可传递假设的应用。假设是为进行操作或思考而假定的必要前提条件。可传递性假设可以加以描述:"如果 a 大于 b,而 b 大于 c,则 a 大于 c。"还有一些其他可代替的词语:更喜欢、比……强或在……之前。以下是顺序量表的一个例子。

请对下列品牌的传真机按 1～5 进行排序,1 表示最喜欢的,5 表示最不喜欢的。

松下_____

东芝_____

夏普_____

Savin_____

理光_____

顺序数字严格地用于表示等级的顺序,数字既不表明绝对数量,同时也不表明两个数字之间的差距是相等的。例如,对传真机进行排序的应答者也许认为东芝比 Savin 略好些,而理光则是完全不可接受的。

顺序量表的目的是排序。因此,任何可以代表顺序关系的数字都可以接受。换句话说,松下可以被指定为 30 分,夏普 40 分,东芝 27 分,理光 32 分,Savin 42 分。也可以用其他的数字,只要其顺序不改变即可。如在上述例子中,Savin 是 1,夏普是 2,理光是 3,松下是 4,东芝是 5。普通的算术运算如加、减、乘、除都不能用于顺序量表,对中心趋势的适当量度是众数、中位数、或四分位数可以用来测量离散程度。

三、等距量表

等距量表除包含顺序量表的所有特征之外,还增加了量表范围内各点之间的间距相等这一维度。温度的概念就是基于相同的间隔。相对顺序量表而言,市场调研人员更喜欢用等距量表,因为它能表示某一消费者所具有的特性超过另一消费者多少。使用等距量表,调研人员能够研究两个目标对象之间的差距。这一量表具有顺序量表和差距量表的特性,但是零点是任意的。以温度表示法为例,温度表示法有华氏和摄氏两种,因此水的结冰点为华氏 32°F,而在摄氏表示法中是 0℃。

等距量表中的任意零点限定了调研人员对量表值的表述。你可以说 80°F 比 32°F 热,或者 64°F 比 80°F 低 16°F。然而,你不能说 64°F 比 32°F 热两倍。为什么呢?为了证明我们的观点,让我们用公式 C(摄氏温度)=5/9(F－32)对两种温度表示法进行换算。这样,32°F=0℃, 64°F=17.8℃。很明显,根据公式,得出"64°F 是 32°F 的两倍"是不成立的。同理,评估传真机时,我们不能利用等距量表来评价哪些是我们最喜爱的。如果给东芝 20 分而给夏普 10 分,我们不能得出结论说东芝的受喜爱程度是夏普的 2 倍,因为我们在量表中没有给出表示不喜欢的零点。

使用等距量表得到的数据可以求算术平均值、标准差和相关系数,也可以利用 t 检验、F 检验等参数统计分析法。当然,如果调研者较保守,对"相等间隔"这一点存在异议,则也可以使用非参数检验。

四、定比量表

定比量表除综合了上面所讨论的三种量表的功能之外,还加上绝对零点或原点的概念。由于大家对零点的确定有一致的意见,所以可以对定比量表的数值进行比较。定比量表反映了变量的实际数量。应答者的物理特征,诸如体重、年龄、高度之类是等比量表的例子。其他的定比量表有:面积、距离、货币单位、回报率、人口统计、时间间隔等数据。

因为一些事物不具备要测量的特性,定比量表起源于零,因而有一个绝对的实证含义。例如,投资可能没有回报,或者新墨西哥州某个地区的人口为零。绝对零点的存在意味着可以进行所有的算术运算,包括乘、除都可以使用。量表上的数值表明了被测事物特性的实际值。例如,麦当劳的一大包法式薯条重 8 盎司,而汉堡王的一包普通薯条重 4 盎司。因此,一大包麦当劳薯条的重量是一包汉堡王普通薯条的 2 倍[1]。

为什么所有的调研都提及测量尺度或称之为度量标准?有两个重要原因。第一,度量标准决定了你对调研对象所要收集的信息,也决定了你是否可对调研对象进行评价。例如,类别量表只能反映最低程度的信息,因此,它通常被认为是最粗略的量表。定比量表包含了最多的信息,但是,并不是所有的比例量表都能找到一个真正的零起点。第二,度量标准决定了你可以采用的分析统计方法,低一级的量表划分与低量表的划分统计方法相对应;同样,高一级的量表划分就会允许采用较复杂的统计方法。也就是说,在量表中包含的信息限制了所采用的统计分析方法。高层次的变量可以作为低层次变量来处理,反之则不然。

---

[1] 小卡尔·迈克丹尼尔等:《当代市场调研》,机械工业出版社 2000 年版。

第三节 态度量表的运用

一个理想的测量,除了能保证资料的准确性和可靠性之外,另一个要求是能明确地反映可观察世界的客观和主观的活动。测量要对主、客观活动的质和量的方面都具有反应上的敏感性。质的方面,一般指某一变量的存在与否,而量的方面是指某一变量在程度、数量或变量间相互比较方面的情况。对于这些活动的测量,一般可使用上述所介绍的类别、顺序、等距和定比这 4 种尺度的量表。而其中对于态度的测量,要涉及大量的主观性指标,我们往往采用一些态度量表进行测量。

态度是一种潜在性变量,并不是很明显地立即可观察到的。因为态度是一种潜在性变量,故只能采用间接法,从个人的反应来推测。态度测量法中,最常用的方法是态度量表。一个态度量表系由一套有关联的叙述性句子或项目构成。个人对这些句子或项目作出反应。最后,研究者根据这些反应去推测个人的态度。研究者所做的量表或尺度可能有差异,但是其原则都大同小异,亦即利用一个连续函数来代表一个人的态度,一个人在这个连续函数中所占的位置,就代表他对某种事情态度的强弱。态度量表主要有以下三种。

一、总和量表法

总和量表是由一套态度项目构成,假设每一项目具有同等的态度数值,根据受试或被测量者反应同意或不同意的程序给分数,所有项目分数的总和即为一个人的态度分数。这个分数的高低代表个人在量表上或连续函数上的位置,以示同意或不同意的程度。总和量表大多采用利克特(R. A. Likert)于 1932 年所发明的量表法,故称为利克特量表法。

下面是一个总和量表法的最简单例子。

假设我们要研究各阶层人在生育观念上受封建思想影响的情况。

研究变量 A 是:"受封建的重男轻女思想的影响"。我们可以列出下列几个问句作为变量 A 的测量指标:

a1:男子的社会地位要比女子高。

a2:生儿子才能继承门第。

a3:女儿终将是别人家的人。

a4:多子才能多福。

在上述这些问题中可选用"非常同意、同意、无所谓、反对、非常反对"5 个选择答案请被测量者填答。另外,还需要人为地分派一些数字到每个选择答案上,如:非常同意给 5 分……非常反对给 1 分,按其强弱程度派定相应的数码。

假定某人的填答结果如表 7-2 所示。

表 7-2 测量指标的填答结果

	5 非常同意	4 同意	3 无所谓	2 反对	1 非常反对
a1	√				
a2					√
a3		√			
a4			√		

$$x_1 = 5 + 1 + 4 + 3 = 13(分)$$

这里 x_1 代表某人在变量 A 上的得分。

倘若我们发了 500 份问卷,其中 300 份是工人填的,200 份是农民填的。统计结果,300 个工人的平均得分为 12 分,200 个农民的平均得分为 14 分。这样一来,我们就可以从总体上进行比较,农民平均得分高于工人,说明农民在重男轻女问题上受封建思想影响比工人深。这是总和量表法的第一种实际用法。

它的第二种应用是,还可以按确定的标准进行分类比较。

从上表可知,任何人只要愿意填答,他的最低分为 4 分,最高分为 20 分。我们可以把反对划为一类,用Ⅰ表示,则Ⅰ类为 4~8 分。按同样的

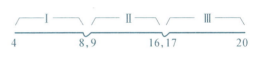

图 7-1 测量指标分类图

方法,我们可以划分出Ⅱ类和Ⅲ类,Ⅱ类为 9~16 分,Ⅲ类为 17~20 分。用图形表达如图 7-1 所示。

这样,就可以把所调查的 500 人分为 3 类,以此来分析社会上受封建的重男轻女思想影响的人的比例各为多少。当然,如何划分,要依据具体情况而定,并没有一个固定的格式。

二、累积量表法

累积量表法即哥特曼(Gutman)量表法,它是由哥特曼创造的一种顺序量表法。

与总和量表相比,它有两个显著的特征:第一,累积量表仅仅使用包括两个相反回答的选答类别(即"是与否"式),而不是使用多个选答类别。第二,在其陈述的强度上,有依次排列的特点,而不像总和量表那样假定每条陈述都是平等的。因而,在这个量表上回答的人们也可以依次排序。

举例来说,下面是一个包括 4 项用来测量堕胎态度陈述的哥特曼量表。

(1) 任何孕妇均可要求堕胎:

   同意 反对

(2) 孕妇在其身心健康受影响的情况下可以堕胎:

   同意 反对

(3) 孕妇在生命有危险时方可堕胎：

　　同意　　　反对

(4) 孕妇在胎儿有残废和死亡倾向时可以堕胎：

　　同意　　　反对

依据对堕胎的保守程度,这4项陈述是依次排列的,对此做出的回答有如表7-3所示的5种模式。

表7-3　累积量表法的测量结果

回答类别	项目			
	1	2	3	4
A	＋	＋	＋	＋
B	－	＋	＋	＋
C	－	－	＋	＋
D	－	－	－	＋
E	－	－	－	－

注：＋为同意，－为反对。

思想自由的回答者(类别A)同意全部回答项目,最保守的回答者(类别E)反对全部项目。

当然,上图的量表类型是规范型的。在实际调查中,也可能出现非量表类型的,它与累积量表的规则相违背,即违反了各条项目在内容上的包含关系。非量表类型也称为错误类型,如表7-4所示。

表7-4　非量表类型的测量回答

回答类别	项目			
	1	2	3	4
F	＋	－	＋	＋
G	＋	＋	－	＋
H	＋	＋	＋	－

注：＋为同意，－为反对。

如果回答者按表7-4的非量表类型回答,其答案就一定是错误的。因此,可按照有关公式计算误差比率。

三、等距量表法

等距量表法又称瑟斯顿(L. L. Thurstone)量表,因瑟斯顿与蔡夫(E. J. Chave)于1929年用这种方法测量人们对宗教的态度而得名。

瑟斯顿当时制作的这一组量表,均为距离量表,其中每个量表都包括项目(问题)、评分、评分类别等部分。

第四节 测量的信度和效度

一、测量误差

理想的市场调研要能够提供精确、清晰、及时的数据。正确的数据来自正确的测量。我们以 M 表示测量值,A 表示实际值,则可以表述为"$M=A$"。但是,在市场调研工作中,这种情况($M=A$)是极少见的,或者说根本不可能。相反,在市场调研中碰到的是

$$M=A+E$$

式中,E 代表误差。

误差可以分为随机性误差和系统性误差。系统性误差是指测量中产生的持续误差,这主要是由于测量设备和测量过程存在缺陷而造成的。例如,如果使用一把刻度不准的尺子(1 厘米的实际长度为 1.5 厘米)在 Pillsbury 公司的测试厨房测量所选巧克力蛋糕的高度,那么测量的所有蛋糕的高度都比实际的矮。随机误差也会影响测量结果,但不是系统性的。因此,随机误差的影响方式在本质上讲是短暂的,并不以稳定的形式发生。一个人没有真实地回答问题可能是因为那天正好心情不好。

二、测量的信度

1. 信度的含义

规范信度即可靠性,指测量结果的一致性或稳定性,也即指测量工具能否稳定地测量所要测的变量。换言之,所谓信度乃指对同一或相似母体重复进行调查或测量,其所得结果一致的程度。

例如,用同一架磅秤去称某一物体或某人体重,称了好几次的结果都是相同的重量,则可说这架磅秤信度很高,若称几次结果都不同,则说明其信度甚低,说明这架磅秤坏了,这种测量工具不可信。

市场研究也一样。对一经济现象,用某一方法多次研究相同的问题,几次回答都不相同,说明这一方法的信度有问题,不可靠。

2. 信度的类型

测量的信度通常以相关系数来表示。由于测量分数的误差变异之来源有所不同,各种信度系数分别说明信度的不同层面而具有不同的意义。在实际应用上,我们介绍三种信度类型。

(1) 再测信度。用同一种测量方式(或量表)对同一群被测者前后测量两次,再根据被测者

两次测量分数计算其相关系数,即得再测信度。这是一种最普通、最常用的信度决定方法。使用这种方法时,两次测量所使用的工具是完全一样的。第一次测量($T1$)和第二次测量($T2$)的相关程度就是这种测量工具的信度。这种方法的优点在于能提供有关测量结果是否随时间而变化的资料,但其缺点是容易受记忆的影响,前后两次测量相隔的时间务须适度。最适宜的相隔时间随测量的目的和性质而异,少则两周,多则 6 个月甚至一两年之久。

(2) 复本信度。如果一套测量有两种以上的复本,则可交替使用,根据一个被测者接受两种复本测量的得分计算其相关系数,即可得复本信度。就是说,研究者设计两套测量工具以测定同一主题现象。例如,研究人员可设计两份问卷,每份使用不同的项目,但用来测量同一概念,两份都让同时在场的同一个或同一群被测者回答。以复本测量信度的方法可避免再测法的缺点,但所使用的必须是真正的复本,在题数、形式、内容及难度等方面都要一致。

(3) 折半信度。在一种测量没有复本且只能实施一次的情况下,通常采用折半法来估计测量的信度。通用的折半法是将被测者的测量结果,按题目的单双数分成两半计分,再根据各人在这两半测量上的分数,计算其相关系数,即得折半信度。

例如,一个态度测量包括 30 个项目,若采用折半法技术来了解其内容一致性,则可将这 30 个项目分成相等的两部分,再求其相关。

三、测量的效度

1. 效度的意义

什么是效度? 效度是指用测量工具测出变量的准确程度,即准确性。

例如,1 尺长的布一定是 1 尺长,绝不会测得 1 尺 2 寸或 1 尺 8 寸,否则这把尺便缺乏准确性或者说缺乏效度。在这个例子中,尺是测量尺度,布是测量对象,布的"长度"是测量的主题。在研究测量上,如果某一测量方法能测出研究者所要测量的变量,则这种测量方法就可说具有有效性;如果我们想测量某一特征 X,测量结果确实测出了物质 X,那么我们所用的测量工具的效果是高的,亦即此项测验是有效的。又如,测验学生某科学习成绩,如果一张考试卷上仅出一些无关紧要的名词解释,不能反映学生整个学习情况,或者测验远远低于或高于学生现实水平,那么,这种测验就是无效的,是不能准确地反映学生情况的。

2. 效度的类型

效度主要是看其准确性。它是个多层面的概念,可以从三个角度去看,因此也可分为三种效度。

(1) 内容效度。内容效度是测量内容的适合性和相符性。要看 X 中得到的东西是否能代表 X 中的东西。也就是说,实际测量工具 X 是否抓住或体现了 X 这个概念的所有或主要特征。如果是的话,这样的测量效度就是高的。

一般人常把表面效度与内容效度相混淆,事实上两者意义不同。表面效度仅指测量在采用上或被测者主观上觉得有效的程度,不能替代客观决定的真正效度。当然,在研究上为了取得被测者的信任与合作,表面效度也不容忽视,因而在测量的取材方面,必须顾及被测者的经验背景,选用合适的试题内容和用语,使测量兼具内容效度和表面效度。

(2) 准则效度。准则效度或称之为实证效度、统计效度。指的是用几种不同的测量方式或不同指标对同一变量进行测量时,将其中的一种方式或指标作为准则,其他的方式或指标与这个准则作比较。如果感到其他的方式及指标也有效,则具有准则效度。

X 是一个变量,用 $X1$、$X2$ 两种工具测量。用 $X1$ 作为准则,$X1$ 与 $X2$ 有关系,有同等的效果,我们讲,$X2$ 也是具有同等的效度。

例如,测量性别这一变量有几种测量方式:

$$性别 = \{看,检查、证件\cdots\cdots\}$$

在这几个方式中:将其中一种作为准则,如检查证件(即认为检查证件是最有效度的),在 61 个学生中,检查下来 18 个是女的,43 个是男的。然后我们用另一种方式"看"结果也是 18 个女的,43 个男的,结果相同。这样,"看"这种测量方式也有效,也具有准则效度。

日常生活中也是如此。如我们认为某个人成绩好,我们的考试成绩与某人一样,则我们的成绩也好,在社会中这种情况可以"参照群体"来描述。当然,关键在于,作为准则的测量方式,其指标一定要是有效的,否则越比越差。

(3) 构念效度。"构念"本义是指心理学理论所涉及的抽象而属假设性的概念或变量,如智力、焦虑、成就、动机等。现在一般泛指研究者根据研究需要而建构的一种概念,是一类特殊的概念。

而构念效度则是指下述这种情况:变量 X、Y 在理论上有关系,如果测量 X 的指标 $X1$ 与测量 Y 的指标 $Y1$ 也有关系,并且我们以 $X2$ 取代 $X1$ 并复测整个理论时得出了使用 $X1$ 时同样的结果,则我们称新的测量($X2$)具有构念效度,反之,则没有构念效度。

例如,设想我们设立社会经济地位的两个标准,分别为 $X1$ 和 $X2$。假定我们有一个包括社会经济地位与生育率之间的负相关命题——社会经济地位越高,生育子女数越少。进而假定这个命题已通过 $X1$ 这个指标对社会经济地位的测定而受到检验并已经得到证实。那么构念效度就包括在理论上以指标 $X2$ 取代 $X1$ 和复测整个理论。如果我们整个理论(特别是含有指标 $X2$ 的命题)得到了我们使用指标 $X1$ 来测量社会经济地位时同样的结果,则我们说这个新的测量(指标 $X2$)具有构念效度。

效度测定的这三种类型,从内容效度到准则效度,到构念效度,可视为一个累进或积累的过程,效度测定后面的每一类型包括前面所有类型的成分,并具有某些新的特征。正如定距测量需要比定序测量多的变量信息,而定序测量需要比定类测量多的信息一样,构念效度需要比准则效度多的信息,而准则效度又需要比内容效度多的信息。由于这一原因,构念效度常被认为是最强有力的效度测量程序。因此,内容效度(含表面效度)只需要一个单一的概念和对它的一个单一的测量法,准则效度仅需要一个概念,但需要对该概念的两个以上的测量法;而构念效度不仅需要一个使用至少两个测量法的概念,而且还需要其他概念和它们那些可以通过命题同正研究的概念相关的测量法。

四、信度与效度的统一

效度与信度是优良测量工具所必备的两项主要条件。效度与信度之间存在的关系,可以用一句话来概括:信度是效度的必要条件而非充分条件。

信度是效度的必要条件,就是说,一个指标要有效度就必须有信度,不可信就不可能正确。但是,信度不是效度的充分条件,即是说,有了信度,不一定有效度。

两者的关系如图7-2所示。

(1) 可信且有效。这样的测量工具是优良的测量工具。在这种情况下,可测出真正要测的事物或现象,因为它既是可信的又是有效的。

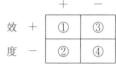

图 7-2 效度与信度的关系

(2) 可信但无效。这种类型的测量工具是可靠的,但不一定在特定的目标上有效,它可能在其他目标上有效,当然,这种无效的测量,可能是可信的,也可能是不可信的。假设我们拟测量变量 X,结果却测量出变量 Y;这样,虽然对变量 X 是无效的,但对于变量 Y 却是有效的测量。对于 Y 变量是有效的,自然它是可信的。

(3) 不可信但有效。这种情况在理论上应该是不存在的。因为效度的必要条件是信度,因此,一个不可信的测量工具对任何测量主题都是无效的。在效度和信度这两者之间,信度似乎更为重要,因为信度是效度的必要先决条件。

(4) 不可信亦无效。这是测量中应避免的类型。在这种测量类型中,被测特征都散落在圆圈的周围或外面。

总的来说,在设计测量工具(如问卷)中,要力图做到可信和有效,即达到信度与效度的统一。

为达到信度和效度的统一,我们要研究和分析影响资料信度和效度的原因,以对症下药,努力提高社会研究的信度和效度。

一般来说,影响资料信度和效度的因素有以下四个方面。

1. 调查者

调查者没有严谨的工作作风和实事求是的科学态度则会影响调查资料的信度和效度。如在抽样时不是按照科学的抽样方法抽取调查对象;或者在实地调查时,当所选的调查对象不在场而随便让人代替。如果这方面的问题较大,整个调查就可能没多大价值。因为它不能代表总体的真实情况。另外,调查者在实地调查时没有使调查对象明了调查目的和内容,或者对调查对象给予了一定的"启发"或暗示,从而影响资料的信度、效度。当然,调查者仅有提高资料信度和效度的主观愿望还不够,还必须深入了解调查研究的具体方法和技术。

2. 测量工具

如所设计的问卷中表述问题的语言不通俗、不清晰,使调查对象感到模棱两可;或者问题的答案并不是互相排斥,而是有交叉重合的现象,这样,回答者就较有可能作出前后不一致的回答;或者问题的答案数目过少,不能清楚地区分各调查对象意见之间的差异;或者问卷的容量太大,所用时间太长,造成了调查对象的疲劳或厌倦的感觉等。这些都会影响调查资料的信度和效度。

3. 调查对象

调查对象可能由于某种顾虑而抱着敷衍了事的态度,或者对某些情况轻描淡写,或者作不实的回答。如对涉及个人的思想观念、态度、意见之类的问题不作回答或按社会舆论的要求去编造答案等。

4. 环境因素及其他偶然因素

调查时的环境,外界因素的干扰,在资料的编码、登录、录入计算机的过程中,每一步骤都可能出现疏忽或差错,都会降低调查资料的信度和效度。

复习思考题

1. 什么是测量?
2. 举例说明测量的 4 种尺度。
3. 什么是信度和效度?两者关系如何?
4. 评估信度的 3 种方法。
5. 评估效度的 3 种方法。

第八章

文 案 调 查

学习要点

- 了解二手资料的来源和因特网的作用
- 二手资料的优点和局限
- 辛迪加信息服务的简单介绍
- 如何建立内部数据库
- 信息管理、文献分析和决策支持系统

开篇案例

因特网：一个迅速扩大的第二手资料来源

因特网（internet）是将世界各地的计算机联系在一起的国际计算机网络。它出现于20世纪80年代，但是直到1994年，对学术人员、商业人士和政府研究来说它还是一个保护得很好的秘密。实际上，因特网仅是基础结构（机器、计算机、连线和设备），它支持了现在著名的万维网。万维网（world wide web，WWW）使每个拥有个人电脑、调制解调器、因特网和一些必要软件的人们，都可以接触到数以千计的信息资源。

> 并不是每种资料都可以从因特网上得到,但大多数发布者都利用因特网为他们的产品做广告,因此,在网上你可以发现以下资源:
> (1) 关于公司的年报、新闻、股票报价、旅游信息、有关某个主题的网址、文章或书名的清单,某些电子杂志或已出版的书籍的全部内容。
> (2) 预订的网络服务。有些资料库只对付费的研究人员开放。
> (3) 分发服务,有些资料库允许研究人员检索目录,但看到全文后需要付费,通过信件、传真或网络分发。
> (4) 订购信息。网上有关各种商品的广告允许人们在网上订购,随后将商品寄来。
> (5) 特定服务。可以获得用户定制化的服务,通常需付费,由供应商直接把客户要求的消息或文章分发到客户的计算机上。

营销大师科特勒曾说过:"营销胜利的基础越来越取决于信息,而非销售力量。"

市场营销环境在加速变化。在这些变化中,对营销信息的实时需要比过去任何时候都更为重要。

从地方营销发展到全国营销和国际营销。当公司扩大它们地理上的市场覆盖面时,经理们就需要掌握比从前更多更及时的市场信息。

从满足购买者的需要发展到满足他们的欲望。由于购买者的收入增加,他们在选购商品时会变得更加挑剔。卖主们发现在预料购买者对产品不同特点、式样和其他属性的反应方面更难了,因此,他们转向开展营销调查。

从价格竞争发展到非价格竞争。当卖主们加强对品牌、产品差异化、广告和促销等竞争工具应用时,他们为了有效地应用这些营销工具就需要信息。

幸运的是,这些急剧增加的信息需要依靠信息供应方面令人印象深刻的新技术而得到解决:电子计算机、缩微胶片、闭路电视、复印机、传真机、收音机、录像机、影碟机驱动器、因特网[1]。有些公司已建立了先进的营销信息系统,向公司管理层提供最新的关于买方的需求信息。例如,可口可乐公司发现人们在每杯可乐中放 3.2 块冰块,每年看到 69 个该公司的商业广告,喜欢售点饮料机中饮料的温度是 35℃。我们中间的 100 万人在早餐时喝可乐。金伯利-克拉克公司(Kimberly-Clark)计算出每人每年平均挖自己的鼻孔 256 次。在霍文(Hoover)吸尘器上挂了计时器和其他仪器后,发现在家庭中每星期平均使用 35 分钟,每年吸出 8 磅垃圾和使用 6 个袋装这些垃圾。营销者还必须广泛地了解在其他国家的常见商品的消费量。例如,以人均为基础,在西欧国家,瑞士巧克力消费最多,希腊人吃奶酪最多,爱尔兰人喝茶最多,而奥地利抽烟最多。

然而,许多工商企业的信息处理还不够精细。许多公司还没有营销调查部门。还有许多

---

[1] See James C Anderson and James A. Narus, *Business Market Management: Understanding, Creating and Delivering Value*, Prentice Hall,1998.

公司只有小的营销调查部,其工作只限于例行的预测、销售分析和非经常的调查。另外,许多经理对可利用的信息感到不满意。他们抱怨他们不了解重要的信息在哪里;他们不能利用的信息太多而真正有用的信息太少;重要的信息来得太迟;很难估计他们收到的信息的准确性。今天是以信息为基础的社会,掌握有价值的信息能使一个公司超越它的竞争者。

第一节 二手资料的来源

一、信息类别及文案调查

1. 文案调查的特点

与实地调查(fields research)相比,文案调查(desk research)有以下三个特点。

(1) 文案调查是收集已经加工过的文案,而不是对原始资料的搜集。

(2) 文案调查以收集文献性信息为主,它具体表现为各种文献资料。

(3) 文案调查所收集的资料包括动态和静态两个方面,尤其偏重于动态角度,收集各种反映市场变化的历史与现实资料。

2. 文案调查的功能

在市场调查中,文案调查有着其特殊的地位,它作为对市场信息收集的重要手段,一直得到世界各国的极大重视。日本在 1960 年代就是通过文案调查取得了我国大庆油田位置、产量等重要情报。他们从《××画报》上看到铁人王进喜的照片,判断出大庆就在东北地区,并根据某报关于工人从火车站将设备人拉肩扛运到钻井现场和王进喜在马家窑的相关言论报道,弄清了大庆油田的确切位置。从王进喜出席人大会议判定大庆出油了,之后又根据《××日报》上一幅钻塔的照片,推算出了油田的产油能力。在此基础上,日本人又估算出我国将在随后的几年中急需进口大量设备,并按照中国的特点设计了有关设备,从而在谈判中一举击败了欧美各国的竞争对手,使其设备顺利地打入中国市场。

概而言之,文案调查的功能具体表现在以下四个方面。

(1) 文案调查可以发现问题并为市场研究提供重要参考依据。

根据市场调查的实践经验,文案调查常被作为市场调查的首选方式。几乎所有的市场调查都可始于收集现有资料,只有当现有资料不能为解决问题提供足够的依据时,才进行实地调查。

(2) 文案调查可为实地调查创造条件。

如有必要进行实地调查,文案调查还可为实地调查提供经验和大量背景资料。具体表现在:通过文案调查,可以初步了解调查对象的性质、范围、内容和重点等,并能提供实地调查无法或难以取得的市场环境等宏观资料;文案调查所收集的资料还可用来考证各种调查假设,鉴别和估算实地调查结果的准确性和可靠性;利用文案调查资料并经实地调查,可以用来推算所需掌握的数据资料;利用文案调查资料,可以用来帮助探讨现象发生的各种原因并进行说明。

(3) 文案调查可用于有关部门和企业进行经常性的市场调查。

实地调查与文案调查相比,更费时、费力,组织起来也比较困难,故不能或不宜经常进行,而文案调查如果经调查人员精心策划,尤其是在建立企业及外部文案市场调查体系的情况下,具有较强的机动性和灵活性,随时能根据企业经营管理的需要,收集、整理和分析各种市场信息,定期为决策者提供有关的市场调查报告。

(4) 文案调查不受时空限制。

从时间上看,文案调查不仅可以掌握现实资料,还可获得实地调查所无法取得的历史资料。

从空间上看,文案调查既能对企业内部资料进行收集,还可掌握大量的有关市场环境方面的资料。尤其是在做国际市场调查时,由于地域遥远、市场条件各异,采用实地调查,需要更多的时间和经费,加上语言障碍等原因,将给调查带来许多困难,相比之下,文案调查显得方便多了[1]。

二、二手资料的来源

如前所述,市场调查人员所需的资料可以分成:第一手资料和第二手资料。第一手资料指的是研究人员就当前研究的项目而收集整理的资料。第二手资料是指别人先前就别的目的已收集好的,而不是研究者就手边的研究而自己收集的资料。例如,某国海关收集的资料就属于第二手资料。这些机构每月都会向该国普查局提交报告,普查局会出版国外贸易的统计数据,这份资料包括进口、出口的商品,进口国和出口国,商品的价格、数量、运输方式,它对所有需要国外贸易资料的人开放。

自从古滕贝里在15世纪中期印刷了《圣经》后,书籍的发行量便在不断地上升,尤其是在20世纪。1986年,2万多个出版商出版了71.8万多种书;1991年,4万多个出版商发行的书籍量超过了100万种;1996年,4.9万个出版商发行了1 265 891种书。如果1948年仅有357个出版商发行的8.5万种书,那么就可知这种增长速度该是多么惊人! 期刊的发行量增长也相当快,在过去的150年中,每15年就会增长一倍[2]。

面对如此众多的第二手资料,每一位市场调查人员都应该学会恰当地管理这些信息,实际上,第二手资料,因为它可获得的数量和实用性,对市场调查来说越来越重要了。然而,保存所获得的资料也是件很花时间的事情。市场调查人员必须学会合理地管理第二手资料,他们必须了解第二手资料的分类方法,了解它的优点和缺点,以及如何评价所获得的第二手资料。

第二手资料大致可以分为内部资料和外部资料,前面我们曾经讲过,内部资料的分析是一

---

[1] 柯惠新等:《市场调查与分析》,中国统计出版社2000年版。
[2] Allen B. Veaner, Into the Forith Country, *Drenel Libral Quaitenly*, 1985(21):9.

个公司市场营销信息系统中内部报告系统的一个组成部分。今天,内部资料的一个主要来源是包括消费者、销售量、供货商以及其他公司希望跟踪的资料的数据库。数据库营销(database marketing)是指运用这些内部资料作出直接针对消费者的营销计划。这些数据库的增长如此之快,需要我们专门增加一个部分来讨论内部和外部数据库。

外部资料(external data)是指从公司外部得到的资料。我们将外部资料分为三类:出版物来源,联合来源和数据库来源。出版物来源(published sources)指能够在图书馆或其他实体如商业机构得到的资料。这些资料要么是免费的,要么收费很少。该来源有很多方式,其中如辛迪加信息服务就是一种。数据库资源也是外部资料的形式之一。

第二节 建立数据库

简单地说,数据库就是相关信息的集合。从公司的销售系统或征询及跟踪系统中获取信息,不失为建立初始内部数据库的好办法。这种系统一般是以销售人员的"电话情况报告"为基础的。电话情况报告反映的是一名销售人员每日的工作活动。报告详细列出所拨电话的号码,所访的公司的特点,因电话而产生的销售活动,以及所收集的有关竞争对手的信息,例如价格的变化、投放的新产品、信用条款的修改和对手新推出的特别广告,等等。

一个基于销售情况和消费者偏好的内部二手营销数据库可以成为一个有力的营销工具。许多邮购公司,已经成为了建立和运用内部数据库的专家。

一、内部数据库成功的关键

要成功地运用内部数据库,组织必须建立数据库处理系统。该系统包括在计算机中以图像和文字的形式储存资料,组织数据资料以便有效利用,更新和修改资料,并且保证在营销决策中便利地系统地取得信息。这并不是一件简单的工作。在当今的技术条件下,在计算机中储存信息已经是很普通的事情了。而将硬件和软件条件以及经验丰富的人员条件相结合,建立一个实用性较强的内部二手数据库则是一件复杂的工作。

数据库的使用者必须在利用数据库管理软件进行数据存储和数据库操作方面接受培训。一名管理者在使用这类软件时必须具备以下基本能力。

(1)信息输入:向数据库添加新内容。

(2)信息查询:查询特定的信息条,比如两年内不需使用的期望销售对象。

(3)信息分类:将按字母顺序排列的期望销售对象名单按邮政编码分类,以便分发给各地区的销售代表。

(4)信息提炼:调查者可能需要根据现有顾客的情况略估计一下新产品的销售潜力。

二、内部数据库营销的重要性

可以说,数据库营销是成长得最快的一种内部数据库应用方式。数据库营销就是建立一个大型的记录顾客和潜在的顾客的个人情况和购买方式的计算机文件。

在 20 世纪 50 年代,电视网使广告商能够"将同一信息同时传给每一个人"。而数据库营销则能够将顾客个性化的信息通过直接邮寄传送给每一个人。这就是为什么数据库营销有时被称为"微营销"。数据库营销能够创造出一种人们过去与街道里的杂货店主、肉店老板和面包师之间的老式人际关系的电脑版本。"数据库是一种集体的记忆",一家辛辛那提的咨询公司——频率营销公司(Frequency Marketing, Inc.)的总裁理查德·G.巴罗(Richard G.Barlow)说:"它能够以和以前那些熟知顾客的出售他们想要的东西的夫妻杂货店一样的方式同你做生意。"

有些数据库的规模之大是令人吃惊的。福特汽车公司的数据库有 5 000 万个名字,卡夫通用食品公司有 3 000 万个。例如,美国运通公司(American Express)能够从它的数据库中调出过去 6 个月中在高尔夫用品专卖店买过东西的人,或者是去听过交响乐会的人,或者是去年内去欧洲超过一次的人,又或者是很少数以上 3 项活动都做过的人的名单。

通过成立"顾客俱乐部"来建立数据库是一种正逐渐盛行起来的方法。例如,卡夫公司邀请孩子们加入"奶酪与通心粉俱乐部"(Cheese & Macaroni Club)。只要有 3 张购买证明,一张填写好孩子的(当然还有妈妈的)姓名和地址的会员单,外加 2.95 美元,就会得到卡夫公司的一顶小画家的帽子、手镯、鞋带、一本贴纸和一些糖果。通过向填写详细问卷的消费者提供免费的衬衫、睡袋以及其他商品,菲利浦·莫里斯公司(Philip Morris)建立了关于 2 600 万名吸烟者的数据库。

惊人者娱乐公司(Blockbuster Entertainment Corp.)正利用它记录着 3 600 万个家庭和每天的 200 万宗交易的数据库,来帮助它的录像带租借顾客选择影片,并吸引他们购买公司的其他附属产品。在弗吉尼亚州里士满市,该公司在试用一个根据顾客以往的租借情况来推荐 10 部影片的计算机系统。推荐影片的名字被印在一张卡片上,卡片还提供一定的促销优惠。比如说,租借过儿童影片的顾客也许会得到在公司的附属游乐中心"发现地带"(Discovery Zone)中打折的优惠。

加利福尼亚州南部最大的,也是全美国第九大的连锁超级市场冯氏公司(Vons Company)已经将它的购物卡提升为俱乐部卡。以此卡为基础建立了一个能自动对促销商品进行打折的数据库。冯氏公司的目的在于建立一个内容广泛的数据库,来记录每次顾客离开超市时,他们的购物篮里都装了些什么东西。通过使用这个数据库,公司可以更好地了解消费者行为,可以每月将一份份用激光打印机打印出来的,而不是复印出来的,更有针对性的优惠券,寄到每一个冯氏俱乐部成员手中[1]。

---

[1] 小卡尔·迈克丹尼尔等:《当代市场调研》,机械工业出版社 2000 年版。

市调案例8-1

上海罗氏启动客户关系管理系统(CRM)项目

2002年,世界知名制药企业罗氏宣布,该公司将在中国正式启动建设一个代表世界最高水平的客户关系管理(customer relationship management,CRM)项目。罗氏为此投资370万美元。该系统覆盖全国30个城市的300个主要医院的客户信息,标志着罗氏公司的客户管理水平在同行业中居于领先地位。

客户关系管理系统正在成为企业管理软件市场上炙手可热的热点话题。建立在康柏Proliant服务器和Siebel电子商务和电子制药应用上的CRM系统,将为不同的部门之间的信息共享、交互和合作提供了一个通用平台。快速存取包括医院、医生、产品、报价、机会、服务记录等在内的客户信息,使各个部门的员工能够及时响应客户的销售和服务需求。简单地说,客户关系管理就是企业利用先进的信息技术,通过对客户的追踪、管理和服务,留住老客户,吸引新客户的手段和方法,同时,它也可以重新整合企业的用户信息资源,使原本"各自为战"的销售人员、市场推广人员、行政人员等更有效地协调合作,成为围绕着满足客户需求这一中心要旨的强大团队[1]。

三、地理图形信息系统

地理图形信息系统(geographic information system,GIS)一般包括一个人口统计资料数据库、若干数字地图、一台计算机和定向系统组合中添加数据的应用。公用事业、石油公司、大型零售商和政府部门都早已使用这些系统,对大量不同类型的资料进行地理学式的演示和分析。今天,这项技术每年在硬件、软件和咨询方面的销售收入达21亿美元。最大的变化在于近年来地理图形信息系统的价格戏剧性地大幅下跌,这使得它成为最热门的商业信息工具之一。各类公司把制图作为一种更简单、更有力的解释资料的方法加以采用,而以前则需要难以计数的打印文件、电子表格和图表来演示资料。地图也使得调查者、管理者和调查委托商能更直观地组织资料,观察资料间的相互关系和内在模式。

地理学家们谈论的是点、线、面,而市场调查者谈论的则是道路、商店和销售地域。但是从点、线、面的角度思考,有助于从按地理学方式显示的数据库中搜寻有用的商业资源。涉及"点"的应用包括零售分支机构可能的最佳地点以及为小型网络化制定最佳战略。涉及"线"的应用包括为长途运输公司寻找最便捷的线路,以便其为地方递送车安排最短的线路。涉及"面"的应用包括从寻找最佳的硬件销售市场到寻找最佳的新店地址。地理图形信息系统还能够回答更为细节化的营销问题。如果目标公司(Target)的一名营销人员想知道本公司有多少

---

[1] 上海罗氏制药有限公司:《桥》(*Bridge*),2001年第2期。

销售表现非常好的货栈,在某一销售地域上重叠率超过了50%,那么,地理图形信息系统回答这种问题就像一名专业地理学家回答有关空间问题一样轻而易举。

洛斯特公司(Roasters)是一个美味咖啡的零售商,正在寻找提高销售量的方法。它使用了地理图形信息系统以便一方面提高店内销售量,另一方面通过家庭递送计划来建立无店销售。洛斯特发现,虽然在购物中心中,消费者可能会买咖啡豆,也可能会买已磨成粉的咖啡,但一旦所买的咖啡喝完后,大多数消费者会继续购买原先牌子的咖啡。因为可以更方便地在附近的杂货店中购买。这样,洛斯特找到了一个打入递送业的机会。

洛斯特使用卖点(point-of-sale,POS)确定系统,该系统捕捉消费者信息并将其存放在数据库中。这一数据库内含消费者、地址、购买历史和所喜爱的混合咖啡粉,为营销策划提供了大量信息。一名顾问使用战略制图公司(Strategic Mapping, Inc.)的阿特拉斯专题地图图形软件(Atlas GIS),将顾客记录与其地址相匹配绘制成地图,展示出一级销售市场和二级销售市场。这个零售商的一级和二级市场表现为地图中各自拥有50%和80%的顾客的地理区域。确定销售的目的在于揭示现有顾客的核心在哪里,从而确定一个集中投入促销力量的地理区域。

第三节 辛迪加信息服务

一、什么是辛迪加信息服务

辛迪加信息(syndicated data)是一种外部的第二手数据的形式,这种信息由一个普通的数据库提供给预订者,收取一定的服务费。我们在第二章中曾讨论过行业的企业种类,我们称提供这样信息的企业为辛迪加信息服务(syndicated data service)公司。这种信息是特殊的和详尽的信息,它在上述行业中对公司很有价值,但却不能在图书馆中获得。这些企业根据标准调查格式提供辛迪加信息,这种格式使它们能长期收集相同的、标准化的信息。这些企业提供特定行业所需要的常规的信息,用预先准备的标准化的市场信息的形式出售。

例如,一个辛迪加信息服务公司提供关于在每个无线电市场中各种广播站的听众的数量和类型综合信息,这个标准化的市场信息帮助广告公司获得它们目标市场的资料;它也提供对听众的规模和特征所作客观独立的测量,从而帮助广播电台确定听众的性质。另一个例子,尼尔森媒体研究公司以电视收视率的形式提供辛迪加信息。

市场上也有辛迪加标准服务(standardized services)公司。那些企业提供一项标准服务,并把这项服务联合出售给任何愿意订购的公司。审计和调查公司提供一种预先安排的营销测试服务。该公司为用户提供所需的信息,这些信息包括销售、促销规模及分发范围等。用户为该公司提供产品及相应的广告。

二、辛迪加服务的优点和缺点

辛迪加服务的一个最重要的优点是它可以分担成本。由于有许多机构要求提供服务,所以成本对每个单独的客户说可以大大地减少。随着成本被几个用户分担,其他优点也就随之而来。辛迪加服务的另一个优点来源于收集和加工资料的常规系统。信息通常很快就可以发送给客户,因为辛迪加公司建立起一套完整的工作运行模式和通过反复实践的数据收集方法来定期收集数据。数据越新,就越有效。

这种标准化的服务,不仅可以减少单个用户的成本,而且由于数据经过多次的反复检验,因此可以认为它是有效的。

辛迪加服务也有它的缺点。首先,用户对辛迪加服务下的信息控制很少或几乎无法控制。因此,在成为正式的用户之前,必须将这些数据用评价二手资料的方法进行评价。确定使用的度量单位和分类方法符合你的要求。

其次,每个希望使用这种服务的用户必须认真评价辛迪加信息服务者所能提供的信息服务,因为这些公司通常要求长期的合作,几个月或最少 1 年的预订。另外,与原始数据的收集不同,辛迪加标准化服务无法按照每个用户的特殊标识提供特定的服务,标准化的商业信息同样提供给每个客户。相互竞争的公司可能使用同样的信息。

复习思考题

1. 简述文案调查的特点。
2. 内部数据库营销的重要性。
3. 什么是辛迪加信息服务?它的具体运用有哪些?

第九章 定性调查

学习要点

- 理解定性调查方法与定量调查方法的主要区别
- 了解运用观察法收集资料的优缺点
- 小组座谈会(焦点访谈法)的应用
- 其他定性调查方法(如深访、投射)

开篇案例

选择恰当的焦点小组测试室

市场调查人员永远都不应该忽视选择一个优良的焦点小组测试室的重要性。

1. 身体的舒适感

受访者和员工的身体的舒适感对组织一个成功的焦点小组来说非常重要。

会议室:会议室的空间是否足以容纳10~12个人?椅子是否舒适,可以使受访者感到放松?是否有空间放置展示板?

受访者接待室:接待室是否有足够的空间让受访者在小组会之前吃些简单的点心?

> 对受访者进行再筛选的非公开的场所：是否有非公开的场所对受访者进行再次筛选？
> 观察室：观察室是否能容下15个或20个观察者？
> 主持人室：是否有主持人的个人空间，可以打打私人电话，或休息/思考几分钟？
> 电话和不受干扰的自由：设施中是否在私下场所里设有电话，可以联系办公室、其他公司、饭店、航空公司，等？
> 单面镜：单面镜是否够大，足以使所有的观察人员都看得见整个小组？
> 隔音设施：隔音效果如何？是否观察者和受访者会相互干扰？
> 实况录像转播：设施中是否有带监控器的监控室，保证你的客户人员能不用单面镜进行观察？
> 2. 设备
> 录音设备是否能保证主持人毫不费力地听清小组中的所有观点？话筒应远离空调设备，并靠近会议桌，以便记录所有人的声音。
> 该设施是否在每一小组访谈开始前检查所有设备？如果设备不能正常工作，那么再昂贵、再高技术的设备都是不够的。
> 是否有录像设备来放映所讨论的商品？
> 是否有文字处理机、打字机或复印机，并且处于正常运转状态？
> 3. 室温控制
> 空调设备或采暖设备是否通风良好？如果受访者感觉太热或太冷，都不会活跃或者积极回应。是否关照了大厦管理员不要在5点之后就关闭空调设备[1]。

第一节 定性调查的性质

一、定性调查的定义

"定性调查"是设计问题非格式化，收集程序非标准化，一般只针对小样本进行研究，且更多地探索消费需求心理层次的一种调查方式。它意味着调查结果往往没有经过量化或者定量分析。一项定量调查可能发现大量饮用某种牌子的葡萄酒的人，年龄为21～35岁，年收入为1 800～2 500元。定量调查能够揭示大量饮用的人和不常饮用的人之间重要的统计方面的区别。相反，定性调查可以用来考察大量饮用者的态度、感觉和动机。一个策划一系列葡萄酒促销活动的广告代理商会通过定性调查来了解大量饮用者的感受，他们使用什么语言方式，以及如何与他们交流。

---

[1] Leslice M. Harrs, Choosing the Ideal Focus Group Facility, *Quink's Marketing Research Review*, 1996:22,49.

定性调查方法可以追溯到18世纪中期的历史学家戈亚姆巴逊斯塔·韦高(Giambattista Vio)的文章。韦高写道：只有人才能理解人，而且是通过被称作"直觉"的天赋来实现的。在社会学和其他社会学科中关于直觉试验以及移情作用，既有大量的发现，同时又伴随着大量的争议。

定性研究是探索性研究的另一主要方法。调研者利用定性研究来定义问题或寻找处理问题的途径。在寻找处理问题的途径时，定性研究常常用于制定假设或是确定研究中应包括的变量。有时候定性研究和二手资料分析可以构成调研项目的主要部分。因此，掌握定性研究的基本方法对调研者来说是很必要的。

二、定性调查的普及性

定性调查不断普及的势头一直不减。其原因在于以下几个方面。第一，定性调查通常比定量调查成本低。第二，除了定性调查以外，没有更好的方法能了解消费者内心深处的动机和感觉。因为通常的定性调查形式是产品经理坐在一面单面镜的后面不引人注目地组织整个过程，所以他们能得到有血有肉的消费者最直接的感受。第三个原因是，定性调查可以提高定量调查的效率。某公司认为，汽车市场正在经历巨大的变化，这会影响到它的市场份额。于是决定进行一次重要的调查研究，以对变化中的市场做出鉴定报告。他们的整个调查过程往往既有定性调查也有定量调查。

对于市场调查者来说，在一次单独的调查或一系列调查中，综合使用定性调查方法和定量调查方法，已是越来越平常的事情了。定性调查与定量调查相结合，可以更透彻地了解消费者需求。定性调查技术包含无规定答案的问题和诱导投射技术。从中获得的资料内容丰富，更具人情味，也更具揭示性。

三、定性调查与定量调查的比较

表9-1比较了定性和定量调查的几个方面。也许对管理者来说，最重要的一点是定性调查的结果通常是由众多小样本所决定的，这一点也是定性调查受到批评最多的地方。从本质上讲，许多管理者都不愿意根据小样本调查进行重大战略决策，因为它在很大程度上依赖于调查者的主观认识和个人的解释。管理者更愿意参考经过计算机分析的、列成表格的大样本。大样本和统计性较强的分析是市场调查中管理者感觉比较放心的部分，因为这些资料是通过精确而科学的方法搜集的。

表9-1 定性调查和定量调查比较

比较维度	定性调查	定量调查
问题的类型	探测性	有限的探测性
样本规模	较小	较大
每一访谈对象的信息	大致相同	不同

续表

执行人员	需要特殊的技巧	不需太多特殊技巧
分析类型	主观性的、解释性的	统计性的、摘要性的
硬件条件	录音机、投影设施、录像机、照片、讨论指南	调查问卷、计算机、打印输出的结果
重复操作的能力	较低	较高
对调查者的培训内容	心理学、社会学、社会心理学、营销学、市场调查	统计学、决策模型、决策支持系统、计算机程序设计、营销学、市场调研
研究的类型	试探性的	说明性的、因果性的

四、定性调查的局限性

定性调查能够、也的确提供了有帮助和有用的信息。然而,它还是受到了一些调查者的轻视。第一个局限性在于营销组合的细微差别经常会导致营销工作的成败,而定性调查不能像大范围的定量调查一样区分出这种差别。应当提醒注意的是,在查明定量调查中被忽略的问题时,定性调查具有一定的优势。例如,一家大型家用清洁剂生产商组织了一次大规模定量调查,想了解为什么它的浴室清洁剂滞销。生产商确信自己产品中的化学成分比竞争对手的更有效力。定量调查并没有给予切中要害的回答。困惑的经理转向定性调查。很快就发现,是因为包装上暗淡的粉笔画一样的颜色给人一种没有去污力的感觉,而且许多人用旧牙刷来清洁浴室的瓷砖。于是,包装很快就改用了明亮的颜色,并且在顶部固定了一个刷子。

第二个局限性是,定性调查并不一定能反映出调查者所感兴趣的人群。很难说一个由10个大学生组成的小组能够代表所有的大学生,或是代表某一所大学的学生,或是那所大学中的商科学生,或者甚至是营销专业的学生。小样本以及自由讨论这两点会使得在同一定性调查中出现多种不同的倾向。另外,接受定性调查的人总是不受限制地讲述他们所感兴趣的事。小组中的主导人物可能会使得整个小组的讨论仅仅与调查者所关注的主题有很小的联系。只有一个非常有经验的调查主持人员才能将讨论重新引回主题,同时又不压制讨论者的兴趣、热情和表达自己的意愿。

定性调查的最后一点不足在于,大量自称是专家的调查人员却根本没有受过正式的培训。因为在市场调查领域中尚没有一个相关的论证组织,所以,任何人都可以称自己是定性调查专家。不幸的是,毫无戒心的委托商很难分辨研究者的资格或是研究结果的质量。相反,组织高质量的定量调查则需要接受广泛的知识培训[1]。

---

[1] 小卡尔·迈克丹尼尔等:《当代市场调查》,机械工业出版社2000年版。

第二节 | 现场观察法

一、观察法定义

观察是市场调查最基本的方法之一。观者,看也;察者,思考、比较、鉴别也。市场调查中的观察法就是根据调查课题,观察者利用眼睛、耳朵等感觉器官和其他科学手段及仪器,有目的地对研究对象进行考察,以取得研究所需资料的一种方法。英国社会学家 C.A.Mosen 说:"观察可称为科学研究的第一等方法。"

与在被访问者面谈调查不同的是,观察法主要观察人们的行为、态度和情感。它是不通过提问或者交流而系统地记录人、物体或者事件的行为模式的过程。当事件发生时,运用观察技巧的市场研究员应见证并记录信息,或者根据以前的记录编辑整理证据。

运用观察法收集资料,调查人员同被调查者不发生接触,而是由调查人员直接或借助仪器把被调查者的活动按实际情况记录下来。这种情况下,被调查者的活动可以不受外在因素的影响,处于自然的活动状态;被调查者不愿意用语言表达的情感或实际感觉,也可以通过观察其实际行为而收获,因而取得的资料会更加反映实际。但是,作为现场观察来说,记录的往往只限于表面的东西,难以了解调查者内在的思想行为,如人们的动机、态度等是无法通过观察获悉的。而且,在有些情况下,当被调查者意识到自己被观察时,可能会出现不正常的表现,从而导致观察结果失真;在对一些不常发生的行为或持续时间较长的事物观察时,花费时间较长,成本很高。另外,由于调查人员是身临其境地观察,这就要求观察人员有良好的观察、记忆、判断能力和敏锐的观察力,同时应具备丰富的经验,把握观察法的要领。

成功使用观察法,并使之成为市场调查中数据收集的工具,则必须需要如下条件:首先是所需要的信息必须是能观察到并能够从观察的行为中推断出来的;其次是所观察的行为必须是重复的、频繁的或者是可预测的;第三是被调查的行为是短期的,并可获得结果的。

科学观察和日常观察。就观察法来说,我们要区别两种情况。首先将科学观察与日常的观察区分开来。观察是人们日常生活中最普遍的行为,如早晨起来先了解天气情况,到公园里观察花草树木,一般是无意识无系统的观察。作为科学观察则要具有如下各种特征:(1)首先具有研究的目的或假设;(2)有系统有组织地进行;(3)借用科学工具;(4)避免主观和偏见;(5)可重复查证等。第二个需要区分的情况是,科学观察本身可分为两种:一种是实验观察,另一种是自然观察。实验观察是对观察的环境与条件作严密的控制,然后观察其结果,而自然观察则是研究对象在自然状态下进行观察。在市场调查中多为在现场实施,故又称为现场观察。

二、观察法的类型

研究人员为了取得合适的资料,可以根据不同的情况,采取不同的观察方法。作为收集资料的方法,观察方法可以根据不同的标准划分不同的类型。其中主要的分类是:(1)根据观察者的角色,可分为参与观察与非参与观察。(2)根据是否有详细的观察计划和严格的观察程序,可分为结构式观察与无结构式观察。(3)根据观察者是否直接接触到被观察者,可分为直接观察与间接观察。

1. 参与观察与非参与观察

这种分类是根据研究人员作为一名观察者的具体身份,根据观察者是否参加到被研究的群体或单位之中,是否参与被观察者的活动而划分的。

所谓参与观察是指观察者为了达到深入了解情况的目的,直接加入到某一群体之中,以内部成员的角色参与他们的各种活动,在共同生活中进行观察,收集与分析有关的资料。

非参与观察是指观察者以旁观者的身份,置身于调查群体之外进行的观察。在非参与观察中,观察者像记者一样进行现场采访和观察,他们不参与被观察者的任何活动。作为一名旁观者,他们只是在某些场合才有机会同被观察者交往,后者将他们视为外人;但在一定程度上允许他们参观某些活动,如业余活动,日常工作等。这种观察方式虽然比较客观,但是却不能了解到被观察者的内心世界,不能深入到实际生活的各个方面。这种方式分公开的观察和掩饰的观察。

众所周知,观察员的公开出现将影响被观察的现象。人们知道他们正被观察(正如在公开观察中的那样),他们的行为可能会有所不同。其次,与访谈中访问员的出现所带来的后果类似,观察员的言谈举止会潜在地造成影响。

掩饰观察是在不为被观察的人、物或事件所知的情况下监视他们行动的过程。掩饰观察的最普遍形式是在单面镜后观察人们的行为。例如,一名产品经理可以在焦点小组访谈过程中,躲在单面镜后观察人们对不同包装设计的反应。

2. 结构式观察和无结构式观察

结构式观察是事先制定好观察计划并严格按照规定的内容和程序实施的观察。这种观察方法的最大优点是观察过程标准化,它对观察的对象、范围、内容、程序都有严格的规定,一般不得随意改动,因而能够得到比较系统的观察材料供解释和研究使用。当然,要制定一个既实用又科学的观察计划很不容易,这本身就需要作许多探索性的调查研究。

无结构式观察是指对观察的内容、程序事先不作严格规定,依现场的实际情况随机决定的观察。人们平时所有的观察,大多属于无结构式观察。无结构观察的优点是比较灵活,调查者在观察过程中可以在事先撰写的初步提纲的项目基础上充分发挥调查者的主观性、创造性,认为什么重要就观察什么。缺点是得到的观察资料不系统、不规范,受观察者个人因素影响较大,可信度较差。

在结构式的观察中,观察员为每一位被观察者填写一份问卷式表格。在无结构式观察中,观察员只是对被观察的行为做一下记录。一般而言,决定观察调查是采取结构性还是无结构性时所考虑的因素与决定询问是采用结构性还是非结构性是一样的。如果你对所感兴趣的问题知之甚多,那么做结构性观察可能会更有意义。如果你知之甚少,无结构性观察则比较适合,或至少是一种恰当的候选方法。

结构性观察通常只是计算某一特定行为发生的次数。例如,调查者可能会对测试有关新蛋糕混合粉食谱的两套使用说明书感兴趣。为了解消费基本行为,调查者可让参与者利用这种蛋糕粉准备他们最喜欢的糕点。小组中的一半人使用一套使用说明,另一半人用另一套说明书。然后,对参与者的行为进行统计,例如阅读使用说明书的次数、去柜橱取碗和其他设备的次数、搅拌的次数和烤箱的温度等。

3. 直接观察与间接观察

这种分类是根据观察者是否直接接触到被观察者来划分的,即观察者直接"看"到被观察者的活动,还是通过观察一些事物来间接反映被观察者的行为。

以上所述的各种观察均属于直接观察,因为不管是"参与"还是"非参与"、是"结构式"还是"非结构式",都是直接对"人"进行观察,而不是对"物"进行观察。

所谓间接观察是指观察者对自然物品、社会环境、行为痕迹等事物进行观察,以便间接反映调查对象的状况和特征。例如,通过对各个城市的市容卫生的观察,就能从侧面了解人们的精神风貌,通过对城市建筑、农村住房、公路上的车辆等方面的观察也可反映人们生活水平的变化。

市场调查中所进行的大部分观察都是直接观察,也就是说,直接地观察目前的行为。然而,在有些时候,以前的行为也需观察。为做到这一点,求助于以往的行为记录是必要的。考古学家挖掘出土居民定居点遗址并试图根据他们所找到的实物证据来确定古代文明时期的生活方式。垃圾研究者通过对人们生活垃圾的分类来分析他们的日常消费模式。与此相比,市场调查无疑要平凡得多。在一个产品原型的测试中,知道有多少试验品确实被使用过,对我们来说可能很重要。找出答案的最精确的方法莫过于让当事人交还尚未使用的产品,这样调查者就可得知究竟有多少被使用了。假定将洗衣粉和去污剂提供给家庭试用,那么知道每个被调查家庭实际使用的数量也就很重要。对于所有其他问题的答案都可以从使用情况中推断出来。

4. 其他类型的观察

当然还有其他类型的观察,如自我观察、设计观察、机器观察等。

自我观察就是个人按照一定的观察提纲自己记载自己的行为、行动。进行自我观察,观察者既是主体,又是观察对象。

统计在特定时间内有多少人使用某个商场的购物车是一个有关完全自然状态观察的很好例子。观察者在他们所感兴趣的行为中没有扮演任何角色。那些被观察的人没有意识到他们受到观察。在另一种极端情况下,我们可以招募一些人在一个模拟超市(在市场调查区设几排货架)中购物,以便仔细观察他们的行为,这便是设计观察。在此情况下,让被招募的人至少知道他们是在参加一项研究是必要的。给参与者每人一辆购物车,并告诉他们随意浏览货架,挑选出他们平时常用的商品。调查者对于所要研究的多种商品可以更换不同的购买展示地点。观察者记录下购物者在被测商品前滞留了多长时间以及此种商品被实际选择的次数,从而对不同展示品的效果形成一定的概念。

这种经过设计的环境使调查者能够更好地控制对购物者行为有影响的外在因素或对此种行为进行解释。此外,模拟环境还可以加快观察数据的收集过程。调查者不必非得等到真实的事件发生就可以通过指导参与者从事特定的行为来观察。由于在相同的时间内可以进行更多的观察,因而能够收集到较大的样本数据或能更快地收集到目标样本数据。后者将有效地降低调查活动的成本。

经过环境设计的观察最主要的缺点是环境是人为的,所以在此种情形下行为有可能与真实状态下的不一样。所设置的场景越自然,被观察的个体行为就越可能接近自然状态。

最后,在观察调查中,人们经常讨论的问题是,参与者在各种场合应参与到什么程度,充当哪种角色?例如,某个观察者是否应在流氓团体中参与违法活动或在一个宗教社团中装成一个虔诚的信徒?又如,为了研究吸毒,观察者是否也应跟着吸毒?对上述问题大部分市场研究人员认为,在完全参与或者进行隐蔽观察时,观察者必须诚实、懂行、讲道德,他必须是从科学研究的角度出发来客观地观察具有社会经济意义的现象,而无权从个人兴趣出发来观察人们专门要避人耳目的那些现象和事件。因此,观察者不仅要遵守职业道德,而且还要保障被观察者的利益和权利。

三、结构式观察及案例

1. 结构式观察的概念

结构式观察是在严格规定和控制下进行观察的特殊形式。这种观察往往制定较严格的观察计划和程序并实行一定程度的控制,它具有系统化、标准化和定量化的特点。所谓控制指的是严格限定观察内容、观察场所和条件,采用标准化的观察手段和工具,即利用某些工具或设备(记录仪器和各种表格等)作出系统的、统一的观察记录。要根据研究目的预先确定,以便使观察结果达到标准化的程度。

结构式观察也称为系统观察,维克所下的定义是:"系统观察法是在原场对合乎实证标准之有机体的行为与情景,作选择、触引、记录和评价的工作。"由此可见,结构式观察可以说是观察法中最严格的一种,它与实验观察实际上很接近,两者的唯一区别在于维克定义中使用的"原场"(in situ)一词,也就是说结构式观察是在自然环境中进行的。

2. 结构式观察的实施

结构式观察是一种有控制的观察,实施这种观察一般包括以下四个方面的内容。

(1) 确定观察对象和观察内容。

这是任何一种类型的观察都首先要确定的问题,结构式观察也不例外(见图9-1)。观察对象可以是个人,也可以是班组、车间、企业、商店等。观察内容是所要研究的现象,它反映了观察对象的特征和状态。例如,本书作者曾受某服装研究部门委托,组织复旦大学学生结合方法课程进行"神秘人暗访"的结构式观察调查。该服装研究部门是香港某集团进军中国内地零售市场的急先锋,现为中国内地最大服装零售商之一。它的主要销售对象为15~35岁勇于接

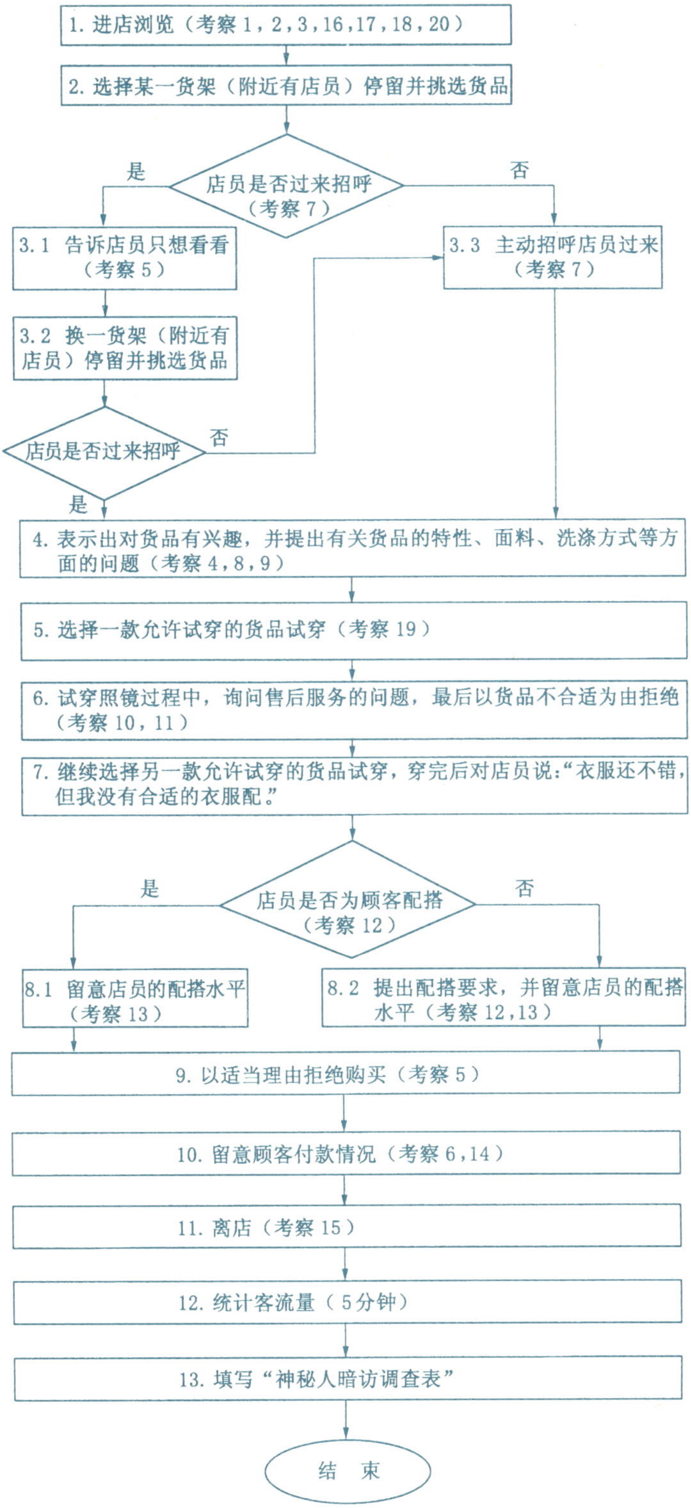

```
┌─────────────────────────────────────┐
│ 1. 进店浏览（考察 1，2，3，16，17，18，20）│
└─────────────────────────────────────┘
                 │
┌─────────────────────────────────────┐
│ 2. 选择某一货架（附近有店员）停留并挑选货品 │
└─────────────────────────────────────┘
                 │
         ┌───────◇───────┐
      是 │ 店员是否过来招呼 │ 否
    ┌────│   （考察 7）   │────┐
    │    └───────────────┘    │
    ▼                          ▼
┌──────────────┐        ┌──────────────┐
│3.1 告诉店员只 │        │3.3 主动招呼店 │
│想看看（考察5）│        │员过来（考察7）│
└──────────────┘        └──────────────┘
    │                          │
┌──────────────┐               │
│3.2 换一货架  │               │
│（附近有店员）│               │
│停留并挑选货品│               │
└──────────────┘               │
    │                          │
    ◇ 店员是否过来招呼  否──────┤
    │是                         │
    └──────────┬────────────────┘
               ▼
┌─────────────────────────────────────┐
│4. 表示出对货品有兴趣，并提出有关货品的│
│特性、面料、洗涤方式等方面的问题       │
│（考察 4，8，9）                      │
└─────────────────────────────────────┘
               │
┌─────────────────────────────────────┐
│5. 选择一款允许试穿的货品试穿（考察19）│
└─────────────────────────────────────┘
               │
┌─────────────────────────────────────┐
│6. 试穿照镜过程中，询问售后服务的问题，│
│最后以货品不合适为由拒绝（考察10，11） │
└─────────────────────────────────────┘
               │
┌─────────────────────────────────────┐
│7. 继续选择另一款允许试穿的货品试穿，  │
│穿完后对店员说："衣服还不错，但我没有  │
│合适的衣服配。"                        │
└─────────────────────────────────────┘
               │
       ┌───────◇───────┐
    是 │店员是否为顾客配搭│ 否
   ┌───│   （考察 12）  │───┐
   │   └────────────────┘   │
   ▼                         ▼
┌──────────────┐      ┌──────────────────┐
│8.1 留意店员的│      │8.2 提出配搭要求， │
│配搭水平      │      │并留意店员的配搭水│
│（考察 13）   │      │平（考察 12,13）  │
└──────────────┘      └──────────────────┘
   │                         │
   └────────────┬────────────┘
                ▼
┌─────────────────────────────────────┐
│9. 以适当理由拒绝购买（考察 5）       │
└─────────────────────────────────────┘
                │
┌─────────────────────────────────────┐
│10. 留意顾客付款情况（考察 6，14）    │
└─────────────────────────────────────┘
                │
┌─────────────────────────────────────┐
│11. 离店（考察 15）                   │
└─────────────────────────────────────┘
                │
┌─────────────────────────────────────┐
│12. 统计客流量（5 分钟）              │
└─────────────────────────────────────┘
                │
┌─────────────────────────────────────┐
│13. 填写"神秘人暗访调查表"            │
└─────────────────────────────────────┘
                │
            ( 结 束 )
```

图 9-1 "暗访"操作流程图

受新事物、喜欢赶潮流、具有品牌观的年轻人。该集团公司十分重视市场的调查及店铺的经营与管理,定期进行市场反应和服务水平的调查。"神秘人暗访"既是一种暗访的形式,又结合并体现了结构式观察的内容和特点。正如 Carl McDaniel Jr.所说,神秘购物者被用来收集有关商店的观察数据以及顾客或雇员间交互的数据。当然,在后一种情况中,神秘购物者和雇员之间要进行交流。购物者会这样提问:"这种款式的多少钱?""这种款式有蓝色的吗?"或者"你们星期五以前能送货吗?"这种相互交流并不是访谈,只是为了观察雇员的行动和评论。因此,虽然观察员经常卷入彼此间的交流,但神秘购物仍可以看成是一种观察调查方法。该服装研究部门委托进行的这项研究,其观察对象是该专卖店的营业员,观察的内容包括:营业员的礼貌和笑容、营业员的推销技巧、店铺和货品的整洁程度、管理人员的态度等[1]。

(2) 将观察内容具体化,作出详细分类,确定观察变量和指标。

由于结构式观察是在严格的设计下进行的,因此事先对观察行为的范畴往往都有系统的安排。

例如,该服装研究部门就设计了神秘人暗访操作流程图,对 20 个项目在不同环节上分别加以考察。

(3) 依据观察指标设计观察表格、卡片或拟定观察提纲,并规定标准化的观察方法和记录方法。

一般地说,在进行有结构的观察时,研究者都有固定的观察项目,因而他们对某一项记录的设计也十分周详。他们或用实际标准化的观察卡片,或采用一套特定的符号,以便于系统、科学地记录观察对象的情况。

设计观察卡片,首先要确定观察项目及其相互关系,然后选择反映观察项目具体特征的观察指标或单位,形成标准化的观察范畴。根据观察范畴制定出具体的观察卡片,同时标明观察的时间、地点,观察客体的特征。

例如,我们摘录几个观察项目的评分标准,可见他们是如何设计观察评分标准及记录方法的,如表 9-2 所示。

表 9-2 暗访评分标准

项目	评分	标准
1	优	有营业员立即面对顾客打招呼
	良	有营业员稍后才面对顾客打招呼
	中	有营业员打招呼,但不面对顾客
	差	不打招呼
2	优	衣着统一,佩戴胸卡,发饰整洁,化妆自然
	良	四缺一
	中	四缺二
	差	四缺三或以上

---

[1] 刘小红等:《服装市场营销》,中国纺织出版社 1995 年版。

续表

项目	评分	标准
3	优	全体店员积极服务或随时准备服务顾客
	良	大部分店员积极服务或随时准备服务顾客
	中	店内有倚靠现象
	差	店内有聊天或干私事现象
4	优	礼貌用语、面带微笑(当顾客讲普通话时,营业员也讲普通话)
	良	三缺一
	中	三缺二
	差	全部没有
…		…
16	优	店内收银台附近,有标牌,且很整洁
	良	店内收银台附近,有标牌,但不很整洁
	中	店内收银台附近,有标牌,但很脏
	差	无标牌
17	优	店内货架、橱窗、门面招牌、地面整洁
	良	一项欠缺
	中	二项欠缺
	差	三项或四项欠缺,或有一项严重损害商店形象
18	优	货品全部摆放有条不紊,分门别类,货架不空置,货品及模特无污渍、无损坏
	良	有一个货架(或货品、模特)未达到要求
	中	有两个货架(或货品、模特)未达到要求
	差	货品乱放一气,或三个以上货品及模特有污渍、有损坏
19	优	试衣室整洁、门锁安全、设施齐全
	良	三缺一
	中	三缺二
	差	全部没有
20	优	灯光充足、音响适中、温度适宜、走道畅通(无杂物堆放)
	良	一项有欠缺
	中	二项有欠缺
	差	三项或四项有欠缺,或有一项严重不足

当然,观察结果的记录形式可以多种多样。除了上述卡片记录和符号记录外,还可采用快速记录(在事件和地点允许的情况下不失时机地进行记录)、系统的观察日记(逐日系统地记载

一切必要的情报、个别人的言行、本人的想法和困难)等进行记录,也可用袖珍录音机、录像机、电影拍摄机记录当时发生的情景。

(4) 对观察记录进行统计整理和分析。

由以上几个步骤可以看出,结构式观察类似于问卷调查,即它收集的资料可以汇总和统计。

总之,结构式观察常使用标准化的观察手段,因此观察的结果较为客观、准确,但它的观察范围较小,缺乏深度和广度。它一般适用于小群体研究或行为科学研究。

四、观察法评价

观察法无疑是市场研究中一种重要的调查方法,当然并非唯一的方法。在市场研究中常用的还有访谈法、问卷法、文献法等。我们把观察法与其他各种方法比较,可以发现观察法有其许多显著的优点,但也有其不可避免的局限。

观察法的最大优点在于可以实地观察现象或行为的发生。观察者到现场观察现象或事件的实际过程,不但可以了解事情的来龙去脉,而且可以注意当时的特殊环境和气氛。这些宝贵的资料都不是事件发生过后,用访谈法所能得到的。同时,观察者置身于观察对象之间,与观察对象融为一体,收集到的资料既原始又真实,同时还具有相当的隐秘性。

观察法的另一重要的优点是能够得到观察对象不便直接说出的感想或体会;有的调查对象不愿接受访谈或没有空闲时间进行访谈。在诸如此类情况下,自然不能采用访谈或者问卷方法,而往往只能用观察法来弥补这类缺陷。

另外,观察法简便易行,可随时随地进行,灵活性较大,观察人员可多可少,观察时间可长可短,资料也比较可靠。而且在采用非参与观察时,观察者处于"局外旁观"的地位,不易被人注意,可了解到被观察者在自然状态下的真实行为,这样所得资料也比较准确。例如,在街头、商店、住宅区观察人们的日常活动。

当然,作为观察法也有很多局限和缺点。

(1) 观察者对于所要观察的事件有时是可遇而不可求的。观察者只能消极地、被动地等待所要研究的现象发生,但他们往往是乘兴而来,败兴而去。例如,一个研究殡葬仪式的人类学家,他可能住在某村落中好几个月都等不到有人过世。对于那些偶然发生或验证以预见的事件,如骚乱、地震、大火等,使用结构式观察或参与观察都是不现实的,研究者只能在事件发生后迅速赶到现场进行实地观察。

(2) 并非全部社会现象都可能观察。人类社会中有许多现象是不适宜或不可能直接观察的。例如,家庭纠纷、男女性行为或其他隐私行为等,都不是外人能得而观之的。

(3) 虽然观察者本意不想干涉被观察者的活动,但在通常情况下,观察者的参与在某种程度上往往会影响被观察者的正常活动。加之个人进行的观察,又是难免带有主观性和片面性,缺乏系统性。此外,观察结果也不易被量化处理,不易被重复验证。因此,很难验证判断观察结果是否具有代表性或典型性,难以推论全局。

因此，克服与避免观察法的缺陷，努力提高现场观察的准确性是很重要的一个环节。俗语说："耳听为虚，眼见为实"，认为在现场亲眼所见的东西自然是准确的。但事实并非那么简单。由于主客观的原因，观察中出现误差是常有的事。人们很熟悉这么一个心理学实验：在一次心理会议上，突然从外面闯进来两个人，一个在前面跑，一个在后面追，都拿着枪，两个人在屋子里混战一场，又一起冲了出去。等他们走后，会议主席要求与会者每个人都写下目击的经过。结果，在交上来的 40 篇报告中，只有 1 篇在主要事实上的错误少于 20%，有 14 篇的错误在 20% 至 30% 之间，其余全都在 40% 以上。这次试验的观察者都是受过良好训练的心理学家，他们的观察况且有这么大的误差，可见，亲眼所见的东西未必完全准确可靠。

尽管观察法并非十全十美，但研究者常常采用多种途径和方法来提高观察的准确性，提高观察的信度和效度。要做到这一点，必须做到：首先，要提高观察者本身的观察能力。观察能力包括良好的感知能力、敏锐的注意能力、优良的记忆能力、快速的记录能力、正确的识别能力等。一个合格的观察者不仅要具有良好的注意力、忍耐力、记忆力等，而且要仔细、认真，要善于控制自己的行为，使自己对观察情势的影响以及由此引起的变化减小到最低程度。人的观察能力不是天生的，也不是自发形成的，只有在调查研究的实践中不断磨炼才能提高。因此，要提高观察能力，就必须多参加调查研究的实践，向有实践经验的同志学习，不断总结自己的观察体会。同时，也可以接受一些专门的训练。例如，训练观察者能够仔细区分被观察事实及其产生的反应；也可以让研究者与受训者在观察开始阶段中共同观察某一现象，然后，对研究者和受训者的观察记录进行比较，并由研究者讲解他们各自记录不同的原因所在等。

其次，要注意消除观察中的偏见。偏见是影响现场观察准确性的重要因素。消除偏见主要是要坚持唯物辩证法的基本观点，对具体问题作具体分析，避免掺杂个人情感。同时，在条件允许的情况下，应尽量采用结构式的观察，事先制定周密的观察计划，确定具体的观察指标，减少观察中的主观性和随意性。

再次，我们可以通过对观察活动的组织来提高观察的信度和效度。例如，可以相对增加观察时间，以减少偶然因素对观察结果的影响，或安排两人或多人同时观察某一事物，然后互相补充，比较结果可以对同一事物反复观察，然后对观察结果进行可比分析，从中发现问题，作出结论等。对某些事件与情况，我们有时就不能仅满足于眼看，还要用耳听，借助访问、座谈等方法调查了解，才能弄清事实真相。

最后，我们当然应该利用现代化的观察工具，来提高观察的效度和信度，照相机、录音机、录像机等现代化的观察工具可以弥补调查者观察能力的不足，扩展其眼界，延长其手足，增强其记忆，大大提高观察的效果和质量。但是，运用这些工具一定要征得调查对象本人的同意，不能采取偷摄、窃听等手段。

因而，只要研究者能本着诚恳、虚心和认真的态度，不断调整观察方法，提高观察技巧，就一定能提高观察的信度和效度，作出高质量的科学观察。

总之，观察法尽管有种种缺点，但它仍不失为人们获得感性资料的可靠来源，是建立理论假说的客观基础，是验证结论的手段，观察法乃是市场调查的一种最基本的方法。

第三节 小组座谈会

所谓小组座谈会,又称焦点访谈法(focus groups discussions,FGD),就是采用小型座谈会的形式,挑选一组具有代表性的消费者或客户,在一个装有单面镜或录音录像设备的房间内(在隔壁的房间里可以观察座谈会的进程),在主持人的组织下,就某个专题进行讨论,从而获得对有关问题的深入了解。小组座谈会通常被视为一种最重要的定性研究方法,在国外得到广泛应用,我国近年来许多调查机构在市场调查中也越来越多地采用了这种研究方法。

一、关于小组座谈会(定义、目的、特点、关键、重要性)

小组座谈会的调查目的在于了解被访问者对一种产品、概念、想法或者组织的看法,从而获取对有关问题的深入了解。其最鲜明的特点是:第一,对特定问题的研究具有相当的深度;第二,信息更真实、生动和详尽,尤其是人们主观性的信息(如偏好、要求、满意、评价、习惯等);第三,发现和界定未知或模糊的问题和现象。

小组座谈会的关键远远不止一问一答的简单交流方式,它是借用了社会心理学中的"群体动力"的概念,即在小组中来自各种生活水平和各种职业的人们,当被鼓励主动表现自己而不是被动回答问题时,他们会对某一主题表达出更全面和更深入的看法,尽管被访问者自己没有感觉。在座谈会中,避免直截了当的问题,取而代之的是间接提问来引发激烈的讨论,而讨论所带来的信息是通过直接面谈所不能达到的,就像我们通常所说的:"问题越辩越明。"

小组座谈会通常用于解决一些了解消费者行为、需求和态度的问题,所获得的结果是定性的。同时,它也是在定量调查之前必要的步骤之一,小组座谈会的一些结果可以作为定量调查问卷设计的基础。

小组座谈会所访问的不是一个一个的被调查者,而是同时访问若干个被调查者,即通过与若干个被调查者的集体座谈来了解市场信息。因此,小组座谈过程是主持人与多个被调查者相互影响、相互作用的过程,要想取得预期效果,不仅要求主持人要做好座谈会的各种准备工作,熟练掌握主持技巧,还要求有驾驭会议的能力。

二、小组座谈会的实施步骤与要点

小组座谈会的流程如图9-2表示。

图9-2 小组座谈会的流程

制定实施计划、选择实施地点与设备、征选参与者、选择主持人并制定讨论大纲属于会前准备工作,座谈会实施属于会议过程,撰写访谈报告属于会后各项工作。下面我们从会前准备工作、会议过程和会后各项工作,这三个方面谈谈各个环节中需要注意的要点。

1. 会前准备工作中所必须注意的几个要点

(1) 确定会议主题。设计详细的座谈提纲。会议的主题应简明、集中,且应是到会者共同关心和了解的问题,这样才能使座谈始终围绕主题进行讨论。

(2) 确定会议主持人。主持人对于座谈会的成功与否起关键作用,要求具备丰富的研究经验;掌握与所讨论的内容有关的知识;并能左右座谈会的进程和方向。

(3) 选择参加人员。对参加者应作预先筛选,要考虑他们的相似性和对比性。同时,参会人数也要适中,一般在8～10人左右。如果参会者过少,难以取得应有的互动效果,参会者过多,发言机会就会减少,意见容易分散。

参与者是通过不同的方法被邀请的。常见的方法有商业街上的随机选取、随机电话邀请以及依据数据库进行邀请等。实际上,被邀请者通常是有条件限制的,测试者需要根据具体情况事先设计好一些条件,对被测试者进行筛选,只有满足条件的合格的被测试者才能参加座谈会。

(4) 选好座谈会的场所和时间。会议场所和时间应对大多数与会者来说是方便和适当的。会场的环境十分重要,应安静,场地布置要营造一种轻松、非正式的气氛,以鼓励大家自由、充分地发表意见。通常,小组座谈会的时间会在两个小时左右。前10分钟由主持人介绍这个程序,在剩下的100分钟左右主持人会占去25%时间,被测试者占75%时间,一个被测试者实际的发言时间只有10分钟左右。

(5) 确定座谈会的次数。这主要取决于问题的性质、细分市场的数量、座谈会产生新想法的数量、时间与经费等。

(6) 准备好座谈会所需的演示和记录用具。

(7) 在需要同声翻译的情况下,应让翻译熟悉了解讨论的必要练习。

(8) 制定讨论大纲。讨论大纲是一份关于小组座谈会所涉及的话题概要,它是主持人(或者组织者)根据调研客体和所需的商务信息设计的。通常,大纲分为三个部分。首先是建立友好关系,解释小组规则,并提出讨论的客体;第二部分是主持人重要讨论的内容;第三部分是总结重要的结论。

2. 座谈会过程中所必须注意的几个要点

(1) 要善于把握座谈会的主题。

(2) 做好与会者之间的协调工作。

(3) 做好座谈会记录。座谈会一般由专人负责记录,同时还常常通过录音、录像等方式进行记录。

3. 会后各项工作中所必须注意的几个要点

(1) 及时整理、分析座谈会记录。检查记录是否准确、完整,有没有差错和遗漏。

（2）回顾和研究座谈会情况。通过反复听录音、录像，回想会议进程是否正常，会上反映情况是否真实可靠，观点是否具有代表性，对讨论结果作出评价，发现疑点和存在的问题。

（3）做必要的补充调查。对会上反映的一些关键事实和重要数据要进一步查证核实，对于应当出席而没有出席座谈会的人，或在会上没有能充分发言的人，如有可能也最好进行补充询问并记录。

（4）分析和解释结果。讨论结果可以形成供以后进一步检验的假设，在报告书中不要简单重复与会者所说的话，而要着重研究其含义和作用。

三、座谈会场所布置

显然，进行座谈的场所设施是否完善和是否适合讨论会十分重要。因此，讨论往往安排在一个较大的房间中，并以圆桌形式就座。广告公司的会议室、主持人的家中、某一参与者的家中、客户的办公室、酒店或会议室，均可作为讨论的场所。除了按圆形就会，使每一个人都可看到其他人以外，该场所必须很安静，能保证讨论的进行。

理想的焦点(小组)访谈设施(focus group facility)，可放在营销调查公司内的专门用于进行焦点讨论的房间。这种房间内应有一张大圆桌、舒适的椅子、放松的气氛、一面单面镜，以便于客户观看讨论的进行情况。应提供摄像机、录音机的位置。图9－3中显示了一个典型的进行焦点(小组)访谈的房间的布置情况。由于焦点(小组)访谈所获得的信息较多和较散。如只凭记忆往往会出错。而单凭主持人的记录又会延缓讨论的进行速度，因而，绝大多数的讨论都伴有录像及录音。

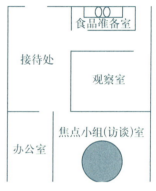

图9－3　焦点访谈的房间布置

四、选择主持人

拥有一个出色的主持人是小组座谈会成功的关键因素。一个主持人需要具备三个方面的才能。一是必须具备组织能力，能够恰如其分地掌控小组座谈会的进程；二是需要具备商务知识，熟悉和掌握测试内容；三是具有必要的工作技巧，如沟通技巧、倾听技巧、观察技巧、引导技巧等。

组织焦点小组访谈的主持人的个性特征和技巧有以下十个方面。

（1）对人的行为、情感、生活方式、激情和观点真正感兴趣。

（2）接受并重视人与人之间的区别，尤其是同自己的生活截然不同的人，应该无条件积极对待。

（3）良好的倾听技巧。既要能听到说出来的，又要能分辨没有说出来的潜台词。

（4）良好的观察技巧。能观察到正在发生的和没发生的细节，善于理解肢体语言。

（5）具有广泛的兴趣。能使自己完全融入所讨论的话题，能很快学会必需的知识和语言。

(6) 良好的口头和书面交流技巧。善于清楚地表达自己,并能在不同的类型和规模的团体中很自信地表达自己。

(7) 客观性。能够抛开个人的思想和感情,能听取他人的观点和思想。

(8) 具有关于调查、营销和广告方面的扎实的基础知识,了解基本的原理、基础和应用。

(9) 灵活性,善于面对不确定性,能够迅速做出决策,并且思维敏捷。

(10) 善于观察细节,具有较好的组织能力。

除以上之外,一名主持人还需具有以下五个针对调查委托商的技巧。

(1) 具有比较详细地了解客户业务内容的能力,善于与整个项目组融为一体,能够获得高级管理层的信任。

(2) 具有在项目的策划以及实施阶段发挥战略领导作用的能力,能够改进总体的调查设计,并为决策提供相关的信息。

(3) 在调查过程的每一阶段包括之前、之中和之后,为客户提供正确的反馈信息。这包括在项目结束之后替客户将调查结果组织成全面的具有战略意义的信息。

(4) 可靠性、可依赖性、责任心、独立精神和克服困难的顽强意志。

(5) 与客户相契合的个人作风。

在过去的几年中,越来越多的具有大型市场调查部门的生产商、广告商和调查公司,开始开设正式的主持人培训课程。这种培训计划大多数仅限于本公司的员工,只有少数的面向社会。

另外一种主持人培训方式在形式上与前者有很大区别。它强调人的性格感悟力、敏感性和准确的知觉。这种方法认为,有些人具有运用焦点小组访谈法的第六感觉。具有这种天赋能力的人只要进行足够的观摩,就能成为一名优秀的小组主持人。于是,培训就是先观摩一个主持人主持几个小组,然后在一个房间内同8~10人在一起自我摸索。一个半小时之后,他们才明白他们已经组织了自己的第一个焦点小组访谈。

市调案例9-1

头脑风暴法案例

有一年,美国北方格外寒冷,大雪纷飞。在电线上积满冰雪,大跨度的电线常被积雪压断,严重影响通信。过去,许多人试图解决这一问题,但都未能如愿以偿。后来,电信公司经理应用奥斯本头脑风暴法尝试解决这一难题。

按照会议规则,大家七嘴八舌讨论开来。有人提出设计一种专用的电线清雪机;有人想到用电热来化解冰雪;也有人建议用振荡技术清除积雪;还有人提出能否带上几把大扫帚乘坐直升机去扫电线上的积雪。对于这种坐飞机扫雪的设想,大家心里尽管觉得滑稽可笑,但在会上也没人提出批评。相反,有一工程师在百思不得其解时,听到用飞机扫雪的想法后,大脑突然受到冲击,一种简单可行且高效的清雪方法冒了出来。他想,每当大雪后,自动直升机沿严重积雪的电线飞行,依靠高速旋转的螺旋桨即可将电线上的积雪迅速扫除。他马上提出用直升机扫雪的新设想,顿时又引起其他与会者的联想。有关用飞机除雪的主意一下子又多了七八条。不到一小时,与会的10名技术人员共提出了90多条新设想。会后,公司组织专家对设想进行分类论证。专家们认为设计专用清雪机,采用电热或电磁振荡等方法清除电线上的积雪,在技术上虽然可行,但研制费用大,周期长,一时难以见效。那用用直升机扫雪激发出来的几种设想,倒是一种大胆的新方案,如果可行,将是一种既简单又高效的好办法。经过现场试验,发现用直升机扫雪真能奏效,一个悬而未决的难题,终于在头脑风暴会议中得到了巧妙的解决。

资料来源:戴力农,设计调研(第2版),电子工业出版社2016年版。

五、设计座谈提纲

设计好座谈提纲,既能围绕座谈主题,又能达到调查目的,还能调节座谈气氛,是一项十分重要而又需要技巧的工作。以下举一例说明如表9-3所示。

表9-3 大学生信用卡观念焦点小组访谈指南

1. 解释焦点小组访谈法及其规则(10~12分钟)
   A. 解释焦点小组访谈法。
   B. 没有正确答案——只要说出你自己的观点。你是为其他和你一样的人说话。
   C. 要倾听别人的发言。
   D. 我的一些同事在镜子后观察。他们对你的观点非常感兴趣。
   E. 自动录音——因为我想全神贯注听你们的发言,所以没有办法记笔记,还有录像。
   F. 请一个一个地发言——否则我担心会漏掉一些重要的观点。
   G. 不要向我提问,因为我所知道的和我的想法并不重要——你们的想法和感受才是重要的。我们为此才聚在一起。
   H. 如果你对我们将要讨论的一些话题了解得不多,也不要觉得难过——这对我们来说也是重要的。不要怕与别人不同。我们并不是要求所有人都持有同样的观念,除非他们真的这么想。
   I. 我们要讨论一系列话题,所以我会不时地将讨论推进到下一话题,请不要把这当成是冒犯。
   J. 还有问题么?
2. 信用卡的历史(15分钟)
   我对你们对信用卡的态度和使用信用卡的情况很感兴趣。
   A. 有多少种主要的信用卡?你使用什么信用卡?你是什么时候拥有这些卡的?
   B. 你为什么要得到这些信用卡?你又是如何得到的?
   C. 你最常用的是什么信用卡?为什么经常使用它?你常使用信用卡的目的是什么?
   D. 大学生申请信用卡是不是很难?是否有些信用卡比较容易得到?如果有,是什么卡?大学生是否很难得到一张"好"的信用卡或者"合意"的信用卡?
   E. 你目前对信用卡及其使用的态度如何?当你拥有一张信用卡后,你的态度是否有所改变?如何改变的?
3. 桌面广告设计(25分钟)
   现在我将向你们出示几种信用卡桌面广告设计,它们将会出现在校园中学生比较集中的地方,比如学生俱乐部和学生活动中心。每一种展示广告都是代表不同产品和服务的若干展示广告中的

续表

一种。我想知道你们对不同展示广告的反应。我每出示一种,希望你们写下对它的第一反应。我想知道的是你们的第一反应。在用一分钟时间写下你们的反应之后,我们更为详细地讨论每一种设计。
 A. 出示第一种广告。
  (1) 让他们记下自己的第一反应。
  (2) 讨论。
   a. 你对这种广告设计的第一反应是什么?你喜欢该设计的什么地方?不喜欢的是什么?任何的,只要有。
   b. 你会停下来仔细阅读吗?你会被它吸引吗?为什么会?为什么不会?它有什么吸引人的地方?任何的,只要有。
   c. 你是如何看环保或教育促销的?喜欢还是不喜欢?
 B. 重复第二种广告。
 C. 重复第三种广告。
 D. 出示所有的广告设计。
  (1) 在这些广告中,如果有的话是哪一种最可能吸引你的注意,使你停下来仔细阅读?为什么?
  (2) 哪一种最不可能吸引你的注意?为什么?
4. 宣传册与随赠品(25 分钟)
现在我想让你们看一看信用卡的赠品,这些赠品是与刚才讨论过的展示广告相配套的。首先,我向你们展示宣传册和赠品的样本。然后,希望你们记下你们的第一反应。最后,对每种赠品进行讨论。
 A. 出示第一种宣传册和赠品。
  (1) 让他们记录自己的第一反应。
  (2) 讨论。
   a. 你的第一反应是什么?
   b. 你特别喜欢赠品的什么地方?特别不喜欢的是什么地方?任何的,只要有。
   c. 你理解赠品的含义吗?
   d. 你认为这是一种重要的利益吗?
   e. 你会为这种赠品而申请信用卡吗?为什么?
   f. 这种信用卡会取代你现在所用的信用卡吗?
   g. 你会考虑使用这种信用卡吗?
   h. 毕业后你还会继续使用这种信用卡吗?
   i. 考虑到赠品,这种信用卡与你最常用的信用卡相比如何?
   j. 在多大程度上你会使用这种卡?为什么会?为什么不会?你打算真的使用这种卡,还是只是拥有它?打算毕业后还保留它吗?
 B. 重复第二种宣传册和赠品。
 C. 重复第三种宣传册和赠品。
 D. 出示所有的宣传册和赠品。
  1. 最佳赠品是什么?为什么这么说?
  2. 考虑到赠品,如果有的话你会选哪一种信用卡?为什么?
5. 信用卡设计(10 分钟)
最后,我想让你看一看附带环保赠品的信用卡的 3 种设计式样。同前两次讨论一样,我先出示每种设计,要求你们记下自己的第一反应,然后讨论每种设计。请使用事先发的表格记录你的反应。
 A. 出示第一种设计。
  (1) 让他们记下自己的第一反应。
  (2) 讨论。

> a. 你的第一反应是什么？设计中你特别喜欢的是什么？不喜欢的是什么？
> b. 在设计中是否有什么东西令你在上学期使用它时感到不舒服？毕了业以后又如何？
> B. 重复第二种设计。
> C. 重复第三种设计。
> D. 出示所有的设计。
> （1）如果有的话，这些卡中你会用哪一种？喜欢哪一种？
> （2）你是否不会使用哪一种卡？为什么？
> 感谢你的参与[1]。

在全国的若干个地区组织了焦点小组访谈，调查了来自不同的大学和学院的学生。总体上讲，信用卡教育的方法不太有吸引力。

六、小组讨论会的优势及劣势分析

1. 优势

（1）参与者之间互动可以激发新的思考和想法；（2）可以现场观察被测试者的期望；（3）直接、快捷有效地获取所需信息。

2. 劣势

（1）获取的信息可能会存在偏颇和不全面；（2）调查的结果仅属于定性的范围，但准确的信息应来自定量研究；（3）对场地要求较高，不适合的场地可能不会达到理想的效果。

第四节 深度访问法

一、深度访问法的概念

深度访问（in-depth interview）是市场调查中最常使用的一种定性调查方法，它的原意是访问者与被访问者相对无限制的一对一会谈。

在市场调查中，常需对某个专题进行全面、深入的了解，同时希望通过访问、交谈发现一些重要情况，要达到此目的，仅靠表面观察和一般的访谈是不可能的，这就需要采用深度访问法。

深度访问法是一种无结构的、直接的、一对一的访问，在访问过程中，由掌握高级访谈技巧的调查员对调查对象进行深入的访谈，用以揭示对某一问题的潜在动机、态度和情感。

二、深度访问的技术与技巧

在开始访问之前，应先使被访者完全放松下来，并和被访者建立融洽的关系。访问员所提

---

[1] 小卡尔·迈克丹尼尔等：《当代市场调查》，机械工业出版社2000年版。

出的第一个问题应该是一般性的问题,能引起被访者的兴趣,并鼓励他充分而自由地谈论他的感觉和意见。一旦被访者开始畅谈之后,访问员应避免打岔,应做一个被动的倾听者,为了掌握访问的主题,有些问题可以直截了当地提出来,访问员提出的问题必须是开放式的,不可有任何的提示或暗示被访者。

访问员的访问技巧是很重要的,绝不可把深度访问变成访问员和被访者之间一问一答的访问过程。访问员通常会在访问前准备好一份大纲,列举所要询问的事项,但并不使用问卷,也不一定按照大纲上所列的顺序一项一项地问下去,问题的先后顺序完全按照访问的实际进行情形来决定。

在访问过程中,访问员通常只讲很少的话,尽量不问太多的问题,只是间歇性地提出一些适当的问题,或表示一些适当的意见,以鼓励被访者多说话,逐渐泄露他们内心深处的动机。

访问员如能善用沉默的技巧,常可使被访者泄露无意识的动机。沉默可以使被访者有时间去组织他的思想,使他感到不舒服,或认为访问员希望他继续说下去,因此,他会继续发表意见以打破沉默。

访问员有时也可利用一种"重播"技术,以上扬的音调重复叙述受访者答复的最后几个字,以促使受访者继续说下去。

从下述一个深度访问的片断实例,可以看出重播技术及沉默在深度访问中的价值。

被访者:……我只抽甲牌香烟,当我独自一个人的时候。

访问员:当你独自一个人的时候?

被访者:是的,这个牌子便宜,它看起来就是一种便宜的牌子,当和别人在一起时,我喜欢抽较好的牌子,即使价钱较贵——乙牌看起来好些,因此我买乙牌香烟。(暂停和沉默)

被访者:我想这只是和一般人一样就是了,如果你和别人在一起时,抽一种好的香烟,你会感觉到和他们一样好。

回忆行为过程技巧、人的记忆有一定的期间,超过了这个期间便渐渐忘记。当人们购买某种商品时,为何选择该商品,其动机意识经过相当的时间便忘记。对该商品所感到的以及使用该商品时所意识的一切,也都无法记忆。为了使被访者想起这种意识,最好请他回忆决定购买商品的过程,或者重新把当时购买该商品的感受以及如何行动,作详细的说明,从这种说明当中,发现购买动机。

例如某公司在调查购买动机时,曾询问一位主妇所购买的是什么咖啡,该主妇回答是雀巢咖啡,结果得不到满意的回答。后来访问员便请该主妇回忆在零售店购买咖啡时的情形,然后一一追问其行动以及心理动机。这位主妇经过仔细回忆,突然答道:"蓝色的罐子,颜色十分美丽,便买了它。"罐子颜色的美丽,便是那位主妇购买的动机。

深度访问的地点通常以在被访者的家中进行较佳,对被访者比较方便。不论在何处实施,深度访问应单独进行,不应让第三者在场,因为让第三者在场可能会使被访者感到困窘或不自然,不愿提供真实的答复。

深度访问的时间通常在 1～2 小时,很少超过 2 小时[1]。

三、深度访谈法的优缺点

1. 深度访谈法的优点

(1) 能比小组座谈法更深入地发掘消费者内心的动机态度。(2) 能更自由地交换信息,常能取得一些意外资料。(3) 便于对一些保密、敏感问题进行调查。(4) 能将被访者的反应与其自身相联系,便于评价所获资料的可信度。

2. 深度访谈法的缺点

(1) 调查的无结构性使这种方法比小组座谈法更受调查员自身素质高低的影响。(2) 深度访谈结果的数据常难以解释和分析,它的样本通常较小,样本代表性不够。(3) 由于访问时间长(注:会在一小时以上),故所需经费较多,有时不易取得被访者的合作。

第五节 投射技术法

一、关于投射技术法

小组座谈法和深层访谈法都是直接法,即在调查中明显地向被调查者表露调查目的,但这些方法在某些场合却不太合适。比如对那些动机和原因的直接提问,对较为敏感性问题的提问等。此时,研究者就要采取在很大程度上不依赖研究对象自我意识和情感的新方法。其中,最有效的方法之一就是投射技术法(projective technique method)。它采用一种无结构的、非直接的询问方式,可以激励被访者将他们所关心话题的潜在动机、态度或情感反映出来。

投射技术是穿透人的心理防御机制,使真正的情感和态度浮现出来的一种方法。一般地,对受试者给出一种无限制的并且模糊的情景,要求他做出反应。由于这种情景说得很模糊,也没有什么真实的意义,受试者必须根据自己的偏好做出回答。在理论上,受试者将他的情感"投射"在无规定的刺激上。因为受试者并不是在直接谈论自己,所以就绕过了防御机制。受访者谈论的是其他的事情或其他的人,然而却透露了自己的内在情感。

二、投射技术的类型

市场调查中最常用的投射技术是词语联想法、句子和故事完成法、漫画测试法、照片归类法、消费者图画法和第三人称法,主题统觉测试法(theinatic apperception test)等。

---

[1] 郑宗成等:《市场营销实务》,科学出版社 1994 年版。

1. 词语联想测试法

词语联想测试法对市场调查者来说是非常实用和有效的投射方法,访问员读一个词给受访者,然后要求他说出脑海中出现的第一种事物。通常消费者反应的是一个同义词或反义词。一般是快速地念出一连串词语,不让心理防御机制有时间发挥作用。如果受访者不能在 3 秒钟内做出回答,那么可以断定他已经受到了情感因素的干扰。

> 词语联想法常用于选择品牌名称、广告主题和标语,例如,一家化妆品生产商为了替一种新香水命名,可能会测试消费者对以下候选名称的反应。
> 无限　　激情　　珍宝　　遭遇　　渴望　　欲望
> 其中的一个词语或消费者建议的一个同义词可能会被选做新的品牌名。

2. 句子和故事完成法

句子和故事完成测试法可以与词语联想测试法连用。或者拿到一段不完整的故事或一组残缺句子,然后将其补完整。

在完成技法中,给出不完全的一种刺激情景,要求被调查者来完成。常用的方法有句子完成法(sentence completion test)和故事完成法(story completion test)。

> 句子完成法是提出一些不完整的句子,让被调查者完成该句子。例如:
> (1) 拥有一套住房_____。
> (2) 一个家庭必须拥有的交通工具是_____。
> (3) 如果我有 10 万元,我会_____。

每个人对同一个问题的答案都可能不同,不同的答案表明了不同的看法。如对问题(1),有的人认为是提高了生活的质量,有的人认为是基本生活的保障,有的人认为是增加了支出或有可能负债,有的人认为是有一种成就感,也有人可能认为"那是我最终的理想"等。这些答案对房地产商来讲,无论是户型设计、质量改进、功能提高还是营销手段变化等都有参考价值。

句子完成法与词语联想法相比,其优点是具有足够的引导性来使回答者产生一些联想,利用此法进行调查,同样要求被访者用反应的第一想法回答问题,调查员按原文记录回答并加以分析。

故事完成法是提出一个能引起人们兴趣但未完成的故事,由被访者来完成它,从中看出其态度和情感。例如,某位消费者在一家商场花了很多时间才选中一组价格适宜、造型新颖的家具,在他即将下决心购买时,却遇到售货员的怠慢,这位消费者将作出何种反应?为什么?

可见,故事完成法给受访者一个较有限制和详细的剧情。目的同样是让受访者将自己投射到剧情中假设的人物上。句子和故事完成法被一些调查者认为是所有投射技术中最有用和最可靠的一种。

3. 漫画测试法

漫画测试法通过使用与连环漫画册相似的漫画图像和连环画,创造出高度的投射机制。

典型的漫画测试包含两个人物——一个人的话框中写有对话,而另一个的是空白的。要求受试者完成空白的话框,如图9-3所示。注意图像是模糊的而且没有任何解释。这么做是为了使受试者不会得到任何暗示某种规定答案的"线索"。模棱两可是为了使受试者更随意地表现自己。

漫画测试法可以适用于多种用途。可以用来了解对两种类型的商业机构的态度,了解这些商业机构与特定产品之间是否协调。它可以测试对于某种产品和品牌的态度的强度,还可以确定特定的态度的作用。

图9-3　漫画测试法

4. 照片归类法

环球BBDO公司(BBDO Worldwide)是美国最大的广告代理商,它开发出一种已注册成商标的技术——照片归类法(Photosort)。消费者通过一组特殊安排的照片来表述他们对品牌的感受,这组照片展示的是不同类型人群,从高级白领到大学生。受试者将照片与他所认为的这个人应该使用的品牌连在一起。对通用电气公司的照片归类调查发现消费者认为受这个品牌吸引的是保守而年长的商界人士。为了改变这一形象,通用电气公司进行了一次"为生活增添光彩"的宣传促销活动。另一次为维萨信用卡(Visa)所作的照片归类调查发现在消费者心目中的维萨卡的形象是健康、女性、中庸。于是公司开展了名为"随心所欲"的针对高收入的男性市场的宣传促销活动。

BBDO与啤酒市场上的100名目标消费者进行了面谈,这些人是男性,年龄21～49岁,每周至少喝6瓶品牌啤酒。结果,受访者认为喝巴德(Bud)啤酒的人看起来是粗鲁暴躁的蓝领工人。相比之下,喝米勒(Miller)啤酒的人是有教养的而且和善的高级蓝领工人。库尔(Coor)啤酒给人一种更女性化的印象,对于该产品80%的消费者都是男性来说,这可不是一个积极因素。

5. 叙述故事法

叙述故事法就是让消费者讲述他们自己的经历,从中洞察一些微妙的消费行为。哈佛商学院的教授杰拉尔德·扎尔特门(Gerald Zaltman)为此创建了一个暗喻测试室。暗喻是用一种事物来描述另一种事物,人们用暗喻来表达心照不宣的、暗含的和不可言传的想法。

扎尔特门先让消费者花几周时间考虑如何形象地表述他们对某一公司的感受。要求他们从杂志上剪下任何能反映这种感受的图片。然后,消费者聚集到他的测试室中,用几个小时的时间,以故事的形式讲述他们所选择的图片以及图片间的相互关系。

以下是一次关于连裤袜的暗喻调查。为连裤袜生产商提供原料的杜邦公司的营销部经理格伦德·格林(Gledda Green)说:"在焦点小组访谈中的女士们总是说她们讨厌连裤袜,只是不得不穿,我们认为我们还没有完全地真正地了解她们的感受,但是我们又想不出好的办法。"

杜邦公司求助于暗喻测试室。一些人带来了溢出的冰淇淋圣代的图片(见图9-4),这反映出她看到连裤袜子上脱线的裂口时的盛怒。有人带来了一张一位美丽的女子和几篮水果的图片。还有人带来了伊丽莎白女王(Queen Elizabeth)的图片。"随着我们不断地深入探究选择这些图片后的动机,她们逐渐承认连裤袜使她们感到自己变得年轻漂亮富有吸引力,"格林说,"这在焦点小组中是没人会承认的"。于是,若干家连裤袜的生产商根据这一信息来调整自己的广告和产品包装。

6. 第三人称法

除了词语联想以外的最容易的投射方法也许要算是第三人称法了。这种方法不是直接问一个人的感受,而是用"你的邻居""大多数人"或其他的第三人称来表述问题。不

图9-4 主题统计测验[1]

是直接问一个人为什么她做的早餐的营养总不均衡,而是问"为什么许多人给家人准备的早餐营养总不均衡"。第三人称法是为了避免由于直接回答可能使受试者感到尴尬,甚至是激怒受试者。

7. 主题统觉测验

将一幅绘有购买情况的图片,示于被访问者。例如,图上绘一家庭主妇,面对罐头食品陈列架,将此图示于被访问者,然后要求被访问者将该主妇内心的想法说出。由于图上并未提示任何资料,回答者也不知图上的人到底想些什么,但是被访问者往往可以说出一套图上该主妇的想法,因此他的回答,无疑是反映他本人的想法。

日本舆论科学协会,曾采用本法做过钢笔、钟表、照相机等购买动机调查。钢笔的购买动机结果是:当作礼品而购买者占37.5%,自用者占29.2%,喜爱而得不到者占29.2%。钟表的情形是:看到钟表想要当作礼品者占11%,想作自用者占40%,喜爱而得不到占7%。该项调查系早稻田大学心理学专家研究而设计的。利用本法作动机调查,在日本系一个划时代的创举。

总之,作为定性调查还存在其他一些方法,且这些方法在不断地得到应用和发展,我们了解到,定性调查的基本原理在于:

(1) 大多数购买和使用决策中运用的选择标准和评判标准都具有情感和潜意识的内容。

(2) 这些情感和潜意识的内容是购买和使用决策中重要影响因素。

(3) 这些内容是受访者在直接交流方法中不能充分和准确地表述出来的。

(4) 这些内容可以通过间接交流方法充分而且准确地表述出来。

只要以上这些观念仍然是正确的,或者即使是部分正确的,那么在市场调查中对定性调查技术的运用就会存在下去。但是,小样本和主观偏见这些问题也将继续困扰一些定性调查方

---

[1] 樊志育:《广告效果研究》,中国友谊出版公司1995年版。

法。定性调查还存在无法验证和无法重复的缺点,这也会阻碍其未来的发展。

从积极方面看,联机焦点小组访谈法将会继续发展。焦点小组访谈法可以提供其他任何方法所不能提供的资料和分析。低成本和易操作将使焦点小组访谈在21世纪仍大有作为。最后,随着对定性调查方法和定量调查方法的不断调整和革新,这两种方法之间的裂痕将会逐渐缩小,调查者们将会同时享有两种方法的优点。

复习思考题

1. 进行定性调查有何现实意义?
2. 观察法的优点和缺点是什么?
3. 小组座谈会的特点及其理论基础是什么?
4. 请画出小组座谈会的流程图。
5. 请列出深度访谈法的优缺点。
6. 在何种情况下适合用投射技术法?请简单列出本章所谈的投射技术法的几种类型。

第十章

定量调查

学习要点

- 了解定量调查的不同类型及优缺点
- 重点掌握人员入户调查的技巧及应对方法
- 邮寄调查的优缺点及其提高回卷率的方法
- 了解固定样本连续调查的基础知识
- 选择特定调查方法应考虑的因素

开篇案例

一场发生在调查数据收集领域的变革

成千上万的企业和家庭正不断地接受因特网,这种现象已经导致了一种被称为"示范转换"方法的产生,或者说在营销调研领域中,一种完全不同的思维模式和进行数据收集工作的方法已经形成了。例如,德塞斯夫技术公司已研究发现了许多方法,如"精确调研",这种方法从根本上改变了数据收集工作的现状。精确调研是一种基于视窗软件的计算机程序,调研者利用这种程序设计出一套问卷,将其发送至任何数量的电子邮件地址上去,并且

> 接收反馈,编辑简单的数据表格,根据反馈所得的数据制定出最后的统计图表。这家公司声称利用电子邮件进行调研能排除由于人工填制表格所产生的乏味感。同时,它也可以排除由于电话访问所引起的工作中断。而且,通过电子邮件进行调查的方法能显著地降低诸如复印、邮寄、电话等常用调研数据收集工作的成本。与此同时,依靠手工输入数据的人工成本也将得到减免。这种方法也大大地缩短了获得调查反馈结果的时间。德塞斯夫技术公司进一步声称:大多数接受调查的人认为这种电子调查方式比传统的使用纸笔的调查显得更为重要和有趣,也更轻松愉快,也可以通过访问德塞斯夫技术公司的主页来亲自感受一下这种新型的调查方式[1]。

第一节 定量调查概述

定量调查(quantitative research)是一种利用结构式问卷,抽取一定数量的样本,依据标准化的程序来收集数据和信息的调查方式,是市场调查中主流的应用最为广泛的方法,传统"市场调查"(survey research)主要是通用这种方法。

如果说,定性调查更注重对消费者的态度、感觉及动机的了解,注重对事物性质的调查,那么,定量调查则更侧重于被调查对象及事物的统计特征,侧重于数量方面的资料收集和分析。从调查方法角度看,这种定量调查可以通过人员操作进行,也可以通过计算机操作实现,当然也有自我管理方式完成的情况。如果从常用的数据收集方法划分,则定量调查可分为入户访问、拦截访问、电话访问等十来种具体方法。

一、定量调查的类型

珀勒利斯营销调研公司比尔·詹姆森说过,"一位调研者通常有数种收集数据的方式可供选择,这些方式的选择范围包括从面对面的访问到采用复杂的计算机导向提问系统。以成本标准的观点来看,采用高新技术方式进行数据的收集与处理越来越被证实是一种合理有效的选择,对此,我十分激动。我将确信在未来的10年里数据收集的方法将得到很大的变革。甚至目前,许多大公司正在构建大量的有关它们自己客户情况的数据库。这些数据都是从人们在进行信用卡消费,在零售商店购物和向有线电视系统订购商品时留在电子检测系统上的痕迹中获取的。目前,一部分消费者不愿意参与调研,这种现象有上升的趋势,而这些也正是调研领域所必须要解决克服的问题。高新技术系统的应用可能将成为解决这一问题的有效途径"[2]。当然,我们也看到,就目前情况来说,个人访问仍是市场调查中最重要的方法之一。

---

[1] 该公司主页网址为:http://www.decisive.com。
[2] 阿尔文·C.伯恩斯等:《营销调研》,中国人民大学出版社2001年版。

图 10-1 所示为某地区比较大的市场调研公司使用过的数据资料收集方法的份额(每年它们完成 1 500 万次访问)。可见,面对面的访谈仍是最重要的方法,占了全部调查工作的一半。其次为电话访问,但是至今这一比例只占访问调查方式的 18.5%。厅堂检验、小组讨论、自我填写/邮寄、秘密购买和深度交谈组成了其余部分。

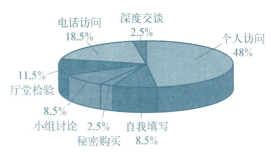

图 10-1 各种访问方法所占份额
资料来源:市场调查组织协会(AMSO)。

总的来说,在市场调查领域中,有 10 种不同的数据收集方法:家访(入户访问)、街头拦截访问、办公室访问、传统意义上的电话访问;集中电话访问、计算机辅助电话访问、全电脑化访问、小区自我管理调查;留置问卷调查、邮寄调查(详见表 10-1)。

表 10-1 数据收集方法

入户访问	访问者在被访问者家中进行访问。事先通过电话进行预约
购物中心拦截访问	在购物中心的购物者被访问者拦住并邀请其参加调查。访问通常在大厅或公司大厅内的仪器设备上进行
办公室访问	访问者与企业业务主管或经理预约,在被访问者工作地进行访问
传统意义上的电话访问	访问者在他们家外的地方通过电话与家庭主妇或商业代表进行访问
集中电话访问	访问者在一个数据收集公司办公室里的一间小房间或一个工作区域,对每位被访问者进行访问。通常监督人员将旁听访问者操作情况以检查他们是否正确地操作
计算机辅助电话访问	结合地区中心电话访问形式,所有的问题被输入电脑并显示在屏幕上,然后由访问者通过电话读给被访问者听。访问者直接将反馈的答案输入计算机的程序中去
全电脑化访问	编制对问题进行操作管理的计算机程序。被调查者通过使用键盘、触摸计算机屏幕或使用一些其他方法,将他们自己的答案输入电脑
小组自我管理调查	被访问者被集中起来组成一个小组。每一位被访问者独立完成自己的调查问卷,这种将被访问者集中起来组成小组,再以各自独立进行的方式能帮助访问者节约人力、物力
留置问卷调查	访问者将调查问卷留给被访问者去完成。过一段时间,操作人员将返回获取完成的调查问卷或者问卷被寄回访问者处
邮寄调查	访问者将调查问卷寄给预先已联系好的被访问者,由被访问者在完成问卷以后再寄回访问者处

我们可以看到，入户(单位)访问、拦截访问，是属于面对面的访问(face to face interview)；传统电话访问、计算机辅助电话访问(CATI)属于电话访问(telephone interview)，而邮寄调查、留置调查包括全电脑化访问和小组自我管理的调查属于自助访问(self-administrated interview)。因此从大的方面来说，定量调查方法可分为面对面访问、机器访问(含电话访问、仪器监测等)及自我管理访问三大类。

二、定量调查的优点

同观察法或其他定性研究方法相比较，在进行大量数据收集的工作中，定量调查显得更为经济和有效，并且它特别适用于大规模样本的采集。使用定量调查法进行数据的收集具有五个优点：标准化；操作容易；能揭示"隐性"问题；易于制表和统计分析；敏锐地反映子群的差异性(见表10-2)。

表 10-2　定量调查的五个优点

标准化	所有被调查者的问题都是一致的且顺序相同，答案选择也如此。
操作容易	调查者阅读问题和记录答案迅速简便，被调查者也可自填问卷。
揭示"隐性问题"	有可能询问关于事件的动机、细节、结果等问题，甚至心理想法。
易于制表和统计分析	大样本容量和计算机处理能迅速排序、交叉制表和进行统计分析。
反映子群差异性	将被调查者细分成子群，根据不同要求分析比较。

三、影响定量调查的某些因素

在实践中，定量调查或多或少可能会被某些因素影响。这些因素一般包括抽样的精度、预算的可能性、向被访者提供的各种刺激、数据的质量要求、问卷的长度、需要被访者执行特定的任务、抽样难度、调查完成的时间要求等。

下面我们着重介绍入户访问，邮寄调查等一些传统的定量调查的应用。而将因特网、电话调查、网上调查等一些高新科技信息化技术及应用在第十一章中予以展开。

第二节　入　户　访　问

入户访问是定量调查中最常见的访问方法。入户访问是指被访问者在家中单独接受访问的一种调查方式。调查员按抽样方案的要求，按照事先规定的方法，选取适当的被访者，到被访者的家中，依照问卷或调查提纲进行面对面的直接提问，问卷可为访问式问卷和自填式问卷，问题可以是封闭式的，也可以是开放式的。

一、入户访问的优缺点

入户访问是私下的面对面的访谈,它具有许多优点:(1) 访问是在被访者熟悉的环境之中;(2) 访问问卷回答的完整率高,访问质量较高,所获得的信息真实可靠,客观性强;(3) 可以通过观察获得被访者失真回答的补充;(4) 访问的问卷可相对较长,可以直接得到反馈,可以对复杂的问题进行面对面的解释;(5) 易于回访复核。

但是,近年来由于这种方法存在不足,在实际的商业访问中的使用率逐步降低。其主要原因有:(1) 人口越来越少的家庭结构使得接受访问的对象也越来越少;(2) 社会治安情况的恶化使得入户的拒访率升高;(3) 尽管与其他方式相比,入户访问的问题回答率较高,但它们之间的差距在缩小。

尽管入户访问具有这样和那样的不足,但入户访问在未来的一段时间内仍然会被认为是市场信息收集的最佳方法。

入户访谈是唯一可以进行深度访谈和特定室内用品测试的访谈方式,另外,入户访谈也是现在唯一一种在理念和消费者刺激的研究中获取资料的随机抽样方式。

二、访问过程及技巧

1. 访问技术

访问的目的是为了获得确实的材料,强调访问方法及技术,就是为了有效地达到这个目标。从某种意义上说,访问技术是访问能否取得成功的关键,如果其他设计构思得很好,访问技巧不甚理想,往往会功亏一篑。从访问技术来说,它主要包括访问前准备、如何进行访问和处理特殊情况的应变能力这三个方面。

(1) 访问前的准备工作。准备工作包括两方面内容。首先是情况方面的准备。访问员要了解受访者的一些基本情况,如生活环境、工作性质及由此形成的行为准则、价值系统,包括了解当地的一些风俗习惯、社会规范。在访问中,访问员要采取适合受访者特点的问话方式,使问话的语气、用词、方式适合受访者的身份和知识水平。同时要接纳和尊重当地人的风俗习惯,赢得受访人的信任与合作,把每个受访人都当作自己的朋友。第二方面要做好工具方面的准备,最常用的如照相机、录像机、录音机、纸张文具以及测量用的表格问卷等。照相和录音要视情形而定,使用前要征得同意,否则会引起误会。记录也要讲究方法,最好的方法是带一张纸乱画,偶然把一两个重要的字记下来,对回家整理资料的联想非常有帮助。当然,对及时记录的人使用这种方法必须小心,不要引起反感。

(2) 如何进行访问。访问员和受访者接近以后,首先要创造一个融洽的交谈气氛,消除受访者的戒备心理。第一步首先要说明自己的身份,把自己介绍给受访者。自然介绍是一种艺术,要做到不卑不亢,使对方了解你,并认为你的访问是善意的,或这项研究是与他的切身利益有关的。初次见面,说话语气一定要温和客气,有礼貌。例如:"您好!我是××公司的访问员。我们正在进行一项关于××的访问,而您家正好被抽中,我不会占用您太长时间,希望给予合作!"

自我介绍的同时可递上介绍信或学生证、访问员证,以示真诚地访问,而非推销产品,也解除被访者的戒心。第二步要详细说明这次访问的目的,说明主题的范围,当双方可以建立起一种互相信任的关系后,访问员便可以提问了。第三步就是提问。在发问过程中,一般的程序是按问题的先后次序一一提问。但要避免"冷场",并避免枯燥机械。当受访人说题外话时,你也要耐心地听,即使要把话题抓回来,也要选择有利的机会,使对方察觉不出来。有些问题需要进一步"追问"的,使用"立即追问""插入追问""侧面追问"等方法,使受访者不感到厌烦为限度。

(3) 处理特殊情况的应变能力。我们在进行访问时,什么样的问题都可能发生。经常出现的情况是拒绝访问,或不想接待,受访者生病、有事外出等。这是常有的事,不必为此生气。对于拒访,除耐心说明研究目的意图外,要弄清拒访的原因,以便采取其他方法进行。而对于不按时赴约者,只能下次再去。有时人家很忙,你刚要开口,受访者先说了:"你看,我忙成这样,哪有时间聊天。"这种情况下,不能勉强,可帮助他做做事等,或随便谈起不相干的家务事,以便慢慢"言归正传"。对于一些较敏感的问题或者受访者认为有关他安全的问题,只能耐心解释或通过其他途径了解。

> 受访者:现在社会治安这么差,我不想陌生人了解我们家的情况!
> 答:如果您不相信我,可以打这个电话给公司以证实这次访问的真实性。而且您所提供的答案仅供我们统计分析用,绝对不会透露给任何组织及个人,请您相信。
> 受访者:你找别的住户吧,我没有空。
> 答:我们是用科学抽样方法抽到你家的,并非每个人都可以接受访问,所以希望得到您的合作。如果您现在没空,什么时间有空我再来,我不会耽误您太长时间,谢谢!

2. 访问心理

为使询问最优化,可以针对受访者的心理活动将询问划分为几个主要阶段:适应、达到既定目的和消除紧张状态。

(1) 适应。任何一种询问都是从适应阶段开始的。开始询问是一种真正的艺术,全部情报的准确性在很大程度上取决于研究人员在这方面做得怎样。研究人员的经验表明,如果回答者知道了要求并且回答了前两三个问题,那么在一般的调查情况下,对其他所有问题也会给予回答。因此,研究人员往往先提出一些与研究题目无关和情报内容不多但又能吸引人参加谈话的问题。

(2) 达到既定目的。即询问的主要内容,达到搜集主要情报的目的。在回答这部分调查表的过程中,尤其篇幅很大时,被访者的兴趣可能会逐渐降低。为了提高兴趣,可使用功能心理问题,这些问题的内容应使被询问者感兴趣。例如,对男人可以问踢足球和打冰球方面的问题,对女人可提家务方面的问题。这些问题不一定含有内容丰富的情报,而我们的主要目的是消除回答者的疲劳和提高他们兴趣的动机。其次,当遇到被访者有明显不真实的回答时,访问员应及时停止,重复提问,并通过观察被访者态度以及客观环境来判断其回答不真实的原因,具体情况具体分析。

> 问:请问您家的电话号码是多少?(已看到桌上有电话)。
> 答:我们家没有电话。
> 问:我们记录您家的电话号码只是方便工作人员复核我们工作的真实情况,不会打搅您的正常生活。
> 问:请问您经常喝啤酒吗?
> 答:几乎天天喝。
> 问:(出示卡片)请问您知道的啤酒品牌有哪些?
> 答:不知道。(明显与前一题存在逻辑上的偏差)
> 问:那么您天天喝的啤酒是哪种品牌的?
> 答1:没注意,都是儿子买回来的。(符合逻辑)
> 答2:我忘了。(不可能天天喝的啤酒品牌也不记得)

如果确定是被访者不配合,只是敷衍了事,访问员提醒后仍然如此,必须终止访问,换户再访。

(3) 结束询问。结束询问有时比开始还难,被访问者还未说完,他还有某种紧张感。因此要设计一些轻松的问题,有助于消除紧张状态和提供表达感情的可能。整个访问过程中充满着访问员和受访者的心理活动及其交互影响。从访问员来说,他们的行为动机主要表现在访问时所激发出的使访问成功的动机。一个优秀的访问员要有不畏艰苦的意志,对于自己的成功充满信心。胆怯、急躁等都是不足取的。

作为受访者来说,他的行为动机主要表现在能积极配合访问员的工作,提供可靠资料。他要知道对他的访问与他有否切身关系,对他自身安全有没有妨碍,他提供的资料将派什么用处,等等。已有"目标"明确,才可能激发接受访问的动机。

访问员与受访者一经接触就开始交往,并构成了两人之间的暂时的关系。这种暂时的人际关系最重要的是两个人之间的相互认知。这种认知当然首先表现为首因效应即初次见面时对方的仪表、风度所给双方的第一印象。作为受访者来说,访问员的衣着、举止、仪表,甚至性别都可用来判断访问员的品行,有的则根据访问员的年龄、性别、学历,以及派出单位来决定自己应取的态度。同样,访问员也可根据受访者的外貌、举止,甚至家庭摆设来判断受访者特征、兴趣爱好等,采取适当的访谈方法。鲁钦(A. S. Lnchins)研究认为,先出现的线条或资料对总印象的形成具有较大的决定力。因而我们要特别慎始。

在交谈过程中,访问员和受访者相互交流中也要注意社会心理的过程。这里可借鉴米德的象征性相互交往理想模式。这个理想模式如图10-2所示。

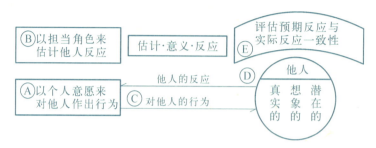

图 10－2　米德的象征性相互交往模式

个人愿望如何影响他人,即如何从 A 到 C? 一般人认为,似乎可以直接从 A 到 C。但米德(G. H. Mead)认为,一个人作出某一行为时,必须要估计到他人的反应。怎样估计他人对自己的反应呢? 他们认为可以通过担当(或想象中的)角色来估计他人的反应,即从 A 到 B 再到 C。也就是说,在人际交往中,首先要估计到可能会发生的情况,才能发生对他人的行为。当然这种相互作用之间的第一步,是靠"设身处地"估计对方起作用的。我们在访谈中,如何提问也好,追问也好或者记录、照相、录音等辅助手段也好,都要首先估计受访者可能的反应,以便采取适当的行为,否则就会使访谈失败。

图 10－3 列出入户访问调查的一般操作流程。

图 10－3　入户访问操作流程[1]

三、如何有效降低拒访率

现场执行,是市场调查中最重要的工作环节之一,是市调调查质量保障的基石。因为再好

---

[1] 王文利等:《现场实施操作手册》,中国国际广播出版社 2000 年版。

的问卷设计、再强的分析能力,离开了忠实地实地工作,没有真实可信的数据,便毫无意义。如何有效降低现场执行的拒访比率,是现场执行的首要使命,也是确保调查数据质量的关键所在。海南城乡市场调查咨询公司从多年的实际操作中,总结出一些经验。他们认为要想有效降低拒访的比率,应做好以下十个方面的工作。

1. 衣装得体

男访员衣着要齐整、干净,衣服切忌色彩鲜艳夺目,头发要梳理整齐,出访时切忌穿拖鞋。女访员出访时不要为了追求时髦、新潮而染发、穿超短裙,不能浓妆艳抹(可略涂口红),否则会让被访者误会而拒绝访问。

2. 精神饱满

访员的精神面貌如何,关系到公司的形象,面对被访者时要昂首挺胸,精神抖擞,给人一种平和友好的感觉,使人易于接受你的访问。切忌没精打采,弯腰弓背,给人以不信任的感觉。

3. 言语诚恳

言语诚恳,既是美化自己,也是对别人一种尊重。无论被访者是什么年龄、什么身份、什么学历,无论他们的经济条件如何、衣着谈吐如何,都需一视同仁,不能心存鄙视,言语要诚恳,让被访者相信你所说的,以至愉快地接受访问。言语尽量用一些礼貌用语,如"请问""麻烦""您""对不起""打搅""谢谢"等。

4. 胆大心细

"胆大",即访员出访时要落落大方,不拖泥带水,不犹豫不决,不东张西望,要有自信心,要时刻记住自己所做的事是正当的事。但胆大也不是要访员横冲直撞,无所顾忌。面对受访者要眼不热、心不跳,访问员首先要自我介绍,告诉被访者你是谁,你的目的以及要耽搁他(她)多少时间,把自己的来意讲清楚、讲明白。

"心细",即访问员要眼观六路,耳听八方,对特殊情况特殊处理。比如被访者家里正发生摩擦或正在吃饭或有客人时,访问员要诚恳地、简单扼要地阐明来意,如当时不便访问的,要主动离开,过一会儿再来或预约下次访问的时间。

5. 材证齐全

一是要证件齐全,在调查中需要的证件要佩带齐全,如:身份证、工作证、介绍信等。因为现在人们的防范意识比较强,如果没有有效的证件,很容易被误会,被拒访;二是如果有礼品赠送时,要恰当、及时地出示,这样被访者更容易接受你的访问。

6. 访前的准备工作

(1) 培训工作。即使对于具有多年访问经验的访员来说,访前的培训工作也是非常重要的。因为每一次调查的对象都不同,通过培训,访员可以根据调查对象身份(如性别、年龄、职业、性格、地址等)的不同,了解对方,制定不同的访问技巧与策略。

(2) 试访工作。试访即访员与督导之间或访员与访员之间互相扮演被访者,通过这种方式的演练,让访员实际体验访问中可能发生的拒访,有一定的心理准备,并针对拒访理由迅速做出恰当释疑,使被访者愉快地接受访问。

7. 佩带"政府访员证件"的重要性

佩带(市调机构)证件比不佩带证件更有利于降低拒访比率,提高访问质量;佩带政府访员证件比佩带市调机构访员证件更有利于降低拒访比率,获得支持、配合。该公司所有"国家统计局海南省城乡调查队访问员"证件,前后加盖公章,写上访问员姓名、编号、身份证号码等,不论是做入户,还是街访,都受到应有的尊重,98%以上被访者都予以配合,使得各项访问都能按时按质圆满完成。

8. 访员队伍本地化、专业化、专职化更有利于降低拒访比率

本地化是指访员要以现场执行所在地的人员为主,只有访员队伍的本地化,才能使访问语言本地化,才能使被访者便于接受理解访问内容。专业化是指访员要具备一定的专业知识。专职化是指访员岗位的固定,要专职。

9. 储备一支一定数量的兼职访员队伍有利于降低拒访比率

在当地储备一支一定数量的兼职访员队伍,并建立起相应的访员计算机管理档案,根据访员的能力、性格、爱好等,针对现场执行的对象,派出相称的访员,可大大有效降低拒访比率,使得调查任务圆满完成。

10. 定期对访员进行技能培训、考核,有利于降低拒访比率

定期对访员及督导进行访技心理及专业知识等培训,并公开考核,建立起考核成绩档案,使专职与兼职访员、督导竞技上岗,此举有利于访员、督导之间在业务上相互"赶、帮、超",使访员队伍从主观上增强信念,不断规范运转,有利于现场执行时,有效降低拒访比率[1]。

第三节 其他四种定量调查方法

一、街头拦截

街头拦截法是一种十分流行的询问调查方法,约占个人访谈总数的三分之一,这种调查方法相对简单,在超市等公共场所,购物者被当场拦截或在超市中的访谈室中进行访谈。

街头拦截面访调查主要有两种方式。第一种方式是由经过培训的访问员在事先选定的若干个地点,如交通路口、户外广告牌前、商城或购物中心内(外)、展览会内(外)等,按照一定的程序和要求(例如,每隔几分钟拦截一位,或每隔几个行人拦截一位等),选取访问对象,征得其同意后,在现场按照问卷进行简短的面访调查。这种方式常用于需要快速完成的小样本的探索性研究。例如,对某种新上市商品的反映,或对某类商品的使用情况等。

第二种方式也叫中心地调查(central location test)或厅堂测试(hall test),是在事先选定的若干场所内,租借好访问专用的房间或厅堂,根据研究的要求,可能还要摆放若干供被访者观

---

[1] 陈震:"现场执行,如何有效降低拒访比率",《市场调查》1999年第5期,第35页。

看或试用的物品。然后按照一定的程序和要求,在事先选定的若干场所的附近,拦截访问对象,征得其同意后,带到专用的房间或厅堂内进行面访调查。这种方式常用于需要进行实物显示的或特别要求有现场控制的探索性研究,或需要进行实验的因果关系研究。例如,广告效果测试,某种新开发产品的试用实验等。

街头拦截法是一种新兴的方式,广泛使用是在 20 世纪 70 年代。通常认为,这种方式作为入户访谈的替代方式,具有成本低的特点。而实际上,这种访谈方法的费用逐渐与入户访谈不相上下,有时还会比入户访谈要高出一些。

街头拦截法之所以比入户访谈费用低是因为被访者自己出现在访谈员的面前而不是通过其他方式去寻找,访谈员将大部分时间用于访谈,而较少的精力用于寻找被访者。而且,省略了入户访谈的行程时间及车旅费用。除费用低廉之外,街头拦截法同样具有入户访谈的优点,如可以直接对被访者进行启发,能够运用专门的问卷技术等。街头拦截的访问流程如图 10-4 所示。

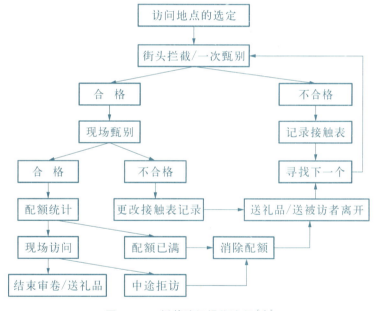

图 10-4 拦截访问操作流程[1]

然而,街头拦截访谈同样具有不足之处。第一,在某一超市的顾客中,很难得到能够代表大部分地区消费者的样本。虽然客流量很大,但多数超市只拥有其所处地段的一部分顾客。而且,基于不同超市所售商品的不同,一家超市只能吸引某一特定类型的顾客。一项研究表明,若有些人的购物频率高,接受访谈的几率便高。另外,许多人拒绝街头拦截访谈。另一项研究表明,有超过半数的人拒绝接受访谈,无论是与他们进行过最初的接触还是被认为是合格的受访者。在这里,合格是指调研员已经发现该顾客正是调研所需要类型的被访者。总体来

---

[1] 王文利等:《现场实施操作手册》,中国国际广播出版社 2000 年版。

讲,街头拦截访谈很难得到好的、有代表性的样本,除非在极少数情况下,正好碰到了调研所需要的样本。第二,街头的访谈环境并不像入户访谈的环境那么舒适。被访者可能会感到不安、匆忙或是访谈员无法控制其他一些嘈杂的状态。这些因素都会影响到调研所收集信息的质量。近年来,街头拦截访谈法的使用率已经基本上处于稳定状态[1]。

市调案例10-1

厅堂测试

厅堂测试(hall test)是把被访者集合在一个厅堂,或在当地找一个房间租用一天,要求他们评论或尝试产品。选用的厅堂通常是靠近一个繁华商业地区,以便于同时招聘和访问。

选择一个合适地点是计划一次厅堂测试的重要方面,必须选在适于招聘被访者的地方。大概除了一杯茶和一点饼干以外,街头招聘的被访者通常不要求激励物。

选择的房间应该是从街头容易到达的,使被访者不必走很多路。对于某些产品,可能需要做些准备,比如分配饮料、切割物品、稀释,或许还要加热。所以,提供产品的同时可能需要厨房设备,并且日益需要考虑卫生法规。即使研究对象不是饮食物品,也可能需要为被访者和调研人员准备些茶点。

房间的大小,应该能容纳参加的被访者和调研人员的总数。典型的安排是由一个访问员带一位被访者进入大厅,展示样品并且实施访问。应该有足够的空间,使做这些事时不至于妨碍其他访问员和被访人。理想的做法应该使被访人不能听到室内别的地方访谈的其他人的声音,设屏风可能对此有帮助。

当然,待测试的产品也必须事先做安排并且全天可用。一种新产品可能在工厂里特别准备,调研人员的任务就限于保证它的准时送到。要大批买进所有已确定的产品供试验之用。

厅堂中需要足够的员工来完成招聘、访问和支援等任务,这包括准备试验产品,清理被访者之间的空间,准备茶点等。若假设每次试验占用大约10~15分钟,而且招聘人兼作厅内访问人,每位访问员每小时应接待3位被访者——也就是说每位访问员每天做20次访问。所以一个五六位访问员的队伍,再加上大厅中的一些助手,每天可接待约100位受访者,这应看作是进展顺利。访问员太多,效率未必能提高,很可能更低。例如,可能出现太多的访问员企图同时在厅外招聘的问题。用较小队伍延长厅堂测试天数可能更好些。

为了恰好满足一个项目的需要,厅堂测试可能必须在若干个城镇举办,才能达到一个完整的,比如说500人或更多人的样本。假如只在一个城镇,存在着其结果只反映局部地方口味的危险。某些产品领域内,局部和地域口味太强,把此结论用于全国范围时可能导致错误。

---

[1] A. B. Blankenship and Geore Eduaid Breen, Format Follows Function, *Marketing Tools*, 1997:18-20.

二、办公室访问

办公室访问又称经理访谈,是指对工业用户进行的相当于入户访谈的访谈。这种类型的访谈包括对商务人员在他们的办公室进行有关工业或服务内容的访谈。例如,如果惠普公司需要了解用户对于其即将生产的新型电脑打印机性能要求的有关信息则他们需要对其未来购买者、使用者进行访谈。而在他们的办公室里进行访谈是最为恰当的。

这种类型的访谈费用很高。第一,必须确认产品购买的实际决策者是谁。获得这类买主名单有多种来源。在大多数情况下是由电话访问获得。很有可能某家公司有专人负责这种型号用品的购买决策。然而,在一个大公司里确认哪些人对购买行为产生影响很耗时而且很昂贵。第二,一旦这个关键性人物被确认了,下一步就是使这个人同意接受访谈并安排访谈时间。这一步骤并不像看上去那么困难,因为大多数的专业人士似乎很愿意谈论一些与他们工作相关的内容。第三,访问员必须如约到达指定地点,一般情况下都会等上一段时间,取消访谈的情况也并不罕见。这类调研需要相当出色的访问员,因为一般情况下,他们都是就一个他们不太了解的话题进行访谈。另外,经理访谈与入户访谈具有相同的优缺点。

三、留置问卷调查

留置问卷调查(drop-off survey)是一种自我管理调查的形式。调查员与事先联络好的被访问者取得联系,向他们介绍调查的总体目标并把问卷留下给被访问者自行完成。这一方法主要是获得预约受访者的合作,受访者被告之这份调查问卷是完全可以自己看懂的,留给他们在闲暇时完成。调查员可能会在某一个时候去取回调查问卷,或由受访者根据指示完成后用预付的邮资寄回。通常情况下,调查员会在当天或后一天去取回完成的问卷。以这样的方式,一位调查员可通过开始时的分析和后来的回收,在一天里跨越数个居民生产区或商业区进行调查。留置问卷调查特别适合那些交通不十分便利的地区性市场调查。数据表明:这种方式周转迅速,反馈率高,访问者对答题的影响降到最低限度,并能较好地对受访者的选择加以控制,另外这种方式也很经济。

各种不同的留置问卷的调查方式包括将问卷送到受访者的工作地点,要求他们在家完成,然后返回问卷。一些旅游业连锁店会将调查问卷置于客人的房间里,并请他们填完后交至结账柜台。一些商店有时会对消费者的人文统计、媒体习惯、购买意向或其他住处作简短的调查,顾客可以在家里完成后在下一次购物时带来。作为一种鼓励,有时会赠送一件小礼物给受访者。如同一位调研人员偶尔碰上受访者一样,留置问卷调查方式就是在这种情况下开始的。

四、固定样本连续调查

消费者固定样本调查是在随机抽样的基础上,对抽取的户或者个人进行长时期的追踪调查。这种方法是市场调查的最基本的方法之一。它对把握整个市场的变化、各种品牌的市场占有率、品牌转移状况、产品需求的季节性变化等方面有极为重要的意义。

消费者固定样本调查的最主要的特点是能够有资料的累积性,也就是说,能够从动态的角度了解和掌握消费者对各种产品的需求及变动的趋势。在市场营销过程中,这种方式有如下特点。

(1) 了解消费者的品牌忠诚状况和品牌转移状况。在一般的消费者调查中,如果想了解人们的品牌忠诚与转移状况,都是用回忆法收集资料。例如,询问"您上次购买的是什么品牌?""您是否不变换品牌?""您最经常使用的品牌是什么?"等问题,但是这样做,只能了解近期的品牌变动状况,没有长期的资料,同时由于被访者的记忆错误或者遗忘等原因,这种资料的可信程度也受到影响,而采用消费者固定样本调查则可以准确地把握被访者的品牌忠诚度和使用品牌的转移状况,资料时间长,能够反映变换的规律。

(2) 了解消费者的购买周期、使用频率、累积购买比率。由于消费者固定样本调查资料多,又是连续的,所以可以清楚地反映被访者购买商品的频率、使用周期、累积购买比率等问题,从而可以得到准确的商品销售状况,对企业的生产、销售、库存等方面有重要的指导意义。

(3) 了解消费者的购买习惯。采用消费者固定样本调查,可以对受访者购买商品的路线、购买方法等进行长时期的监控,并在此基础上,分析和发现消费者的基本购买习惯及其变化的规律,从而对企业制定营销战略具有重要意义。

(4) 了解各种广告及营业推广的效果。采用消费者固定样本调查不仅可以了解消费者消费行为的变化规律,同时可以进行广告效果及营业推广的效果评判。例如,在某一时点开始,企业进行了广告或者营业推广活动,那么从这一时点开始,对受访者的品牌选择的变化情况进行了解,就可以发现广告等对消费者购买行为的影响。由于上述特点,使得消费者固定样本调查具有市场预测的优点,因为这种方法有长期性、连续性、累积性,运用统计的方法可以很容易地发现市场变动的规律;同时,这种方法由于样本不变,使得调查的难度减小,问卷的回收率较高。但是不可避免,这种方法也有一些缺陷,主要包括:调查时间长、费用高、受访者由于经常接受调查会产生厌烦情绪、被访者在调查过程中搬迁或者拒绝访问等原因可能使得调查样本不断减少。

市调案例10-2

百家商场销售监测

连续调查,顾名思义,就是不间断进行的调查,或者是按一定的时间间隔有规律地重复进行的调查,通常形式有固定样本小组调查,零售统计,以及痕迹研究。南京金海田公司曾总结他们对江苏省百家商场销售监测的体会。他们所进行的连续调查属于零售统计。为使商家及时了解市场,把握市场动态,能够紧随市场的变化而调整市场策略,进而更好地占据市场份额、促进产品销售,从1998年起,金海田公司与政府有关部门联合起来,在江苏省选取100家大中型零售商场,进行商品销售监测。利用政府部门的优势,使得调查的网络更加完整,并使数据更加准确。

所选取的样本,在各市均是有代表性的商场,包括所有的大中型商场。根据城市规模大小、消费能力来确定样本数,以保证每一种商品的取样公平合理。

在设计报表之前,他们做了相应调研,根据市场的特点、市场经营情况、产品的竞争程度以及厂家的要求,首先对商场的各类商品总销售情况进行统计,然后重点对生活类家电、服饰等两类消费品进行监测。

各类商品总销售情况包括合计和其他在内的34个明细科目,既包括家电、服装也包括食品、五金、家具、建材等24大类商品。要求填报每月的零售额和批发额,同时第二年要求填报上一年同期的销售情况。

他们的计算机操作人员根据报表做了数据录入、汇总程序的开发。每个月上旬,各商场上个月的资料如期寄来,电脑录入人员立即开始进行数据录入工作,并对所录入的数据进行检测,最后生成了有规律的汇总表格。

复习思考题

1. 定量调查的基本类型。
2. 如何成功地实施入户访问?
3. 街头拦截访问的一般访问流程。
4. 怎样提高邮寄访问的回卷率?
5. 固定样本连续调查的作用是什么?
6. 假定某糖果生产商想要做消费者糖果市场调查,可以采取什么方法?这些方法各有什么优缺点?

第十一章 信息化技术

学习要点

- 了解信息化时代的新型调查技术
- 学会电话调查的基本方法和技巧
- 熟悉网上调查的运作和发展趋势
- 了解以信息技术为基础的营销手段
- 认识机器观察、扫描检测以及市场测试的实验

开篇案例

Levi 使用交互式 CATI 技术进行儿童访谈

Levi 设计了一个由一个访谈员和一个孩子进行的调研。访谈模型分两部分,分别为访谈员录入数据、孩子与电脑交流。该系统还配有指导解释录像。颜色、声音和实践操作都使其受到孩子们的欢迎。同时,问卷中还有一些小的娱乐部分供孩子们在回答问题间隙的休息时使用。这次电脑辅助电话访谈计划(CATI)的成功有如下几个原因:男孩们看上去与电脑交流更为自然,而且容易表达个人的真实感情。当访谈调研在不同的市场进行时,

影响调研质量的一个很大的风险便是在不同的地方进行的访谈,其数据准确性不同,而CATI则保证了调研的连续性。该系统也为访谈员简化了访谈程序。为访谈员准备了专门的使用手册,使其减少失误,相应的软件减少了很多任务和访谈员必须处理的书面工作。

这项新技术固然无法适用于所有调研情况。但其应用还是相当广泛的。尤其是在对儿童调研方面有很多优势,特别是在跟踪调研、形象测试等一些必须向被访者提供复杂信息以及需要重复进行测试结果的调研上。

当今世界,信息已成为物质、能源之外的又一重要的经济、战略资源。尤其近几十年来,以计算机技术为核心内容的信息化技术的广泛应用,使人类社会的信息化速度飞速提高。进入20世纪90年代,随着新一代个人计算机操作系统而出现的全球"联网热"、世界各国掀起的建设信息高速公路的热潮,以及"虚拟企业"、"电子商务"、"网上营销"、"网上银行"的纷纷产生,这一切都标志着信息化时代的发展。

电话、计算机的普及以及电子网络技术的发展,极大地丰富了调查数据收集的方法,形式多样的电话调查、网上调查随之成为深具潜力的资料收集手段。

第一节 电话调查

一、电话调查的类型

随着高新科技的发展,电话调查在其传统方式的基础上,正发展为多种不同的新型方式。

1. 传统的电话调查

传统的电话调查使用的工具是普通的电话、普通的印刷问卷和普通的书写用笔。经过培训的调查员在电话室内(可以是设置有多部电话的调查专用的电话室,或是一般的办公室,条件不允许的情况下也可能是在各个调查员的家中),按照调查设计所规定的随机拨号的方法,确定拨打的电话号码。如果一次拨通,则按照准备好的问卷和培训的要求,筛选被访对象;然后对合格的调查对象对照问卷逐题逐字地提问,并及时迅速地将回答的答案记录下来。一般情况下,电话室内有专门的督导员,负责电话调查实施管理和应急问题的处理。

传统的电话调查对于小样本的简单的访谈虽然简便易行,但也存在不少问题,如效率低、难于进行统一的监控和管理、难于处理复杂的(例如有许多跳答或分支的)问卷等。

对于传统的电话调查的访问员,他们需要以下一些特别要求,主要是发音正确、口齿清楚、语速适中和听力良好。

2. 电脑辅助电话访谈

电脑辅助电话访谈(computer-assisted telephone interviewing,CATI)是访问员直接将答案输入电脑控制中心的电话访谈方法,是中心控制电话访谈的"电脑化"形式,目前在美国十分流行。当利用这种方式进行调研时,每一位访问员都坐在一台计算机终端或个人电脑面前。当被访者电话被接通后,访问员通过一个或几个键启动机器开始提问,问题或多选题的答案便立刻出现在屏幕上。访问员说出问题并键入回答者相应的答案,计算机会自动显示恰当的下一道问题。例如:当访问员问到被访者是否有家庭影院,如果回答为"是",接下去会显示一系列有关选择"家庭影院设备"的问题。如果回答为"没有",那么,这些问题就不恰当了。计算机会自动显示与被访者个人有关的问题或是直接跳过去选择其他合适的问题。

与传统的面访调查方法相比,CATI 调查具有以下优点。

(1) 可以完全避免由于跳答路线而产生的错误。

(2) 可以对数据进行及时检查,最简单的是对取值范围进行检查,例如如果某个问题可能的答案编码为 1~5,而访问员误输入 6,那么计算机将不会接受,并提醒改正错误。

(3) 可以通过计算机软件系统对问卷采用灵活的问题组织方式,如对不同的回答者问题出现的先后顺序可以是随机的,这样可以避免由于特殊的问题顺序造成的系统误差,这种误差在某些性质的调查中可能会很显著。

(4) 可以省去传统调查的数据编码和录入阶段,这往往是一个很费时费力的过程,而使用 CATI 调查可以在访问结束后很快地得到分析结果,这在某些对时效要求较高的调查中尤其体现出其优越性。

(5) 调查过程中的各种信息都可以详细地保存在系统中,如访问的开始时间、结束时间、两次访问的间隔等。访问过程始终处于监控之中,不会出现调查员作弊等严重影响数据质量的问题。

(6) 能够对由不同的访问员完成的样本进行及时汇总分析,准确及时地掌握样本的构成情况,因此可以及时调整对样本的取舍,这在某些配额抽样调查中是十分必要的。

(7) 样本中能够包含一些通过面谈访问很难接触到的个体,有些地位较高的被调查者由于工作繁忙等原因,个人面谈方式不易接纳,相对比较短暂的电话访问则可能被接受,因此在一定程度上提高了样本的随机性。

(8) 对一些涉及个人隐私或比较敏感的问题,如教育水平、个人存款等,在面谈的情况下,被访者有时会感到窘迫或心存顾虑,而在电话访问中,由于存在着较大的距离感,往往可能获得较真实的回答。

(9) 由于省去了往返调查现场、数据编码、录入、审核等环节,因而与传统的面谈方法相比具有较高的效率,可以在相对较短的时间完成较大规模的调查,同时调查费用也相对较低。

CATI 技术在我国的市场调查中的应用才刚刚起步。随着我国通信产业的迅速发展,一些小城市和农村的居民家庭电话普及率必然会有大幅度的提高,CATI 调查方法的适用范围会越来越大。只要在市场调查中能够正确地使用此项技术,必然会取得事半功倍的成效。

3. 全自动电话访谈

近年来,在美国利用一种使用内置声音回答技术取代了传统的调研方式——电话调查。这种全自动电话访问方式利用专业调查员的录音来代替访问员逐字逐句地念出问题及答案。回答者可以将封闭式问题的答案通过电话上的拨号盘键入,开放式问题的答案则被逐一录在磁带上。全自动电话访谈主要有两种类型：向外拨号方式和向内拨号方式。向外拨号方式需要一份准确的电话样本清单，电脑会按照号码进行拨号、播放请求对方参与调研的录音。这种方法的回答率很低，因为人们通常容易挂断电话。而向内拨号方式是由被访者拨叫指定的电话号码进行回答，这些号码通常是邮寄给被访者的。使用全自动电话访谈的公司发现它们可以在较短的时间、利用较低的费用快速收集到大量的信息。该系统的适用性很强，能够适合各种特定调研的需要。它已用于几种不同类型的研究：顾客满意度调查、服务质量跟踪调查、产品(担保)登记、家庭用品测试及选民民意测试等。虽然全自动电话访谈无法代替其他传统的调研方法，但它为调研者们提供了另外一种全新的选择。

4. 电脑柜调研

这是一种在形式上类似于公用电话亭的电脑直接访谈调研方式。多种形式、带触摸屏的计算机存放在可自由移动的柜子里，计算机可以设计程序以指导复杂的调研，并显示出彩色的扫描图像(产品、商品外观等)，还可以播放声音录音和电视影像。

在美国、西欧、日本等市场调研技术发达的国家，电脑柜调研已经成功地用于贸易展示、会议，现在正在尝试零售环境，在那里会有更多的用途。从调研的观点来看，在获取信息方面，以电脑电话亭方式进行的访谈可能取代一般的访谈。这种访谈方式的费用较低，而且还有一些特定的优点。比起个人访谈，人们更倾向于给出诚实的答案。由于调研已进行了事先的程序化设计，因而内部控制较高。

二、电话调查的实施

1. 电话号码的抽选

电话调查必须先决定如何抽选电话号码，在电话调查中，电话号码的决定不外有三种。

(1) 电话簿抽样法。利用最新出版的电话簿上的电话全体作为抽样架构，可以采用简单随机抽样，系统抽样或集团抽样。如果采用简单随机法，必须先计算号码总数(样本框)，然后利用乱数表抽选出号码，不过利用此法，工程浩大，尤其大都会的电话动辄上百万，的确不容易。如果采用系统抽样，可分页数、栏数、行数而抽出所要的号码，工程简易得多；如果采用集团抽样，则可以以页为集团，或以栏为集团，工作又简单些。不过在住宅部分的电话簿抽样以系统抽样法最为常见。其他以专业分类的电话部分，应先了解是否具有系统性排列，亦即了解母群分布的情形，再决定是否采用系统抽样法。

电话簿抽样的缺点是：①号码记载不正确；②有的人电话不登记；③电话号码变更。为了避免上述缺点，于是有随机拨号法(random digit dialing, R.D.D)。

(2) 随机拨号法。随机拨号法就是利用电话号码的整体作架构，利用简单随机、集团或多阶段方式抽出所要的号码。利用随机拨号法，研究者须先了解电话局为各地区所分布的电子交换码的代号，以免误拨了非研究地区的电话，多阶段的电话号码随机拨号法在抽样专章上已述，集团法则采最后两码的一百只电话为集团，施之即可。

随机拨号法的缺点在于空号太多，且无人接听的电话究竟是空号，无人在家，还是电话故障，根本无从判断,使得拨通率大受影响。为了改善上述缺点,因此有了加一法(plus-one)的出现。

(3) 加一法。所谓加一法乃是采取电话号码簿的优点——空号少,加上随机法的优点——未登记者也能被抽中。其做法是利用电话号码簿上抽出的电话号码加1,便成为抽样号码,譬如由电话簿抽出之号码为53369993,则抽中之号码为53369994,即为加一法。用这种方法所得号码,其空号率较R.D.D减少很多,但是却高出电话簿法不少。因此,在目前的电话抽样法中,研究者可根据自己的研究性质决定采用何种抽样法。

2. 受访者的决定

电话号码很少是一人独有,通常是一户人家共用,因此接听电话者可能不是访问对象,而同一户内符合访问条件的对象又不止一人,如果以接电话者符合资格便访问,可能造成偏差。对于受访者的决定有几种不同的方式。

(1) 任意成人法。只要是成人,选择一位皆可,在此种情况下,样本呈现女性较多,年轻人较多,此法虽然提高访问完成率,却降低样本的代表性。

(2) 随机选择表。亦即事先排列户中可能的人口组合,以之排列成表,访问员先了解户中人口状况,再决定受访者,如表11-1所示。

表 11-1 随机选择受访者排列表[1]

样本户中20岁以上的人数	其中的女性数	应选受访者
1	0 1	男性 女性
2	0 1 2	年轻男性 男性 年轻女性
3	0 1 2 3	最年长男性 较年长男性 较年长女性 最年长女性
4	0 1 2 3 4	最年长男性 次年长男性 较年轻女性 最年轻女性 次年轻女性
5人以上	0 1 2 3 4 5人以上	第三年长男性 次年轻男性 最年轻男性 最年长女性 次年长女性 第三年长女性

---

[1] 吴统雄:《电话调查——理论与方法》,联经出版事业有限公司1985年版。

续表

例：如何随机选择受访者。 问题：已抽出一个电话号码样本，欲用随机选择受访者方法在样本户中选出一位受访者，应如何选择？ 条件：(1) 样本户中有一对夫妇，男主人的母亲，以及在学的子、女各一； 　　　(2) 假设接电话的是男主人。 方法：(1) 访员与接电话者之回答；(2) 使用电话表。
问：请问你家里 20 岁以上的人有几位？
答：3 位。
样本应落在表中第三排
问：请问这 3 位中，女性有几位？ 答：两位。
据第二列值(2)所对应第三列应选受访者为"较年长女性"
问：请问两位中年纪比较大的那一位是谁？ 答：我的母亲。 问：我们能不能请教您的母亲几个问题？

(3) 选男或选女。上述排列表使用起来较不易，因此，简易又顾及性别比例的做法是单号的电话号码则请男性回答，双号则请女性回答。这种方法在实用上较简便，且所得的样本也大致符合人群总体结构，况且访问员在拨号前即知该请男性或女性回答，在谈话前掌握主动，故容易请到受访者接受访问。

3. 替代样本的决定

抽出电话号码，可能无法接通而必须放弃，如果接通了，里面没有适合的受访对象，如非受访地区，非住宅电话，无人成年，无男性或女性等原因必须放弃，便须有替代样本，才能补充到所需的样本数。

(1) 抽出的电话号码采小组排列，如三码一组或五码一组，研究者抽出的号码数随机归成小组，该小组内的号码打通，则只取一号，若一号不通，便以该小组内其他号码替代，研究者考虑拨通率来决定是三码一组，还是五码一组，使得访员能自动地拨替代号码。

(2) 抽出的电话号码上下一号或两号替代：上述小组法在抽样时必须加数倍抽出电话号码，若采用上下附号的方式，则只需抽出所需号码，若该号不通，访问员可随机拨上码或下码，此种替代较上述简便，但是空号率显然亦多。

4. 问卷设计

电话访问的问卷可分成开场白、访员记录及问题访问三个部分。

开场白应包括：(1) 问候，(2) 负责机构及访问员身份的自我介绍，(3) 调查目的，(4) 电话号码的抽得及请求接受访问，(5) 访问所花的时间，(6) 保密的保证，(7) 结果的处理等 7 部分。如果接听者不是访问对象，还得加上请其代转电话，并重述上述七部分；如果受访者拒绝访问，还得有礼貌地邀请，直到访员认为必须放弃，才记录拒访的原因。

记录部分应包括：(1) 受访者之电话号码、姓名(电话簿上抄得或直接询问得知，如果受访者拒给，则免填)，(2) 访问员姓名，(3) 问卷编号，(4) 访问起终时间，(5) 联络时间和次数，(6) 访问结果，(7) 拒访的原因，如表 11-2 所示。

表 11-2　电话访问首页范例

受访人姓名＿＿＿＿	问卷编号＿＿＿＿
电　　话＿＿＿＿	访问开始：＿＿月＿＿日＿＿时＿＿分
地　　区＿＿＿＿	访问结束：＿＿时＿＿分

开场白
……………………………
……………………………
……………………………

日期　时间　访问员姓名　结果

结果：1. 没人接
2. 外出(何时回来)
3. 搬家
4. 拒访(记录原因)
5. 完成访问
6. 中途拒访
7. 拨错号码
8. 空号
9. 无适当人选

问卷设计除依前述原则外，电话访问之问题设计尚需注意下列事项。

(1) 开始几题是热身题目(warm-up questions)，尽量平铺直叙，题目力求简单，最好受访者可毫不犹豫地答出。一种是采取开放聊天方式，由受访者稍稍表示自己的意见，再由访问员引导受访人进入状态，一方面让受访人熟悉访问员的声音，不会感到太紧张或太受压迫。另一方面也要引起受访人的兴趣。

(2) 对访问员的指示可放入问卷中，以不干扰问卷为原则。电话访问的问卷在访问员手中，受访人看不到，为方便起见，研究者对访问员的指示可放在问卷中，但须以特殊字体或格式表示，以免和题目混淆。

(3) 题目不可太长，选项不可太多。太长或选项太多的题目，反会影响问卷品质，尤其电话访问中，受访人全靠访问员诵题了解题意，太长的题目或太多选项使受访人难以记忆。另外，受访人可以要求访问员再念一遍，访问员不可擅自解释，否则会影响作答品质。

(4) 敏感性高的题目往后面放和实地访问、邮函访问相同，敏感度高的题目放在一开始，容易导致拒答。与受访人想法冲突较大的题目也需放在后面，等受访人逐渐建立对访问员的信任后，他也会较乐意回答敏感或复杂的题目。

(5) 答案选项也要按顺序排列。电话访问时，受访人最担心问题的不确定性，如果问题性质很相近，答案选项也有规律可循，访问顺利进行的效率会大为提高。

(6) 注意访问员诵读的方便。问卷中如有跳题情形发生，需以特别记号凸显出来，答案选项的位置亦须易于辨认。

如果给予举例，应能让受访者知道如何作答，但是举例必须是中性的题目，不能让受访者受到暗示。

第二节 网上调查

网上调查是借助联机网络、计算机通信和数字交互式媒体实现研究人员研究目标的市场调查方法。网上调查的内容除了进行网上市场调查外,在广义上还可以包括网上的信息收集、网上商业宣传、网上广告发布与投放、网上购物销售、网上客户支持服务等内容。

一、网上调查概述

网上调查在20世纪90年代开始走热。伴随着网民数量爆发,网上调查的作用越来越被人们所看好,网民数量的快速增长为网上调查的可行性提供了基础。网上调查在20世纪90年代开始走热。网上调查的作用越来越被人们所看好,网民数量的快速增长为网上调查的可行性提供了基础。

中国互联网络信息中心(CNNIC)发布的第45次《中国互联网络发展状况统计报告》显示,截至2020年3月,我国网民规模为9.04亿,较2018年底新增网民7 508万,互联网普及率达64.5%,较2018年底提升4.9个百分点;我国手机网民规模为8.97亿,较2018年底新增手机网民7 992万;我国农村网民规模为2.55亿,占网民整体的28.2%,较2018年底增长3 308万;城镇网民规模为6.49亿,占网民整体的71.8%,较2018年底增长4 200万。我国网民的人均每周上网时长为30.8个小时,较2018年底增加3.2个小时。受2020年初新冠肺炎疫情影响,网民上网时长有明显增长[1]。

与传统调查相比,网上调查有其鲜明的特色:自愿性、定向性、及时性、互动性、经济性、匿名性等,因此无论在定性研究中,还是在定量研究中都越来越发挥其重要的作用。

1. 网上调查的优点

与传统调查方式比较,网上调查在组织实施、信息采集、信息处理、调查效果等方面具有明显的优势,这些优势正是网上调查方式会产生、运用、发展,并最终取代传统调查方式的内在原因。相对于传统的市场调研,网络上的市场调研有如下优点。

(1)组织简单、费用低廉。(2)调查结果的客观性高。(3)快速传播与多媒体问卷。网上调查能迅速通过网络传播调查结果,并能设计出多媒体问卷,增强调查结果。(4)便于对采集信息的质量实施系统的检验和控制。(5)没有时空、地域限制。(6)国际互联网的交互性使网上调研的周期大大缩短。

2. 网上调查的缺点

首先是上网的人不能代表所有人口。其次是因特网的安全性。现在的使用者很为私人信

---

[1] 参见:http://www.cnnic.cn/hlwfzyj/hlwxzbg/hlwtjbg/202004/t20200428_70974.htm。

息所扰,加上媒体的报道及针对使用者的各种欺骗性文章,使这一问题更加沸沸扬扬。最后是因特网无限制样本问题。这是指网上的任何人都能填写问卷。它完全是自我决定的,很有可能除了网虫外并不代表任何人。如果同一个人重复填写问卷的话,问题就变得复杂了。

二、网上调查步骤

在信息化条件下的市场调查,其抽样方法及调查步骤会与传统方法有所不同,网上调查就是一例。

1. 网上调查样本

因特网样本可以分为三类:随意样本、过滤性样本、选择样本。

随意样本在上文已经讨论过了,就是指网上的任何人都能填写问卷。

过滤性样本是指通过对期望样本特征的配额限制一些自我挑选的未具代表性的样本。这些特征通常是一些统计特征,如性别、收入、地理区域位置或与产品有关的标准,如过去的购买行为、工作责任、现有产品的使用情况等。对于过滤性样本的使用与随意样本基本上类似。过滤性样本通常是以分支或跳答形式安排问卷,以确定被选者是否适宜回答全部问题。有些因特网调查能够根据过滤性问题立即进行市场分类,确定被访者所属类别,然后根据受访者不同的类型提供适当的问卷。

另外一种方式是一些调研者创建了样本收藏室,将填写过分类问卷的被访者进行分类重置。最初问卷的信息用来将被访者进行归类分析,被访者按照专门的要求进行分类,而只有那些符合统计要求的受访者,才能填写适合该类特殊群体的问卷。

因特网选择样本用于因特网中需要对样本进行更多限制的目标群体。受访者均通过电话、邮寄、E-mail 或个人方式进行补充完善,当认定符合标准后,才向他们发送 E-mail 问卷或直接到与问卷连接的站点。在站点中,通常使用密码账号来确认已经被认定的样本,因为样本组是已知的,因此可以对问卷的完成情况进行监视或督促未完成问卷以提高回答率。

选择样本对于已建立抽样数据库的情形最为适用。例如,以顾客数据库作为抽样框选择参与顾客满意度调查的样本。

2. 网上调查步骤

(1) 确定目标市场。主要看网民中是否存在着被调查群体,规模有多大。

(2) 设计调查问卷。首先在提问题之前说明调查的目的、意义等,主要目的是为了引起被调查者的重视和兴趣,争取他们的积极支持与合作。在确定调查目标市场的基础上,充分考虑被调查者的特征及心理特点,达到调查者的目的。注意问卷不宜过长;问句应简洁易懂,定义清楚;尽量采取选择答案方式;敏感的问题应婉转迂回地提出,不要让被调查者产生反感。由于因特网交互机制的特点,网上调查可以采用一种传统调查无法实施的方式,即调查问卷分层设计。这种方式适合过滤性的调查活动,因为有些特定问题只限于一部分调查者,所以可以借助层次的过滤寻找适合的回答者。

与传统调查不同,调查表应设计得尽量简单、易答。一般网上调查不适用于那种较复杂的项目。网民是一种缺乏耐心的人,所以,调查问卷应设计成让接受调查的人在 10~15 分钟内答完为宜。除了特殊的问题需要被调查者录入文字来回答外,尽可能让被调查者通过点击鼠标来选择。

(3) 网上调查的常用手段。虽然网上调查很便宜,但如果只是把调查问卷照搬到网上,恐怕是收不到好的调查效果的。一般有以下方法:

① 通过电子邮件发送调查表。这是进行网上市场调查最常见的调查方式。企业无需有自己的网站,只要有被调查者的电子邮件地址就可以了。这种方式简便快捷,费用很低,容易使被调查者注意,不过被调查者可能由于不能充分了解调查者的背景,容易产生不信任而不愿填写调查表,而且,这种调查有一种强加于人的感觉,处理不当,很容易招致反感。它主要适用于企业对老客户进行调查。

② 利用自己的网站。网站本身就是宣传媒体,如果企业网站已经拥有固定的访问者,完全可以利用自己的网站开展网上调研。

③ 借用别人的网站。如果企业自己的网站还没有建好,或访问量不大,可以利用别人的网站进行调研。这与传统中在报纸上登调查表相似。同样,为了取得较好的调查结果,应选用针对性较强的网络媒体,特别是借助访问率很高的 ICP 或者是与调查课题相配合的专业性信息站点。

④ 适当使用物质刺激。在网上,时间就是金钱,占用被调查者的时间就意味着占用他们的金钱,所以,为了鼓励大家积极参与调查,除调查内容应有趣、易答外,还应适当使用物质奖励,以提高被调查者参与的兴趣。

(4) 调查结果的分析。这一步骤是市场调查能否发挥作用的关键,可以说与传统调查的结果分析类似,也要尽量排除不合格的问卷,这就需要对大量回收的问卷进行综合分析和论证,包括有些被调查者没有完成全部问卷,造成这种情况的原因是厌烦、断线还是失去了耐心,都要进行具体的分析。

三、网上调查方法

电子邮件调查法是通过给被调查者发送电子邮件的形式将调查问卷发给一些特定的网上用户,由用户填写后以电子邮件的形式将调查结果返回的方法。

调研问卷就是一份简单的 E-mail 并按照已知的 E-mail 地址发出。被访者回答完毕后,将问卷回复给调研机构,有专门的程序进行问卷准备、列制 E-mail 地址和收集数据。

E-mail 问卷制作方便,分发迅速。由于出现在被访者的私人信箱中,因此能够得到注意。但是,它只限于传输文本,图形虽然也能在 E-mail 中进行链接但与问卷文本是分开的。

站点法是将调查问卷的 HTML 文件附加在一个或几个网络站点的 Web 上,由浏览这些站点的网上用户在此 Web 上回答调查问题的方法。站点法属于被动调查法,这是目前出现的网上调查的基本方法,也将成为近期网上调查的主要方法。

随机 IP 法是以产生一批随机 IP 地址作为抽样样本的调查方法。随机 IP 法属于主动调查法,其理论基础是随机抽样。利用该方法可以进行纯随机抽样,也可以依据一定的标准排队进行分层抽样和分段抽样。

视讯会议法是基于 Web 的计算机辅助访问(computer assisted web interviewing,CAWI)。是将分散在不同地域的被调查者通过互联网视讯会议功能虚拟地组织起来,在主持人的引导下讨论调查问题的调查方法。这种调查方法属于主动调查法,其原理与传统调查法中的专家调查法相似,不同之处是参与调查的专家不必实际地聚集在一起,而是分散在任何可以连通国际互联网的地方,如家中、办公室等。因此,网上视讯调查会议的组织比传统的专家调查法简单得多。视讯会议法适合于对关键问题的定性调查研究。

有专门为网络调研设计的问卷链接及传输软件。这种软件设计成无须使用程序的方式,包括整体问卷设计、网络服务器、数据库和数据传输程序。一种典型的用法是:问卷由简易的可视问卷编辑器产生,自动传送到因特网服务器上,通过网站,使用者可以随时在屏幕上对回答数据进行整体统计或图表统计。

平均每次访谈,网络调研系统均比交互式 CATI 系统费用低,但对于小规模的样本调研(低于 500 名),其费用都比 E-mail 调研高。低费用是由于使用了网络专业工具软件,而且,网络费用和硬件费用由中心服务系统提供。

第三节 机 器 观 察

在现代市场调查中,我们不仅限于人观察人(消费者)或人观察事,还经常使用机器观察人和事物这一手段。特别是以扫描仪为基础的市场调查,更是对"适时市场营销"的一种实践和促进。

市调案例11-1

实践中的适时市场营销

在亚特兰大 Spectrum 公司的营销副总裁沃克·史密斯(Walker Smith)看来,本章节中所描述的各种技术的结合导致"适时市场营销"的出现。当市场行为和市场反馈之间的时间间隙缩短并消失后,营销便成为适时的行为,人们不必为等待一组组数据出现才能采取行动。营销战略多于战术上的改进可以在任何不利因素或机会出现一瞬间就开始着手。在当今的世界,只有那些有着更为优良的、更加安全的通信网络的公司和那些有较好的方法进行即时评估、鉴定、检测及掌握市场数据的人才能取得优势。

这一想法并不像它看起来的那样难以付诸实践。在华尔街,适时营销已经以规划贸易的形式加以实践(规划贸易是 Yankeiovch Clancy Shulman 公司的 Doug Haley 首创的一种观察法)。在更多依靠物流分销和运输(与金融业可以采取电子交易相反)的

> 产业中,诸如零库存管理等的发展逐渐克服了实行适时营销的障碍。
> 　　卡夫通用食品公司市场信息部的调查小组经理布莱尔·彼德斯(Blair Peters)这样预测未来:我们不难绘制出一份这样的未来蓝图——企业的绝大多数决策都是以健全的且能自我监测的模式为基础制定出来的。这种模式考虑到了人类行为(如购物和传媒)的各个方面以及产品在公司分销渠道中的流动(从车间到仓库再到商店)。这种模式应有自我监测能力,因为专家决策系统依靠人工智能。这个未来蓝图既令人兴奋又让人恐惧。令人兴奋是因为它展现一个所有以信息为专业的人所梦想的世界。部分问题都能得到分析。然而,这个蓝图对于那些不能跟上这些变化步伐的人来说又是可怕的。专业人员不得不重新组合思维模式和专业技巧,否则就会落伍[1]。

　　在机器观察中,交通量计数器可能是以机器为基础的观察法中最普遍的一种形式。零售商使用这些信息确定在哪里开设商店,因为一般的商店都需要一定的客流量才可能实现预期的利润水平。要有商气,先聚人气。据报载,上海南京路"天天演期间",世界广场对面的肯德基店营业收入直线上升,每天演出结束,等候就餐的人群经常排队到楼梯口。喜出望外的商家主动为演职人员送来免费饮料,人们以"演出经济"融入商店街说明客流量的重要[2]。

　　此外,利用脑电图、电疗皮肤反应,声音高低分析等装置通过衡量人们生理上的非自觉的变化,来收集有关态度和情感的信息,也是机器观察的通常例子。在意见和行为测量方面,例子更多,阅读器、视听仪便是一例。

一、阅读器

　　Pretesting 公司发明了一种叫做阅读器的仪器。这种仪器看起来就像一盏台灯,之所以这样设计是为了让被测者坐在它面前的时候不会意识到这一机器同时在记录阅读者眼睛的反应。这种自成一体的装置是全自动的,并且在不需使用任何附件、下巴撑、头盔或其他特殊的光学仪器的情况下就能够记录任何被测者,无论他是戴眼镜的还是不戴眼镜的。它允许被测人阅读任何大大小小的杂志或报纸,并给他们所需要的足够时间来回翻阅刊物。通过阅读器和特别设计的隐藏式照相机的应用,Pretesting 公司能记录许多有关阅读习惯和不同大小的广告的使用情况以及品牌名称回忆等各方面的信息。

二、视听测验器

　　在收视率调查方面,国内外的市场调查公司都在日记式调查、记忆式调查、电话调查的基础上借助视听仪进行调查。如美国 ARB 公司(American Research Bureau)用作调查电视视听率的 ARBITRON 仪器;尼尔逊公司在 1961 年开始采用 Audimeter 在日本从事的视听率调查。

---

[1] J. Walker Smith, The Promise of Single Source—When, Where, When and How, *Marketing Research*, 1990: 3-5.
[2] "演出经济融入商业街",《解放日报》,2001年12月4日,第9版。

日本电通广告公司也开发了"电通视听测验器"。

电通视听测验器是自动记录被调查家庭电视视听情形的机器,系日本电通广告公司开发局技术研究室和日本东京芝浦电器公司电子机器技术部共同研究而成功的。由于极具准确性,博得日本国内、欧美、东南亚各国调查界之重视。

这种电子记录装置,形体不大,仅 3 千克重,能记录电视机内每 1 分钟所发生的电视台发振周波数,自动记录出被调查家庭的视听时间及电视台代号。

这种装置被装在各被调查家庭电视机下部,因为并非在电视机里有何装置,对于每个家庭收视电视毫无拘束,也不会感到有何不便。

在时间经过上,是用胶带记录的,即或电视机开关关闭或停电,也由于仪器内装有不停电装置,可在瞬间之内开动,使胶带正常地不断行走。如果仪器本身或电视机出毛病时,能自动打出特殊符号,因此本仪器具有正确地有效标本的性能。

胶带须每周收回一次,将其装入专为本机器调查法而设计的自动统计仪,然后放入电子计算机,便可统计出视听率来。

电通视听测验器最大的特色,在于机械统计的一贯作业,更由于它是以 1 分钟为单位,一一加以记录,所以能正确地统计电视广告(CM)被观众接受的情形。

电通广告公司为了发挥此种视听测验器的功能,于 1962 年成立了视听测验公司,逐日将日本电视视听率调查结果,公之于世,使企业界、广告代理业以及电视媒体本身,对电视媒体之运用,有莫大之裨益[1]。

三、行为扫描

以扫描仪为基础的市场调查对研究人员也带来很大的益处,如电视测量仪和激光扫描仪可以共同测量市场营销的影响。这种技术的应用就引发了本章节"市调案例 11-1"中所提及的"适时市场营销"的出现。

IRI 是以扫描仪为基础进行调研的开创者。它的第一个成果被称为"行为扫描"(behaviorscan)。在六大市场的每个市场中,拥有行为扫描的小市场持续录用一组由 3 000 个家庭组成的调查对象。调查对象用特别的识别卡进行购物,这样他们在装有扫描装备的杂货店和药店结账时的情况就可以被追踪。每个家庭每次购物情况、购买的每个产品项目都将被 IRI 逐条记录。利用这种家庭购买测量方法可以巧妙地把握市场变化,如电视广告、顾客宣传、促销、推出新产品以及分析顾客购买行为的真正变化。

为了对可供选择的营销计划进行战略性测试,"行为扫描"中的家庭小组被分为两个或两个以上的分组,完美地平衡了购买习惯、人口统计和所购物商店之间的关系。对于广告问题,可以在单个家庭层次上替换广告,让一组观看某个被测电视广告,另一组观看参照广告。这使得行为扫描成为评价广告力度、文本和时间段方面最有效的方法。在每个市场,IRI 都有常设

---

[1] 樊志育:《广告效果研究》,中国友谊出版公司 1995 年版。

的仓库设施,并在市场内部配备了专门人员来控制分销、价格和促销。所有类型的竞争活动都得到监督,一份有关价格、货物陈列和特性的完整记录提供了对某一品牌促销反应的评估。

库存的变化也在测试的范围内。在销售过程中,分散的小组会记录包装、货架位置、价格的变化对销售的影响。分析基本是根据商店存货变动进行的,但也可以分析被测试的商店中购物者的购买行为。有了行为扫描系统,可以分析测试和控制商店中购物者的购买行为。有了行为扫描系统,可以测试在改变店内价格或消费者促销方式的同时测试不同的广告形式。也就是说,可以测试一个完整的营销计划。

总之,"行为扫描"使营销经理能够回答下列关键的营销问题:
(1) 有多少顾客试用了我的品牌,有多少人再次购买?
(2) 我的品牌在一年内将达到怎样的销售水平?两年呢?
(3) 采取产品线延伸会不会占领其母产品的市场份额?
(4) 我们可以最大限度地尝试将哪些特色加入到产品中呢?
(5) 增加广告数量或新的广告文本能促进销售吗?
(6) 价格、包装、货架摆设之间的变化是否有什么联系和暗示呢?
(7) 我的品牌购买者是哪些人,他们还需买些什么呢?[1]

第四节　实验测试

实验是市场调查的必要手段,是科学方法中发展较为精密、应用广泛而成效显著的一种研究方法。简单地说,实验法就是我们有意识地改变变量 A,然后看变量 B 是否随着变化;如果变量 B 随着 A 的变化而变化,就说明变量 A 对变量 B 有影响。

在市场研究的实验测试中,有多种实验设计方法,经由测验仪器可作诸如 CM 测验、视向测验、皮肤电气反射测验、瞬间显露测验、节目分析测验等;同时研究人员还进行市场测试,特别是模拟市场测试(STMs)。本章节中,我们就市场调查中的实验测试介绍两种方法。

一、节目分析测验[2]

所谓节目分析测验,是为了发现节目之优劣点,以获得有利于改善节目之资料而设计实施的。所使用的分析仪有开关、计算及记录装置等部分。

集十几名被测验者于一室,每个人的椅子上均装有开关,开关两端有红色及绿色灯,向被测验者作如下说明:(1)"从现在起要看一个节目,当你感到有趣的部分,请开绿灯,变为无聊的时候,请开红灯,两者皆非时,请不要开灯。"(2) 利用这种测验方法,被测验者的反应,马上会

---

[1] 小卡尔·迈克丹尼尔:《当代市场研究》,机械工业出版社 2000 年版。
[2] 樊志育:《广告效果研究》,中国友谊出版公司 1995 年版。

图 11-1 节目分析测验

被统计并且记录下来。由此可以知道节目及广告哪一部分有缺点,针对该部分加以改善(见图 11-1)。

其测验分析程序是令被测验者当节目或电视广告影片(CF)画面有趣时按加号键,反之按减号键,按个人或组别计算结果(output)。按其结果可知节目或 CF 之好坏。如果所测验的是 CF 时,可以作为部分修正的依据(见图 11-2)。

由被测验者所得的资料,输入记忆装置中,测验结束后,以高速打卡机,在钻孔带上按个人或组别打出资料,再用电子计算机统计分析,其结果可在测验后 5～10 分钟即可得到。

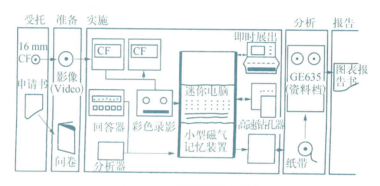

图 11-2 测验装置示意图

此种装置结构如更精密时,可用于测定 CM,ASI 的即时反应测定器即其一例。

日本电通公司为了调查收视观众对电视节目或电视广告之关心程度居高点随时间的经过测验其变化情形,或者如何持续,对广告何处关心或趣味减弱或增高等所设置的装置,这就是节目分析器(program analyzer)。ASI 电视广告测验所用的即时反应测定器,它只是节目分析器之一种而已(见图 11-3 和图 11-4)。

图 11-3 正在接受节目分析测验之场面

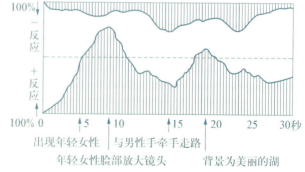

图 11-4 节目分析器测验的结果

一般所谓节目分析器,是让被测试者观看电视节目或电视广告,按"喜欢""厌恶""无所谓"三种不同尺度的钮,就能自动地、持续地记录被测试者的反应,并加以统计。当然,这三种尺度也可冠以"有趣""无聊""无所谓"等其他形容词。但是,如果划分项目过多,便超越了被测试者辨认的能力,一般大都使用三种尺度。

节目分析器有 30 人用的和 15 人用的,现在电通消费者室所设置的是 30 人用的。能同时记录每个人反应,也能统计出正反应、负反应。

使用该仪器应注意的是:受测试者必须事先作充分的练习,如果练习不够充分,一般而言,会减少其回答量。由于回答有时差的关系,读出记录者必须有经验。按电视节目或电视广告的每 cut 记在记录纸上,相当辛苦。正如"节目分析"一词,是为了分析节目的,所以 30 秒以下短的电视广告由于不易划分 cut,较电视节目不易分析。

节目分析器不仅能分析电视广告,也能分析广播广告,因为节目分析器原本是为了分析广播广告而设计的。

二、模拟市场测试

市场研究实践者所用的一种普遍的实验就是市场测试。市场测试通常包括以下两个方面的任何研究。

(1) 在单个市场,一组市场或某个地区测试一种新产品或现有营销战略(如产品、价格、渠道、促销)的任何变化。(2) 实验过程的使用。

市场测试研究的目的是协助营销经理对新产品做出更好的决策,并对现有的产品或营销战略进行调整。市场测试研究通过提供一种真实市场的测试,来评估产品和营销计划。营销人员利用市场测试在规模较小且成本较低的基础上,对提出的全国性计划的所有部分进行评估。这种基本思想可以用来确定产品在全国推广后得到估计利润是否超过潜在风险。市场测试研究提供了以下信息:(1) 评估市场份额与容量以推测整个市场。(2) 新产品对公司已上市的类似产品销售量的影响。这种影响可用替换表示,它是指新产品取代公司现有产品的程度。(3) 购买产品的消费者特征。人口统计数据几乎都能收集到,生活方式、心理特征和其他形式的分类数据也可以收集到。这些信息将有助于公司改善产品和营销战略。例如,了解可能购买者的人口统计特征将帮助我们创造出更有效、更有影响力的媒体计划。了解目标消费者心理的和生活方式的特征,如何进行产品定位和确定吸引顾客的促销手段,将提供有价值的参考。(4) 测试期间竞争者的行为也可以提供一些信息,预示产品在全国推广后,竞争者可能的反应。

所以,模拟市场测试(STMs)这种方法的使用越来越普遍。模拟市场测试以更低的成本、利用询问数据和数学模型来模拟市场测试结果。

模拟市场测试(有时也称为市场预先测试)。尽管传统市场测试呈衰落趋势,但模拟市场测试的使用却越来越普遍。STMs 并不是真实市场测试,它依赖的是实验方法和数学模型。在模拟市场测试方面,已经开发出了一种有关顾客对新产品反应的模型。该模型用来进行销售量的估计,并提供评价产品特性和预期营销组合的信息。典型的模拟市场测试包括以下六个步骤。

(1) 在购物商场里拦截顾客。

(2) 根据使用类别或目标市场筛选顾客。这可以通过单独的筛选性问卷中的问题或主要问卷开始的问题达到。

(3) 符合资格的人暴露于新产品创意或原型,在许多情况下,暴露于新产品原型广告。

(4) 参与者被给予机会在现场或实验室环境中购买新产品。

(5) 在适当时间间隔之后,访问那些购买新产品的人,以确定他们对产品的评价和再次购买的可能性。

(6) 先前做出的试用和重复购买的估计值输进数学模型,用来预测如果产品在全国上市时的份额和销售量。另外,管理层必须提供关于广告、分销和为新产品提出的营销战略中的其他要素的信息。

导致模拟市场测试日趋普及的主要原因包括:第一,它们是相对秘密的。由于采用实验室设计,所以,竞争者并不太可能了解你正在进行什么测试、测试的细节以及有关你正测试的产品的特性。第二,模拟市场测试比标准的市场测试进行得更快。模拟市场测试通常最多在3~4个月里就能全部完成。标准的市场测试几乎总要更长时间。第三,模拟市场测试比标准市场测试更省钱。一个典型的模拟市场测试要花 5 万~10 万美元。一个典型的标准市场测试的费用将近 100 万美元。最后,也可能是最重要的一点,已有证据表明模拟市场测试非常精确。例如,据一项公开发表的有效性研究称,ASSESSOR 公司的模拟市场测试已显示,产品市场份额的平均预测值与产品实际所获得份额之间的差在 0.8 个百分点内[1]。根据从 ASSESSOR 得出的方差估计,这项研究显示,70%的预测值在实际结果的 1.1 个百分点之内。

网络是一个虚拟的空间,但随着电子商务的日益普及,网上交易变得频繁起来,为实验调研法的网上推广提供了很好的环境条件。电子商务是借助计算机技术、网络技术和现代通信技术,使得交易各方当事人可通过电子方式联系,摒弃传统的纸面元件、数据的传输,实现整个商务过程的电子化、数字化、网络化。这也就意味着顾客可以在网上的虚拟商店中购买自己所需的商品,商品交易的成交可以在互联网上完成,然后实际产品和劳务的物流仍通过传统的方式完成。在这种情况下,实验调研法就有了应用的可能性。

当然,尽管网上购物已成为一种时尚,但实际上目前在我国网上购物群体还是有限的。所以在进行调研前,应进行一定的宣传,让消费者记住网站名称,吸引顾客的来访。在拥有了足够的顾客群时,便可进行正式的实验调研。如实施促销实验,可通过销售额比较,来获得关于促销效果的信息。这一过程与传统的实验调研法并没有什么区别,只是其所处的环境因虚拟而与真实有一点不同。它在总体上属于一种实验室实验调研法。在网上运用这种方法的优势在于可以进行大范围的调研,可以得到更为准确而丰富的信息。

---

[1] Alvin Achenbaun, Market Testing: Using the Marketplace as a Laboratory in Robert Ferber, *Handbook of Marketing Research*, 1974:4-32.

复习思考题

1. 电话调查及其类型。
2. 电脑辅助电话访谈(CATI)的操作方法及其特点,它在中国市场调查中的应用前景如何?
3. 如何运用随机抽样表确定电话调查受访者?
4. 试举出一个适用电话调查来进行市场调查的项目。
5. 网上调查的现状及优缺点。
6. 网上调查的步骤及主要方法。
7. 你对网上调查在中国的趋势展望。
8. 什么是适时市场营销?
9. 简述模拟市场测试及虚拟购物。

第十二章 现场质量控制

> **学习要点**
> - 了解非抽样误差的来源及怎样使其最小化
> - 市场调查质量控制的原则
> - 调查实施队伍的组织与培训

> **开篇案例**
>
> IMI(创研)市场信息研究所在2000年9月进行"消费行为与生活形态"调查时,在《访问员手册》中制定了如下"访问员违纪情况及处理"的条例。
>
> 访问员必须严格按照问卷和《访问员手册》的指示来进行访问,绝对不能弄虚作假。以下行为属于作弊,一旦发现,管理人员将视情况扣发项目押金和劳务费。
>
> (1) 未经访问,自行填写问卷,扣除全部劳务费和项目押金。
>
> (2) 只调查问卷中自己认为较为关键的问题,其余自行填写,扣除全部劳务费和项目押金。
>
> (3) 不去指定住户访问,随便找人来顶替受访者,或者确实去了被访者家,但是为图方便,不按照抽样规定,自行选择受访者,扣除全部劳务费。

（4）擅自找人代为访问，扣除全部劳务费（如果访问员觉得完成某个访问有困难，或者不能履约访问时，应该告诉督导，由督导帮助解决。即使是找同事代做，也应先得到督导允许）。

（5）以电话访问非面访或路途拦截没有入户（即使被访者要求这样，也不要答应），扣除该份劳务费和礼品费。

（6）未按要求进行解答，扣除该份劳务费的50%。

（7）对于督导在检查中发现的问题，未按照要求进行补问，自行填答，扣除该份劳务费和礼品费，并按要求补做相应数量合格问卷。

（8）串通被访者虚报条件或违反抽样规定，在同一户内访问两名或两名以上被访者，扣除该份劳务费和两倍礼品费。

第一节 市场调查中的非抽样误差

市场调查的目的，是取得能够准确反映客观现象实际状况的市场调查资料。所谓市场调查的质量，就是调查结果与实际情况相符合的程度，也就是调查的准确性。

准确性、及时性、全面性是对市场调查资料的基本要求。其中，准确性是第一位的，它决定了市场调研资料的有效性和价值的高低，失真的市场信息资料，即使再及时、再全面，对决策者来讲也是没有任何意义的，甚至会导致决策的重大失误。

但在很多情况下，调查结果并不能绝对准确地体现事实，两者间常存在着一定的差距，表现为性质上的差距和数量上的差距。我们主要是对数量上的差距进行研究，通常将市场调查所得的数量与被调查总体实际数量之间的差别称为市场调查误差。例如，某年某地区居民的实际月平均生活费收入为560元，调查结果为510元，那么，调查误差就是50元，误差率为8.9%（50/560）。

市场调查质量的高低与误差大小成反比，即误差越小，调查质量越高，误差越大，调查质量越低。

一、非抽样误差

我们已经了解，在抽样实施中，影响样本代表性的误差可分为两类：第一类是随机误差，其中包括抽样误差，它是由样本范围与总体范围的不同而产生的误差；第二类则为非抽样误差（nonsampling error），它是在调查中由非抽样计划和容量导致的误差（图12-1）。

非抽样误差包括各类不响应误差、数据收集误差、数据处理误差、数据分析误差、解释误差。事实上，它也包括那些在问题的定义、文字表述中出现的误差以及所有与抽样误差不同的误差。一般而言,在数据收集阶段最有可能出现大的非抽样误差。

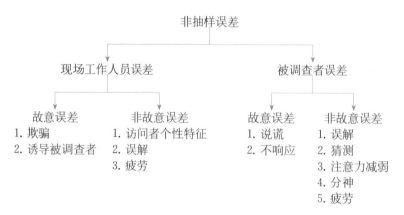

图 12-1 各种误差的分类

如上所述,许多非抽样误差发生在数据收集过程中。我们将这些误差分成两大类,并在每一大类内进一步细分。第一大类是由现场工作人员进行问卷调查时所产生的误差,即现场工作人员误差(fieldworker error)。必须注意的是无论是自己动手进行数据收集的人,还是专业的数据收集者,都有可能产生现场工作人员误差。另一种典型的误差是由被调查者造成的被调查者误差(respondent error)。当然,此类误差的产生与采用何种数据收集方式无关。在每一大类下面,我们又作如下区分:故意误差(intentional errors)和非故意误差(unintentional errors),前者是有意造成的,后者则是在无意中产生的。

1. 现场工作人员故意误差

现场数据收集者故意违反调研人员制定的数据收集要求。

(1) 访问者欺骗:访问者故意谎报被调查者的情况。

(2) 诱导被调查者:访问者在遣词、评阅或形体语言方面影响被调查者。

2. 现场工作人员非故意误差

当访问者明明犯了错误却认为自己操作正确时产生的误差。

(1) 个性特征:因访问者的个性特征引起,如口音、性别及举止行为。

(2) 访问者误解:自认为了解实际上操作不正确的情况。

(3) 疲劳误差:发生在访问者身心疲劳之时。

3. 被调查者故意误差

有些被调查者在调查中故意谎报他们的情况。

(1) 说谎:被调查者不愿说出真相。

(2) 不响应:预期的被调查者不参与调查或不回答调查问卷中的某些特定问题。

4. 被调查者非故意误差

被调查者提供了无效的答案而他(她)本人却认为提供的是事实的情况。

(1) 误解:没有理解问题或没有按照要求回答问题。

(2) 猜测：没有确切把握的情况下回答了问题。
(3) 注意力减弱：被调查者对调查的兴趣降低。
(4) 分钟：被调查者在参加调查时做其他事情。
(5) 疲劳：被调查者对参加调查变得厌烦。

市调案例12-1

哪些人向调研人员关上房门

我们正面临一个艰难的时代，公众越来越不情愿参与调查。我们公司使用过多种激励、奖励，甚至引诱的方式，但"不合作者"的数量似乎一直在增加。我认为问题不是出在调研行业，而是人们需要保护他们的隐私。长期以来，人们已经认识到如果不想与陌生人谈话，只需关上房门即可。电话访问也出现了类似的情况，应答机充当了个人隐私的守护神。收集调研数据正面临挑战，而且这种情况将会长期存在。

哪些人拒绝参与调查？我们怎样找出这些"拒绝者"？答案可在地理人口学中找到。地理人口学是对消费者的地理学特征与人口学特征的综合。地理人口群由居住在同一地区而具有不同人口特征的人组成。地理人口学表明，最合作的群体是生活在美国南部小镇或是乡村地区的农场蓝领工人。他们的地理人口学名称和合作率如下：烟草之路(92%)、股份收获者(88%)、诺尔玛·雷维莱(83%)以及后方乡村人(82%)。居第二位的合作群体是农业商人(81%)，主要分布于大平原和山区各州的牧场、农场、林场和矿区。

最不响应的人群包括：城市黄金海岸(62%)、金融及智业(60%)、蓝血地产(59%)、灰色群体(58%)和玩世不恭者(56%)。城市黄金海岸密集地包括了居住在高层公寓的单身家庭；金融及智业人员趋向于居住在小镇豪宅；蓝血地产是万贯家私的继承者和高级管理人员；灰色群体包括将近200万名富裕的退休者；玩世不恭者是白领工人、学生、离异者、艺术者的混合群体。

当调研人员寻找普遍规律时，可以发现一个重要的相关关系：随着中等收入家庭财富的减少，响应率相应提高；当退休人员和相对富裕的家庭比重增大时，这一响应率将会降低[1]。

二、怎样控制数据收集误差

产生误差的可能性是处处存在的，但我们可以采取很多的预防措施来将各种误差的影响降至最低点，当然不可能完全"消灭"(消除)误差(见表12-1)。

---

[1] Susan Krafft, Who Slams the Door on Research?, *American Demographics*, 1991：14.

表 12-1　怎样控制数据收集误差

误差	误差类型	控制方法
现场工作人员故意误差	欺骗	监督
	诱导被调查者	证实
现场工作人员非故意误差	访问者个性特征	选择和训练访问者
	误解	实习和角色训练
	疲劳	休息或改变调查
被调查者故意误差	说谎	确保匿名和保密
		激励
		证实检查
		"第三者"技巧
	不响应	确保匿名和保密
		激励
		"第三者"技巧
被调查者非故意误差	误解	周密设计的问卷
	猜测	直接性的问题
	注意力减弱	周密设计的问卷
	分神	回答选项,如"不确定"
	疲劳	程度极端词的调整
		提示语

监督和证实,不言自明,是指由管理人员对现场数据收集人员(访问者)的工作进行监督或进行核实。

监督者在降低访问者的非故意误差方面也是有作用的。在处理现场工作人员非故意误差问题方面有三种方法:选择和培训、实习、角色训练。通过仔细选择访问者来避免访问者因个人性格特征而产生非故意误差,在选择之后,还有必要对其进行训练,从而避免因其举止、仪容等引起的误差。实习是指监督者向访问者介绍调查和问卷操作要求时而举行的定向会议(orientation sessions)。角色训练是一种针对调查问卷的彩排,其中由监督者或其他访问人员充当被调查者的角色。成功的角色训练使访问者得以熟悉进行调查时需特别注意的方面。为了控制访问者的疲劳,某些调研者要求访问者在可能的情况下经常小憩和/或改变调查等。

首先,为了控制被调查者故意误差,将被调查者的误差降至最低的方法可用确保匿名和保密、激励、证实检查、"第三者"技巧等方法。匿名(anonymity)是指向被调查者保证他们的名字不会与他们的回答联系在一块。保密(confidentiality)是指向被调查者保证他们的回答将不予公开。

其次,另一种减少说谎的方法是提供激励(incentives),向被调查者许诺在其参与调查的情况下将给予现金支付、提供礼物或是其他有价值的东西。

再次,另一种减少说谎行为的办法是证实检查(validation checks),即对被调查者所提供的信息进行确认。例如,在一个关于治秃发药品的家庭调查中,访问者可以要求看一看被调查者的药品以求得到证实。另外一种不太显著的证实方法就是让一个受过训练的对虚假回答比较警觉的访问者来检查某些被调查者的回答,以发现某些错误,如看来年老却说自己年轻,穿得寒酸却说自己富有等。一个受过良好训练的访问者将在答卷的空白处标明那些令人怀疑的答案[1]。

最后,从问卷设计这一角度看,调研者也有办法来降低被调查者的故意误差。有机会的话,可以在问题中使用第三者技巧(third-person technique),即不直接问被调查者,而是将问题制作成针对一个与被调查相似的第三者。如对一个中年人可以这样提问:"您是否认为一个像你一样的人会使用米诺德特(minoxidit)来治疗秃发?"在这种情况下,大多数被调查者将从自己的角度来回答问题,但因为问题的主体是一个匿名的第三者,问题本身就不会被视为私人问题。换句话说,通过谈一个虚构的第三者,被调查者将不会拒绝泄露个人信息或隐私。第三者技术既可用来减少说谎,也可用来降低不响应。

对被调查者非故意误差的控制有多种形式,考虑到可能被误解,周密设计的问卷说明和范例是一种常用的避免被调查者混淆的方法。

程度极端词的调整(reversals of scale endpoints),即调研者不是将所有消极意义的形容词放在一方,积极意义的形容词放在另一方,而是将一些词语的位置作些变换。这种变换提醒被调查者他们必须就每一种极端情况单独作出回答。

最后,对于长的问卷还得经常使用一些提示语(prompters),如"我们快完成了"或"现在是最难回答的问题",或是策略性地安排其他一些措辞来鼓励被调查者继续接受调查[2]。

三、降低不响应误差

不响应(nonresponse)是指预期的被调查者拒绝参与调查或是拒绝回答调查问卷中的某些问题。在任何一个调查中至少有三种潜在的不响应问题:拒绝(refusals)参加调查,调查中断(break-offs),拒绝回答某些具体问题也称为项目遗漏(item omission)。表12-2简略描述了每种类型的不响应问题。

表12-2 不响应的三种表现

1. 预期的被调查者拒绝参加调查
2. 被调查者可能在访谈中间中断或停止回答问题
3. 被调查者可能拒绝回答某一具体问题但仍回答后面的问题

---

[1] Kevin M. Waters, Designing Screening Questionnaires to Minimage Dishonest Answers, *Applied Marketing Research*, 1991: 51-53.
[2] 阿尔文·C.伯恩斯等:《营销调研》,中国人民大学出版社2001年版。

1. 拒绝参加调查

拒绝访问的原因会因所处地区和人文差别的不同而不同。拒访的理由有很多且各不相同。人们或很忙,或对参加调查不感兴趣,或对访谈者的口音或举止不满而拒绝。拒绝参与调查的部分原因是被调查者不想花时间或他们认为这是对隐私的侵犯。

一方面,解决拒访的一个方法是使用物质激励作为一种感谢形式。在一个对 15 个不同邮寄调查的评估中,那些赠送小礼品(如一支 1.5 美元的圆珠笔)的调查可以提高 14% 的响应率。另一个导致拒绝的因素是调查问卷的长度。研究表明,回答问卷的时间每增加一分钟,响应率下降 0.85%。信件调查的响应率也受到信件封面感召形式的影响,一项研究表明,教育机构发起的调查的社会感召力较强,会有效地增加响应率。另一方面,当发起者是商业组织时,强调自我的感召形式更为有效。强调自我的感召就是告知被调查者,他的参与对完成这项调研任务很重要[1]。

2. 调查中断

中断是指访谈进行到某一点,被调查者决定不再回答任何更多的问题。中断的理由会有很多。访谈的时间超过了被调查者最初的估计,某一问题的内容令人不愉快或过多涉及私人问题,解释叫人摸不着头脑,突然的干扰,被调查者中断访问以便接另一个电话。在自己完成问卷的调查中发现,被调查者往往只是简单地没有将问卷填完。

雇用那些受过良好训练的访问者来执行调查任务是很重要的。MKTG 的高级副总裁霍华德·格肖威茨,有一次谈到如何提高被调查者的响应率时说:"我认为应该使访问者从真空中走出来并加入这一过程。现在那些取得成功的公司已经注意到访问者是他们成功的关键。"[2]越来越多的调查公司将注意力集中在培训技术和现场审计方面。

3. 拒绝回答某一(些)问题

有时会发生被调查者拒绝回答某些问题的情况,即使没有发生拒绝参与或中断访谈的情况,调研者有时也会发现有些问题的响应率低于其他问题的响应率。事实上,如果营销调研者能够事先预料到某些问题,如被调查过去一年的收入可能被拒答,那么在问卷的设计中加上"可拒绝回答"是明智的。当然,在自填问卷的调查中,在没有设计这一选项可以提供准确答案的情况下,增添这样的设计是不明智的,因为这样会使有些被调查者利用这一选项来达到推诿的目的。"项目遗漏"是一个衡量拒答某一问题样本的百分率的术语。

四、调整结果以减少不响应误差

应该经常地测量不响应误差,如果我们认为不响应程度已构成问题的话,我们应该做些调整。

当然,如果我们确定没有发现什么大的误差,我们也就用不着进行调整。但是,如果不响应误差存在,至少有两种方法可以用来抵消其影响,即加权平均和超额抽样。

---

[1] Pradeep K. Tyagi, The Effects of Appeals, Anonymity, and Feedback on Mail Survey Response Patterns from Salespeoeple, *Jouanal of the Academy of Marketing Science*, 1989: 235-241.
[2] Marketing News, The Researchers' Response: Four Industry Leaders Tell How to Improve Cooperation, 1993: A12.

1. 加权平均

加权平均(weighted averages)就是将权重(权重能精确地代表总群体中的各个子群体)运用于群体的平均数来计算一个值,以调整各个子群体的不响应误差的差异。加权平均的计算公式为:

$$x = (x_a \times 权重_a) + (x_b \times 权重_b) + \cdots + (x_m \times 权重_m)$$

式中,x_a、x_b等是各个子群体的平均数,权重$_a$、权重$_b$等反映了各个子群体在总人群中的相对比例。通过这种方式,加权平均用来调整抽样的结果,使其反映真实的人口学特征。

例如,如果我们认为某种日光沐浴露的目标市场确实是50%的已婚者和50%的独身者,我们可以用50:50的加权平均来调整这一结果。调查中可能问到这样一个问题:"平均来看,你将为一瓶天然日光沐浴露支付多少?"我们发现已婚的被调查者的回答是2.00美元,而独身者的回答是3.00美元。如果我们按邮件调查比例25:75计算的话,将得到2.75美元的价格。但是用50:50的真实比率,平均价格是2.50美元。不响应误差扭曲了平均价格,但是我们用真实的人口学特征对其进行调整以消除产生这种误差的因素。

2. 超额抽样

处理不响应误差的第二种策略成本更高,但是在某些情况下也可运用。在第二种策略中,调研者利用超额抽样(oversampling)的方法,也就是取一个比要分析的人群更大的样本。请务必注意,我们所指的是一种最终的抽样比目标样本大很多的情况,而不是抽取大量的可能的被调查者以达到目标样本大小的水平。于是调研者可以抽取一个与真实的人口学特征相匹配的被调查者的子样本。如果对某一问题有比较高的拒绝率,超额抽样能够产生足够数量的确能回答这一问题的被调查者。

例如,以日光沐浴露为例,我们可能发放10 000份调查问卷,回收了2 000份,但结果仍然是一个75%的独身者和25%的已婚者的并不正确的分布。现在,我们利用计算机从被调查者群的数据集中选择50:50的已婚者与独身者(也就是说,从两组中各取500名)。我们不必再进行加权平均,因为分析所用的样本已采用正确的比例。然而从本质上看,我们将丢掉1 000份已婚者的答卷来使得我们的样本中的已婚者和独身者的比例与人群中两者的比例一致。事实上,如果我们大量地超额抽样,我们就有机会从被调查者中选取一个子群体,使得该子群体与我们确认的人口学特征如性别、年龄、教育程度、收入水平相一致。但是考虑的因素越多,最终样本量将越少,更多的回收的问卷将被排除在我们的分析之外。显然,尽可能地降低各种不响应误差的方针是运用合适的调查方法,采取激励措施,以及任何其他的调研者可以采取的诱导措施,这样就不必再进行调整。

第二节 调查队伍的组织与培训

一、调查实施队伍的组织

1. 实施主管的职责

对于一般规模不大的市场调查机构,市场调查的实施主管往往就是项目主管(项目负责人);但如果调查机构本身没有足够的实施能力,则需要去寻找、选择并委托专门的调查实施公司或数据收集公司来负责项目的实施。在后一种情况下,项目主管要担负起实施主管的工作。受委托的实施公司将派出督导和调查员,在委托机构的项目主管(实施主管)的监督下工作。一些大型的或国际性的市场调查公司,都设有专门的市场调查实施部,负责公司的所有项目的实施。在这种情况下,实施主管和项目主管的职责是完全不同的。实施主管一般要同时负责几个项目的实施,实施主管的职责主要有以下7个方面。

(1) 深入了解调查研究项目的性质、目的以及具体的实施要求;(2) 负责选择合适的实施公司(如果需要的话)并与之进行联络;(3) 负责制订实施计划和培训计划;(4) 负责挑选实施督导和调查员(如果需要的话);(5) 负责培训实施督导和调查员;(6) 负责实施过程中的管理和质量控制;(7) 负责评价督导和调查员的工作。

实施主管是调查机构的中层职位,需要掌握有关市场调查的基本理论和方法,有比较丰富的工作经历和经验,同时需要具有比较强的组织和运作的能力。一般要求实施主管具有大学本科或以上的学历,有至少两年以上的市场调查经验。

2. 实施督导的职责

实施督导是具体的项目运作监督人员,负责实施过程的检查监督和实施结果的检查验收。监督的方式可以是公开的,也可以是隐蔽的。例如,在面访调查的时候,督导应该对调查员开始进行的几个试访问实行陪访,并在整个实施的过程中有计划地进行陪访。使实施有一个良好的开端非常重要,而且很有必要经常到实施现场去,以确保调查员没有变得松懈,没有养成什么坏习惯,也没有投机取巧走捷径。在电话调查的情况下,开始的几个访问应当有督导在场,督导可以通过分机聆听访问的对话,以便进行必要的帮助。

对调查实施的监督可以是公开的,但是对于训练有素的调查员和动机目的明确的调查员,在没有任何迹象表明其可能有欺骗或错误的情况下,公开的监督是没有必要的。如果在实施的过程中有可能进行隐蔽的监督,那么一定要事先通知调查员,说明可能会有不公开的检查监督发生,否则如果过后调查员发现他们在受到暗中的监督时,肯定会感到极大的不满。

隐蔽的监督之所以有必要,是因为如果调查员知道在受到(公开的)监督时,其行为表现可能会有所差别,这种差别不一定是故意造成的。隐蔽的监督可以有两种方式,在访问的名单中或在访问的现场安排一些调查员不认识的人士,要求他(她)将访问的情况向督导报告,或是在调查员不知道的情况下对访问进行监听或录音。

督导应该对调查员每天的访问结果进行尽可能频繁的和尽可能早的检查。最好要求调查员每天都将当天完成的访问结果(完成的问卷)上交督导。督导对实施的情况可以一天一检查,一天一报告。实施主管根据实施的进度和完成的配额,可以及时地对计划进行必要的调整。督导也可以及时地向调查员核对一些不正常的访问个案,以便能在调查员还记忆犹新的情况下作必要的改正。

督导的工作容易集中在检查错误和不足上,似乎算出有错误的访问个数和算出正确的访问个数是等价的,这实际上是一个大错误,应该集中在算出正确的访问个数上。首先,从教学或培训来看,灌输知识比消灭无知要困难得多;其次,集中注意力于负面的而不是正面的访问工作,只会让受监督的调查员感到泄气,受到打击。重要的是,督导要对调查员正确完成的工作进行慷慨的表扬和真诚的感谢。绝不能责骂或侮辱调查员,有必要的只是指出错误并告诉他们如何改正。调查员的工作可能会是很困难的,但是有自信心的、受到激励的调查员总是可以做得很好。

实施督导是调查机构的入门职位。对于决心投身调查业的大学毕业生来说,从督导工作开始,负责现场的实施、数据的编辑和编码,可能还会参与一些数据的分析,是入门的最基础的工作[1]。

3. 调查员的挑选

调查员是调查实施的具体执行者,因此调查员的自身素质是调查实施能够成功的最重要的保证。调查员一般都是从申请者中经过认真的挑选后确定的。

究竟具备哪些条件的访问员才算合格?难以一概而论。不过以下一些标准可以参考。

(1) 性别:男性访问员活动能力较强,因而他们去访问领导人较合适。访问女性时,以女性访问员为宜,因为有些话,她们不愿意同男性表白,所以,性别之选择,视研究性质而定。

(2) 年龄:访问青年人以年轻访问员为佳,但总的说,以年龄较大的访员较为方便。我们的社会强调人际关系,年纪较大者,通常对于现有社会规范及礼貌比较熟悉,容易取得受访人的信任和好感。

(3) 学识:如一般访问,教育程度似乎并不重要,但是研究问题较复杂的,则需要访问员有较高的学识,要有比较好的语言与写作能力,熟悉社会学、心理学、统计学等,在校大学生就有这方面的优势。当然学识的重要性,不完全在于访问技巧的运用,也表现于对受访人的反应能力。

(4) 品行:为人诚实。这是最主要的。要求访问员诚实,一方面是忠于访问工作,另一方面是忠于访问的事实。访问员对每一种资料都应做到非常精确,不能有一点毛病。同时要勤奋负责、吃苦耐劳。

(5) 性格:以活泼大方、善于交际、平易近人为好。当然不一定像个推销员,但性格太内向,也不十分理想。大抵以表现愉快的气氛,与受访人讨论研究为好,不能太固执,争论也应适可而止。过多的争论会影响被访人的情绪。此外还有不少要求,如表达能力,遵守保密规则等,也不能把标准提得太高,因为人总不是十全十美的。

二、调查访问员的培训

访问员选定以后,还要对他们进行培训,一般的培训主要包括以下四个方面。

(1) 安排几天正式课程,讲授调查研究方法和技术,介绍相关知识,如人类学、社会学中有关的内容,介绍本研究的目的意义、研究方法、研究的对象范围、研究步骤等。

(2) 讨论研究大纲(或问卷)。研究讨论、熟悉本研究大纲及调查问卷,要求他们对问卷中

---

[1] 柯惠新等:《市场调查与分析》,中国统计出版社 2000 年版。

可能产生的疑义展开讨论。

(3) 组织模拟访问或见习访问。一种方式是访问员互访,以熟悉内容和技巧,另一种是到一个社区实际操作一遍,访问若干人。

(4) 撰写心得报告。训练结束时,访问员参加考试,以考查访问员对访问要求的掌握情况。

1. 培训内容

对于常规的培训,必须让调查员掌握两方面的内容:"怎样做"和"为什么要这样做"。

(1) 首先,要掌握8个怎样做:

① 怎样确定访问的地点(包括抽样的基本方法);

② 怎样确定访问对象(包括抽样和配额的方法);

③ 怎样进行接触(包括仪表和谈话方式等);

④ 怎样问候(包括开场白等);

⑤ 怎样确认合格的被访者(包括筛选方法);

⑥ 怎样询问和追问;

⑦ 怎样记录;

⑧ 怎样结束访问。

(2) 其次,必须让调查员知道为什么要这样做,为什么遵循所规定的访问指南和访问程序是十分重要的。大多数调查员的培训课程在讲授"怎样做"方面都比解释"为什么要这样做"方面给人印象深刻得多、有效得多。然而,对新调查员灌输这两个方面的内容是同样重要的,因为完成上述的八项工作通常可以有许多方式,而通常培训中指导规定调查员完成每项工作的方式,一般都会比调查员自己能够找到的其他方式困难得多。对新调查员来说,为什么要按所规定的去做,理由一般并不明显。因此,在培训中十分重要的是,向新调查员讲清楚必须这样做的理由以及不这样做会造成的后果。

对新调查员除了进行常规的培训和指导外,还要针对即将实施的调查问卷的使用方法作出补充的指导。如果实施工作是委托其他的数据收集机构来完成的,那么对该机构的调查员也应该进行相同的常规培训和特别培训。

如果公司没有对调查员进行过关于职业道德方面的教育,那么在常规的技术培训中,还应增加这方面的内容。主要包括:调查员在实施过程中的重要作用;调查员所应具备的诚实、客观、认真、负责的品德;调查员所应遵循的为受访者保密、为客户保密的职责等。

2. 培训方式

培训一般由实施主管负责。如果实施是委托某个数据收集机构进行的,而且是第一次聘用该机构,那么实施主管最好要亲自到该机构去指导和培训。但是有时这种做法并不可行,例如路途遥远,同时雇用几个数据收集机构,或数据收集工作简单明了。在这种情况下,必须提供详细的书面的指导,同时通过电话对话或电话会议进行培训。

培训对象是受委托机构的督导,或最好是对督导和调查员都进行培训。一般的做法是:

(1) 介绍调查项目概况及研究目的;

(2) 讲解实施的要求、实施指南和注意事项；

(3) 分发给培训对象进行访问所需的一份材料，包括问卷、书面指导、必要的卡片等；

(4) 将问卷从头至尾"走"一遍，注意每一个问答题、指导语、跳答、记录要求等；

(5) 以某个督导或调查员为对象，由培训者示范进行一次模拟的访问；

(6) 讨论可能出现的问题，给出解决的方法；

(7) 对督导和调查员进行提问，以确保他们已经完全理解了访问工作的所有方面；

(8) 让每一个调查员都相互练习做 1～2 个访问，使他们熟悉所有的细节；

(9) 分发现场实施所必需的材料和物品。

如果调查员培训要由所委托的数据收集机构的督导来单独执行，那么应该指示他们一定要严格地按照上述的程序来做。数据收集机构常常会试图缩减培训的程序，因为这样可以降低费用且容易实行[1]。

复习思考题

1. 非抽样误差的类型是什么？如何使其最小化？
2. 怎样有效地组织调查实施队伍的培训？

---

[1] 柯惠新等：《市场调查与分析》，中国统计出版社 2000 年版，第 166—168 页。

第十三章

统 计 分 析（一）

学习要点

- 理解资料整理的重要性
- 掌握编码、录入的方法
- 了解市场统计分析的 5 种类型
- 掌握描述统计的基本要求
- 利用视窗 SPSS 学习描述统计

开篇案例

利用多元回归分析研究不同文化间的差异

多元回归分析用途广泛，甚至可以用来分析不同国家间的差异。多元回归分析揭示了三个重要的关系：第一，回归可以确定可疑自变量是否与关键因变量有关系；第二，回归可以确定自变量与因变量之间关系的方向；第三，回归可以确定自变量与因变量之间关系的依赖程度。例如，有人在研究不同国家大米的消费情况时收集了人文统计资料和家庭每月大米的消费量。

> 下面比较美国和泰国的家庭大米消费情况。我们将分别对两国的资料进行回归分析，再比较结果。
>
> 美国：
> $$大米消费 = 0.3 - 1.5 \times 收入 + 0.3 \times 受教育程度$$
>
> 泰国：
> $$大米消费 = 2.4 - 0.2 \times 收入$$
>
> 比较二元回归的结果可以看出两国在大米消费上的文化差异。第一，泰国主要吃大米，其消费量大于美国(截距2.4＞0.3)；第二，在两国，收入对大米的消费量都有显著影响，收入越高，吃大米越少，而且在美国收入的负影响更大(1.5＞0.2)；第三，在美国，大米的消费量与受教育程度有很大关系，受教育程度越高，吃大米越多，但在泰国却与受教育程度无关。
>
> 从两个国家饮食回归分析的结果加上某些饮食习惯方面的知识，可以理解两国在文化上的不同。美国的主食是肉和土豆，大米只是副食。收入低的人购买大米是因为大米便宜。同时，受教育越高的人越认识到含淀粉食品有益健康。而泰国是亚洲"米文化"的典型国家，大米是主食，它已进入宗教庆典，一天三顿消费。由于这一文化因素的影响，亚洲大米的消费已超越了人文因素的影响。由于大米供应量大而又便宜，所以在泰国低收入的家庭吃大米比高收入家庭多[1]。

第一节　资料整理

通过市场调查实施阶段所获得的原始资料，还只是粗糙的、表面的和零碎的，需要经过整理加工，才能进而进行分析研究并得出科学的结论。因此，调查资料的整理工作是调查过程中的一个必不可少的环节。

所谓资料整理，是指运用科学的方法，将调查所得的原始资料按调查目的进行审核、汇总与初步加工，使之系统化和条理化，并以集中、简明的方式反映调查对象总体情况的过程。

在整个调查研究过程中，资料的整理具有重要的意义和作用。资料整理是对调查资料的全面检查，是进一步分析研究资料的基础，也是保存资料的客观要求。

整理资料必须采取科学的方法，具体说应当遵循以下几条原则：真实性、准确性、系统性、完整性。

真实性是资料整理必须遵循的最基本的原则。由于种种复杂的原因，收集来的资料中难

---

[1] Rice. The Essential Harvest, *National Geographic*, 1994(185):48-79.

免夹杂着某些虚假的东西,整理过程中必须认真鉴别,去伪存真。

准确性要求描述事实要准确,特别是数据要准确。如果经整理后的事实材料仍然含糊不清、模棱两可,数据资料仍然笼笼统统、互相矛盾,那么就不可能据此得出科学的结论,也会大大影响调查结论的说服力。

系统性要求从整体综合的角度考虑问题。首先从整体上考虑现存资料是否能把问题说清楚,其次考虑调查中发现的新情况如何处理。

完整性指反映某一市场情况的资料必须尽可能全面,以便如实地反映该现象的全貌。

总之,资料整理既是资料收集工作的继续,又是资料分析的前提,也就是说,资料整理是由资料收集阶段过渡到资料分析研究阶段的中间环节。

一、确认与编辑

这一步骤的目的是确定所有的调查都是按指定的程序进行的,并且所有的问卷都被准确完整地填写。

1. 确认

第一步的目的是尽可能确保每份调查问卷都是有效问卷。这里所用的术语"有效"与第七章中的"有效"有着不同的含义。在第七章中,"有效"定义为实际测量反映拟测量内容的程度,而这里的"有效"是访谈是否按适当的方式进行,访问员有没有作假,而对测量标准反映拟测量内容的程度不做评估。对于某种特定类型的访谈(如入户调查),无法在调研实际发生的现场观察或监视调查,但大量的调查问卷中都要记录被调查者的姓名、地址及电话号码等。这些内容对数据的分析用处不大,但它们为市场研究人员"确认"调查提供了基础。

职业调查人员知道,访问员说谎的现象相当普遍。许多研究都有有关访问员欺骗行为的记载。因此,确认调查问卷是否有效是市场调查中数据分析过程中内在的、必不可少的步骤。

所有调查结束后,调查公司要对每位访问员所做的调查做适当比率的复查,无论是入户调查、购物中心的拦截调查还是电话访谈。通常复查的比例为 $10\% \sim 20\%$。如果一位访问员对 50 个人做了调查,以 10% 的比率做复查确认的话,那么这位访问员所调查的人中有 5 位将通过电话进行复查。电话确认主要包括以下五方面内容。

(1) 确认此人是否真正接受了调查。
(2) 被调查者是否符合条件。
(3) 确认调查是否是按要求的方式进行的。
(4) 确认调查是否完整。
(5) 最后,确认过程中还应检查其他问题。例如,访问员是否彬彬有礼?访问员是否明确介绍了委托人的身份或调查的目的?访问员是否衣冠整齐?被访者对访问员或调查过程有什么意见?

综上所述,这一步骤的目的是确认调查是按要求正确无误进行的。研究人员必须确信用以提出建议的调查结果真实反映了目标顾客的回答。

2. 编辑

确认是指对访问员的欺骗行为及调查是否严守程序进行核实,而编辑是对访问员和应答者的错误进行检查。通常,在进行数据录入之前,问卷至少应经过两次编辑整理。首先,由执行实际调查的现场服务企业进行编辑,然后再由雇用这些现场服务企业的市场调研公司做编辑整理。编辑过程由人工操作,包括下面一系列问题的查验。

(1) 确定访问员是否没有问某些问题或者没有记录某些问题的答案。第一次编辑(现场编辑)的目的是识别这类问题,及时与被访者取得联系,并且获得那些没有回答的问题的适当答案。这些工作也可以在第二次编辑(由市场调研公司做的编辑)中来做。但是,在许多情形中,这时已经没有时间再与被调查者联系,因此这份调查结果可能被当作无效而丢弃。

(2) 核实问卷,以保证遵循了规定的跳跃模式。确信访问员按照程序来做是非常必要的。有时,特别是在项目开始的头几次调查中,访问员很容易混淆问题,跳过了实际应该问的问题,或者没有跳过不要求作答的问题。

(3) 检查开放式问题的答案。市场研究人员以及他们的客户通常对开放式问题的答案很感兴趣。回答的质量,或至少是所记录的内容,是反映记录答案的访问员工作优秀程度的标志。通常要求访问员逐字记录答案,而不以任何方式重新释意、表达或插入自己的语言。同时,也要求他们对回答进行进一步的探察。做编辑工作的人必须对开放式问题的非标准答案做出判断,还必须判定对某一特定问题的回答中哪些方面有局限性以致毫无用处。如有可能,与被访者再次接触并再次提问那些答案未被认定有价值的问题。

编辑过程是极其冗长乏味并且浪费时间的。不过,编辑工作却是整个数据处理过程中重要的一步。

二、编码、录入与汇总

1. 前编码

编码就是将问卷或调查表中的文字信息转化成计算机能识别的数字符号,也即给每一个问答题的每一个可能答案分配一个代号,通常是一个数字。编码可以在设计问卷时进行,也可以在数据收集结束以后进行,分别叫前编码(pre-coding)和后编码(post-coding),如表 13-1 所示。

表 13-1　问卷编码示例

D	
1. 您认为在目前宽带网络的情况下, 　个人用户的理想宽带(即速度)应为: 256 K~512 K ················· 1	
1 M ························· 2	
2 M ························· 3	
10 M ························ 4	
10 M~100 M ················· 5	

续表

```
2. 请问您是何年开始宽带上网的？_____年
3. 过去一年内,您平均每周宽带上网_____天,共_____小时/周。
4. 请问您宽带的包月费为_____元/月。
   (如果您宽带采用的是计时付费的方式,请问您每月的费用大致为____元)
5. 您使用宽带上网主要目的和用途是什么？
   _____
6. 请问您所使用的宽带的运营商是哪一家？_____。
7. 请问您所使用的宽带的接入方式是哪一种？
                    ADSL ·················································· 1
                    有线通(CABLE MODEM) ····························· 2
                    长城宽带网(FTTB+LAN) ··························· 3
                    其他_____ ········································· 4
8. 您所使用的宽带网络线路的基础建设是？
                    属于公寓配套设施,在入住时已同时铺设 ············ 1
                    后期由网络运营商改建并自行安装 ···················· 2
                    其他_____ ········································· 3
9. 在您使用宽带上网之前是否使用过拨号上网？
                    是 ······················································ 1
                    否 ······················································ 2(跳至 E 部分)
```

其中理想宽带、使用的接入方式等都是事先确定了答案的,属于前编码或称之为先编码。

2. 后编码

后编码指的是给某个没有事先编码的答案分配一个代码。通常需要事后编码的有:(1) 封闭式问答题的"其他"项;(2) 开放式问答题。

封闭式问答题可能有几个供选择的答案,再加上需要被访者具体说明的"其他"类别。例如在前面的例子中,宽带接入方式可能还有其他方式,但名单上没有列出。由于这样的答案没有事先规定的代码,因此在数据录入前编码员要做后编码的工作。

对于开放式的问答题,后编码的工作量就更大。这是因为研究人员一般无法事先告诉编码员会出现多少新的代码和答案;而且还有一些答案是类似的,必须决定是将它们合并为一类,还是要分成几类。

后编码通常可遵循以下要点:(1) 提供编码员一份空白的"参照问卷";(2) 提供每一个需要事后编码的项目一份编码表或编码名单;(3) 对每一个项目做一份编码本,内含一页或几张单页;(4) 让所有的编码员都在同一地点、使用同一编码本进行工作;(5) 提供编码指南,说明什么时候以及怎样设立一个新的代码或合并答案;(6) 设立较多较窄的类别要优于设立较少较宽的类别;(7) 保持编码册的整洁和清晰。

如果只有一个编码员工作,那么事后编码是相对简单而且容易的。但是如果有多个编码员,那么所有的编码员应该在不同的时间工作,或同时在同一地点工作,使用同一编码本。因为如果两个或多个编码员同时在不同地点工作,他们就无法知道其他编码员在编码册中设立了什么新码。经验说明,允许编码员在分隔的地点用不同的编码本独立地工作是极端危险的,几乎肯定会出现严重的错误数据问题。

如表 13-1 的第 5 题"宽带上网的目的和用途",就要通过后编码来使用。

前编码和后编码所用的编码本最后将合并为一个编码本。一般来说,编码本不但是编码人员的工作指南,也提供了数据集中变量的必要信息。编码本一般包含变量五方面的信息:(1) 所有列的位置(列数);(2) 变量的顺序编号;(3) 变量名称及变量说明(变量及变量标志);(4) 问答题编号;(5) 编码说明(变量值及变量值标志)。

3. 数据录入

经过前述的编码处理,调查所收回的问卷中的一个个具体答案都已成功地系统地转换成了由 0~9 这 10 个阿拉伯数字构成的数码,接下来的任务就是将这些数码输入计算机内,以便进行统计分析了。

数据录入的方式主要有两种:一种是直接从问卷上将编好码的数据输入计算机;另一种是先将问卷上编好码的数据转录到专门的登录表上,然后再从登录表上将数据输入计算机。登录表的横栏为问题及变量名,且都有给定的栏码,纵栏为不同的个案记录数据,表 13-2 就是登录表的一部分。

表 13-2 数据登录(部分)

	城区	个案号	A1	A2	A3	A4	A5	A61	A62	…
	1	2~5	6	7~8	9	10	11	12	13	…
个案 1	2	0387	2	39	3	2	2	1	1	
个案 2	4	0441	2	41	2	3	4	1	0	
个案 3	3	1024	1	50	2	5	2	2	1	
个案 4	6	0036	1	28	3	7	1	0	0	
个案 5	1	0189	2	30	4	2	1	0	0	
个案 6	3	0816	2	44	1	6	2	2	1	
⋮	⋮	⋮	⋮	⋮	⋮	⋮	⋮	⋮	⋮	⋮

直接从问卷输入数据的长处是避免了再次转录中可能出现的差错;但它的不足是录入时要不断地翻动问卷(一页一页地录入),录入的速度相对要慢一些。特别是当一份问卷问题较多、内容较长时,直接输入往往比较麻烦,效率较低。将问卷上的数据先转录到

登录表上,再输入计算机的做法,虽可以使得计算机录入人员比较方便,因而相对来说也比较快,但它却要冒增加差错的风险。因为将问卷上的数据抄录到登录表中,等于增加了二次转录过程。而每一次转录都存在出错的可能性,两次转录出错的机会往往大于一次转录。

4. 资料的汇总

资料的汇总,是指根据调查研究的目的,将资料中的各种分散的数据汇总起来,以集中的形式反映调查单位的总体状况以及调查总体的内部数量结构的一项工作。资料汇总是资料整理工作中不可缺少的重要环节,是分析资料前的一项基础性的工作。

根据调查研究的目的不同,资料汇总的方式与方法也有所区别,可以分为总体汇总和分组汇总两大类。总体汇总是为了了解总体情况和总体发展趋势的,分组汇总则是为了了解总体内部的结构和差异。资料的总体汇总可以在对资料未进行分组的情况下进行,而资料的分组汇总则必须在对资料进行分类与分组后才能进行。

5. 检查错误

检查错误的程序比较简单,又是统计的基础,有很多软件包可以用,最常用的 SPSS 软件包(社会科学统计软件包),用起来很方便。

利用 SPSS 软件包,录入后可查错、纠错。查错的程序有两种:第一种是检查输入信息的有效性,即对数码进行幅度检查。幅度检查的方法主要是检查资料的子项是否都在规定的幅度范围内。例如,用于性别的调查项目答案只有两个:男、女,如果男=1,女=2,那么这个项目的答案幅度是 1~2,不可能有 3、4 等数码。幅度检查就是要把那些超越幅度的错误找出来。第二种是检查输入信息相互之间的一致性,即对数码进行逻辑检查。逻辑检查主要是检查同一份问卷中,不同问题的答案是否相互矛盾,例如问卷的第四题是询问年龄,年龄的编码是这样的:1~13 岁=1;14~25 岁=2;26~40 岁=3;第六题是询问婚姻状况:已婚=1;未婚=2。假如第四题的答案是 1,那么第六题的答案应是 2;如果是 1 的话,那么,不是第四题就是第六题的答案错了,逻辑检查可以找出答案的逻辑矛盾。

三、拟定统计分析计划

拟定统计分析计划时,首先要熟悉各种统计方法,了解各种统计方法运用的要求,然后才能进行具体的操作。

调查资料如何进行统计分析,研究人员在调查方案设计时一般已经心中有数,图13-1就是一个统计分析计划的构想,它指明了分析哪些变量、采用何种统计方法、分析的目的是要解决哪些问题。具体的计划,一般在编码之后当变量名称及数据类型确定下来才拟定。

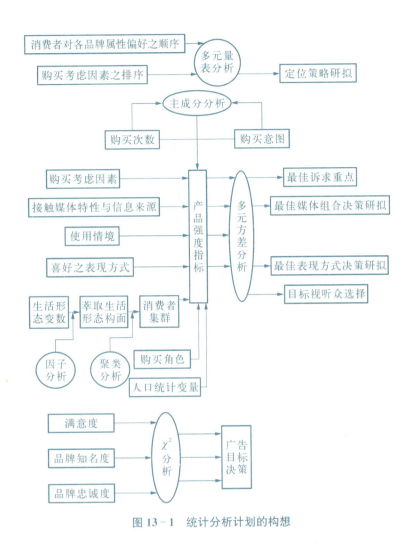

图 13-1 统计分析计划的构想

第二节 统计分析类型

一、统计分析的作用

统计分析就是运用统计学方法对调查得到的数据资料进行定量分析,以揭示事物内在的数量关系、规律和发展趋势的一种资料分析方法。

任何事物总有质和量两个方面,经济现象也不例外。统计分析的作用主要表现在以下三个方面。

1. 统计分析的方法提供清晰精确的形式化语言,对资料进行简化和描述

例如,对人们在一胎化政策实行前的行为进行研究,可以发现生育行为受文化程度的影

响。从总体上看,文化程度高的妇女,其子女数量少于文化程度低的妇女。用定性分析方法只能得出这样一个概略的认识。如果采用定量方法进行分析就可以把这种关系提炼成一个数学方程式:$Y=4.38-0.16X$。Y 代表任何一个妇女生育子女的数量,X 代表文化程度。从这个方程式可以看出,每提高一组文化程度,就可以少生 0.16 个孩子。定量分析不仅可以使问题分析得清晰、简洁,而且使问题的分析更深刻。

2. 统计分析是进行科学预测、探索未来的重要方法

人们把根据事实,运用经验和判断能力、逻辑思维方法进行的预测称之为定性预测,运用统计分析方法进行的预测称为定量预测。统计分析方法不仅是对客观现象数量关系描述的工具,还是进行科学抽象的思维方法。它使人们能够发现依靠直觉不能悟察到的规律,进行准确的科学预测,这样的例子在经济学和市场学中已经不胜枚举了。

3. 对变量关系进行深入分析,通过样本推论总体

近年来市场调查中比较广泛地采用了抽样调查和问卷调查方法,这些方法收集来的资料绝大多数是数据资料。对这些资料的描述和分析需要采用与事实性的文字资料不同的技术,这就是统计分析技术。统计分析为深入描述和分析变量间关系,进而进行理论解释提供了十分有力的手段。在市场研究中,大量的市场调查是抽样调查,如何由样本资料推论到总体,成为一个问题。统计分析就提供了参数估计、假设检验等手段。

二、统计分析类型

市场研究人员通常应用 5 种基本数据分析类型:描述分析、推理分析、差别分析、相关分析和预测分析(见表 13-3),每一种都在数据分析过程中担当独特的角色,而且,通常联合成一种完整的信息分析方法,以满足研究的需要。

表 13-3 市场研究人员通常使用的 5 种统计分析

类型	说明	例子	统计概念
描述	数据压缩	描述典型的被访问者,描述回答类似程度	均值,中值,众数,频率分布,标准差
推理	决定总体参数,检验假设	估计总体值	标准误差,零假设
差别	确定组与组之间是否存在差异	估计一个样本中两组均值的差异的统计重要性	差别的 t 检验,方差的分析
相关	确定联系	确定两个变量是否在系统状态下相关	相关性,交叉表
预测	预测以统计模型为基础	给出 X 的数量估计,Y 的水平	时间序列,分析回归

1. 描述分析

诸如均值、众数、标准差或极差是描述分析的形式,市场调查者用它们描述样本数据矩阵,从来描绘出典型的被访问者与揭示回答的一般模式。描述分析在分析过程早期经常用到,而且成为随后分析的基础。

2. 推理分析

推理分析是在样本数据的基础上推导出关于总体特征的结论。营销调研者把样本所得结果推广到样本代表的目标总体上去,此过程被称为推理分析。换言之,这样的统计允许研究者在样本提供的数据矩阵中包含的信息基础上得出关于总体的结论。推理分析包括假设检验和在样本信息基础上估计总体值。

3. 差别分析

市场调查者需要确定两组数据是否有差异。例如,研究者可能正在调查信用卡的用途,想了解,在经常使用信用卡方面,高收入者与低收入者相比是否有所不同。研究者可以进行统计以比较高收入消费者与低收入消费者的年均信用卡结算的消费情况。重要的市场细分信息可能来自此种分析。通过试验,看几种可选择的广告主题中哪一种能给被测试观众的代表留下最深刻的印象。为了帮助管理者对选择哪种广告主题作出正确的决定,研究者运用差别分析来确定总体中真实存在的差异程度。统计差别分析包括对于组与组之间显著差别的 t 检验法与方差分析法。

4. 相关分析

相关分析审查两个变量是否相关和如何相关。例如,广告宣传的响应得分与打算购买已做过广告的产品一定有关系吗?对激起购买欲的花费与购买欲望的表现有联系吗?依靠做过的统计,分析结果可以指出给定研究问卷中两个问题的联系强度与方向。如果研究者对研究复杂联合模型感兴趣的话,这些技术也已被发现,但这些内容已超过本书的范围了。我们将在本书中说明交叉表与相关性,它们是营销调研中所用的基本的相关分析法。

5. 预测分析

帮助市场调查者对未来事件进行预测的统计步骤与模型是可以得到的,而这些从属于预测分析一类。回归分析或时间序列分析通常被市场调查者用来增强预测能力。由于营销经理们特别关心在特定情况下(如涨价),未来会发生什么事,因而预测是非常令人向往的。预测分析的深入介绍将在第十四章中进行。

本书的目的并不在于使读者都成为统计分析方面的专家。在从事市场调查工作的过程中,当然要做一些基本的统计分析,可能会遇到用统计术语概括的信息。所以,能够对通常使用的统计步骤有概念上的了解,是比较重要的。

三、统计分析方法应用应注意的问题

1. 必须注意统计分析与定性分析的结合运用

统计分析在社会调查中具有重要的作用,但是统计分析应当和定性分析相结合,如此,才能获得对社会现象的全面、深刻、本质的认识。按照认识的一般顺序来讲,只有在定性分析的基础之上,才能够进行定量的分析和判断。因此,进行统计分析前,应该先弄清楚所要研究的社会现象的性质。就是在测出了决定该现象发生质变的数量界限时,还要以对该现象的定性分析为指导,才能从其量变中寻找引起质变的因素。

2. 必须根据研究目的制订具体的统计分析计划

统计分析虽然是在统计整理阶段之后进行，但是统计分析任务却是在调查设计阶段就确定了，并要求与资料搜集计划相配合，一并考虑，为整个调查研究目的服务。这样，既可以避免一些不必要的资料分析所造成的人、财、物的浪费，又可以使整个统计分析有条不紊地进行。统计分析计划包括根据调查目的、任务及理论构架，确定具体的统计分析对象，涉及的变项以及选用哪些统计方法等。

3. 必须根据不同的测量尺度选用恰当的统计方法

不同的测量尺度具有不同的数学性质，统计分析中所运用的统计分析方法也就不同。一般，适用于较低测量尺度的统计方法，也可适用于较高尺度，这是由于后者具有前者的数学特质；反之，适用于较高测量尺度的统计方法，不能用于较低尺度，因为后者的数学特质不符合该统计方法的要求。因此，应注意选用。

统计分析方法众多，详细讨论需要由专门的社会统计学去完成，本章重在介绍常用的社会统计知识在社会调查中的具体运用。

第三节 描 述 统 计

SPSS公司总裁杰克·努南说过："绝大多数营销调研者会告诉你，他们总是在收集数据。但是只有成功的研究者知道如何利用那些数据去解决疑难的营销问题：明白分析什么，如何分析，如何解释结论，从而使你的研究有价值。懂得统计分析基础知识对于一名营销调研领域的成功者来说是必需的。"

一、频数分布和统计图表

1. 频数分布、组限、组距和组标

（1）频数分布。把变量的值按照一定的类别、次序和距离划分成若干组，然后将所有的项目在各组出现的次序记录下来，便构成频数分布（见表13-4）。

表13-4 消费者购买某一物品地点分布

地 点	频数(f)	百分率(%)
超市	243	43.8
百货店	25	4.5
专卖店	246	44.3
其他	41	7.3
总 计	555	100

(2) 累积频数(比例、百分率)。将各组(类)的频数、比例或百分率逐组相加所得的便是累积的频数、比例和百分率(见表 13-5)。

表 13-5　某厂工人的教育水平

受教育年期	频数 (f)	向上累积频数 ($cf\uparrow$)	向下累积频数 ($cf\downarrow$)	比例(p)	向上累积比例 ($cp\uparrow$)	向下累积比例 ($cp\downarrow$)	向上累积百分率(%$\uparrow$)	向下累积百分率(%$\downarrow$)
1～3	93	93	550	0.169	0.169	1.000	16.9	100.0
4～6	193	286	457	0.351	0.520	0.831	52.0	83.1
7～9	106	392	264	0.193	0.713	0.48	71.3	48.0
10～12	90	482	158	0.163	0.876	0.287	87.6	28.7
13 以上	68	550	68	0.124	1.000	0.124	100.0	12.4

这种累积有什么意义呢？当我们调查许多组数据，次数分布很多时，我们想了解，这些工人中小学水平(只念过 6 年书)以下的人有多少，或念过 10 年书以上的有多少，这样累积就明显了。如念过 6 年书以下的有 286 人，念过 10 年书以上的有 158 人等。

2. 组限、组距和组标

对于定类变量，问题不大，基本上按类别分。但有时职业很多，如一个调查中的职业包括军干(军队干部)、干部、教师、职员、工人、农民、科技工作者、文艺工作者、个体户等十几种，到底应列哪几个职业，要依据当时情况，也可加个"其他"项。

对于定序变量，可将在序列中的组都列出来，也可依研究的需要按频数分布划分为 1～3 级工、4～5 级工等。

问题在于，定距与定比变量，其变化是连续的，那么应怎么进行分组呢？

表 13-6　1998 年某单位应聘人员体重

体　重(千克)	人　数(个)
46～48	4
49～51	20
52～54	25
55～57	38
58～60	21
61～63	12
64～66	5
合　　计	125

这体重是连续变化的,是定距、定比变量。

看表13-6,可以知道有38个人的体重在55～57千克,但如果有一应聘者在57～58千克,那么应该归入哪一组呢?这个人的体重是57.3千克、57.8千克……,应如何归组呢?这就涉及组限选定问题了。

(1)组限。确定每一组界限的两个数字叫组限,我们往往把数字较小的一个数叫下限,把数字较大的一个数叫上限。

如某一年龄组为30～35岁,那么,30为下限,35为上限。同时统计学上又有标明的组限与真实的组限的区别。标明组限是次数表里写明的组限,为了简化资料,不那么精细。如上表中的46～48、49～51均为标明组限。实际数值界限也称实际组限。

表中之标明组限为55～57,而实际组限应该是"54.5～57.5";其次一组的实际组限应为"57.5～60.5"。

这样若这个应聘者体重为57.8千克则可归入"57.5～60.5"的一组中。

当然,组限的确定有许多种方法,标准不一。

如有人将各组上限省略,只标明下限。

46～	4
49～	20
52～	25

也有人将各组均升至以9为尾位。

46～48.9	4
49～51.9	20
52～54.9	25

统计学家也常为资料的特殊性质,应用"开放末端"或"开放前端"的组。

表13-7 2000年某地区家庭人数

家 庭 人 数	家庭数(户)
1	40
2～3	800
4～5	940
6～7	320
8或以上	50
合　　计	2 150

表13-7中的"8或以上"叫做"开放末端"。

如表 13-6 中写成"46 千克以下"则为"开放前端"。

这种开放组,有一些特殊的统计要求,应予注意。

(2) 组距,即组的大小,为每一组的间距,它是两个实际组限之差,如应聘人员体重统计表中的组距应为 48.5－45.5＝3(千克),而不是 48－46＝2(千克)。

(3) 组标(组中点)。组标系指一组实际上限与实际下限之间的中点的数值。

$$组中值＝(实际上限＋实际下限)/2$$

如表 13-6 所示,(45.5＋48.5)/2＝47,而不是(46＋48)/2＝47。

这样表 13-6 中的体重项数表,可改为组中点表示,如表 13-8 所示。

表 13-8　1998 年某单位应聘人员体重(组中点)

体重(千克)	人　数(个)
47	4
50	20
53	25
56	38
59	21
62	12
65	5
合计	125

(4) 编制频数表的步骤。显示频数分布的表称为频数表。编制频数表一般有以下六个步骤。

① 求全距。从一组数据中找出数据量大与数据量小的数据,然后用最大值的数据(X_{max}),减去最小值的数据(X_{min}),所得之差称为全距。如应聘人员体重表中,全距是:$D＝66－46＝20$(千克)。

② 决定组距(包括确定上下限)。

为了选择组距的最佳值,一般可用 H. A. Sturges 法则来计算适当组距的近似值。这种 H. A. Sturges 法则是由经验得来的,称为经验公式:

$$组距:I＝全距/(1＋3.332\lg N)＝D/(1＋3.322\lg N)$$

$$组数:m＝1＋1.322\lg N$$

N 为个案数目。I 为小数,须取实际数字,也可取相近数值为组距。公式所计算出的组数,仅供参考。

组距所包括单位,一般为 2, 3, 5, 10, 20, 30 等,便于计算。

如果数据个数在 100 以上,一般分为 10～20 组,最常见取 12～16 组,但有时数据较少,一般就分为 7～9 组。

③ 决定组限,即上限和下限。

④ 用类似唱票的办法,依次将数据登记到各组,一般用画线记数或写"正"字的方法。

⑤ 计算次数(f)。在(f)一栏里将计算的次数写好,在这一栏最下边总合各组次数(记为 $\sum f$), $\sum f$ 必须和总数(N)相等。

⑥ 重新抄录。核对无误后,将表重新抄录,取消登记一栏,直接写 f 一栏,为以后计算方便也可列出组中值。

3. 统计表及图示

(1) 统计图。根据统计资料,透过点、线、面、体、色彩等的描绘,制成整齐而有规律、简明而又知其数量的图形,称为统计图。

统计图在数据整理中占有很重要的地位,它用形象化的方法把事物或现象的特征表示出来。由于图形较数字更为具体,能把事物或现象的全貌形象化地呈现在人们面前,给人以清晰深刻的印象,因而便于理解和记忆。

统计图的种类,按图的形状、数字的性质可分为多种类别。

按图的形状分:有条形图、直方图、线形图、圆形图、立体图、散点图等。

按数字性质分:有实数图、累积数图、百分数图、对数图、指数图等。

下面介绍几种市场统计中最常用的统计图。

① 条形图。以条形长短来表示事物数量大小,显示各数间差异的一种图形,它主要用于比较性质相似,多间断性的资料(见图 13-2)。

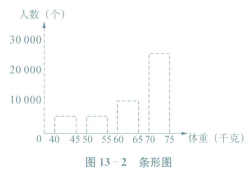

图 13-2 条形图

② 圆形图。用于间断性资料,主要目的为显示各部分在整体中所占的比重,以及各部分之间的比较,所要显示的资料多以相对数(如百分数)为主。图中各部分用线条分开,标明简单文字及百分比,也可用不同颜色或斜线等将图中各部分分开。

③ 直方图。它是以矩形的面积表示连续性资料频数分配的一种条形图,是统计学中常用而又有特殊意义的一种统计图(见图 13-3)。

④ 频数折线(也称频数多边形)。指直方图的顶部中点连线。

如图 13-3,取直方图的顶端中点(这实际上就是组标),即对准了其组标,把它的中点联结起来,由此形成了一个频数多边形。

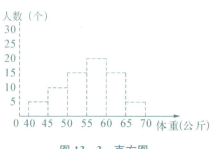

图 13-3 直方图

(2) 统计表。统计表是由统计指标和被说明的事物两部分组成的,是整理和叙述统计资料的一种重要形式。它能将大量的数据按照社会变量的指标做一些合理的安排和组织,以此来显示出社会经济现象的某些特征和现象之间的联系(见表13-9)。

从形式上看,一般的统计表都有表号、表题项目(横行,纵列)、数字资料(或者加上些说明)。

从内容上看,每张统计表都有它的主词和宾词部分。

主词——我们研究的对象或对象的各个部分。一般是横行部分。

宾词——研究对象的指标。一般是纵列部分。

表 13-9　1999年某地区劳动力分布

务业性质	劳动力人数	
	绝对数(万人)	相对数(%)
农　业	223	66
副　业	27	8
乡镇工业	88	26
合　计	338	100

这里的主词是农业、副业、乡镇工业等,为研究对象。宾词——劳动力人数是指标。如还可加上一个固定资产,又是一个指标。

二、单变量分析

1. 集中趋势测量

集中趋势就是一组数据的代表值,它能说明一组数据的一部分面貌,即它们的典型情况。它用一个典型值代表变量所拥有的所有数据。这样一个典型值就称为集中趋势统计量。按处理方法不同可分为几类,主要包括:众值、中位值、均值等。

(1) 定类层次:众值(众数),用 M_o 表示。

其意义为,在众多数值中,出现次数最多的一个数值。

例如:2,3,5,5,5,6,6,7,9。

出现次数最多的是5,其 $M_o=5$。

(2) 中位值(中位数),用 M_d 表示。

定序层次:其意义为,按大小顺序排列,处在一群数据中央位置的数值。

例如:有9个人,他们的月工资分别是 47,42,50,51,92,112,71,83,108。

这样一群数据,首先必须要进行如下步骤:

① 作排列处理,从小到大排列。

42,47,50,51,71,83,92,108,112。

② 求中央位置。

$$M_d \text{ 的位置} = \frac{N+1}{2} = \frac{9+1}{2} = 5。$$

③ 求中位值。$M_d = 71$。

所以,对于定序变量而言,用中位值来表示集中趋势的统计量。

(3) 平均值(平均数)。

定距层次:也称均数或均值,是在定距和定比变量的测量层次中运用。

算术均数:一群数值的总和除以个案数目所得的结果,称为算术均数,用字母 X 表示,公式如下:

$$\overline{X} = \frac{\sum X_i}{N}$$

例如:调查 10 个核心家庭,每个家庭的子女数为 1,1,1,2,2,2,2,2,3,3。

可用众值表示 $M_o = 2$,中位值表示 $M_d = 2$,但不是最好的方法。

已知:$n = 10$,$\sum X_i = X_1 + X_2 + \cdots + X_n = 1 + 1 + \cdots + 3 = 19$

$$\overline{X} = 19/10 = 1.9$$

表示在这 10 个家庭中,平均每个家庭拥有子女数是 1.9 人。

(4) 各值优劣之比较。

众值、中位值、算术均值哪一个最具有代表性呢,要对这 3 种数值的优劣作比较。

众值应用范围在定类变量,在要求大略平均的情况下,一般用众数。但损失资料太多,而且可能出现双峰图(也称双众数),即常常会遭到数据集合中有几个数据同时符合众数定义的情形,这时众值也就失去了作为代表值的意义,给各种统计带来麻烦。但有些情况下,也能用众值。

中位值对定序变量而言,求时方便,易理解(求中央位置)。但中位值计算一定要排列次序,所以运用时就受限制。而且最大的缺陷是对一些极端数字不敏感。如 -474,2,18,35,2 000,那么 -474,2 000 对中位值均无影响。同时,在两端的数目不明确的开放端中,仍可以求中位数,但不能求平均数。

算术均数,或均值,用于定距(定比),资料利用率比较高,常被认为是最佳集中趋势度量值。但是,由于每个数据都加入计算,平均数极易受极端数影响。例如,某个由 5 人组成的座谈会,其平均年龄为 25 岁。其中 4 人是学生,一人是教授。学生全部是 16 岁,教授年龄为 61 岁,显然教授的年龄对整个平均年龄发生了显著的影响。只有取中位值或众值才具有代表性。

2. 离散程度测量

集中趋势(众值、中位值、均值)表示一组数据的典型情况,但实际上,各个数据之间仍然存在着差异,它不足以说明和概括这组数据的全貌。

例如:有 3 个分布,各含有 5 个数值,其内容如下。

甲分布:80,80,80,80,80。 $\overline{X} = 80$

乙分布：40，40，80，120，120。 $\overline{X}=80$
丙分布：2，18，25，96，259。 $\overline{X}=80$

3个分布的集中趋势都相同，都等于80。但每个分布各项目对中央趋势的离散有所不同。甲分布中，5个数值都相等，并无离散趋势；乙分布中，各个数值，稍呈分离；丙分布中，则各数值的分散很大，几乎没有一个可集中之点。

那么，什么是离散程度呢？

反映数据对于集中趋势的偏离程度的统计量就叫做离散程度统计量。

换言之，离散程度表示一组数值的差异情况或离散程度，测量的是数值的离散趋势。集中趋势的代表性如何，要由离散程度来表明。凡离散程度愈大，集中趋势的代表性愈小(如丙)；离散程度愈小，则集中趋势的代表性愈大(如乙)。假如一组数据彼此相同，离散程度为0，集中趋势即该数值本身(如甲)。

因此，这种离散程度就是与集中趋势有关的衡量分散程度的度量值。

离散程度是指现象的某一数量标志的各项数值距离它的代表值的差异程度。它是反映总体标志数值分布特征的又一个重要特征。集中趋势统计量将总体各单位标志数值的差异抽象化了，从而反映出社会现象在一定条件下的一般水平。但是，同质总体中各单位标志数值之间的差异还是客观存在的，而且这种差异在有些问题的研究中非常重要。因此，统计分析在运用集中趋势法分析某一问题时，还必须进一步对被抽象化的各单位标志值的差异程度进行测定。这样，集中趋势和离散程度统计量分别反映同一总体在数量上的共性(集中范围和程度)与差异性(波动范围和差异程度)，两者结合运用，有助于人们更全面地认识总体的分布特征。

(1) 定位层次：异众比率，可用 V_R 表示。

异众比率是总体中非众数次数与总体全部次数之比。它虽也是一个相对指标，但与标准差系数不同，它不是由以绝对数形式表现的离散程度指标与其对应的平均指标众数所作的对比，事实上也没有与众数相配套的绝对数形式表现的标志变异指标。异众比率的计算公式为：

$$V_R = \frac{N - f_{mo}}{N}$$

式中：V_R——异众比率；

f_{mo}——众数次数。

【例】 在某强制戒毒所抽取强制戒毒患者36人，其中男性27人，女性9人，试求异众比率。

∵ $N = 36$，$f_{mo} = 27$

∴ $V_R = \dfrac{N - f_{mo}}{N} = \dfrac{36 - 27}{36} = 0.25$

异众比率的意义在于指出众数所不能代表的那一部分调查单位数在总体中的比重。异众比率愈小，说明众数的次数愈接近总体次数，标志变异的程度愈小，众数的代表性愈大；异众比率愈大，说明众数的次数愈小，标志变异的程度愈大，众数的代表性愈小。

异众比率计算简单，只涉及众数次数和总体单位数，因而，它能用于其他离散程度统计指标均无法测定的定类尺度的测量。

(2) 定序层次：四分位差，可用 Q 表示。

四分位差的公式：

$$Q = Q_3 - Q_1$$

其意义是，舍弃资料的最大与最小的四分之一，仅就中央部分的资料测其极差。

为什么要舍弃前后四分之一，留下中间的 50% 呢？为了避免受极端数值的影响。极端数往往出现在资料的两端，因而舍弃两端，来看 50% 的资料之差异。

上节已讲中位值的求法。

(1) 排列；

(2) 求中央位置，M_d 的位置 $= \dfrac{n+1}{2}$；

(3) 求位值。

求四分位的点上的数值与求中位值的步骤是一样的。

$$Q_1 \text{ 位置} = \frac{1(n+1)}{4}$$

$$Q_2 \text{ 位置} = \frac{2(n+1)}{4} = \frac{n+1}{2} = M_d \text{ 位置}$$

$$Q_3 \text{ 位置} = \frac{3(n+1)}{4}$$

再从位置求出位值。

例如：某电视台举行中学生智力竞赛，如有两个中学参加，甲中学有 8 人参加，乙中学有 9 人参加，共需回答 10 个问题。

甲中学答对：4，4，5，6，8，9，9，10。（$n=8$）

乙中学答对：4，5，5，7，7，8，9，9，10。（$n=9$）

我们先求集中趋势。

甲中学：M_d 的位置在 4.5 个处，$M_d = (6+8)/2 = 7$

乙中学：M_d 的位置在 5 个处，$M_d = 7$

从集中趋势看，$M_d = 7$，两个中学相比，分不出高低。但事实上分布是有所不同的。我们就要看其分布情况，如用全距，都为 $10-4=6$，仍是一样，因而用四分位差来处理。

① 首先要求出其位置。

甲中学：

$$Q_1 \text{ 位置} = \frac{8+1}{4} = 2.25$$

$$Q_2 \text{ 位置} = \frac{2(8+1)}{4} = 4.5$$

$$Q_3 \text{ 位置} = \frac{3(8+1)}{4} = 6.75$$

乙中学:

$$Q_1 \text{ 位置} = 2.5$$
$$Q_2 \text{ 位置} = 4.5$$
$$Q_3 \text{ 位置} = 7.5$$

② 求出其位值。

Q_1 的位置在 2.25 位置上,对甲中学而言在 4、5 之间的 0.25 处。

甲中学: $\quad Q_1 = 4 + 0.25(5-4) = 4.25$
$\quad Q_2 = 7$
$\quad Q_3 = 9 + 0.75(9-9) = 9$

乙中学: $\quad Q_1 = 5 + 0.5(5-5) = 5$
$\quad Q_3 = 9$

我们得到这样的计算结果,求四分位差。

甲中学: $\quad Q = Q_3 - Q_1 = 9 - 4.25 = 4.75$
乙中学: $\quad Q = 9 - 5 = 4$

对于甲: $\quad M_d = 7 \quad Q = 4.75$
乙: $\quad M_d = 7 \quad Q = 4$

这样的结果,它的含义是:离散数值越大,表明这一组数值对于集中趋势的分散越大,即越不集中;离散数值越小,则表明集中趋势分散越小。4 对 7 相比 4.75 对 7 而言,相对比较集中。乙中学 $Q=4$,说明乙中学的智力相对集中一点,智力水平比较平均;而甲中学 $Q=4.75$,相对而言,比乙中学的智力水平要分散一点。

甲: $\quad \dfrac{Q}{2} = \dfrac{4.75}{2} = 2.375$
$\quad Q_1 = 7 - 2.375 = 4.625$
$\quad Q_3 = 7 + 2.375 = 9.375$

乙: $\quad \dfrac{Q}{2} = \dfrac{4}{2} = 2$
$\quad Q_1 = 7 - 2 = 5$
$\quad Q_3 = 7 + 2 = 9$

说明甲中学 8 个人中有一半的人落在 4.625~9.375 区间内,而乙中学 9 个人中有 50% 的人落在 5~9 的区间内。也即说乙中学的平均智力相对比较集中。

四分位差虽然克服了全距的缺点,不受极端值的影响,但它仅以两数之差为基准,损失资料太多,所以也是一个比较粗略的离散程度统计量,因而用途有限。一般当用中位数表示数据分布的集中趋势时,就用四分位差表示离散程度。

(3) 定距层次:标准差用 σ 表示。

对于定距、定比变量,可用标准差的测量法。

什么叫标准差? 一群数值与其平均数之差的平方和除以全部个案数目所得的平方根,就是标准差。

$$\sigma = \sqrt{\frac{\sum(X-\overline{X})^2}{N}}$$

标准差通常用一个小写希腊字母 σ 来表示。

例如:有 10 个家庭每个月比前两年增加开支的情况是:

85, 63, 50, 46, 37, 34, 28, 25, 22, 20。

① 先计算 10 个家庭平均每月增加支出多少?

用集中趋势表示:

$$X = \sum X/n = 41 \text{ 元}$$

② 这 10 个家庭,对这个平均值(41 元)的偏差程度如何? 往往用标准差表示。

$$\sigma = \sqrt{\frac{(85-41)^2 + (63-41)^2 + \cdots + (20-41)^2}{10}}$$

$$= \sqrt{\frac{3\,818}{10}} \approx 19.5$$

这表示,这 10 户人家,每个月增长消费支出的标准差是 19.5。

假如有另 10 户人家,其标准差是 7.8,在这种情况下,19.5>7.8。说明前 10 户人家支出的分布比较分散,用得多了的很多,节省的人家十分节俭。而后 10 户人家则支出比较平均。

因此,标准差越大,表示分布越分散;而标准差越小,表示分布越集中。

3. 使用视窗 SPSS 获得描述统计量

如何用 SPSS 产生描述统计量,也就是说如何得到频数分布、众数、中位数、均值、极差和标准差?

(1) 借助视窗 SPSS 获得频率分布与众数。

在 SPSS 数据编辑器中,我们先将某些问题分别给定变量名 X_1、X_2 和 Y 等。然后,先在 SPSS 主菜单中选择 STATISTICS,敲击 SUMMARIZE,再选择 FREQUENCIES。一旦你选择了这一选项,你必须选择几个变量,如 X_1 和 Y。然后,从挑选的选项中敲击"Statistics"后,一个带有集中趋势、离散程度以及分布的选项的界面会出现。敲击"Mode"旁的框继续。然后敲击 OK,指示 SPSS 计算频率分布与寻找众数。

SUMMARIZE-FREQUENCIES(概括频率)程序产生了频率分布和与其联系的对每一问

题的回答的百分率分布。它的输出包括一张统计表与一张包含了变量标签、值标签、频率、百分率、有效百分率与累计百分率的表。有效的百分率是当任一无效的回答被去掉后确定的。

通常,无效情况输入时,在数据集合中,以空白或特殊代码代替,统计分析软件能鉴别出无效回答而不让它们进入统计分析。关于 SPSS 下的频率分布,排除数据在"有效百分率"栏中注明。

有效百分率的检查展现了每个问题的集中趋势。

(2) 利用 SPSS 找到中位数、极差、标准差。

利用 SUMMARIZE-FREQUENCIES(概括频率)程序确定中位数,也是一件简单的事情。正如我们所指出的,为了使中位数成为对中心趋势敏感的量,必须安排成一定的逻辑次序。为了确定中位数,你所要做的是从将年龄选作分析变量的 FREQUENCIES-STATISTICS 界面上选择"Median"选项。

正如我们常提及的那样,计算机统计程序不能识别各种问题的分类设想。因此,分析员有责任辨明分类设想进而挑选正确的程序。如有这样一个问题:"你期望包括通话费与空闲时间的月基本收费是多少?"被访问者回答时就是一个特定的费用数,所以我们有了一个比率规模。让我们假设该问题的 SPSS 变量名为"Month",其代表着"每月基本收费"。这里,我们不想做频数表有两个理由。首先,月规模是一个范围;其次,一个频数表将不得不设置相当大,来容纳所有不同的月收费。所以我们使用 STATISTICS-SUMMARIZEDE-DESCRIPTIVES 命令,在选择月作为分析的变量后敲击 Options 按钮。在选项窗口中,你可以选择均值、标准差、极差,等等。

三、相关分析

1. 相关的意义及类型

(1) 简单地讲,相关就是指两列变量之间的相互关系。

社会经济现象是普遍联系和相互依存的。从数量上研究社会经济现象之间的依存关系,反映出各种条件或原因对现象变化的作用,对市场研究具有重要的意义。

例如:我们考察人的生理特征,个子的高低与体重的关系,要找出一个关系式来表示它们之间的相互关系。

又如,农业生产上施肥量与农产量存在什么关系,降雨量的多少对农作物的产量有什么影响。

在社会学中,我们研究父亲工资高低对子女的社会地位有什么影响。

在教育心理学中,一个学生在中学时代的成绩与他大学里的成绩有什么关系,在大学里的成绩对他以后创造性研究又有什么关系。又如课程的设置与教育质量存在什么内在联系。

以至有多种因素,如一个人的知识与聪明、用功、父母教育、年龄、书籍多少是种什么关系?

其中哪个因素有影响,哪个因素不存在影响。把每一对抽出来,也就是变成两个变量的关系。

总之,我们要找出量与量的关系,即 X, Y 之间的关系。

但是单讲相关是两列变量之间的相互关系,还不能刻画相关的本质含义。变量之间的关系,现象之间的关系,存在着两种不同类型。

① 函数关系,也即确定性关系。当一种现象(一个数值)的数量确定之后,另一种现象(另一个数值)也随之完全确定。如,圆的面积和它的半径之间的关系,又如自由落体运动中高度与重力加速度之间的关系等。这种变量关系我们称之为函数关系,研究这类关系是用数学分析的方法。

② 相关关系。这种现象的变量关系并不是完全确定的。一个现象的数量确定了,而另一现象的数量还可能在一定范围内变化,并不随之完全确定。例如施肥和农作物产量的关系,农作物产量除了受施肥多少的因素影响以外,还受土壤、种子、气候、耕作深度等其他因素的影响。又如儿子的身高,除了其父母身高的因素以外,还有营养、活动、环境等因素的影响。青少年犯罪除了家庭影响以外,还有社会交友、个人经历、生理心理等因素的作用。也就是说,在社会生活中,现象之间的依存关系,除了我们关心的因素之外,同时还会受到其他许多因素的影响,其中错综复杂的关系有些属于人们暂时尚未认识的,有些虽已被认识但还无法控制的,再加上在计量上的误差,就造成了这些现象之间的变量关系的不确定性。但是不确定的变量关系还是有规律可循的,人们经过大量观察,发现许多现象变量之间确实存在着某种规律性。在这种情况下,我们在市场研究中,就应多观察些单位,消除无关因素的影响,以便研究现象因素之间的关系。我们就称这类现象因素之间的关系为相关关系,而研究这类相关关系的理论和方法,就是相关分析。

具体说,统计相关分析就是要:

① 确定现象的变量之间是否存在相关关系,并且找出合适的数学表达式。

② 测定现象之间相关的密切程度。

③ 研究相关关系中哪些是主要因素,哪些是次要因素,这些因素之间的关系又如何。

(2) 相关的种类。

现象的相关关系可以按不同的标志加以区分。

① 按相关的程度分完全相关、不完全相关和不相关。两个现象其中一个现象的数量变化由另一个现象的数量变化所确定,则称这两种现象间的关系为完全相关,例如上面所举的圆的面积 A 决定于它的半径 R,即 $A = \pi R^2$。在这种情况下,相关关系即成为函数关系,也可以说函数关系是相关关系的一个特例。两个现象彼此互不影响,其数量变化各自独立,称为不相关现象。例如棉花纤维的强度与工人出勤率一般认为是不相关的。两个现象之间的关系,介乎完全相关和不相关之间称为不完全相关,一般的相关现象都是指这种不完全相关,这是统计相关分析的主要研究对象。

② 按相关的性质分正相关和负相关。两个相关现象,当一个现象的数量由小变大,另一个

现象的数量也相应由小变大,这种相关称为正相关。例如工人的工资随着产量的增加而增加。当一个现象的数量由小变大,而另一个现象的数量相反地由大变小,这种相关称为负相关。例如商品流转的规模愈大,流通费用水平则愈低。

③ 按相关的形式分线性相关和非线性相关。对于两个相关现象进行实际调查,获得反映这个变量相关关系的一系列数据。一种现象的一个数值和另一现象的相应数值,在平面直角坐标系中确定一个点,如果这些点大致散布在一直线的附近两旁,则这两种现象构成线性相关的形式。如果现象相关点的分布,并不表现为直线的关系,而近似于某种曲线方程的关系,则这种相关关系称为非线性相关。例如小麦的播种量和亩产量之间的相关关系就是一种非线性相关。

④ 按影响因素的多少分单相关和复相关。两个现象的相关,即一个因变量对于自变量的相关关系,称为单相关,又称简相关。当所研究的现象是几个变量的相关,即一个因变量对于两个或两个以上自变量的相关关系,称为复相关,又称多元相关。在实际工作中,如果存在多个自变量,可以抓住其中最主要的因素研究其相关关系,也就是将复相关转化成单相关的问题。

2. 定类变量间的相关测定:λ 系数(Lambda)

λ 测定适用于两个定类变量的相关测定,取值范围在 0~1 之间。λ 值越大,表明 X 和 Y 两变量间的相关程度越大;反之,越小。λ 测定法的计算公式为:

$$\lambda = \frac{\sum f_{im} - F_{ym}}{N - F_{ym}}$$

式中:f_{im}——X 每一类别中 Y 分布的众数次数;

F_{ym}——Y 边缘分布中的众数次数;

N——总体单位数。

【例】 考察老年人的性别与对待火葬的态度之间的关系,获得资料如表 13-10,试测定相关程度。

表 13-10 60 名老年人的性别与其对待火葬的态度交互分类表

火葬态度 Y	性别 X		合计
	男	女	
赞　成	29	7	36
反　对	11	13	24
合　计	40	20	60

从表中可知,Y 的众数为"赞成",众数次数为 36,即 $F_{ym}=36$。再从 X 的每一分类中看,男性中 Y 分布的众数是"赞成",众数次数是 29;女性中 Y 分布的众数是"反对",次数是 13。将表 13-10 数据代入计算公式:

$$\lambda = \frac{\sum f_{im} - F_{ym}}{N - F_{ym}} = \frac{(\sum f_{1m} + \sum f_{2m}) - F_{ym}}{N - F_{ym}}$$

$$= \frac{(29+13)-36}{60-36} = 0.25$$

计算结果表明,这 60 名老年人的性别与其对待火葬的态度之间存在相关关系,相关程度为 0.25,属于低度相关。

3. 定序变量间的相关测定：G 系数（Gamma）

G 系数适用于两个定序变量的相关测定,取值范围在 $-1 \sim +1$ 之间。这种测定方法主要是从两变量的变化顺序是否一致去思考问题的,其计算公式为：

$$G = \frac{N_s - N_d}{N_s + N_d}$$

式中：N_s——X 和 Y 两变量变化顺序一致的数目,即同序对数目；

N_d——X 和 Y 两变量变化顺序相反的数目,即异序对数目。

【例】 研究管理者的管理能力与其声望之间的关系,获得资料如表 13－11 所示,求 G 系数。

表 13－11 管理人员的管理能力与声望交互分类表

声望 Y	管理能力 X			合 计
	高	中	低	
高	60	12	1	73
中	30	26	7	63
低	20	12	6	38
合 计	110	50	14	174

由于表 13－11 两个变量的排列已经有了次序高低的特征,从左往右,是由高到低,而从右往左,是由低到高,故计算 N_s 和 N_d,可采用如下方法：

N_s 等于交互分类表中所有左上角数字与其对应的右下角数字和之积之总和；

N_d 等于交互分类表中所有右上角数字与其对应的左下角数字和之积之总和。

求 N_s 和 N_d 的方法如图 13－4 和图 13－5 所示。

图 13－4 交互分类表计算同序对数图解

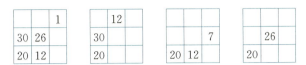

图 13-5 交互分类表计算异序对数图解

根据上面的方法计算表中 N_s 和 N_d 为：

$N_s = 60(26+7+12+6)+12(7+6)+30(12+6)+26×6 = 3\,912$(对)

$N_d = 1(26+30+12+20)+12(30+20)+7(12+20)+26×20 = 1\,432$(对)

$$G = \frac{N_s - N_d}{N_s + N_d} = \frac{3\,912 - 1\,432}{3\,912 + 1\,432} = \frac{2\,480}{5\,344} = 0.46$$

计算结果表明，管理人员的管理能力与其声望之间存在正相关关系，相关程度为 0.46，接近中度相关。

4. 定距变量间的相关测定：r 系数

两个定距或定比变量之间的相关测定，最常用的是积差系数。它是由英国统计学家皮尔逊(Pearson)用积差方法推导出来的，所以也称皮尔逊相关系数，用符号 r 表示。其计算公式根据资料不同有不同的计算方法。

(1) 未分组资料求 r 系数。

计算公式为：

$$r = \frac{\sum(x-\overline{x})(y-\overline{y})}{\sqrt{\sum(x-\overline{x})^2 \cdot \sum(y-\overline{y})^2}}$$

【例】某社区居民月人均收入与月消费支出资料如表 13-12 前两列所示，试计算相关系数 r。

表 13-12 月人均收入与月消费支出相关系数计算表

家庭编号	月收入 x(元)	月支出 y(元)	$(x-\overline{x})$ $\overline{x}=800$	$(x-\overline{x})^2$	$(y-\overline{y})$ $\overline{y}=500$	$(y-\overline{y})^2$	$(x-\overline{x})(y-\overline{y})$
1	300	240	−500	250 000	−260	67 600	130 000
2	460	260	−340	115 600	−240	57 600	81 600
3	500	300	−300	90 000	−200	40 000	60 000
4	540	300	−260	67 600	−200	40 000	52 000
5	600	350	−200	40 000	−150	22 500	30 000
6	800	400	0	0	−100	10 000	0
7	1 000	600	200	40 000	100	10 000	20 000
8	1 100	700	300	90 000	200	40 000	60 000
9	1 200	800	400	160 000	300	90 000	120 000
10	1 500	1 050	700	490 000	550	302 500	385 000
合计	8 000	5 000	—	1 343 200	—	680 200	938 600

先求:$\overline{x}=8\,000/10=800$,$\overline{y}=5\,000/10=500$,再列表计算有关数据,计算过程如表所示。将表中有关数字代入公式,相关系数为:

$$r=\frac{\sum(x-\overline{x})(y-\overline{y})}{\sqrt{\sum(x-\overline{x})^2\cdot\sum(y-\overline{y})^2}}$$

$$=\frac{938\,600}{\sqrt{1\,343\,200\times 680\,200}}=\frac{938\,600}{955\,847.6}=0.982$$

计算结果表明,居民家庭月人均收入与月消费支出之间存在高度正相关关系。

(2) 分组资料求 r 系数。

在资料分组的条件下,相关系数的计算需要采用加权的方法,计算公式为:

$$r=\frac{\sum(x-\overline{x})(y-\overline{y})f}{\sqrt{\sum(x-\overline{x})^2 f\cdot\sum(y-\overline{y})^2 f}}$$

【例】 根据表 13-13 的资料,计算妇女受教育年限与其生育子女数之间的相关系数。

表 13-13 30 名妇女受教育年限与生育子女数相关系数计算表

教育年限 x(年)	子女数 y(个)	人数 f	xf	yf	$x-\overline{x}$ $\overline{x}=7$	$f(x-\overline{x})^2$	$y-\overline{y}$ $\overline{y}=3$	$f(y-\overline{y})^2$	$f(x-\overline{x})(y-\overline{y})$
2	7	3	6	21	−5	75	4	48	−60
2	4	4	8	16	−5	100	1	4	−20
3	4	2	6	8	−4	32	1	2	−8
4	3	1	4	3	−3	9	0	0	0
6	3	3	18	9	−1	3	0	0	0
8	2	5	40	10	1	5	−1	5	−5
9	3	4	36	12	2	16	0	0	0
10	1	2	20	2	3	18	−3	8	−12
10	1	2	20	2	3	18	−2	8	−12
16	1	2	32	2	9	162	−2	8	−36
合计		30	210	91	—	456	—	79	−153

$$\overline{X}=\frac{\sum Xf}{\sum f}=\frac{210}{30}=7(年)$$

$$\overline{Y}=\frac{\sum Yf}{\sum f}=\frac{91}{30}=3(个)$$

将表 13-13 有关数字代入计算公式：

$$r = \frac{\sum(x-\overline{x})(y-\overline{y})f}{\sqrt{\sum(x-\overline{x})^2 f \cdot \sum(y-\overline{y})^2 f}}$$

$$= \frac{-153}{\sqrt{456 \times 79}} = -0.81$$

计算结果表明，妇女受教育年限与生育子女数之间存在高度负相关关系，相关程度为 -0.81。

统计分析中相关分析和回归分析研究的都是两个或者两个以上变量的相互关系。

相关分析和回归分析是对变量间相关关系进行研究的两个阶段。相关分析主要是揭示关系本身，研究的是两个或两个以上变量间的相关关系。它从方向上看，有正相关和负相关之别，从表现形式上看，还可以分成直线相关和曲线相关，而且不同的变量之间的相关关系密切程度也是不一样的。回归分析则主要是依据以上所研究的相关关系，对具有相关关系的两个或两个以上变量，根据其关系的具体形式选择合适的数学模型，并将变量间的相关关系与具体数学模型相结合，以近似地表现变量间的平均变动关系。如果这个数学模型是线性的，我们则称其为线性回归分析，常见的线性回归分析有一元线性回归分析和多元线性回归分析等。

一元线性回归分析的目的是为了在实际工作中进行预测。根据回归方程，当自变量取一定的数值时，就可以推算出相应的因变量的预测值。

表 13-12 例中，若人均月收入为 1 100 元，月人均消费支出为：

$$y_c = -60 + 0.7 \times 1\,100 = 710(元)$$

预测值与实际值相差 10 元。

回归方程还可用于预测，若月人均收入为 2 000 元，在其他条件稳定时，预测月人均消费支出为：

$$y_c = -60 + 0.7 \times 2\,000 = 1\,340(元)$$

需要说明的是，对上面所求的方程，只能给定自变量 x 的值去推算因变量 y 的值，而不能由 y 的值去推算 x 的值。若 x 与 y 互为因果，则可以建立以 y 为自变量、x 为因变量的回归方程，再据 y 的给定值去推算 x。

第四节 推 论 统 计

一、推论统计一般概念

推论统计是一门通过样本的统计值来估计总体的参数值的学问。在市场研究中，我们很少做普查,更多的是做抽样调查,所描述分析的资料也多为样本资料。对样本资料的分析是叙述统计,如前所述,集中趋势、离散程度、相关分析、回归分析等。然而,抽样调查的目的是要由样本特征对总体作出结论,这就是推论统计。

推论统计分为两大类:参数估计(parameter estimation)和假设检验(hypothesis testing)。所谓参数估计,就是根据一个随机样本的统计值来估计总体之参数值是多少。例如,由样本算出的每月收入平均是 680 元,然则在总体中平均是多少呢?可见参数估计这类统计推论方法,是先看样本情况,才问总体的情况。至于假设检验,在逻辑上与参数估计有点不同:它是首先假设总体的情况是怎样的,然后以一个随机样本的统计值来检验这个假设是否正确。换言之,要先构思总体的情况,才进行抽样和分析样本的资料。例如,我们先假设总体的均值是 750 元,然后根据样本的均值来发问:原先的想法(即假设)对吗?由此可见,参数估计与假设检验,虽然都是用来作推论统计,但在逻辑上略有不同:前者是先看样本情况才问及总体的情况,后者则先构思总体的情况,然后才进行抽样和分析样本的资料。

二、参数估计

1. 点值估计与间距估计

以样本的统计值来估计总体的参数值,有两大类做法,一类是点值估计,另一类是间距估计。两者皆要求样本是以随机方法抽取的。

点值估计,就是以一个最适当的样本统计值来代表总体的参数值。例如,我们要知道某地的青年人有多少是赞成一胎化的政策,可以从该地区抽取一个青年人的样本,假定发现样本中有 60% 是赞成,我们便说:整个地区约有 60% 的青年赞成一胎化的政策。又如,要知道该地区的青年人的平均收入,我们就以样本的均值作为估计值。一般来说,如果样本愈大和抽样的方法愈严谨,这种估计方法愈可信。但无论如何,抽样误差是难免的,点值估计法的可信程度是多少很难知道。市场研究,通常是采用间距估计法。

所谓间距估计,就是以两个数值之间的间距来估计参数值。至于间距的大小,就要取决于我们在估计时所要求的可信程度是多少。在样本大小相同的情况下,如果要求的可信度愈大,则间距就会愈大。这个间距,通常称为"可信间距"。例如,从样本中算出有 60% 的青年赞成一胎化,在估计总体中的百分率时,如果所要求的可信程度是 95%,则可信间距就是介于 55% 与 65% 这两个数值之间。换言之,我们的估计是:总体中赞成一胎化的比率是介于 55% 与 65% 之间;这个估计的可信程度是 95%。假定所要求的可信度改为 99%,则可信间距便要扩大到介于 53% 与 67% 之间。间距的大小与可信度的高低成正比,这是不难理解的:在估计时所用的间距如果很小,错误的机会当然较大,可信度自然较低。

2. 均值的间距估计

如果所要求的可信度是 95%,可用下面的公式来计算可信间距:

$$\overline{X} \pm 1.96(SE)$$

即
$$\overline{X} \pm 1.96\left(\frac{S}{\sqrt{N}}\right)$$

或
$$\overline{X} - 1.96\left(\frac{S}{\sqrt{N}}\right) \leqslant M \leqslant \overline{X} + 1.96\left(\frac{S}{\sqrt{N}}\right)$$

如果所要求的可信度是 99%,则公式如下:
$$\overline{X} \pm 2.58(SE)$$

即
$$\overline{X} \pm 2.58\left(\frac{S}{\sqrt{N}}\right)$$

其中 $\overline{X}$ 是样本的均值,SE 是标准误差,S 是样本的标准差,N 是随机样本的大小。举例来说,我们要估计某地区青年人的平均工资(M),所抽取的一个样本是: $N = 225$ 人,$\overline{X} = 430$ 元,$S = 105$。如果要求的可信度是 95%,则为:

$$430 \pm 1.96\left(\frac{105}{\sqrt{225}}\right)$$

$$430 \pm 13.72$$

即
$$(430 - 13.72) \leqslant M \leqslant (430 + 13.72)$$
$$416.28 \leqslant M \leqslant 443.72$$

因此,我们的估计是:全区青年人的平均工资是介于 416.28 元和 443.72 元之间;这个估计的可信度是 95%,即只有 5% 的错误可能性。

在上例中,倘若所要求的可信度提高为 99%,则:

$$430 \pm 2.58\left(\frac{105}{\sqrt{225}}\right)$$

可信间距的大小与样本的大小是成反比的。样本愈大,其代表性一般是愈大,因此在估计时就可用较小的间距。换言之,在固定可信度以后,只要将样本加大,就可以得到较小的间距,使我们的估计更加精密。

3. 百分率(或比例)的间距估计

如果要求 95% 的可信度,则计算可信间距的公式是:

$$P \pm 1.96(SE)$$

即
$$P \pm 1.96\sqrt{\frac{P(1-P)}{N}}$$

如果要求 99% 的可信度,公式是:

$$P \pm 2.58(SE)$$

即
$$P \pm 2.58\sqrt{\frac{P(1-P)}{N}}$$

其中 P 是样本中的比例(即百分率),SE 是抽样分布的标准误差,N 是随机样本的大小。

举例来说,我们要估计某城镇有多少家庭是夫妻不和的。从一个随机样本($N=100$)中知道有 20% 的家庭不和,即 $P=20\%=0.20$。如果要求的可信度是 95%,则:

$$0.20 \pm 1.96\sqrt{\frac{0.20(1-0.20)}{100}}$$

即
$$0.20 \pm 0.08$$
也即
$$0.12 \leqslant P \leqslant 0.28$$

由此可见,在该城镇的全部家庭中有 12% 至 28% 的家庭是夫妻不和的,而这个估计的可信度是 95%。

如果要求的可信度是 99%,则:

$$0.20 \pm 2.58\sqrt{\frac{0.20(1-0.20)}{100}}$$

即
$$0.20 \pm 0.10$$
也即
$$0.10 \leqslant P \leqslant 0.30$$

可见有 99% 的机会是:该城镇的夫妻不和家庭所占的比例介于 10% 与 30% 之间。相比之下,也可见到 99% 的可信间距是大于 95% 的可信间距的。

三、假设检验

假设检验是推论统计中常用的一种方法。它是对未知总体先作出某种假设,再选取适当样本,根据样本观察的数据来检验原假设是否正确,以决定是接受还是拒绝原假设。

1. 假设检验的基本概念与一般步骤

(1) 研究假设与虚无假设。研究假设是经过探索性研究,根据抽样调查资料而作出的假设,用 H_1 表示;虚无假设是与研究假设相对立的假设,它是根据对某一总体特征的初步了解而作出的假设,用 H_0 表示。例如,经初步研究认为,某地老人的月均生活水平已超过若干年前的平均数 300 元,这就是研究假设。虚无假设则与此相反,认为老人现在的生活水平没有超过或等于以前的 300 元。设立虚无假设是检验研究假设能否成立的必不可少的手段。上例中,如抽样调查的结果是,老人的月均生活水平已越过 300 元,那么还不能肯定研究假设正确。因为从总体中抽取样本,不可避免地存在误差,样本结果有可能是由抽样误差造成的。因此要对研究假设作出肯定,必须设法否定抽样误差。抽样误差是建立在总体内月均生活水平低于或等于 300 元基础之上的,即建立在虚无假设的基础之上,如果能够否定虚无假设,也就可以否定抽样误差,从而表明研究假设可能成立。

(2) 否定域与显著水平。否定域是指在抽样分布中分属两端的能够否定虚无假设 H_0 的小区域。否定域的大小,是由显著水平决定的。显著水平则是指否定域的概率,是研究者根据抽样资料对统计假设作出不正确结论的冒险性程度。显著水平用符号 $α$ 表示,它可以视研究的需要而被规定在任意的水平上。当显著水平控制在一定限度以内,如取 $α=0.05$、0.01 等,便可确定否定域。

(3) 一端检验和二端检验。在检验虚无假设 H_0 时,如果否定域在抽样分布的一端,称为一端检验;如果否定域在两端则称为两端检验,即 $α=α_1+α_2$。决定选用一端还是二端检验,取决于研究假设 H_1 的方向。如 H_1 未指明方向(如赞成人数≠反对人数),用二端检验;如已知 H_1 的方向(如赞成人数>反对人数,或赞成人数<反对人数),则用一端检验。

(4) 甲种错误和乙种错误。所谓甲种错误是指在推断统计中把一个本来是正确的虚无假设给否定了。所谓乙种错误是把一个本来是错误的虚无假设给接受了。发生甲种错误的概率就是显著水平 $α$。显著水平既然是否定 H_0 概率,当然也是甲种错误的概率。如果 $α=0.01$,则甲种错误的概率也是 0.01。乙种错误常用 $β$ 表示,它与 $α$ 成反比。它表明,甲种错误愈小,乙种错误愈大,甲种错误愈大,乙种错误愈小,两种错误是一对矛盾。只要以样本为依据进行统计推断,就存在发生两种错误的风险。要使甲、乙两种错误得到某种程度的协调,两类错误的概率同时减小,可行的办法是增加样本容量。因此,社会研究中一般都采用大样本的统计,并通常选用 0.05、0.01、0.001 作为假设检验的显著水平。

(5) 假设检验的一般步骤:

① 建立研究假设 H_1 和虚无假设 H_0;

② 规定显著水平 $α$,查表得到否定域的临界值;

③ 由样本资料计算出检验统计量的具体数值(统计值);

④ 将实际计算的检验用的统计值与临界值比较,决定虚无假设的取舍[1]。

2. 平均数的检验

对总体单值平均数的检验,和下文所要介绍的两平均数之差的检验,在大样本情况下,用 Z 检验法,在小样本中则用 t 检验法。一般而言,当 $n≥30$ 时,为大样本。当 $n<30$ 时,为小样本。Z 检验法常用的显著水平及其否定域如表 13-14 所示。

表 13-14　Z 检验法的显著水平及其否定域

显著水平 $α$	临界值	
	一端	二端
0.05	1.65	1.96
0.01	2.33	2.58

---

[1] 范伟达:《现代社会研究方法》,复旦大学出版社 2001 年版。

(1) 大样本方法(Z 检验法)。

大样本平均数检验的公式是:$Z = \dfrac{X - \mu_0}{S_{\bar{X}}} = \dfrac{X - \mu_0}{\dfrac{S}{\sqrt{n}}}$

【例】 达拉斯的一家录像带销售连锁店 Video Connection 最近完成了一项对 200 名消费者的调查,其中一个问题是"和本地区其他店相比,你认为我们店是很好、稍好、一般、稍差、很差?"对于不同回答的编码如表 13-15 所示。

表 13-15 不同回答的编码

回答	编码	回答	编码
很好	5	稍差	2
稍好	4	很差	1
一般	3		

平均得分为 3.4,样本标准差为 1.9。公司经理怎样才能确认自己连锁店显著高于 3(中等水平)呢?这种情况下,Z 检验是适用的,步骤如下。

① 建立研究假设 H_1 和虚无假设 H_0。

$H_1 : \mu_0 > 3$

$H_0 : \mu_0 \leqslant 3$

② 确定允许的抽样误差水平 α。若 $\alpha = 0.05$,表中 Z 的临界值 $= 1.65$[见书末 Z 检验表,0.05 显著水平,一端检验。如果确信平均数高于 3,那么公司就必须冒险接受小于等于 0.05($\alpha = 0.05$)的抽样误差]。

③ 样本标准差为 $S = 1.9$。

④ 计算平均数的抽样误差用下面公式:

$$S_{\bar{X}} = \dfrac{S}{\sqrt{n}}$$

式中,$S_{\bar{X}}$ 代表平均数的估计标准差(抽样误差)。

$$S_{\bar{X}} = \dfrac{1.9}{\sqrt{200}} = 0.13$$

⑤ 计算检验统计量。

$$Z = \dfrac{\text{样本平均数} - \text{原假设表述的总体平均数}}{\text{平均数的估计标准差}}$$

$$= \dfrac{3.4 - 3}{0.13} = 3.07$$

因为算出的 Z 值(3.07)大于临界 Z 值(1.65),可以否定 H_0,该公司管理部门现在可有 95% 的把握确信他们店的平均等级高于 3。

(2) 小样本方法(t 检验法)。

$$t = \frac{\overline{X} - \mu_0}{S_{\overline{X}}} = \frac{\overline{X} - \mu_0}{\frac{S}{\sqrt{n-1}}}$$

前面讲过,自由度为 $n-1$ 的 t 检验是对于小样本 ($n < 30$) 做统计推论的合适检测。t 分布理论上对大样本 ($n \geqslant 30$) 也是正确的,样本量大于或等于 30 的分布接近正态分布。尽管对大样本我们常用 Z 检验,但一些统计软件包(如 SAS)将 t 检验用于各种样本容量。

为了说明 t 检验的应用,下面分析一家软饮料厂家对某一种新型软饮料进行的市场测试。该公司随机选取了 12 家超市,新型软饮料在这些超市中在有限的一段时间内出售。要大规模打入市场的话,品牌必须具有足够高的可获利性,公司预计每家店每周必须卖出 1 000 箱,表 13-16 显示了拟检验的每家店每周实际平均销售量。以下步骤检验是否每家店每周的销售量多于 1 000 箱。

表 13-16 某地区软饮料销售量

商店	每周平均销售量(X_1)	商店	每周平均销售量(X_1)
1	870	7	1 305
2	910	8	890
3	1 050	9	1 250
4	1 200	10	1 100
5	860	11	950
6	1 400	12	1 260

每周平均销售量:$\overline{X} = \dfrac{\sum X}{n} = 1\,087.1$

① 建立研究假设 H_1 和虚无假设 H_0。

$H_1: \mu_0 > 1\,000$

$H_0: \mu_0 \leqslant 1\,000$

② 表述允许的抽样误差水平(α)。若 $\alpha = 0.05$ 时,t 的值(临界值)为 1.796(附录 t 分布表,自由度 $= 12 - 1 = 11$,0.05,一端检验)。临界 t 值可从 t 分布表中获得,其中 $df = n - 1 = 11$,$\alpha = 0.05$。

③ 确定样本标准差:

$$S = \sqrt{\dfrac{\sum (X - \overline{X})}{n-1}}$$

式中,X 是在第 I 个店每周观察到的销售量;

$\overline{X}$ 是平均每周销售量;

n 是商店数。

④ 用表 13-16 的数据,计算 S 如下:

$$S = \sqrt{\frac{404\,095.8}{(12-1)}} = 191.6$$

⑤ 计算平均数的估计标准差:

$$S_{\overline{X}} = \frac{191.6}{\sqrt{12-1}} = 57.76$$

⑥ 计算 t 检验统计量:

$$t = \frac{1\,087.1 - 1\,000}{57.76} = 1.51$$

因为计算的 t 值小于临界 t 值,虚无假设 H_0 成立。尽管在所抽选的 12 家店中,每店每周平均销售额 ($x=1087.1$) 高于 1 000,但其误差不具有统计显著性。因此,根据检验结果和判定准则,不宜大规模进入市场。

(3) 两个平均数的假设检验。

营销人员常常希望检验不同调查群体间的差别。我们举例说明如何检验两个平均数之间的差异,其中样本是独立的。

假设一个便利店的例子,管理层希望了解男性和女性在来店频次方面的差别,他们相信男性更经常来,故从光顾店的人中随机抽取 1 000 名顾客做数据收集。以如下步骤检验这个假设。

① 研究假设 H_1 和虚无假设 H_0。

$H_1: \mu_m - \mu_5 > 0$

$H_0: \mu_m - \mu_5 \leqslant 0$

下面是观察所得的两个平均数的差异:

$$11.49 - 8.51 = 2.98$$

② 确定抽样误差水平 (α)。经理决定这次检验可接受的抽样误差为 $\alpha = 0.05$,对于 $\alpha = 0.05$,图表 Z 值(临界值)$= 1.65$(附录 Z 检验表,自由度 $= \infty$, 0.05 显著水平,一端检验)。

③ 估算的两平均数间的差的标准误差计算如下:

$$S_{X_{m-f}} = \sqrt{\frac{S_m^2}{n_m} + \frac{S_f^2}{n_f}}$$

式中,S_m 代表男性总体估计标准差;

S_f 代表女性总体估计标准差；
n_m 代表 m 男性样本的单位数；
n_f 代表 f 女性样本的单位数。

$$S_{x_{m-f}} = \sqrt{\frac{8.16^2}{45} + \frac{5.23^2}{71}} = 1.37$$

注意该公式适用于两个样本有不相等的方差的情况。当两个样本有相等的方差时，则用分离的公式。当在 SAS 或其他统计软件包中进行这个检验时，提供两个 t 值，每个方差假设一个 t 值。

④ 计算检验统计量。

$$Z = \frac{第一和第二个样本平均数的差 - 原假设平均数间的差}{两个平均数间差的标准差}$$

$$= \frac{(11.49 - 8.51) - 0}{1.37} = 2.98$$

⑤ 算出的 Z 值大于临界值(1.65)，可以否定 H_0，接受 H_1。管理层可有 95% 的把握 ($1 - \alpha = 0.95$) 确定男性比女性更经常去便利店购物。

3. 比例的检验

比例的检验只用 Z 值，只是 Z 值的计算公式变为：

$$Z = \frac{p - P_0}{S_p} = \frac{p - P_0}{\sqrt{\frac{P_0(1 - P_0)}{n}}}$$

【例】 某地区进行晚婚情况调查，若随机抽取初婚女子 105 人，测得其中 42 人为达到晚婚年龄后初婚女子。试以 0.05 的显著水平检验与 4 年前该地晚婚率 32% 相比，是否发生显著变化？

解：$H_1: P \neq 32\%$

$H_0: P_0 = 32\%$

$$|Z_{0.05}| \geqslant 1.96(两端)$$

$$P = \frac{42}{105} = 0.4$$

$$Z = \frac{p - P_0}{\sqrt{\frac{P_0(1 - P_0)}{n}}} = \frac{0.4 - 0.32}{\sqrt{\frac{0.32(1 - 0.32)}{105}}} = \frac{0.08}{0.0455} = 1.76$$

$\because Z = 1.76 < |Z_{0.05}| = 1.96$

$\therefore$ 不能否定 H_0。说明该地晚婚率与 4 年前相比未发生显著变化。

复习思考题

1. 具体说明编码、录入和检索错误的各个环节。
2. 编制频数分布的步骤是什么?
3. 什么是集中趋势?众值、中位值、均值哪个更具代表性?
4. 什么是离散程度?它们的计算方法是什么?
5. 简述相关分析的意义和类型。
6. 假设检验的一般步骤是什么?

第十四章

统 计 分 析（二）*

> **学习要点**
> - 了解因子分析在市场调查中的应用
> - 聚类分析的主要步骤
> - 结构方程模型及其应用

> **开篇案例**
>
> 　　上海神州市场调查公司依据上海卷烟消费市场调查的数据，运用聚类分析的方法将上海4万个烟民被访对象划分成4个消费者群体，可以发现一些显著特征如表14－1所示。
>
> 表14－1　上海4万个烟民市场调查结果
>
> | 类别 | 人群1 | 人群2 | 人群3 | 人群4 |
> |---|---|---|---|---|
> | 性别 | 1.08 | 1.02 | 1.03 | 1.04 |
> | 年龄 | 69.43 | 53.49 | 42.89 | 29.52 |
> | 文化程度 | 1.86 | 2.29 | 2.52 | 2.77 |

---

*　本章节由李少星参与编写。

续表

	人群 1	人群 2	人群 3	人群 4
个人收入	1.82	2.39	2.68	2.98
我自己认为是外向型的人	3.19	3.25	3.30	3.35
我很能掌握自己的命运	3.25	3.29	3.30	3.34
当有新观念、时装、产品出现我会首先尝试	2.66	2.83	2.96	3.14
对集体的责任重于个人利益	3.52	3.50	3.46	3.39
命运和机遇对我生命的影响很大	3.38	3.53	3.57	3.61
我的事业比我的家庭更重要	3.10	3.12	3.14	3.14
我非常满意现在的生活水平	3.17	3.01	2.93	2.94
在现今社会里,有关系比有才能更重要	3.47	3.60	3.64	3.60
人群分布 f	568	7 887	9 469	4 336
人群分布 %	2.21	30.67	36.82	16.86

这四个消费群体都具有明显的人口统计因素和心理个性因素的特征。

第一消费群体是老年传统的消费者,体现出一种较为保守的消费倾向。

第二消费群体是中年稳健型的消费者,具有控制社会与自身的优势,代表着一种市场主流的消费倾向。

第三消费群体是壮年中坚型的消费者,他们是社会的中坚力量,年富力强,支撑着当今的社会与市场的运行,显示出一种力挽狂澜的气魄。

第四消费群体是青年现代型的消费者,他们是知识经济的宠儿,年轻有为,在文化、收入上已占优势,自信、自主、新潮、创新,犹如朝阳,面向未来,显示出一股奔腾向前的力量。

通过聚类的消费群组与卷烟营销各个要素进行组合分析,可以揭示出目标市场确定后应选择的市场营销策略。

第一节 因子分析

一、因子分析的历史与应用

因子分析(factor analysis)是多元统计分析技术的一个分支,其主要目的是浓缩数据[1]。

---

[1] 郭志刚:《社会统计分析方法——SPSS软件应用》,中国人民大学出版社1999年版。

它通过研究众多变量之间的内部依赖关系,探求观测数据中的基本结构,并用少数几个假想变量来表示基本的数据结构。这些假想变量能够反映原来众多的观测变量所代表的主要信息,并解释这些观测变量之间的相互依存关系,我们把这些假想变量称之为基础变量,即因子(factors)。因子分析就是研究如何以最少的信息丢失把众多的观测变量浓缩为少数几个因子。

因子分析是由心理学家发展起来的,最初心理学家借助因子分析模型来解释人类的行为和能力,1904 年查尔斯·斯皮尔曼(Charles Spearman)在美国心理学杂志上发表了第一篇有关因子分析的文章《对智力测验得分进行统计分析》,这被视为因子分析的起点。在此后的三四十年里,因子分析的理论和数学基础逐步得到了发展和完善,它作为一个一般的统计分析工具逐渐被人们所认识和接受。50 年代以来,随着计算机的普及和各种统计软件的出现,因子分析在社会学、经济学、医学、地质学、气象学和市场营销等越来越多的领域得到了应用。

因子分析的应用主要有以下两个方面。

第一,寻求基本结构(summarization)。在多元统计分析中,经常碰到观测变量很多且变量之间存在着较强的相关关系这种情形,这不仅给问题的分析和描述带来一定困难,而且在使用某些统计方法时会出现问题。例如,在多元回归分析中,当自变量之间高度相关时,会出现多重共线性现象。变量之间高度相关意味着它们所反映的信息高度重合,通过因子分析我们能找到较少的几个因子,它们代表数据的基本结构,反映了信息的本质特征。例如,某快餐店为了解其市场竞争能力进行消费者调查,通过定性研究设计了 30 个有关快餐店及其产品和服务的调查项目,这 30 个项目可能反映了快餐的质量、价格、就餐环境和服务四个基本方面,通过因子分析我们能找出反映数据本质特征的这四个因子并分析原来 30 个观测变量和它们之间的关系。

第二,数据化简(data reduction)。通过因子分析把一组观测变量化为少数的几个因子后,可以进一步将原始观测变量的信息转换成这些因子的因子值,然后,用这些因子代替原来的观测变量进行其他的统计分析,如回归分析、路径分析、判别分析和聚类分析等,利用因子值也可以直接对样本进行分类和综合评价。

以上这些应用都需要通过因子分析,首先确定能够解释观测变量之间相关的假想因子的个数。一般来说,要是研究者事先对观测数据背后存在多少个基础变量一无所知,因子分析用来作为探索基础变量的维数,这种类型的应用称为探测性(exploratory)因子分析,因子分析的大部分应用都属于这种类型。有些情况下,研究者根据某些理论或其他的先验知识可能对因子的个数或因子的结构作出假设,因子分析也可以用来检验这个假设,作为证实假设的工具,这种类型的应用称为证实性(confirmatory)因子分析,在心理学领域中的应用属于这种类型,这部分内容本章不做讨论。

1. 市场细分

根据消费者的消费心理和生活形态的数据,利用因子分析技术,找出影响消费的若干重要因子,由此来对消费者分群,进而达到市场细分的目的。

2. 利用因子分析进行产品特性研究

产品的特性很多时候是通过一系列定量指标来反映的。这时可以利用因子分析找出影响产品特性的重要因子，并根据因子得分找出自己产品的优势所在，以利于广告宣传。

3. 顾客满意度调查

针对顾客对使用某产品后的满意度进行调查也是市场调查经常进行的一项工作。调查问卷中涉及的问题可能有很多，这时可以用因子分析，找出影响顾客满意度评价的基本因子，帮助企业改进产品质量或服务。

二、因子分析原理

1. 因子分析模型

因为任何一个变量，经过 $z=\dfrac{x-\bar{x}}{\sigma_x}$ 变换（$\bar{x}$ 为 x 的均值，σ_x 为 x 的标准差）成为标准化变量，很容易证明，经过这样的标准化变换不改变变量之间的相关系数，所以，不失一般性，假设我们讨论的是标准化变量。

因子分析模型在形式上和多元回归模型相似，每个观测变量由一组因子的线性组合来表示。设有 k 个观测变量，分别为 $x_1, x_2, \cdots, x_k$，其中 x_i 为具有零均值、单位方差的标准化变量。则因子模型的一般表达形式为：

$$x_i = a_{i1}f_1 + a_{i2}f_2 + \cdots + a_{im}f_m + u_i \quad (i=1, 2, \cdots, k)$$

在该模型中：

(1) $f_1, f_2, \cdots, f_m$ 叫做公因子(common factors)，它们是各个观测变量所共有的因子，解释了变量之间的相关。

(2) u_i 称为特殊因子(unique factor)，它是每个观测变量所特有的因子，相当于多元回归中的残差项，表示该变量不能被公因子所解释的部分。

(3) a_{ij} 称为因子负载(factor loadings)，它是第 i 个变量在第 j 个公因子上的负载，相当于多元回归分析中的标准回归系数 ($i=1, \cdots, k; j=1, \cdots, m$)。

因子分析模型也可以用路径分析图表示，如图 14-1。

该模型假设 k 个特殊因子之间是彼此独立的，特殊因子和公因子之间也是彼此独立的。

因子分析模型中，每一个观测变量由 m 个公因子和一个特殊因子的线性组合来表示，我们感兴趣的只是这些能够代表较多信息的公因子，如果不加以说明，本书中经常用到的因子一词实际指公因子。公因子的个数最多可以等于观测变量数。因为在求因子解时，总是使第一个因子代表所有变量中最多的信息，随后的因子

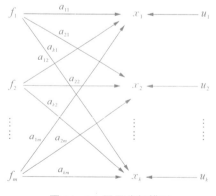

图 14-1 因子分析模型

代表性逐渐衰减,如果忽略掉最后几个因子,对原始变量的代表性也不会有什么损失,所以,因子分析模型中,公因子的个数,往往远远小于观测变量的个数。如果把特殊因子作为残差项看待,因子分析模型和多元线性回归方程在形式上很相近,它们都是用其他变量的线性组合加上一个残差项来表示一个变量,但是回归模型中的自变量是可观测的,而因子分析模型中的因子是假想变量,是不可观测的,这就使得它有别于一般的线性模型。为了进一步了解模型所表示的意义,下面我们讨论因子分析中常用的几个统计量。

2. 因子分析中的有关概念

(1) 因子负载。因子负载是因子分析模型中最重要的一个统计量,它是连接观测变量和公因子之间的纽带。当公因子之间完全不相关时,很容易证明因子负载 a_{ij} 等于第 i 个变量和第 j 个因子之间的相关系数。大多数情况下,人们往往假设公因子之间是彼此正交的 (orthogonal),即不相关。因此,因子负载不仅反映了观测变量是如何由因子线性表示的,而且反映了因子和变量之间的相关程度,a_{ij} 的绝对值越大,表示公因子 f_j 与变量 x_i 关系越密切。

假设我们得到了下面五个观测变量、两个公因子的模型:

$$x_1 = 0.956\,2f_1 + 0.201\,2f_2 + 0.212\,6u_1$$
$$x_2 = 0.873\,5f_1 + 0.289\,6f_2 + 0.391\,3u_2$$
$$x_3 = 0.174\,4f_1 + 0.897\,2f_2 + 0.405\,7u_3$$
$$x_4 = 0.567\,5f_1 + 0.758\,6f_2 + 0.320\,2u_4$$
$$x_5 = 0.856\,2f_1 + 0.331\,5f_2 + 0.396\,2u_5$$

很容易看出,公因子 f_1 与变量 x_1, x_2, x_4, x_5 关系密切,它主要代表了这些变量的信息,公因子 f_2 与变量 x_3, x_4 关系密切,它主要代表了这两个变量的信息。

因子负载还可以用来估计观测变量之间的相关系数,当公因子之间彼此不相关时,由因子分析模型很容易推导出变量 x_i 和 x_j 之间的相关系数为:

$$r_{ij} = a_{i1}a_{j1} + a_{i2}a_{j2} + \cdots + a_{im}a_{jm}$$

即任何两个观测变量之间的相关系数等于对应的因子负载乘积之和。这表明因子分析模型假设观测变量之间的潜在联系通过公因子描述,如果我们把变量 x_i 和因子之间的负载理解为相关系数,变量 x_i 和因子之间的负载理解为通径系数,则变量 x_i 和变量 x_j 之间的关系可以通过图 14-2 直观地表示出来。

由因子模型导出的变量之间的相关系数可以用来判断因子解是否合适,如果从观测数据计算出的相关系数和从模型导出的变量的相关系数差别很小,那么我们可以说模型很好地拟合了观测数据,因子解是合适的。公因子模型是从解释变量之间的相关关系出发的,它的解最大可能地再现了观

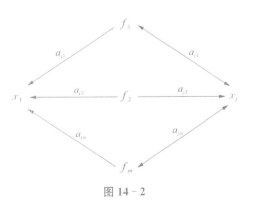

图 14-2

测变量之间的相关关系。

(2) 公因子方差。公因子方差(communality)也叫共同度,又称公共方差,指观测变量方差中由公因子决定的比例。变量 x_i 的公因子方差记做 h_i^2。当公因子之间彼此正交时,公因子方差等于和该变量有关的因子负载的平方和,用公式表示为:

$$h_i^2 = a_{i1}^2 + a_{i2}^2 + \cdots + a_{im}^2$$

变量的方差由两部分组成,一部分由公因子决定,一部分由特殊因子决定。公因子方差表示了变量方差中能被公因子所解释的部分,公因子方差越大,变量能被因子说明的程度越高。对于上面所举的五个观测变量、两个公因子的例子,计算出每个变量的公因子方差,见表14-2。$h_1^2 = 0.9548$,表明 f_1 和 f_2 两个因子解释了 x_1 变量信息量的 95.48%。公因子方差这个指标以观测变量为中心,它的意义在于说明如果用公因子替代观测变量后,原来每个变量的信息被保留的程度。

表 14-2 因子负载与公因子方差

	f_1	f_2	h_i^2		f_1	f_2	h_i^2
x_1	0.9562	0.2012	0.9548	x_4	0.5675	0.7586	0.8975
x_2	0.8735	0.2896	0.8469	x_5	0.8562	0.3315	0.8430
x_3	0.1744	0.8972	0.8354				

(3) 因子的贡献。每个公因子对数据的解释能力,可以用该因子所解释的总方差来衡量,通常称为该因子的贡献(contributions),记为 V_p。它等于和该因子有关的因子负载的平方和,即:

$$V_p = \sum_{i=1}^{k} a_{ip}^2$$

所有公因子的总贡献为:

$$V = \sum_{p=1}^{m} V_p$$

实际中更常用相对指标,即每个因子所解释的方差占所有变量总方差的比例。相对指标衡量了公因子的相对重要性。设 k 表示观测变量数,V_p/k 表示了第 p 个因子所解释的方差的比例,V/k 表示所有公因子累积解释的方差比例,它可以用来作为因子分析结束的判断指标。

在上例中,$V_1/k = 0.55$,$V_2/k = 0.32$,$V/k = 0.87$。

表明第一个因子解释了所有变量总方差的 55%,第二个因子解释了上述总方差的 32%,两个因子一共解释了总方差的 87%。

三、因子分析的数学模型（正交因子模型）

R 型因子分析数学模型为：

$$\begin{cases} X_1 = a_{11}F_1 + a_{12}F_2 + \cdots + a_{1m}F_m + \varepsilon_1 \\ X_2 = a_{21}F_1 + a_{22}F_2 + \cdots + a_{2m}F_m + \varepsilon_2 \\ \quad \vdots \\ X_p = a_{p1}F_1 + a_{p2}F_2 + \cdots + a_{pm}F_m + \varepsilon_p \end{cases}$$

用矩阵表示：

$$\begin{bmatrix} X_1 \\ X_2 \\ \vdots \\ X_p \end{bmatrix} = \begin{bmatrix} a_{11} & a_{12} & \cdots & a_{1m} \\ a_{21} & a_{22} & \cdots & a_{2m} \\ \vdots & \vdots & \vdots & \vdots \\ a_{p1} & a_{p2} & \cdots & a_{pm} \end{bmatrix} \begin{bmatrix} F_1 \\ F_2 \\ \vdots \\ F_m \end{bmatrix} + \begin{bmatrix} \varepsilon_1 \\ \varepsilon_2 \\ \vdots \\ \varepsilon_p \end{bmatrix}$$

简记为：

$$\underset{(p \times 1)}{X} = \underset{(p \times m)}{A} \underset{(m \times 1)}{F} + \underset{(p \times 1)}{\varepsilon}$$

且满足：

ⅰ） $m \leqslant p$；

ⅱ） $\mathrm{Cov}(F, \varepsilon) = 0$，即 F 和 ε 是不相关的；

ⅲ） $D(F) = \begin{pmatrix} 1 & & & 0 \\ & 1 & & \\ & & \ddots & \\ 0 & & & 1 \end{pmatrix} = I_m$，即 $F_1, \cdots, F_m$ 不相关，且方差皆为 1。

$D(\varepsilon) = \begin{pmatrix} \sigma_1^2 & & & \\ & \sigma_2^2 & & 0 \\ & & \ddots & \\ 0 & & & \sigma_p^2 \end{pmatrix}$，即 $\varepsilon_1, \cdots, \varepsilon_p$ 不相关，且方差不同。

其中 $X = (X_1, \cdots, X_p)'$ 是可实测的 p 个指标所构成的 p 维随机向量，$F = (F_1, \cdots, F_m)'$ 是不可观测的向量，F 称为 X 的公共因子或潜因子，即前面所说的综合变量，可以把它们理解为在高维空间中的互相垂直的 m 个坐标轴；a_{ij} 称为因子载荷，是第 i 个变量在第 j 个公共因子上的负荷，如果把变量 X_i 看成 m 维因子空间中的一个向量，则 a_{ij} 表示 X_i 在坐标轴 F_j 上的投影，矩阵 A 称为因子载荷矩阵；ε 称为 X 的特殊因子，通常理论上要求 ε 的协方差阵是对角阵，ε 中包括了随机误差。

由上述模型满足的条件可知：$F_1, F_2, \cdots, F_m$ 是不相关的。若 $F_1, F_2, \cdots, F_m$ 相关时，则 $D(F)$ 就不是对角阵，这时的模型称为斜交因子模型，本章将不讨论这种模型。

类似地，Q 型因子分析数学模型为：

$$\begin{cases} X_1 = a_{11}F_1 + a_{12}F_2 + \cdots + a_{1m}F_m + \varepsilon_1 \\ X_2 = a_{21}F_1 + a_{22}F_2 + \cdots + a_{2m}F_m + \varepsilon_2 \\ \qquad\qquad\qquad \vdots \\ X_n = a_{n1}F_1 + a_{n2}F_2 + \cdots + a_{nm}F_m + \varepsilon_n \end{cases}$$

此时 X_1，X_2，…，X_n 表示 n 个样品。

因子分析的目的就是通过模型 $X = AF + \varepsilon$ 以 F 代替 X，由于 $m < p$，$m < n$，从而达到简化变量维数的愿望。

四、因子分析的步骤

因子分析主要有以下七个步骤。

1. 收集观测变量

由于总体的复杂性和统计基本原理的保证，为了达到研究目的，我们通常采用抽样的方法收集数据。所以我们必须按照实际情况收集观测变量，并对其进行观测，获得观测值。

2. 获得协方差阵（或相似系数矩阵）

我们所有的分析都是从原始数据的协方差阵（或相似系数矩阵）出发的，这样使我们分析得到的数据具有可比性，所以首先要根据资料数据获得变量协方差阵（或相似系数矩阵）。

3. 确定因子个数

有时候你有具体的假设，它决定了因子的个数；但更多的时候没有这样的假设，你仅仅希望最后得到的模型能用尽可能少的因子解释尽可能多的方差。如果你有 k 个变量，你最多只能提取 k 个因子。通过检验数据来确定最优因子个数的方法有很多。Kaiser 准则要求因子个数与相关系数矩阵的特征根个数相等；而 Scree 检验要求把相关系数矩阵的特征根按从小到大的顺序排列，绘制成图，然后来确定因子的个数。究竟采用哪种方法来确定因子个数，具体操作时可以视情况而定。

4. 提取因子

因子的提取方法也有多种，主要有主成分方法、不加权最小平方法、极大似然法等，我们可以根据需要选择合适的因子提取方法。其中主成分方法是一种比较常用的提取因子的方法，它是用变量的线性组合中，能产生最大样品方差的那些组合（称主成分）作为公共因子来进行分析的方法。

5. 因子旋转

由于因子载荷阵的不唯一性，可以对因子进行旋转，而正是由于这一特征，使得因子结构可以朝我们可以合理解释的方向趋近。我们用一个正交阵右乘已经得到的因子载荷阵（由线性代数可知，一次正交变化对应坐标系的一次旋转），使旋转后的因子载荷阵结构简化。旋转的方法也有多种，如正交旋转、斜交旋转等，最常用的是方差最大化正交旋转。

6. 解释因子结构

我们最后得到的简化的因子结构是使每个变量仅在一个公共因子上有较大载荷,而在其余公共因子上的载荷比较小,至多是中等大小。这样我们就能知道我们所研究的这些变量到底是由哪些潜在因素(也就是公共因子)影响的,哪些因素是起主要作用的,而哪些因素的作用较小,甚至可以不用考虑。

7. 因子得分

因子分析的数学模型是将变量表示为公共因子的线性组合,由于公共因子能反映原始变量的相关关系,用公共因子代表原始变量时,有时更利于描述研究对象的特征,因而往往需要反过来将公共因子表示为变量的线性组合,即因子得分。

第二节 聚类分析

一、聚类分析介绍

俗话说:"物以类聚,人以群分",在自然科学和社会科学中,存在着大量的分类问题。聚类分析又称群分析,它是研究(样品或指标)分类问题的一种多元统计方法,所谓类,通俗地说,就是指相似元素的集合。严格的数学定义是较麻烦的,在不同问题中类的定义是不同的。

聚类分析起源于分类学,在考古的分类学中,人们主要依靠经验和专业知识来实现分类。随着生产技术和科学的发展,人类的认识不断加深,分类越来越细,要求也越来越高,有时光凭经验和专业知识是不能进行确切分类的,往往需要定性和定量分析结合起来去分类,于是数学工具逐渐被引进分类学中,形成了数值分类学。后来随着多元分析的引进,聚类分析又逐渐从数值分类学中分离出来而形成一个相对独立的分支。

在社会经济领域中存在着大量分类问题,聚类分析这个有用的数学工具越来越受到人们的重视,它在许多领域中都得到了广泛的应用。

聚类分析内容非常丰富,有系统聚类法、有序样品聚类法、动态聚类法、模糊聚类法、图论聚类法、聚类预报法等。值得提出的是将聚类分析和其他方法联合起来使用,如判别分析、主成分分析、回归分析等往往效果更好。

聚类分析在市场调查中的应用有以下几方面。

1. 细分市场

根据消费者的消费目的、购买力和人口特征把消费者进行分类,每个类别的消费者在消费品的选择、偏好上基本是一致的,有利于针对特定的消费人群制定有针对性的市场营销策略。

2. 研究消费行为

同一类别的消费者可能有着相似的购买行为,将购买者分类后,有助于区别研究不同类别的消费者的购买行为。

3. 市场选择

将产品进行聚类,再在同一类产品中的各产品之间进行比较,了解自己产品的情况和竞争对手的情况,寻找新的潜在的市场。或者按地域进行市场分类,寻找近似的具有可比性的地区开展市场营销策略的实验,检验新的市场营销策略的效果。

4. 简化数据

有时候我们收集的考察对象的数据是很多的,不便于数据的处理。这时可以通过聚类分析,将个体数据转化为各类数据,对各类数据再进行多元分析。

二、聚类分析的主要步骤[1]

一般来说,聚类分析至少应该包括以下四个步骤:第一,根据研究的目的选择合适的聚类变量;第二,计算相似性;第三,选定聚类方法进行聚类;第四,对结果进行解释和验证。下面我们对每一步骤进行简单介绍。

1. 选择变量

因为聚类分析是根据所选定的变量对研究对象进行分类,聚类的结果仅仅反映了所选定变量定义的数据结构,所以变量的选择在聚类分析中非常重要。一般来说,选择哪些变量应该具有一定的理论支持,但实践中往往缺乏这样强有力的理论基础,研究者一般是根据实际工作经验和所研究问题的特征人为地选择一些变量。那么,这些变量应该具有以下特点:

(1) 和聚类分析的目标密切相关;

(2) 反映了要分类对象的特征;

(3) 在不同研究对象上的值具有明显差异;

(4) 变量之间不应该高度相关。

选择变量时要注意克服"加入尽可能多的变量"这种错误倾向,并不是加入的变量越多,得到的结果越客观。有时,由于加入一两个不合适的变量就会使得分类结果大相径庭。所以,聚类分析应该只根据在研究对象上有显著差别的那些变量进行分类。因此,研究者需要对聚类结果不断进行检验,剔除在不同类之间没有显著差别的变量。

另一点应该注意的是,所选择的变量之间不应该高度相关,不加鉴别地使用高度相关的变量相当于给这些变量进行了加权。如果我们所选择的变量中有三个高度相关的变量,这相当于使用了这三个高度相关变量中的一个,并对其给予了三倍的权数。对于高度相关的变量有两种处理办法:一是在聚类之前,首先对变量进行聚类分析,从聚得的各类中分别挑选出一个有代表性的变量作为聚类变量;二是做主成分分析或因子分析,主成分分析和因子分析都可以用来降低数据的维数,产生新的不相关变量,然后把这些变量作为聚类变量。

---

[1] 郭志刚:《社会统计分析方法——SPSS 软件应用》,中国人民大学出版社 1999 年版。

2. 计算相似性

选定了聚类变量,下一步就是计算研究对象之间的相似性(similarity)。相似性是聚类分析中的一个基本概念,它反映了研究对象之间的亲疏程度,聚类分析就是根据研究对象之间的相似性来进行分类的。有很多种相似性测度,关于它们的计算和使用,我们将在后面详述。

3. 聚类

选定了聚类变量、计算出相似性矩阵之后,下一步就是要对研究对象进行分类。这时主要涉及两个问题:一是选定聚类方法;二是确定形成的类数。我们将在第四部分介绍常用的聚类方法和如何确定形成的类数。

4. 聚类结果的解释和证实

得到聚类结果后,最后一步还应该对结果进行验证和解释,以保证聚类解是可信的。

三、相似性测度

在聚类分析技术的发展过程中,形成了很多种测度相似性的方法。每一种方法都从不同的角度测度了研究对象的相似性,主要分为以下三类:1. 相关测度;2. 距离测度;3. 关联测度。其中相关测度和距离测度适用于间距测度等级及以上的数据,关联测度适用于名义测度和序次测度的数据。

1. 相关测度

应用最广泛的相关测度是皮尔逊相关系数(Pearson correlation),即简单相关系数。它最初用来测度变量之间的相关程度,聚类分析中用它来测度案例之间的相似程度。

相关测度的一个主要缺点也就是它忽视了变量值大小之间的差异。高度相关的两个样本所提供的信息可能并不等同,有时甚至相差甚远。实际上,在聚类分析的大部分应用中都更重视变量值大小的差异,而不是值的变化模式,所以相关测度在聚类分析中应用并不普遍,应用最普遍的是我们下面要介绍的距离测度。

2. 距离测度

距离测度的出发点是把每个案例看作 m 维空间(m 为变量个数)中的一个点,在 m 维空间中定义点与点之间的距离,距离越近的点,相似程度越高,聚类时更可能归为一类。如果两个案例在所有的变量上的值都相同,这两个点在 m 维空间中应该重合,两个点之间的距离为0。

距离测度应该满足下列条件:

(1) $d_{ij} = d_{ji} \geqslant 0$,即距离具有对称性,从案例 i 至案例 j 的距离与案例 j 至案例 i 的距离相等。

(2) $d_{ij} \leqslant d_{ik} + d_{jk}$,即三角不等式,任意一边小于其他两边之和。

(3) 如果 $d_{ij} \neq 0$,则 $i \neq j$,即案例 i 和案例 j 不等同。

常见的距离测度有以下四个。

(1) 欧氏距离(Euclidean distance)。定义为:

$$d_{ij} = \sqrt{\sum_{k=1}^{m}(x_{ik}-x_{jk})^2}$$

其中，d_{ij} 表示案例 i 和案例 j 之间的距离，x_{ik} 表示第 i 个案例在第 k 个变量上的值。欧式距离是聚类分析中用得最广泛的距离，上式也称为简单欧式距离，另一种常用的形式是平方欧式距离，即取上式的平方，记为 d_{ij}^2。平方欧式距离的优点是，因为不再计算平方根，所以大大提高了计算机的运算速度。

(2) 绝对值距离(Manhattan distance 或 city-block metric)。定义为：

$$d_{ij} = \sum_{k=1}^{m} |x_{ik}-x_{jk}|$$

绝对值距离是另一个应用很广泛的距离，使用时要注意的一个问题是它假设变量之间是不相关的，如果变量之间相关，则聚类结果不可信。

(3) 明科夫斯基距离(Minkowski metrics)。定义为：

$$d_{ij} = (\sum_{k=1}^{m} |x_{ik}-x_{jk}|^r)^{1/r}$$

明科夫斯基距离是个通用的距离测度公式，当 r 为 1 时为绝对值距离，r 等于 2 时为欧氏距离。

(4) 马氏距离(Mahalanobis D^2)。定义为：

$$d_{ij} = (\boldsymbol{X}_i - \boldsymbol{X}_j)' \boldsymbol{\Sigma}^{-1} (\boldsymbol{X}_i - \boldsymbol{X}_j)$$

其中，$\boldsymbol{X}_i$，$\boldsymbol{X}_j$ 分别为案例 i 和案例 j 在各个变量上的值所组成的向量，$\boldsymbol{\Sigma}^{-1}$ 为聚类变量的协方差阵的逆矩阵。和前面所定义的距离测度所不同的是，马氏距离考虑了聚类变量之间的相关，如果变量之间的相关为零，马氏距离等于平方欧氏距离。

3. 关联测度

关联测度用来度量聚类变量为分类变量的研究对象的相似性。有很多种关联测度系数，其中只有三种得到了广泛的应用，它们分别是简单匹配系数(the simple matching coefficient)、雅科比系数(Jaccard's coefficient)和果瓦系数(Gower's coefficient)，其中，简单匹配系数和雅科比系数只适用于二分类变量，果瓦系数可以用于各种测度的变量。

(1) 简单匹配系数。

对于二分类变量，关联测度的出发点是要估计研究对象在回答这些问题时的一致程度，所以最简单的关联测度是两个案例在所有的聚类变量上答案相同的情况出现的频率，它被定义为简单匹配系数。

如果我们用 1 代表"是"，0 代表"否"，任意两个案例的回答结果表示如下：

		案例 2	
		1	0
案例 1	1	a	b
	0	c	d

则简单匹配系数可以表示为：

$$S = \frac{a+d}{a+b+c+d}$$

S 为两个案例之间的相似性，变化范围从 0 到 1。

其中，a 表示两个案例都回答是"1"的频数；b 表示案例 1 回答是"1"，案例 2 回答是"0"的频数；c 表示案例 1 回答是"0"，案例 2 回答是"1"的频数；d 表示两个案例都回答是"0"的频数。

(2) 雅科比系数。

简单匹配系数的缺点是，两个案例相似可能是因为它们都共同拥有某些特征，也可能是因为它们都缺乏某些特征。雅科比系数在简单匹配系数的基础上，做了一些改进，它把两个案例都回答"否"的部分从公式中去掉，只考虑回答"是"的部分，计算公式为：

$$S = \frac{a}{a+b+c}$$

(3) 果瓦系数。

果瓦系数优于前两个关联测度之处在于它允许聚类变量可以是名义变量、序次变量和间距测度变量。定义为：

$$S = \frac{\sum_{k=1}^{m} S_{ijk}}{\sum_{k=1}^{m} W_{ijk}}$$

其中，S_{ijk} 为案例 i 和案例 j 在变量 k 上的相似性得分，W_{ijk} 为加权变量。S_{ijk} 和 W_{ijk} 的计算规则如下(见表 14 - 3)。

表 14 - 3　在变量 k 上的值

案例 i	1	1	0	0
案例 j	1	0	1	0
S_{ijk}	1	0	0	0
W_{ijk}	1	1	1	0

即只有当两个案例在某个变量上都取值为 1 时，S_{ijk} 取值 1，其他情况都取值为 0。对于二分类变量，果瓦系数等于雅科比系数。

对于序次变量：两个案例在变量上的取值相同时，$S_{ijk}=1$，取值不同时，$S_{ijk}=0$。

对于间距测度或以上的变量：$S_{ijk}=1-|x_{ik}-x_{jk}|/R_k$。

其中，x_{ik} 和 x_{jk} 分别是案例 i 和案例 j 在变量 k 上的值，R_k 是变量 k 的全距(Range)，即变量 k 的最大值与最小值之间的差。

4. 数据的标准化问题

前面介绍的大部分相似测度，特别是距离测度，受聚类变量测量单位的影响很大，其中数量级单位大的变量往往其变差也大，它对相似测度的贡献占主导地位，这样就可能掩盖了其他变差小的变量的影响。另外，当变量的测量单位变化时，相似测度的值也随之改变，有可能改变最终的聚类结果。

为了克服变量测量单位的影响，在计算相似测度之前，一般对变量要做标准化处理，通常是把变量变成均值为零、方差为 1 的标准化变量。常用的聚类分析软件中都有这项功能，可以自动完成。

四、聚类方法

有很多种聚类方法，应用最广泛的有两类：层次聚类法(hierarchical cluster procedures)和迭代聚类法(iterative partitioning procedures)。下面我们仅对第一类方法加以介绍。

1. 层次聚类法

有两种层次聚类法：聚集法(agglomerative method)和分解法(divisive method)。聚集法是首先把每个案例各自看成一类，先把距离最近的两类合并，然后重新计算类与类之间的距离，再把距离最近的两类合并，每一步减少一类，这个过程一直持续到所有的案例归为一类为止。分解法和聚集法的过程相反，首先把所有的案例归为一类，然后把最不相似的案例分为两类，每一步增加一类，直到每个案例都自成一类为止。分解法和聚集法相似，只是过程相反。所以，这里我们只介绍常用的聚集法。层次聚类法是聚类分析中应用最广泛的聚类方法，其聚类过程可以用一个树状图(dendogram)表示出来，根据该树状结构图可进行不同的分类处理。

2. 分类数的确定

到目前为止，我们还没有讨论过如何确定分类数，聚类分析的目的是要对研究对象进行分类，因此如何选择分类数成为各种聚类方法中的主要问题之一。在迭代聚类法中聚类之前需要指定分类数，层次聚类法中我们最终得到的只是一个树状结构图，从图中可以看出存在很多不同的类，但问题是如何确定类的最佳个数。

确定分类数的问题是聚类分析中迄今为止尚未完全解决的问题之一，主要的障碍是对类的结构和内容很难给出一个统一的定义，这样就给不出从理论上和实践中都可行的虚无假设。实际应用中人们主要根据研究的目的，从实用的角度出发，选择合适的分类数。戴米尔曼(Demirmen, 1972)曾提出了根据树状结构图来分类的准则[1]：

准则 1：任何类都必须在邻近各类中是突出的，即各类重心之间距离必须大。

准则 2：各类所包含的元素都不要过分地多。

准则 3：分类的数目应该符合使用的目的。

准则 4：若采用几种不同的聚类方法处理，则在各自的聚类图上应发现相同的类。

---

[1] 罗积玉、邢瑛：《经济统计分析方法及预测》，清华大学出版社 1987 年版。

层次聚类中每次合并的类与类之间的距离也可以作为确定类数的一个辅助工具。在层次聚类过程中,首先把离得近的类合并,所以在并类过程中聚合系数呈增加趋势,聚合系数小,表示合并的两类的相似程度大,两个差异很大的类合到一起,会使该系数增大。对表14-4中的聚合系数进行分析发现,从四类合并为三类、三类合并为两类、两类合并为一类时,聚合系数增加都较大,又一次表明,合理的分类数在2~4类之间。如果以x轴表示聚合系数,y轴表示分类数,画出聚合系数随分类数的变化曲线,会得到类似于因子分析中的碎石检验图,在曲线开始变得平缓的点表示分类数(参见图14-3)。

表14-4 层次聚类法的聚合系数分析

类数	聚合系数	变化(%)
7	1.377	17.720
6	1.621	18.384
5	1.919	16.258
4	2.231	39.579
3	3.114	42.807
2	4.447	91.860
1	8.532	—

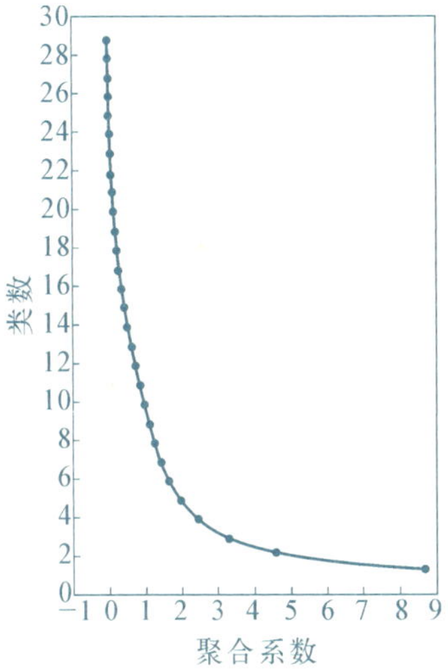

图14-3 聚合系数随分类数的变化曲线

第三节 结构方程分析

一、结构方程模型简介

1. 结构方程模型的重要性

结构方程模型(structural equation model,SEM)、协方差结构模型(covariance structure modeling,CSM)、LISREL等类似名词已渐流行,并成为一种十分重要的数据分析技巧。在大学高等学位研究课程中,它是多变量分析(multivariate analysis)的重要课题。有些比较重要的社会、教育、心理期刊,曾经将整整一期的版面,都用来介绍结构方程分析(如 Connell & Tanaka,1987;Jöreskog & Sörbom,1982)。研究和应用结构方程的论文更是难以计数。可以说,它在统计学中所建立的声望及崇高地位,不容置疑。

结构方程分析,也常称为结构方程建模(structural equation modeling,SEM),是基于变量的协方差矩阵来分析变量之间关系的一种统计方法,所以也称为协方差结构分析。本书只考虑线性结构方程模型,前面提到的 LISREL(linear structural relationship),其实有两种含义,除了表示一种 SEM 分析软件外,还表示线性结构方程模型。

(1) 所有能力可用一个一般能力(与心理学上一般智力 g 因子类似)来表达;(2) 各种能力可分为语文、数理及社会科学三大类;(3) 各种能力只可分为文、理两大类。结构方程分析将同一组数据用不同的模型去拟合,看看哪一个模型拟合得更好,从而推想学生各科目能力的结构。

2. 结构方程模型的结构

简单来说结构方程模型可分为测量方程(measurement equation)和结构方程(structural equation)两部分。测量方程描述潜变量与指标之间的关系,如家庭收入等指标与社会经济地位的关系、三科成绩与学业成就的关系。结构方程则描述潜变量之间的关系,如社会经济地位与学业成就的关系。

指标含有随机误差和系统误差,前者指测量上的不准确性行为(与传统测量误差相当),后者反映指标也同时测量潜变量(即因子)以外的特性(与因子分析中的特殊因子相当)。如数学文字题,既测量数学能力,也反映研究兴趣范围外的语文能力。以后将这两种误差统称为测量误差或简称误差。但潜变量则不含这些误差(Jöreskog & Sörbom, 1993; McDonald 1985)。

对于指标与潜变量(如六个社会经济指标与社会经济地位)间的关系,通常写成如下测量方程:

$$x = A_x \zeta + \delta$$
$$y = A_y \eta + \varepsilon$$

其中,x 为外源(exogenous)指标(如六项社会经济指标)组成的向量;y 为内生(endogenous)指标(如语、数、英成绩)组成的向量;A_x 为外源指标与外源潜变量之间的关系(如六项社会经济地位指标与社会经济地位的关系),是外源指标在外源潜变量上的因子负荷矩阵;A_y 为内生指标与内生潜变量之间的关系(如语、数、英成绩与学业成就的关系),是内生指标在内生潜变量上的因子负荷矩阵;δ 为外源指标 x 的误差项;ε 为内生指标 y 的误差项。

对于潜变量间(如社会经济地位与学业成就)的关系,通常写成如下结构方程:

$$\eta = B\eta + \Gamma\xi + \zeta$$

其中,η 为内生潜变量(如学业成就);ξ 为外源潜变量(如社会经济地位);B 为内生潜变量间的关系(如学业成绩与其他内生潜变量的关系);Γ 为外源潜变量对内生潜变量的影响(如社会经济地位对学业成就的影响);ζ 为结构方程的残差项,反映了 η 在方程中未能被解释的部分。

潜变量间的关系,即结构模型,通常是研究的兴趣重点,所以整个分析也称结构方程模型。

3. 结构方程模型的优点

概括来说,结构方程模型有下列优点(Bollen & Long, 1993)。

(1) 同时处理多个因变量。结构方程分析可同时考虑并处理多个因变量。在回归分析或路径分析中,就算统计结果的图表中展示多个因变量,其实在计算回归系数或路径系数时,仍是对每个因变量逐一计算。所以图表貌似多个因变量同时考虑,但在计算对某一个因变量的影响或关系时,都忽略了其他因变量的存在及其影响。

(2) 容许自变量和因变量含测量误差。态度、行为等变量,往往含有误差,也不能简单地用单一指标(题目)测量。如上文所述,结构方程分析容许自变量和因变量均含测量误差。变量也可用多个指标(题目)测量。用传统方法计算的潜变量(如用指标的均值作为潜变量的观测值,含误差)间相关系数(或回归系数),与用结构方程分析计算的潜变量(通过测量方程排除了误差部分)间相关系数(或回归系数),可能相差很大(见第七章第一节),这种差距的大小取决于潜变量与其指标间关系(因子负荷)的强弱。

(3) 同时估计因子结构和因子关系。假设要了解潜变量之间的相关,每个潜变量都用多个指标或题目测量,一个常用的做法是对每个潜变量(如自信),先用因子分析计算潜变量(即因子)与题目的关系(即因子负荷),进而得到因子得分,作为潜变量的观测值(如自信的因子得分作为自信这个变量的观测值),然后再计算因子得分(如自信与外向性格因子得分)的相关系数,作为潜变量之间的相关系数,这是两个独立的步骤,用自信题目计算自信的因子得分时,并不考虑外向因子;反过来也一样。在结构方程分析中,这两步同时进行,即因子与题目之间的关系和因子与因子之间的关系同时考虑。例如,自信题目与自信因子、外向题目与外向因子,以及自信因子与外向因子间的关系,全都在同一步骤中估计。

我们再从另一角度,看结构方程分析与传统的统计分析的差异。假设在以上的研究中,对上述同一组被试还要考虑自信与合群性的关系,即一共要计算两个(自信与外向,自信与合群性)相关系数。用传统分析方法,在新研究的原有因子内的结构和关系,仍然不变。就是说,自信题目与自信因子的关系,外向题目与外向因子的关系,新研究的结果与原有结果完全相同。这说明,各因子内结构不会因为其他因子的存在而变化。然而,在结构方程分析中,自信因子的结构,会兼顾其他同时存在的变量而有所调整和改变。就是说,同一个研究中其他共存的因子及其结构,会互相影响,不仅影响因子间关系,也影响因子的内部结构(即因子与指标的关系)。

二、结构方程模型的分析过程

虽然 SEM 是一个应用相当广泛的统计技术,但是在执行 SEM 的分析时,不同类型的 SEM 却有着非常类似的基本分析步骤[1]。这些步骤呈现于图 14-4 中。图 14-4 中的步骤将会在后续的章节中仔细地讨论,在此只对其做一般性的描述。

(1) 理论(theory):由于 SEM 主要是一种验证性的技术,虽然,它也可以用在探索社会中的现象,但是,其最终还是回归到对研究者所欲了解之现象的验证与证明。因此,SEM 中变量间关系的呈现,需要依靠理论来建立,而且理论是假设模式成立主要的解释依据,所以,理论的建立就成为 SEM 的第一个步骤。

(2) 模型界定(model specification):此一步骤乃是将理论所呈现的假设以 SEM 的形式加以表达。一般皆使用模型路径图符号来界定模型,并且模型也可以用一系列的方程式来表达。

(3) 模型识别(model identification):决定模型是否是可识别的(identified),如果模型是可识别的,则表示理论上模型中的每一个参数皆可以导出一个唯一的估计值。不同类型的 SEM

---

[1] 黄芳铭:《结构方程模式——理论与应用》,中国税务出版社 2005 年版。

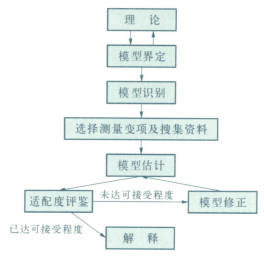

图 14-4　SEM 分析步骤之路径图

必须符合某些要求才能获得可识别的条件。如果模式无法识别,那么,将无法对模型做正确的估计。也就是说,第二个步骤模式界定是失败的。

(4) 选择测量变量以及搜集资料:此一步骤乃是选择用于模式中的测量变项,并且搜集测量变项的资料作为后面分析模式之用。

(5) 模型估计(model estimation):此一步骤牵涉使用所搜集的资料来估计模式中参数的方法。在估计方法的使用上,虽然一般多元回归技术的单一阶段的最小二乘法可以用来估计 SEM,但是最大似然法(maximum likelihood, ML)以及广义最小平方法(generalized least square, GLS)等迭代法(iterative method)最受统计软件如 LISREL、EQS、AMOS 等的青睐。

(6) 适配度评鉴(assessment of fit):用以决定理论预测模式与所搜集资料间拟合的程度。一般适配度的评鉴可以分为整体模式适配度检验、测量模式适配度检验以及结构模式适配度检验。一般而言,在整体模式适配度检验达到模式可接受的程度时,才接着检验另外两类,否则则是进入下一个步骤:模式修正。或者,如果研究者倾向于严格的检验过程,则可以宣称模式失败。

(7) 模型修正(model modification):当整体模型适配度未达到可接受的程度,可以依据理论假设以及统计所呈现的结果,来将参数自由估计(free)或固定(fixed),再重新估计模型。如果理论允许的话,这个过程可以重复直到模型达到可接受的程度。

(8) 解释(interpretation):这是对模型的统计结果作解释。通常在结果呈现时,牵涉非标准化参数(unstandardized parameters)估计与标准化参数(standardized parameters)估计,以及直接效应(direct effect)、间接效应(indirect effect)与总效应(total effect)。非标准化参数与测量单位有关,非标准化估计应含当所有其他独立变项维持平均数状态下,一个单位的独立变项的改变造成依赖变项改变的程度。标准化估计是非标准化估计的转变形式,其目的是去除测量单位的影响。因此,其可以做模型内参数的比较,使研究者可以知道哪一个参数影响力较大,哪一个较小。直接效果乃是指某一变项对另一变项的直接影响。间接效果则是某一变项对另一变项的影响乃是通过其他变项而形成的。总效果是指某一变项对另一变项的直接效果加上间接效果的总和。

我们采用 LISREL 的命名方式，外因观察变项是以 X 变项命名，内因观察变项则是以 Y 变项命名。由 X 变项所反映的潜在变项称为外因潜在变项（exogenous latent variables），这些变项以罗马字 ξ(Xi)代表。ξ 与 ξ 之间所形成的变异数——共变数矩阵（variance-covariance matrix，简称共变数矩阵）则是以 Φ(phi)表示。构成外因观察变项与外因潜在变项间的回归系数（结构参数）以 Λ_x(lambda x)表示。外因观察变项的测量误差以 δ(delta)表示，δ 之间的共变数矩阵以 Θ_δ(theta-delta)表示。由 Y 变项所反映的潜在变项称为内因潜在变项（endogenous latent variables），以 η(eta)表示。Y 变项的测量误差以 ε(epsilon)表示。ε 之间的共变数矩阵以 Θ_ε(theta-epsilon)表示。构成外因观察变项与外因潜在变项间的回归系数以 Λ_y(lambda y)表示。

这些变项关系的组合形成各种测量模型，以下就常遇到的测量模型以图解方式加以说明。图 14-5 呈现以外因观察变项为定义的测量模型。图 14-6 呈现以内因观察变项为定义的测量模型。

图 14-5 以回归方程式表示如下：

$$x_1 = \lambda_1 \xi_1 + \delta_1 \tag{14-1}$$
$$x_2 = \lambda_2 \xi_1 + \delta_2 \tag{14-2}$$

图 14-5　以外因观察变项为定义的测量模型　　图 14-6　以内因观察变项为定义的测量模型

式(14-1)和式(14-2)可以用下面矩阵形式的方程式来表示：

$$x = \Lambda_x \zeta + \delta \tag{14-3}$$

在式(14-3)中 $E(\xi)=0$ 与 $E(\delta)=0$，而且 ξ 与 δ 无相关存在。

图 14-6 以回归方程式表示如下：

$$y_1 = \lambda_1 \eta_1 + \varepsilon_1 \tag{14-4}$$
$$y_2 = \lambda_2 \eta_1 + \varepsilon_2 \tag{14-5}$$

式(14-4)与式(14-5)可以用下面矩阵形式的方程式来表示：

$$y = \Lambda_y \eta + \varepsilon \tag{14-6}$$

在式(14-6)中，$E(\eta)=0$ 与 $E(\varepsilon)=0$，而且 ε 与 η 无相关存在。

图 14-5 与图 14-6 皆是单一潜在变项的测量模型。测量模型也可以推展到两个以上有共变关系的潜在变项。图 14-7 就是属于两个有共变关系潜在变项的测量模型，每一个潜在

变项以 3 个观察变项来建构。此种测量模型由于 2 个潜在因素是属于同一层次,因此称为一级(first-order)或初级(primary)肯证式因素分析测量模型。当然,对于一级肯证式因素分析测量模型而言,形成一级的潜在因素,可以是 2 个因素、3 个因素、4 个因素——而反映这些因素的观察变项可以用 2 个、3 个、4 个等。

图 14-7 之矩阵形式的方程式表示如下:

$$x = \Lambda_x \xi + \delta \qquad (14-7)$$

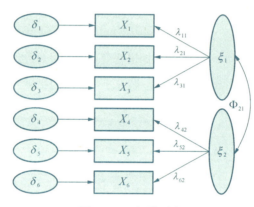

图 14-7 矩阵形式

此一矩阵也可以用较复杂的变异数——共变数矩阵来表示:

$$x = \Lambda_x \Phi + \Theta_\delta \qquad (14-8)$$

此类型的测量模型可以再加以变化,如果研究者认为测量误差之间有相关存在,则图 14-7 可以变为图 14-8 的模型。

图 14-8 之矩阵形式方程式如下:

$$x = \Lambda_x \xi + \delta \qquad (14-9)$$

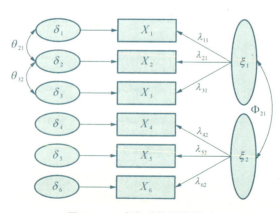

图 14-8 变化后的测量模型

如果在理论上,研究者认为 图 14-8 中的两个潜在变项的关系可以用一个单一潜在因素来表示,就构成二级(second-order)肯证式因素分析测量模型。图 14-9 就是一个"二级肯证式因素分析测量模型"。

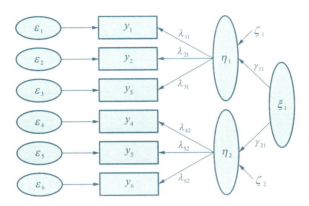

图 14-9　二级肯证式因素分析测量模型

图 14-9 之矩阵形式方程式表示如下:

$$y = \Lambda_y \eta + \varepsilon \qquad (14-10)$$

$$\eta = \Gamma \xi + \zeta \qquad (14-11)$$

很显然,测量模型可以用观察变项来反映潜在变项(因素),也可以用潜在变项来反映更高层次的潜在变项。一般而言,观察变项建构一个潜在变项时至少用两个(含)以上的变项,而当所有 n 个潜在变项皆是观察变项所建构的,则为一级 n 因素测量模型。若 n 个一级潜在变项可以再建构高一层次的 s 个潜在变项,就成为二级肯证式因素分析测量模型,如此可达到 p 级肯证式因素测量模型。二级以上的测量模型可称为高阶(high rank)肯证式因素分析测量模型。

三、结构模型

结构模型又可称为潜在变项模型(latent variable models)或线性结构关系(linear structural relationships)。结构模型主要是建立潜在变项与潜在变项之间的关系。结构模型类似于路径分析模型,不同的是路径分析使用观察变项,而结构模型使用潜在变项。

在结构模型中除了涉及外因潜在变项(ξ)、内因潜在变项(η),也涉及潜在干扰,其以 ζ 表示之。ζ 与 ζ 之间的共变数矩阵则以 Ψ 表示。内因潜在变项与内因潜在变项间的回归系数以 β 表示,其结构系数矩阵为 B。外因潜在变项与内因潜在变项间的回归系数以 γ 表示,其结构系数矩阵为 Γ。

常用的结构模型有数种形式,例如:一个外因潜在(独立)变项预测一个内因潜在(依赖)变项(图 14-10);两个内因变项之间有互惠的关系(reciprocal relationship)(图 14-11);两个外因潜在变项相关连地预测一个内因潜在变项(图 14-12);一个外因潜在变项预测一个内因潜在变项,此内因潜在变项再预测第三个潜在变项(图 14-13);一个外因潜在变项预测两个内因潜在变项,其中一个内因潜在变项预测另一个内因潜在变项(图 14-14)。

图 14-10 的回归方程式如下:

$$\eta_1 = \gamma_{11}\xi_1 + \zeta_1 \tag{14-12}$$

图 14-10 的矩阵形式方程式如下:

$$\eta = \Gamma\xi + \zeta \tag{14-13}$$

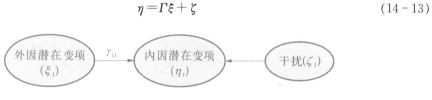

图 14-10　预测内因潜在变项

图 14-11 的回归方程式如下:

$$\eta_1 = \beta_{12}\eta_2 + \zeta_1 \tag{14-14}$$
$$\eta_2 = \beta_{21}\eta_1 + \zeta_2 \tag{14-15}$$

图 14-11 的矩阵形式方程式如下:

$$\eta = B\eta + \zeta \tag{14-16}$$

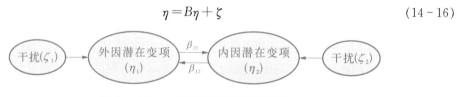

图 14-11　内因潜在变项的互惠关系

图 14-12 的回归方程式如下:

$$\eta_1 = \gamma_{11}\xi_1 + \gamma_{12}\xi_2 + \zeta_1 \tag{14-17}$$

图 14-12 的矩阵形式方程式如下:

$$\eta = \Gamma\xi + \zeta \tag{14-18}$$

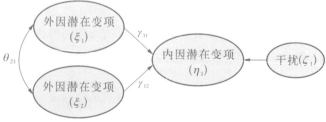

图 14-12　外因潜在变项预测内因潜在变项

图 14-13 的回归方程式如下：

$$\eta_1 = \gamma_{11}\xi_1 + \zeta_1 \quad (14-19)$$

$$\eta_2 = \beta_{21}\eta_1 + \zeta_2 \quad (14-20)$$

图 14-13 以矩阵形式方程式表示如下：

$$\eta = \Gamma\xi + B\eta + \zeta \quad (14-21)$$

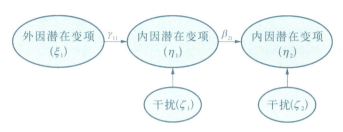

图 14-13　预测第三个潜在项

图 14-14 的回归方程式如下：

$$\eta_1 = \gamma_{11}\xi_1 + \zeta_1$$

$$\eta_2 = \beta_{21}\eta_1 + \gamma_{21}\xi_1 + \zeta_2$$

图 14-14 以矩阵形式方程式表示如下：

$$\eta = B\eta + \Gamma\xi + \zeta \quad (14-22)$$

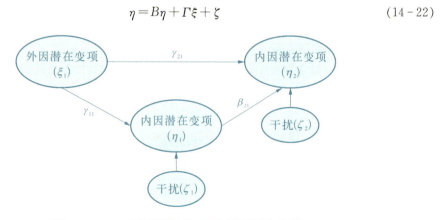

图 14-14　一个外因潜在变项预测内因潜在变项

四、完整的(广义的)结构方程模型

一个完整的 SEM 包含了一个测量模型以及一个完全的结构模型。依此定义，则一个完整的 SEM 涵盖一组变项体系，此一体系里依据理论建立潜在因素与潜在因素间的回归关系以及建构潜在因素与适当的观察变项间的关系。图 14-15 呈现一个完整的 SEM。

图 14-15 的回归方程式如下：

$$\eta_1 = \gamma_{11}\xi_1 + \gamma_{12}\xi_2 + \zeta_1 \quad (14-23)$$

$$\eta_2 = \beta_{21}\eta_1 + \gamma_{21}\xi_1 + \zeta_2 \quad (14-24)$$

$$x_1 = \lambda_1\xi_1 + \delta_1 \quad (14-25)$$

$$x_2 = \lambda_2\xi_1 + \delta_2 \quad (14-26)$$

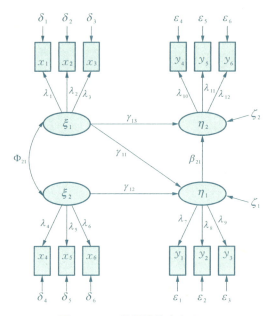

图 14-15　假设性的广义 SEM

五、结构方程模式的方程式与路径图的符号表示

最后，我们将 SEM 中各变项在 LISREL 统计软件上所使用的符号以表 14-5 来呈现。并且将 SEM 常用的路径图(path diagrams)符号呈现于表 14-6 中，让读者能够清楚地了解这些符号的意义。

表 14-5　SEM 在 LISREL 中的符号表示法

结构模式：$\eta = B\eta + \Gamma\xi + \zeta$			
$F(\eta)=0, E(\xi)=0, E(\zeta)=0; \zeta$ 与 ξ 无相关存在;$(1-B)$ 是非奇异的(nonsingular)			
测量模式：$x = \Lambda_x\xi + \delta \qquad y = \Lambda_y\eta + \varepsilon$			
$E(\eta)=0, E(\xi)=0, E(\varepsilon)=0, E(\delta)=0;\varepsilon$ 与 η, ξ，以及 δ 无相关;δ 与 ξ, η，以及 ε 无相关			
符号	名字	维度	定义
η	eta	$m \times 1$	内因潜在变项
ξ	xi	$n \times 1$	外因潜在变项

续表

符号	名字	维度	定义
ζ	zeta	$m \times 1$	干扰(潜在误差)
B	beta	$m \times m$	内因潜在变项间的系数矩阵
Γ	gamma	$m \times n$	外因潜在变项间的系数矩阵
Φ	phi	$n \times n$	ξ 的共变数矩阵
Ψ	psi	$m \times m$	ζ 的共变数矩阵
y		$p \times 1$	η 的观察指标
x		$q \times 1$	ξ 的观察指标
ε	epsilon	$p \times 1$	y 的测量误差
δ	delta	$q \times 1$	x 的测量误差
Λ_y	lambda y	$p \times m$	联结 y 至 η 的系数
Λ_x	lambda x	$q \times n$	联结 x 至 ξ 的系数
Θ_ε	theta-epsilon	$p \times p$	ε 的共变数矩阵
Θ_δ	theta-delta	$q \times q$	δ 的共变数矩阵

表 14-6 SEM 中常用的路径图符号

类别	符号	定义
变项 　观察 　潜在	□ 或 ▭ ○ 或 ⬭	被研究者测量的变项,又可称为潜在变项或指标 一个无法观察的或是假设的建构,通常又可称为因素
变项之关系 　直接效果 　互感效果 　相关或共变	→ 或 ⌒→ ⇄ 或 ⌒⇄ ←	单一方向的路径 双方向的路径,又可称为回环(feedback loop) 变项间的关系被假设是共变的,并且变项间的关系没有任何特定的假设存在,又可称为未分析的联结
残差变异 　干扰 　测量误差	↻ 或 ⟲ □← 或 ▭←	内因潜在变项中无法被模式中有影响变项所能解释的变异 观察变项中无法被其所反映的潜在变项所能解释的变异

复习思考题

1. 举例说明因子分析在市场研究中的应用。
2. 聚类分析的主要步骤。
3. 结构方程模型及其应用。

第十五章

大数据与市场调查

学习要点

- 大数据的概念、特点
- 大数据的采集及清洗
- 常用数据挖掘算法
- 大数据的可视化展现

第一节 | 大数据通论

一、大数据时代的来临

信息社会所带来的好处是显而易见的:每个人口袋里都揣有一部手机,每台办公桌上都放有一台电脑,每间办公室内都拥有一个大型局域网。但是,信息本身的用处却并没有如此引人注目。半个世纪以来,随着计算机技术全面融入社会生活,信息爆炸已经积累到了一个开始引发变革的程度。它不仅使世界充斥着比以往更多的信息,而且其增长速度也在加快。信息总量的变化还导致了信息形态的变化——量变引发了质变。最先经历信息爆炸的学科,如天文学和基因学,创造出了"大数据"这个概念。如今,这个概念几乎应用到了所有人类致力于发展的领域中[1]。

《大数据时代》是国外大数据研究的开先河之作,该书作者维克托·迈尔·舍恩伯格被誉为"大数据商业应用第一人",拥有在哈佛大学、牛津大学、耶鲁大学等多个互联网研究重镇任教的经历。维克托最具洞见之处在于,他明确指出,大数据时代最大的转变就是,放弃对因果关系的渴求,取而代之关注相关关系。也就是说只要知道"是什么",而不需要知道"为什么"。这就颠覆了千百年来人类的思维惯例,对人类的认知和与世界交流的方式提出了全新的挑战。该书认为大数据的核心就是预测。大数据将为人类的生活创造前所未有的可量化的维度。大数据已经成为新发明和新服务的源泉,而更多的改变正蓄势待发。

这是一场革命。

最早提出"大数据"时代到来的是全球知名咨询公司麦肯锡。麦肯锡称:"数据已经渗透到当今每一个行业和业务职能领域,成为重要的生产因素。人们对于海量数据的挖掘和运用,预示着新一波生产率增长和消费者盈余浪潮的到来。""大数据"在物理学、生物学、环境生态学等领域以及军事、金融、通信等行业存在已有时日,却因为近年来互联网和信息行业的发展而引起人们关注。

进入2012年,大数据(big data)一词越来越多地被提及,人们用它来描述和界定信息爆炸时代产生的海量数据,并命名与之相关的技术发展与创新。正如《纽约时报》2012年2月的一篇专栏中所称,"大数据"时代已经降临,在商业、经济及其他领域中,决策将日益基于数据和分析而做出,而并非基于经验和直觉。

哈佛大学社会学教授加里·金说,"这是一场革命,庞大的数据资源使得各个领域开始了量化进程,无论学术界、商界还是政府,所有领域都将开始这种进程"。

大数据到底有多大?一组名为"互联网上的一天"的数据告诉我们,一天之中,互联网产生的全部内容可以刻满1.68亿张DVD;发出的邮件有2 940亿封之多(相当于美国两年的纸质信件数量);发出的社区帖子达200万个(相当于《时代》杂志770年的文字量);卖出的手机为37.8万台,高于全球每天出生的婴儿数量37.1万……IBM的研究称,整个人类文明所获得的全部数据中,有90%是过去两年内产生的。而到了2020年,全世界所产生的数据规模将达到今天的44倍。

这些庞大数字意味着什么?它意味着,一种全新的致富手段也许就摆在面前,它的价值堪比石油和黄金。事实上,当你仍然在把微博等社交平台当作抒情或者发议论的工具时,华尔街的敛财高手们却正在挖掘这些互联网的"数据财富",先人一步用其预判市场走势,而且取得了不俗的收益。

---

[1] 范伟达:《中国社会调查史》,复旦大学出版社2008年版。

二、什么是大数据

什么是大数据?

维克托·迈尔·舍恩伯格(2012)在《大数据时代》一书中主要从价值大的角度来定义大数据,他认为大数据是当今社会所独有的一种新型的能力:以一种前所未有的方式,通过对海量数据进行分析,获得有巨大价值的产品和服务,或深刻的洞见。

全球最具权威的 IT 研究与顾问咨询公司 Gartner 将"大数据"定义为"需要新处理模式才能具有更强的决策力、洞察发现力和流程优化能力的海量、高增长率和多样化的信息资产"。

《互联网周刊》则认为,"大数据是通过对海量数据进行分析,获得有巨大价值的产品、服务,或深刻的洞见,最终形成变革之力"。

国家信息中心有关专家将"大数据"广义地界定为"我国现代信息化进程中产生的和可被利用的海量数据集合,是当代信息社会的数据资源总和,是信息时代的全数据,既包括互联网数据,也包括政府数据和行业数据"。

由上述各个定义可知,大数据是一类海量信息的数据集,是一项对海量数据进行快速处理并获取有价值信息的技术,更是一种新的认知世界和改造世界的思维方式和能力。大数据开启了一个以数据为基本元素和战略资产的时代,在大数据时代掌握了数据就意味着拥有了核心竞争力[1]。

三、大数据的特点

IBM 提出了大数据的"6V"特点:

(1) 规模性(volume):海量数据,数据量大,包括采集、存储和计算的量都非常大。大数据的起始计量单位至少是 1 000 个 T(P)、100 万个 T(E)或 10 亿个 T(Z)。

(2) 多样性(variety):种类和来源多样化。包括结构化、半结构化和非结构化数据,具体表现为网络日志、音频、视频、图片、地理位置信息等,多类型的数据对数据的处理能力提出了更高的要求。

(3) 价值性(value):数据价值密度相对较低,或者说是浪里淘沙却又弥足珍贵。随着互联网以及物联网的广泛应用,信息感知无处不在,信息海量,但价值密度较低,如何结合业务逻辑并通过强大的机器算法来挖掘数据价值,是大数据时代最需要解决的问题。

(4) 高速性(velocity):数据增长速度快,处理速度也快,时效性要求高。比如搜索引擎要求几分钟前的新闻能够被用户查询到,个性化推荐算法尽可能要求实时完成推荐。这是大数据区别于传统数据挖掘的显著特征。

(5) 真实性(veracity):数据的准确性和可信赖度,即数据的质量。大数据中的内容是与真实世界息息相关的,研究大数据就是从庞大的网络数据中提取能够解释和预测现实事件的数据的过程。

---

[1] 肖苏、张建芹:《市场调查与分析》,人民邮电出版社 2017 年版。

(6) 易变性(variability)：数据具有多层结构，会呈现多变的形式和类型，相较传统的数据，大数据具有不规则和模糊不清的特征。

既有的技术架构和路线，已经无法高效处理如此海量的数据，而对于相关组织来说，如果投入巨大采集的信息无法通过及时处理反馈有效信息，那将是得不偿失的。可以说，大数据时代对人类的数据驾驭能力提出了新的挑战，也为人们获得更为深刻、全面的洞察能力提供了前所未有的空间与潜力。

四、大数据对市场调查的底层思维影响

大数据技术的快速发展深刻地改变了人们的生活、工作和思维方式。与传统市场调查的数据获取、调查技术、数据分析方法相比，大数据对市场调查的底层思维也发生了深刻的影响，包括以下六方面。

1. 总体思维

市场调查或社会科学研究的总体特征决定，以往抽样调查一直是主要的数据获取手段，这是人类在无法获得总体数据信息条件下的无奈选择。在大数据时代，人们可以获得与分析更多的数据，甚至是与之相关的所有数据，而不再依赖于抽样调查，从而可以带来更全面的认识，可以更清楚地发现样本无法揭示的细节信息。在大数据时代，随着数据收集、存储、分析技术的突破性发展，我们可以更加方便、快捷、动态地获得与研究对象有关的所有数据，而不再因诸多限制不得不采用样本研究方法，相应地，思维方式也应该从样本思维转向总体思维，从而能够更加全面、立体、系统地认识总体状况。

2. 容错思维

在小数据时代，由于收集的样本信息量比较少，所以必须确保记录下来的数据尽量结构化、精确化，否则，分析得出的结论在推及总体上就会"南辕北辙"，因此，就必须十分注重精确思维。然而，在大数据时代，得益于大数据技术的突破，大量的非结构化、异构化的数据能够得到储存和分析，这一方面提升了我们从数据中获取知识和洞见的能力，另一方面也对传统的精确思维提出了挑战。在大数据时代，思维方式要从精确思维转向容错思维，当拥有海量即时数据时，绝对的精准不再是追求的主要目标，适当忽略微观层面上的精确度，容许一定程度的错误与混杂，反而可以在宏观层面拥有更好的洞察力。

3. 相关思维

在小数据世界中，人们往往执着于现象背后的因果关系，试图通过有限样本数据来剖析其中的内在机理。小数据的另一个缺陷就是有限的样本数据无法反映出事物之间的普遍性的相关关系。而在大数据时代，人们可以通过大数据技术挖掘出事物之间隐蔽的相关关系，获得更多的认知与洞见，运用这些认知与洞见就可以帮助我们捕捉现在和预测未来，而建立在相关关系分析基础上的预测正是大数据的核心议题。通过关注线性的相关关系，以及复杂的非线性相关关系，可以帮助人们看到很多以前不曾注意的联系，还可以掌握以前无法理解的复杂技术和社会动态，相关关系甚至可以超越因果关系，成为我们了解这个世界的更好视角。在大数据

时代,思维方式要从因果思维转向相关思维,努力颠覆千百年来人类形成的传统思维模式和固有偏见,才能更好地分享大数据带来的深刻洞见。

4. 智能思维

不断提高机器的自动化、智能化水平始终是人类社会长期不懈的努力方向。大数据时代的到来,可以为提升机器智能带来契机,因为大数据将有效推进机器思维方式由自然思维转向智能思维,这才是大数据思维转变的关键所在、核心内容。在大数据时代,随着物联网、云计算、社会计算、可视技术等的突破发展,大数据系统也能够自动地搜索所有相关的数据信息,进而类似"人脑"一样主动、立体、逻辑地分析数据、做出判断、提供洞见,那么,无疑也就具有了类似人类的智能思维能力和预测未来的能力。

5. 长期数据沉淀思维

大数据研究长期的数据沉淀结果,而不是阶段性的调查结果。与传统的阶段性市场调查相比,大数据长期收集、监测及分析用户的网上浏览行为、手机使用行为、社交媒体行为(微信、微博、抖音等)。

6. 实时数据收集思维

大数据能够感知和采集实时电子数据,并迅速转化进入决策运用环节。而传统的市场调查往往是滞后性地收集及分析数据。

五、大数据与传统市场调查互为补充

虽然大数据从底层思维上对传统市场调查带来了深刻的影响,但在实际应用中,若将两者互相补充结合,将带来更佳的研究效果。

1. 以大数据结论为先,通过市场调查寻找背后的解释及心理动机

以大数据结论为先,结合传统市场调查的焦点小组访谈方法,推测消费者背后的消费心理、消费动机,从而给出现象背后的解释与营销对策。

以腾讯用户与市场研究中心为例:

"大数据给出了结论,但给不了解释。"用户与市场研究中心总监谭池举了一个他自己的亲身经历。多年前,他曾经参与过早期苹果手机一代的调研。当时,老外们通过大数据惊讶地发现一个现象:苹果的几种输入法中,中国人特别偏爱某一种。可是老外想不通,这是为什么?谭池说,"为什么"往往是大数据的盲点,想要找到答案,目前,还只能依靠传统的人对人询问。当时,经过传统调研,谭池找到了原因:中国抽烟人口比西方国家多,许多公共场合更是想抽就能抽,人们一只手拿烟时,只好单手握着手机打字,因此中国的苹果一代用户,特别偏爱单手型、单指型的输入法。知道这个"为什么"以后,相关产品的开发,开始更多考虑单手模式了。人与人交流的传统模式,不仅没有被掩埋,反而在大数据时代,被一个个数据又激发出来。

2. 以大数据结论为先,通过市场调查寻找背后的场景

以大数据结论为先,通过传统的市场入户或实地调查寻找产品背后的场景。

同样以腾讯用户与市场研究中心为例:

"滴""滴"——访谈室里充满此起彼伏的电子音。研究员们有些震惊。

事情缘起于产品经理想做一个无障碍功能的设计。研究员朱丹招募了6位盲人进行访谈。起初,大家做好充分准备,以为盲人们可能不会使用智能手机,不会用 App,需要先教一下。但没想到,这群盲人使用互联网产品相当熟练。他们利用智能手机的读屏功能,并且每个人都把声音调到最快档,只听见手机发出"滴""滴"这样短促的电子音,常人的耳朵根本听不懂是什么,但6位盲人却在怪诞的声音中,熟练地使用互联网,让在场的"小伙伴都惊呆了"。"原来网络对他们的帮助比我想象中大很多。"朱丹感慨。有位盲人告诉她,比如移动支付,对正常人来说只是多了一种支付手段,但对他们而言是一种颠覆式的设计,大大方便了盲人消费。大数据提供了一个结果,但它并不知道用户在使用产品时,身处什么样的场景,怀揣怎样的心情,有着怎样的需求。这一切,唯有人与人面对面,才能知晓。

市调案例15-1

上海一网通大数据案例

《2020联合国电子政务调查报告》2020年7月10日正式发布,上海"一网通办"经验作为经典案例写入报告。联合国每两年对全球190多个国家的电子政务发展进程进行调查,并发布调查报告。2020年报告的主题是:数字政府助力可持续发展十年行动。

联合国调查报告重点介绍了上海"一网通办"通过促进数据共享和再造业务流程、优化营商环境、提升用户体验的经验,以及政务服务移动应用和线上线下业务协同的做法。在联合国全球城市电子政务评估排名中,上海排名第九,位列前十。

"一网通办"作为上海首创的政务服务品牌,已两次写入国务院政府工作报告。"一网通办"总门户自2018年10月17日正式开通以来,截至2020年8月28日,个人实名用户已超过2 921万,法人用户超过208万,平台接入事项2 341个,累计服务人次超过21.87亿,累计办件量超过6 042万件,"全程网办"能力达到84%,"最多跑一次"能力达到95%。目前,上海"一网通办"已全面建成"一平台、多终端、多渠道"的服务体系,其中,移动端"随申办"服务已全面覆盖本市常住人口,平均月活超1 000万;"随申码"累计使用次数超9亿次,已经成为伴随市民工作、生活的随身服务码,在看病就医、交通出行等领域,为市民提供便捷服务。

目前,上海"一网通办"正积极践行"人民城市人民建,人民城市为人民"理念,聚焦"高效办成一件事",不断完善全方位服务体系,让每个人都能感受到城市的温度,生活的美好[1]。

---

[1] 资料来源:http://www.cnr.cn/shanghai/tt/20200711/t20200711_525164168.shtml。

上海大数据中心主任朱宗尧表示,目前上海"一网通办"实现办事时间总体减少59.8%,办事材料总体减少52.9%,好评率达到99.7%,切实增强了市民、企业的获得感。

像网购一样方便,是对政府效能的要求,更体现了营商环境的显著改善。据了解,以往开一家饭店,至少要涉及市场监管、酒类专卖、绿化市容、消防等4个部门6个审批事项,来回6次,提交31份材料,耗时58个工作日。如今,经"一网通办""一件事一次办"改革后,开一家饭店,只需跑一次,提交12份材料,10个工作日就能办结。

作为"一网统管"主体推进部门和城市大脑的重要组成部分,上海城运系统充分利用智慧公安建设成果和大数据、云计算等技术,整合接入住建、交通、水、电、气等22家单位33个专题应用,深化联勤联动,探索研发地图服务、气象服务、交通保障、应急处置等六大插件,围绕城市动态、环境、交通、保障供应、基础设施5个维度直观反映城市运行宏观态势,为跨部门、跨系统联勤联动增效赋能,初步实现"一屏观上海、一网管全城"。

"'两张网'互为支撑:'一网通办'带动政务服务改进,推动营商环境优化;'一网统管'促进城市管理精细化,保障城市安全有序运行。"上海城运中心表示,2020年上海着眼"高效处置""高效办成",再造业务部门的流程,进一步提升企业、群众的获得感和满意度[1]。

2020年7月14日,联合国电子政务调查专家组成员、复旦大学国际关系与公共事务学院郑磊教授在接受媒体采访时,透露了上海能获联合国青睐的原因。

1. 线上线下融合,体现城市温度

为什么联合国会将上海"一网通办"经验选为经典案例?

上海"一网通办"并不是全程在线发展,而是一个线上+线下融合的方案,这也是该案例入选的一大原因。"发达国家现在主推全程在线的电子政务模式;而一些发展中国家由于还有数字鸿沟,所以它主要在线下进行政务服务。联合国认为,上海的一网通办把线上线下都打通,这是一个有特色的案例。因为一个发展中国家中相对比较发达的城市内,它既有一些数字化能力非常强的人群,同时仍然有一些譬如老年人这样相对弱势的群体。所以联合国在介绍上海一网通办的时候特别提到:'他们除了在线上办事以外,还设了200多个线下的点,线下的点跟线上的点打通,既便捷了政务办事,也没有忽视弱势群体。'"

联合国电子政务近期10年的目标是可持续发展,这里面特别强调了对弱势群体的关照。"他们有一句话叫'不让一个人掉队',所以在评这个项目时就反映了这样的精神。所以上海的'一网通办'正是体现了对弱势群体有温度的精神,这是上海案例的特色,值得向全球进行推广。"

---

[1] 资料来源:http://news.anhuinews.com/system/2020/05/17/008425761.shtml。

2. 从能办走向好办，勿忘弱势群体

在电子政务方面上海在哪里还有进步的空间？

对此，郑教授基于他参与联合国评选的经历表示，一方面把数据的共享融合水平做得更高。因为后台数据打通之后，是能让更多的服务上线，所以上海一网通办今年也提出了，从能办走向好办，所以要更好地提升公众的服务体验。

另外，他还强调，"一网通办"无论在线上做得多好，千万不要忘记线下的人。"数字鸿沟，我们早些年可能会认为这是一个绝对的概念，就是说只要你有手机你就上线。但现在我们认为它是一个相对的概念，比如我们这一代现在可能对任何线上操作都掌握得很好，到了我们七八十岁的时候，年轻人的东西我们可能也不会了，我们就会成为相对的弱势者。所以，上海应该仍然坚持提供'温度'，照顾到这些相对弱势群体的方向，包括线下的点密度其实可以变得更多，比如在日本，市民到政务办事点就像去便利店一样方便。"[1]

第二节 大数据的采集

一、大数据的数据来源

大数据开启了一个大规模生产、分享和应用数据的时代，它给技术和商业带来了巨大的变化。麦肯锡研究表明，在医疗、零售和制造业领域，大数据每年可以提高劳动生产率 0.5~1 个百分点。在大数据时代，大数据已经类似工业生产中的"石油"，作为一种生产资料及战略性资产，其来源可根据不同维度做不同的划分。

1. 按数据存储的形式划分

根据数据存储形式，可分为结构化数据、非结构化数据及半结构化数据。结构化数据，简而言之就是数据库，如企业 ERP 系统、财务系统、医疗 HIS 系统、教育一卡通、政府行政审批和其他核心数据库。非结构化数据，包括视频、音频、图片、图像、文档、文本等，如医疗影像系统、视频点播、视频监控、文本服务器（PDM/FTP）、媒体资源管理等具体应用。半结构化数据，包括邮件、HTML、报表、资源库等，如邮件系统、WEB 集群、资源库、数据挖掘系统、档案系统等。

目前的海量数据中，仅有 20% 左右属于结构化的数据，80% 的数据属于广泛存在于社交网络、物联网、电子商务等领域的非结构化数据。

2. 按数据的内部外部来源划分

根据企业数据是从企业内部还是外部获取，可划分为企业内部数据和企业外部数据。

---

[1] 资料来源：http://sh.sina.com.cn/news/m/2020-07-15/detail-iivhvpwx5452001.shtml?cre=tianyi&mod=pchp&loc=12&r=0&rfunc=34&tj=none&tr=12.

企业内部数据的来源包括企业数据化档案、企业信息化系统和企业物联网络。企业数据化档案包括商业交易记录、维修记录、客户投诉记录及历史档案等。企业内部数据包括该企业的财务数据、销售数据、库存和产品数据、客户数据、客服数据、市场数据、运营数据、人事数据等。信息化系统在企业已几近普及,很多企业已建立起如 OA(Office Automation)、ERP(Enterprise Resource Planning)、CRM(Customer Relationship Management)等多种类别的 IT 系统,使得企业内部的人、财、物、时间、空间、客户交互等数据大量生成,并存储和沉淀。这些信息系统自带的分析工具如报表生成、运营分析、客户分析等功能为企业管理决策提供诸多参考。

企业外部数据的来源包括互联网数据、物联网数据以及与其他第三方交互的数据,包括用户购买行为数据(如淘宝、京东、拼多多等)、用户主动搜索数据(如百度、淘宝、搜狗、360 搜索等)、用户社交行为数据(如微博、微信、QQ 等)、用户自媒体数据(如抖音、快手、微博、微信等)、用户网页浏览数据、用户 App 使用数据、物联网数据等。

3. CDP 数据中台介绍

近年来,CDP(Customer Data Platform)客户数据平台(或称数据中台)逐渐成为一种趋势,阿里巴巴、京东、拼多多、腾讯等中国领先的互联网公司均已建立 CDP 数据中台,同时不少企业特别是面向个人消费者的企业也在数字化转型中。CDP 可创建可由其他系统访问的持久、统一的客户数据库。多源数据通过采集、清洗、整合生成单一的用户画像,且这种结构化数据可由其他营销系统访问,形成深度客户洞察力+闭环运营能力。

市场营销始终围绕着顾客获知、考虑、购买、留存、口碑等几个环节,过去市场营销的动作主要集中在线下,随着互联网的发展,营销玩法不断向线上迁移,方式和平台也多种多样,于是企业不断布局和扩充线上触点(见图 15-1)。企业需要一个统一真实的数据源来描述客户,而不是任由客户的不同维度数据由不同部门各自存储,这需要一个技术平台(即 CDP 数据中台)来收集所有的第一方、第二方甚至是第三方的用户交互数据,并且将这些数据集成到各个部门使用的工具之中,来保证客户数据的统一性,最终为客户提供良好的体验(见图 15-2)。

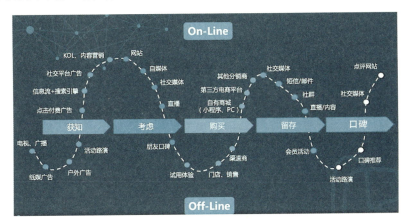

图 15-1 市场营销触点及玩法不断从线下往线上迁移

图 15-2　CDP 主要功能模块

首先,采集客户在不同触点与品牌互动留下的各种类型数据。然后,对客户数据进行清洗、统一 ID Mapping、合并、分析洞察,形成完整的客户画像,并给客户打上各种类型的人群标签,形成市场细分。最后,基于不同的标签和用户画像,进行多渠道营销执行与触达,收集客户行为反馈,并进一步完善客户画像,优化营销策略,形成闭环运营。这个过程不断循环往复,形成正反馈,使企业成为最懂客户的公司,为客户提供精准且深度的服务(比如 360 度个体级别的消费者洞察、精准营销触达、千人千面个性化推荐、沉睡客户唤醒等)。

CDP 最主要的数据结构是人的 ID 标识加上附着在该 ID 上的属性数据,即俗称的标签。ID 不止一种,常见的包括:用户注册 ID(User ID)、设备 ID(Device ID)、Lead ID 或 Customer ID、cookie、公众号或者小程序的 OpenID 及 UnionID、企业 DMP 对人群及个体进行统一标识的 ID 等等。而 CDP 中每个人的数据记录中各类 ID 之间具有映射关系,因而可互相打通并成为企业的自有私域数据。

二、大数据的数据采集

1. 互联网大数据采集

(1) 系统日志采集法。系统日志是记录系统中硬件、软件和系统问题的信息,同时还可以监视系统中发生的事件。用户可以通过它来检查错误发生的原因,或者寻找受到攻击时攻击者留下的痕迹。系统日志包括应用程序日志和安全日志。大数据平台或者说类似于开源 Hadoop 平台会产生大量高价值系统日志信息,如何采集成为研究者研究热点。目前基于 Hadoop 平台开发的 Chukwa、Cloudera 的 Flume 以及 Facebook 的 Scribe 均可成为系统日志采集法的典范。目前此类的采集技术大约可以每秒传输数百 MB 的日志数据信息,满足了目前人们对信息速度的需求。

(2) 互联网数据采集。目前网络数据采集有两种方法,一种是 API,另一种是网络爬虫法。

① API 又叫应用程序接口,是网站的管理者为了使用者方便,编写的一种程序接口。该类

接口可以屏蔽网站底层复杂算法,仅仅通过简简单单调用即可实现对数据的请求功能。目前主流的社交媒体平台如新浪微博、百度贴吧以及 Facebook 等均提供 API 服务,可以在其官网开放平台上获取相关 DEMO。但是 API 技术毕竟受限于平台开发者,为了减小网站(平台)的负荷,一般平台均会对每天接口调用上限做限制,这给我们带来极大的不便。为此我们通常采用第二种方式——网络爬虫。

② 网络爬虫(又被称为网页蜘蛛,网络机器人),是一种按照一定的规则,自动地抓取万维网信息的程序或者脚本。另外一些不常使用的名字还有蚂蚁、自动索引、模拟程序或者蠕虫。最常见的爬虫便是我们经常使用的搜索引擎,如百度、360 搜索等。此类爬虫统称为通用型爬虫,对于所有的网页进行无条件采集。通用型爬虫具体工作原理见图 15-3。

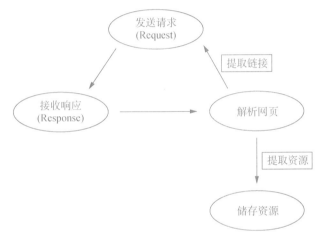

图 15-3 通用型爬虫工作原理

给予爬虫初始 URL,爬虫将网页中所需要提取的资源进行提取并保存,同时提取出网站中存在的其他网站链接,经过发送请求,接收网站响应以及再次解析页面,提取所需资源并保存,再将网页中所需资源进行提取……以此类推,实现过程并不复杂,但是在采集时尤其注意对 IP 地址、报头的伪造,以免被网管发现禁封 IP,禁封 IP 也就意味着整个采集任务的失败。当然为了满足更多需求,多线程爬虫、主题爬虫也应运而生。多线程爬虫是通过多个线程,同时执行采集任务,一般而言几个线程,数据采集数据就会提升几倍。主题爬虫和通用型爬虫截然相反,通过一定的策略将与主题(采集任务)无关的网页信息过滤,仅仅留下需要的数据。此举可以大幅度减少无关数据导致的数据稀疏问题[1]。

(3) App 移动端数据采集。App 是获取用户移动端数据的一种有效方法,App 中的 SDK 插件可以将用户使用 App 的信息汇总给指定服务器,即便在用户没有访问时,也能获知用户终端的相关信息,包括安装应用的数量和类型等。单个 App 用户规模有限,数据量有限;但数十万 App 用户,获取的用户终端数据和部分行为数据也会达到数亿的量级。

[1] 资料来源:https://zhuanlan.zhihu.com/p/69761647。

2. 物联网大数据采集

物联网是大数据的重要来源，随着物联网在各行各业的推广应用，每秒钟物联网上都会产生海量数据。据著名咨询公司 Gartner 预测，到 2020 年超过半数的新业务流程和系统都将融入物联网，到 2021 年全球将有 250 亿台设备通过物联网连接，诸如汽车、家电、办公设备等将连接音频、视频采集器和虚拟感官系统，数据生成速度将更快、广度将更宽。

物联网大数据采集方式包括以下六种。

(1) 条码扫描：通过对一维条码、二维码扫描来采集数据。条码扫描功能，目前有两种技术，激光和 CCD。激光扫描只能识读一维条码，CCD 技术可以识别一维和二维条码。

(2) RFID 读写：通过射频识别技术，可以对 RFID 标签进行识读。RFID 标签与条码相比，具有读取方便、更安全、可改写等优势。RFID 根据频段不同又可分为超高频、高频、低频。RFID 手持终端在读取标签时可达到的距离更远，且能一次读取多个标签。

(3) IC 卡读写和非接触式 IC 卡读写：通过集成 IC 卡读写功能、集成非接触式 IC 卡读写功能来采集数据，主要用于 IC 卡证卡管理、非接触式 IC 卡管理。

(4) 指纹采集：通过集成指纹采集模块采集指纹信息，主要应用在公安、社会保险、移动执法等领域。

(5) 红外数据通讯：通过远红外将数据传输录入到无线数据采集器，国产的抄表机大多都带有该功能，可应用在电表、水表、燃气表等计量表具的抄表环节。

(6) 各种传感器，包括二氧化碳浓度传感器、温度传感器、湿度传感器、摄像头、定位/GPS 位置感知终端等各种类的传感器件，可直接采集信息。

3. 第三方机构购买

2015 年开始，大数据上升为国家发展战略，全国各地相继成立大数据交易所，各个大数据交易平台网站也陆续上线，包括百度、阿里、京东等大的互联网公司都在布局大数据战略，也推出数据交易平台，因而也可从第三方机构比如全国各地大数据交易所或交易中心、大数据服务机构、大数据公司购买大数据。国内大数据交易中心有贵阳大数据交易所、上海数据交易中心、武汉东湖大数据交易中心、华东江苏大数据交易平台、安徽淮南数海大数据交易平台、长江大数据交易中心、浙江大数据交易中心、哈尔滨数据交易中心、华中大数据交易平台、钱塘大数据交易中心、北京大数据交易服务支撑平台、京东万象大数据开放平台、阿里云数据市场、百度 APIStore 等。

三、国内外一些比较常用的数据获取方式

1. 公开数据库

(1) 常用数据公开网站，比如 UCI 网站、国家数据、CEIC 数据、万得金融数据、搜数网、中国统计信息网、亚马逊跨科学云数据平台、figshare 研究成果共享平台、GitHub 网站等。

(2) 政府开放数据，比如北京市政务数据资源网、深圳市政府数据开放平台、上海市政务数据服务网、贵州省政府数据开放平台、美国政府开放数据 Data.gov 等。

(3) 数据竞赛网站,竞赛的数据集通常干净且科研性非常高,比如全球最大的数据竞赛平台 Kaggle、阿里旗下数据科学竞赛平台天池、Datafountain 大数据竞赛平台、DataCastle 等。

2. 利用爬虫可以获得有价值数据

一些网站平台,我们可以使用爬虫爬取网站上的数据,某些网站上也给出获取数据的 API 接口,但需要付费。比如财经类数据新浪财经、东方财富网;社交平台数据如新浪微博、知乎、微信公众号;就业招聘数据如拉勾网、猎聘网;餐饮食品数据如美团外卖、饿了么;交通旅游数据如 12306、携程;电商平台数据如淘宝、天猫、京东;影音数据如豆瓣、猫眼、时光网;房屋信息数据如链家、58 同城房产;新媒体数据如新榜、清博大数据、微问;分类信息如 58 同城、赶集网。

3. 数据交易平台

由于现在数据的需求很大,也催生了很多做数据交易的平台,当然,除去付费购买的数据,在这些平台,也有很多免费的数据可以获取,比如优易数据和数据堂。

4. 网络指数

(1) 百度指数:指数查询平台,可以根据指数的变化查看某个主题在各个时间段受关注的情况,对进行趋势分析、舆情预测有很好的指导作用。

(2) 阿里指数:国内权威的商品交易分析工具,可以按地域、按行业查看商品搜索和交易数据,基于淘宝、天猫和 1688 平台的交易数据基本能够看出国内商品交易的概况。

(3) 友盟指数:友盟在移动互联网应用数据方面具有较为全面的统计和分析,对于研究移动端产品、做市场调研、用户行为分析很有帮助。

(4) 爱奇艺指数:爱奇艺指数是专门针对视频的播放行为、趋势的分析平台,对于互联网视频的播放有着全面的统计和分析,涉及播放趋势、播放设备、用户画像、地域分布等多个方面。

(5) 微指数:微指数是新浪微博的数据分析工具,微指数通过关键词的热议度,以及行业/类别的平均影响力,来反映微博舆情或账号的发展走势。分为热词指数和影响力指数两大模块。

除了以上指数外,还有谷歌趋势、搜狗指数、360 趋势、艾漫指数等。

5. 网络采集器

网络采集器是通过软件的形式实现简单快捷地采集网络上分散的内容,具有很好的内容收集作用,而且不需要技术成本,被很多用户作为初级的采集工具。

(1) 造数:新一代智能云爬虫。爬虫工具中最快的,比其他同类产品快 9 倍。拥有千万 IP,可以轻松发起无数请求,数据保存在云端,安全方便、简单快捷。

(2) 火车采集器:一款专业的互联网数据抓取、处理、分析、挖掘软件,可以灵活迅速地抓取网页上散乱分布的数据信息。

(3) 八爪鱼:简单实用的采集器,功能齐全,操作简单,不用写规则。特有的云采集,关机也可以在云服务器上运行采集任务。

第三节 大数据的清洗整理

在做数据可视化、分析或挖掘之前需做数据的抽取、清洗及整理,整个过程比较枯燥,且占据 70%~80% 的时间,但这又是必经阶段。

一、缺失值处理

数据经常会出现某个字段有缺失值,当样本数很多的时候,并且出现缺失值的样本占整个样本的比例相对较小,这种情况下,我们可以使用最简单有效的方法处理缺失值的情况,那就是将出现缺失值的样本直接丢弃,这是一种很常用的策略。当确实需要填补缺失值时,可采用均值填补法、近距离决定填补法、回归填补法、多重填补方法、KM 最近邻法、有序最近邻法、基于贝叶斯填补法等方法,R 语言和 SPSS 都具有相应的软件包或工具。

二、重复数据去重

对于重复冗余数据需要采用规则加以去除,如通过相同的关键信息匹配进行去重,也可以通过主键进行去重。

三、统一用户标签

对来自不同设备(安卓手机 ID、苹果手机 ID、网页浏览 ID 等)或者不同数据源的用户标签 ID 需正确关联、整合在一张宽表上,以方便后续的分析及挖掘。

四、数据归一化或标准化

不同数据的量纲不一样或数量级差别太大时,经常先做数据归一化或标准化处理,数据归一化或标准化通常有两种处理方法:(1)最大值-最小值标准化:$X* =(X-X 最小值)/(X 最大值-X 最小值)$;(2)Z-score 正态标准化:$X* =(X-均值 u)/标准差$。

五、创建新的字段或分箱

根据分析所需,创建新的字段或对原有字段进行分箱(即将定量变量生成定性变量,比如根据"年龄"分箱为"青年、中年、老年")。

总之,数据清洗整理种类繁多,以上列出了几种常见的数据清洗整理方法,实际学习或工作中可能碰到更多更复杂的数据清洗及整理情况。

第四节 | 大数据的可视化展现

一、什么是大数据可视化

通过信息图对数据进行描述,以人们更易理解的形式展示出来的一系列手段叫做数据可视化,数据可视化是为了更形象地表达数据内在的信息和规律,促进数据信息的传播和应用,达到直接、简明、高效的效果。在当前新技术支持下,数据可视化除了"可视",还有"可交流""可互动"的特点。数据可视化的本质是数据空间到图形空间的映射,是抽象数据的具象表达。

以图 15-4 为例,通过不同比例的咖啡、热牛奶、奶泡、鲜奶油、水的图形,可视化展示出不同类型的星巴克咖啡:

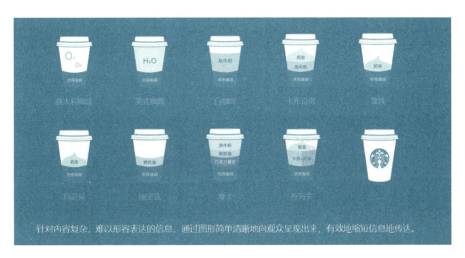

图 15-4 不同类型星巴克咖啡可视化

二、大数据可视化例子及样式介绍

1. 大屏数据可视化

大屏数据可视化是以大屏为主要展示载体的数据可视化设计,也就是通过整个超大尺寸的屏幕来展示关键数据内容。"大面积、炫酷动效、丰富色彩",大屏易在观感上给人留下震撼印象,便于营造某些独特氛围、打造仪式感。利用其面积大、可展示信息多的特点,通过关键信息大屏共享的方式可方便团队讨论和决策,所以大屏也常用来做数据分析监测,同时可在大屏上实时动态展现数据,实现"一屏观天下"效果。大屏数据可视化可运用在包括政务、教育、医疗卫生、金融、能源、企业分析等多个行业和领域。

(1) 新冠肺炎疫情监控大屏:可帮助疫情防控部门找到工作重点区域、重点人群和重点场景。可以把这些敏感的传染源第一时间锁定隔离,帮助政府决策它的物资投放以及管控的手段(见图 15-5)。

图 15-5　新冠肺炎疫情监控大屏

（2）智慧城市大屏：通过大屏，将城市运维的重要因素通过 3D 模型展示出来，如人口、单位、建筑、车辆、轨迹等，纤毫毕现（见图 15-6）。

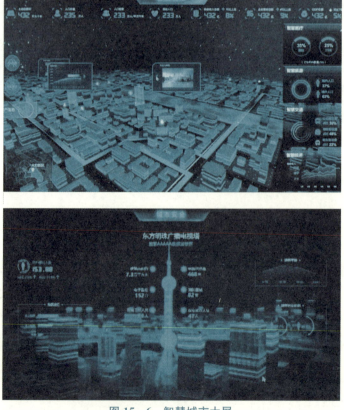

图 15-6　智慧城市大屏

2. 词云图

词云图,也叫文字云,是对文本中出现频率较高的"关键词"予以视觉化的展现。词云图过滤掉大量的低频低质的文本信息,使得浏览者只要一眼扫过文本就可领略文本的主旨,是典型的文本可视化技术。该方法多用于快速识别网络媒体的主题热度、文本关键词分析等。

(1) SUV 口碑研究,如图 15-7 所示。

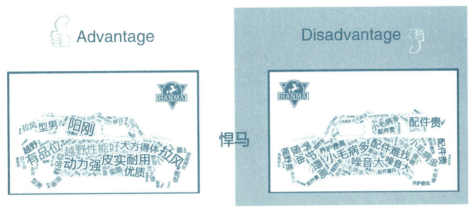

图 15-7　SUV 口碑研究词云图

(2) 明星肖像标签云,如图 15-8 所示。

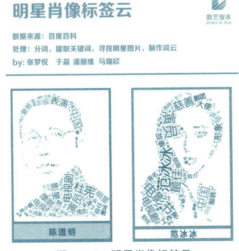

图 15-8　明星肖像标签云

3. 社会关系网络图

社会关系网络图具体定义详见"社交网络分析 R 示例",这里主要展示几个样例。

(1) 网络可视化——谁是意见领袖,如图15-9所示。

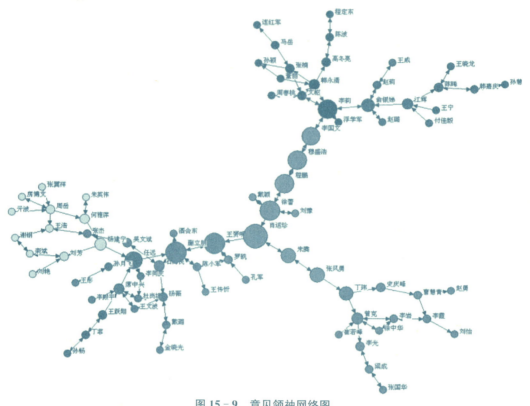

图15-9 意见领袖网络图

(2) 中国人文社科论文的合作比例网络关系图,如图15-10所示。

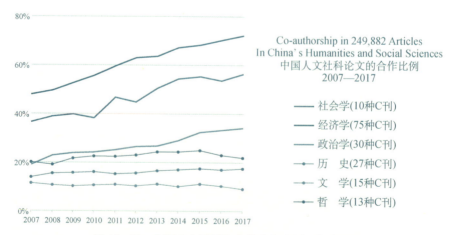

图15-10 中国人文社科论文的合作比例网络关系图

从以上图形可直观地看出,经济学、社会学的论文合作比例远远高于政治学、哲学、历史学和文学。

大数据可视化的图形库非常丰富,这里举了一些例子,在后续的 Power BI、Echarts 可视化工具介绍中,Power BI 及 Echarts 提供了非常丰富的可视化图形库。

三、如何选择一个合适的可视化工具

1. 清晰、简洁和可定制的界面

数据可视化程序的界面就像汽车仪表盘,你一眼就能得到想要的重要信息——从剩余油量、行车速度到续航里程。类似地,可视化界面应能在一个视图中显示所有关键信息。一个好的数据可视化工具应该同时具备以下功能。首先样子看起来很酷。界面清晰又不失流行的颜色。其次,界面应该准确地展示所有重要的数据。比如用户关注的 KPI、重要趋势或重要业务相关的数据集,都应该在界面一启动几秒钟内就能完整、清楚地显示出来。所有显示的内容应该一目了然。界面还有一个非常重要的品质,是可定制化的。在不同时间段内,可能需要跟踪不同的数据集,那么需要自定义哪些数据重点显示。因此,数据可视化工具必须允许根据业务个性化定制。

2. 嵌入式

要真正利用数据可视化的强大功能,将可视化报告无缝集成到其他应用程序中是非常重要的。为了让用户高效协同,跨平台共享报告,数据可视化软件应该兼容不同的应用程序。并不是所有部门都需要分析所有数据,大多数人只希望数据的一部分与他们特定的应用程序无缝集成,从而帮助他们提高工作效率,所以一个好的数据可视化工具必须易于嵌入集成。

3. 人机交互性

由数据可视化工具生成的可视化报告必须具有较强的人机交互性,支持调整一些变量或者参数,能够看到趋势/结果随之变化。用户能够移动、排序、筛选相关变量,获得相应的效果。数据分析师和决策者需要的是,能够处理各种来源的数据并生成有价值内容的分析工具。可视化分析报告支持不同格式打开,可以在不同的时间凸显不同的部分。

4. 数据采集与共享

将原始数据导入可视化工具,然后以各种不同的形式导出可视化报告,这一过程要按照用户喜欢的方式进行。一些数据集可以最原始的形式输入到工具中,而另一些数据集则需要先进行聚合,因为它们太大了。有时,数据可以从一个数据源中获取,而有时需要从不同的数据源收集数据并通过工具进行可视化。有的数据可视化工具能从多个数据源收集数据并显示在同一个界面上,但有些工具可能没有此功能。您如何选择合适的工具就看具体的需求。需要自动化生成报告吗?团队之间是否需要共享分析报告?希望从报告中导出哪些数据呢?

5. 地理标记和智能定位

如果您所处的领域对地理位置很关注,那么您可能需要地理和位置数据的可视化工具。比如这些数据来自哪里?哪些州或地区更积极?哪些领域需要拓展?对需要跟踪基于位置 kpi 的业务来说,按时间和空间分层数据集的能力非常重要。

6. 数据挖掘

数据挖掘是研究大型数据集以识别其中的模式和趋势的过程。如果您处理大型数据集,

并且希望可视化工具帮助提取其中的潜在信息并生成可视化报告,那么您需要可视化工具含有该功能。

7. 人工智能

许多可视化工具使用人工智能来分析、探索和预测趋势,并根据过去的变化预测未来的趋势。如果这是你感兴趣的东西,那么集成人工智能的可视化工具就非常适合。

第五节 一些常用的可视化工具介绍

目前市面上的可视化工具非常丰富且能画出非常漂亮的图形,包括 Microsoft Power BI、Tableau、D3.js、HighCharts、Echarts、Leaflet、Vega、deck.gl、AntV、G2、G6 等,读者有兴趣的话可以自行查询学习相关资料,这里我们以流行、简洁、易用、功能强大为标准,给大家介绍一些常用的可视化工具。

一、Microsoft Power BI

1. 什么是 Power BI

Power BI 是微软推出的大数据分析和可视化工具,它是一套商业分析工具,用于在组织中提供见解。可连接数百个数据源、简化数据准备并提供即席分析。生成美观的报表并进行发布,供组织在 Web 和移动设备上使用。每个人都可创建个性化仪表板,获取针对其业务的全方位独特见解。在企业内实现扩展,内置管理和安全性。简单来说就是可以从各种数据源中提取数据,并对数据进行整理分析,然后生成精美的图表,并且可以在电脑端和移动端与他人共享的一个神器。

Power BI 包含 Power BI Desktop(Power BI Windows 桌面应用程序)、Power BI Service(Power BI 服务)、Power BI 移动版(可在 iOS 和 Android 设备上使用的 App),如图 15-11 所示。

使用 Power BI 的哪一部分取决于用户在项目中的角色或所在的团队。不同角色的人可能以不同方式使用 Power BI。例如,负责处理数据的人主要使用 Power BI Desktop 和 Power BI 服务制作报表和仪表板,并使用 Power BI 服务共享报表和仪表板;领导层主要在办公室的计算机上使用 Power BI 服务查看制作好的仪表板和报表;而需要经常出差在外的销售业务负责人则主要在手机等移动设备上使用 Power BI 移动版监视销售进度,了解潜在客户的详细信息。当然,同一个人也有可能会在不同时间使用 Power BI 的不同部分,但是无论使用 Power BI 的哪个部分,通常都要遵循下面的工作流程。(1)将数据导入 Power BI Desktop,并创建报表。(2)将报表发布到 Power BI 服务,可在该服务中创建新的视觉对象或构建仪表板,并与他人(尤其是出差人员)共享仪表板。(3)在 Power BI 移动版中查看共享的仪表板和报表,并与其交互。总而言之,Power BI 的三个组成部分旨在帮助用户通过最有效的方式创建、共享和获取商业见解。

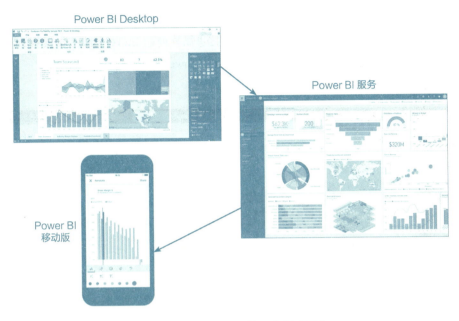

图 15-11 Power BI 的三个组成部分

2. Power BI 的优点

(1) 可以免费使用的 Power BI Desktop。Power BI Desktop 可以免费使用，只要上微软官方网站下载即可，且几乎每个月都有版本更新，便于学习及推动。此外，Power BI Pro 的价格不高，因此 Power BI 可以经济高效地为个人或企业提供 BI 和分析功能。

(2) 发展迅速。根据全球超过 50 万成员社区每年提交的数千个想法，接收每周和每月更新，以改进 Power BI 功能。这些在 Power BI 都有免费的社区和资源共享。

(3) 操作简单，使用方便。Power BI 号称"傻瓜式"的数据分析工具，容易上手，适合作为数据分析的入门工具。

(4) 丰富的图库，强大的可视化功能。Power BI 拥有十分丰富的图库可供您选择，可以制作交互式的报表，对实时数据进行分析，让您在分析数据的同时，享受可视化的盛宴。

(5) 和 Excel 整合良好，从 Excel 到 Power BI 是不少个人或企业的必然选择。Excel 和 Power BI 都是微软旗下的产品，因此两者整合良好，且 Excel 作为全球使用最多、最广的数据分析工具，Power BI 是它的继承和衍生，从 Excel 到 Power BI 这是未来发展的必然趋势。从 Excel 2016 版开始，就嵌入了 Power BI 系列的插件，其中包括：Power Query、Power Pivot、Power View、Power Map。

3. Power BI Desktop 的下载和安装

首先，登录微软 Power BI 官方下载地址，并在"产品"选项卡下选择"Power BI Desktop"并点击进去：https://powerbi.microsoft.com/zh-cn/what-is-power-bi/，并点击"Download"，根据自己的 windows 电脑系统是 32 位还是 64 位选择相应的下载包并下载，下载完成后，双击安装包安装即可。此外，Power BI Desktop 也可以通过登录微软应用商店直接安装。

Power BI Desktop 是免费的,但最好用邮箱注册一下(目前 163 或 126 个人邮箱不能注册),注册后可以使用 Power BI 服务,同时可以直接进微软商店 Store 下载图形模板,有更多图形模板资源可以利用。注册成功后登录 https://app.powerbi.com/,并用自己的账户名和密码登录,即可进入 Power BI 服务(见图 15-12)。

图 15-12　Power BI 服务

4. Power BI 丰富的可视化图形库及学习资源

Power BI 除了软件自带的柱状图、饼图、散点图、折线图、矩阵、表、卡片图以外,还提供了丰富的可视化图形库供用户下载(前提是先进行用户注册),具体下载方式如下:在可视化中点击"…"后,点击"获取更多视觉对象"即跳出丰富的图形模板可供选择,如图 15-13 和图 15-14 所示。

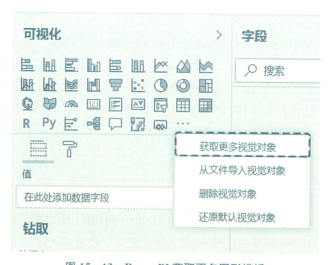

图 15-13　Power BI 获取更多图形模板

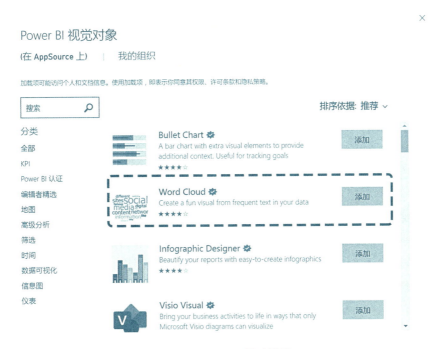

图 15 - 14　Power BI 图形模板

想下载哪种图形模板,点击相应的"添加"按钮即可下载该图形模板,以"Word Cloud"词云图为例,点击"添加",即可在"可视化"下面成功添加"Word Cloud"词云图模板。同时,微软在 Power BI 官网里提供了丰富的帮助文档和学习资源:https://docs.microsoft.com/zh-cn/power-bi/。

其中包括:(1) Power BI 如何入门:https://docs.microsoft.com/zh-cn/power-bi/fundamentals/desktop-getting-started。(2) 如何获取 Power BI 示例:https://docs.microsoft.com/zh-cn/power-bi/create-reports/sample-datasets#install-built-in-content-packs。(3) Power BI 学习课程及学习路径: https://docs.microsoft.com/zh-cn/learn/powerplatform/power-bi?WT.mc_id=powerbi_landingpage-docs-link。

此外,"Power BI 星球"微信公众号关于 Power BI 的学习资料也不错。对于微软 Power BI 官方帮助文档及学习资源、"Power BI 星球"微信公众号相关学习内容,感兴趣的读者可自行进一步深入学习和研究,并应用到实际的学习和工作中。

二、Tableau

1. 什么是 Tableau

Tableau 是能够帮助大家查看并理解数据的商业智能软件,且在 BI 工具中用户众多,处于市场领先地位。Tableau 产品线包括:(1)Prep,主要用于复杂数据源的组织与管理,数据清理与准备;(2)Desktop,用于数据分析与结果呈现;(3)Server 和 Online,大规模、自动化、多终端分析;(4)Mobile,属于移动端 App,但必须结合 Server 才能使用(实际是直接连接至 Server 端)。对于大多数终端用户而言,Desktop 用得最多最普遍。

Tableau 产品线可在官方网址(https://www.tableau.com/zh-cn/products)查看到。

2. Tableau 的优点

(1) 简单易用:任何人都可以使用直观明了的拖放分析数据,无需编程即可深入分析。

(2) 结果美观:内置美观的可视化图表,不用考虑配色。优秀的数据可视化展示效果,数据图表制作能力强。

(3) 动态连接,自动更新:通过实时连接获取最新数据,或者根据制定的日程表获取自动更新。

(4) 智能仪表板:集合多个数据视图,进行更丰富的深入分析。

(5) 瞬时共享:只需数次点击,即可发布仪表板,在网络和移动设备上实现实时共享。

(6) 支持各种数据格式,快速分析:无论是电子表格、数据库还是 Hadoop 和云服务,任何数据都可以轻松探索,在数分钟内完成数据连接和可视化。

3. Tableau Desktop 14 天免费试用版本的下载安装

在官方网址(https://www.tableau.com/zh-cn/products/desktop/download)输入商务电子邮件,即可下载 Tableau Desktop 14 天免费试用版本。

点击"下载免费试用版",即可选择安装文件存储路径并下载,下载完成后,双击安装源进行安装,并在最后选择"14 天免费试用"即可安装成功。

此外,针对学生和教师,Tableau 提供了免费版本,首先进入到 Tableau 学术研究界面:https://www.tableau.com/zh-cn/academic。

点击"学生",进入 Tableau 学生版介绍;点击右上角的"免费学生版许可证",在空白处填入相关信息即可申请免费学生版许可证。

4. Tableau Desktop 丰富的帮助文档及学习资源

在 Tableau 官网的"资源"选项卡下有各种学习资源、可视化库、客户故事、博客、活动、支持、线上社区等,用户可在这里查看各种丰富的帮助文档和学习资源。

以"学习"为例,Tableau 提供了一系列免费培训视频:https://www.tableau.com/zh-cn/learn/training/20203。

用户可点击进去观看培训视频,且这些培训视频提供数据及 twbx 文件,用户可边观看培训视频边操作学习。

此外,微信公众号"Tableau 社区"和"Tableau 服务号"也有丰富的学习资源及案例资源,感兴趣的读者可自行前往进一步深入学习。

5. Tableau Desktop 的可视化分析界面简介

Tableau 的可视化分析同样地需要导入数据,清洗数据,然后进行可视化分析。Tableau 可视化分析界面,通过拖拽不同的字段到行、列、颜色、标签、大小、详细信息即可制作优美的图形。若不清楚要做什么样的图形,也可通过选择需要做图的字段后,在"智能显示"中挑选相应的图形。

这里只是简单地介绍一下 Tableau 可视化分析界面。关于 Tableau 更多操作及功能,感兴趣的读者可根据 Tableau 官方免费培训视频进一步学习和研究。

三、Echarts

1. 什么是 Echarts

Echarts 缩写自 Enterprise Charts(企业级图表),开源来自百度数据可视化团队,是一个纯 Javascript 的图表库,可以流畅地运行在 PC 和移动设备上,兼容当前绝大部分浏览器,底层依赖另一个也是该团队自主研发的轻量级的 Canvas 类库 ZRender,提供直观、生动、可交互、可高度个性化定制的数据可视化图表。Echarts 是目前国内唯一一个入选 GitHub 全球可视化榜单的开源项目,覆盖主流前端框架和 8 种编程语言的扩展,目前国内市场占有率处于绝对领先地位。国内很多网站比如百度地图慧眼(包括百度迁徙、百度人气等)、国家统计局等网站都采用 Echarts 技术呈现图表可视化。Echarts 相对 Power BI 及 Tableau 优势是高度个性化、高度灵活定制可视化。Echarts 官网为:https://echarts.apache.org/zh/index.html。

2. Echarts 的特性

①丰富的可视化类型;②多种数据格式无需转换直接使用;③千万数据的前端展现;④移动端优化;⑤多渲染方案,跨平台使用;⑥深度的交互式数据探索;⑦多维数据的支持以及丰富的视觉编码手段;⑧动态数据;⑨绚丽的特效;⑩通过 GL 实现更多更强大绚丽的三维可视化;⑪无障碍访问(4.0+)。

3. Echarts 的实例及图表类型

Echarts 官网(https://echarts.apache.org/examples/zh/index.html)提供了丰富的实例及图表类型。

我们可以根据实际需要点击相应图形,并进行定制化修改。以"极坐标系下的堆叠柱状图"为例,点击进去,可以根据实际情况修改左侧 JavaScript 的数据,右侧图形也会根据修改后的数据做出相应的呈现,以此图为例,比如将"北京"修改为"泉州",将北京的房租价格范围及均值修改为泉州的房租价格及范围(价格范围 2 000~3 000,均值 2 300),右侧的图形也跟着变化。

4. Echarts 的文档及资源

Echarts 官网提供了丰富的帮助文档及资源信息,帮助我们加快可视化图表的开发。比如"文档"下的"教程",教我们如何使用 Echarts,并提供示例及代码。

比如"文档"下的"配置项手册",说明在可视化图表中如何配置标题、坐标轴、图例等。

又如"资源"下的"表格工具",只需在左侧输入数据,在右侧会显示转换后的结果,可直接拷贝转换后的结果放入 JavaScript 的代码里。

以上是 Echarts 的一些介绍,感兴趣的读者可进一步深入学习和研究。

复习思考题

1. CDP 包括哪些功能模块?
2. 大数据的清洗及整理包括哪些?
3. 可视化的目的是什么?
4. Power BI、Tableau、Echarts 这三种可视化工具各有什么优点?

第十六章 大数据分析与挖掘

> **学习要点**
>
> - 数据挖掘方法论
> - 主要数据挖掘算法理解
> - IBM SPSS Modeler 实现数据挖掘
> - 文本挖掘及 R 语言实现

第一节 数据挖掘方法论

一、数据挖掘的定义

数据挖掘是人工智能和数据库领域研究的热点问题,所谓数据挖掘是指从数据库的大量数据中揭示出隐含的、先前未知的并有潜在价值的信息的非平凡过程。数据挖掘是一种决策支持过程,它主要基于人工智能、机器学习、模式识别、统计学、数据库、可视化技术等,高度自动化地分析企业的数据,作出归纳性的推理,从中挖掘出潜在的模式,帮助决策者调整市场策略,减少风险,作出正确的决策。知识发现过程由以下三个阶段组成:①数据准备;②数据挖掘;③结果表达和解释。数据挖掘可以与用户或知识库交互[1]。

二、数据挖掘的对象

数据的类型可以是结构化的、半结构化的,甚至是异构型的。数据挖掘的对象可以是任何类型的数据源。可以是关系数据库,此类包含结构化数据的数据源;也可以是数据仓库、文本、多媒体数据、空间数据、时序数据、Web 数据,此类包含半结构化数据甚至异构性数据的数据源。发现知识的方法可以是数字的、非数字的,也可以是归纳的。最终被发现的知识可以用于信息管理、查询优化、决策支持及数据自身的维护等[2]。

三、主要的数据挖掘方法论

目前市面上应用得最多的方法论主要是 CRISP-DM(由戴姆勒-克莱斯勒、SPSS 和 NCR 共同开发)和 SEMMA(SAS 公司)。CRISP-DM(cross-industry standard process for data mining)是跨行业数据挖掘过程标准的缩写。此 KDD 过程模型于 1999 年由欧盟机构联合起草。通过近几年的发展,CRISP-DM 模型在各种 KDD 过程模型中占据领先位置,采用量达到近 60%。CRISP-DM 强调,数据挖掘不单是数据的组织或者呈现,也不仅是数据分析和统计建模,而是一个从理解业务需求、寻求解决方案到接受实践检验的完整过程。

CRISP-DM 方法论将一个数据挖掘项目的生命周期分为六个阶段,其中包括业务理解(business understanding)、数据理解(data understanding)、数据准备(data preparation)、建立模型(modeling)、评估模型(evaluation)和结果部署(deployment)。这六个阶段的顺序是不固定的,我们经常需要前后调整这些阶段。这依赖每个阶段或是阶段中特定任务的产出物是否是下一个阶段必需的输入。图 16-1 中箭头指出了最重要的和依赖度高的阶段关系[3]。

四、常用数据挖掘算法简介

1. 决策树

决策树是(decision tree)[4]是数据挖掘领域应用非常广泛的一种模型。其原理并不复杂,基本思想和方差分析中的变异分解极为相近,其基本目的是将总研究样本通过某些特征(自变量取值)分成数个相对同质的子样本。每一子样本内部因变量的取值高度一致,相应的变异/杂质尽量落在不同子样本间。所有树模型的算法都遵循这一原则,差异只在于对变异/杂质的定义不同,比如使用 P 值、方差、熵、Gini 指数(即基尼指数)、Deviance 等作为测量指标。根据

---

[1] 刘宇、倪问尹:《中国网络文化发展二十年(1994—2014)》,湖南大学出版社 2014 年版。
[2] 刘军、阎芳、杨玺:《物联网与物流管控一体化》,中国财富出版社 2017 年版。
[3] 张文彤、钟云飞:《IBM SPSS 数据分析与挖掘实战案例精粹》,清华大学出版社 2013 年版。
[4] 同上。

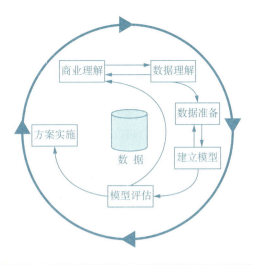

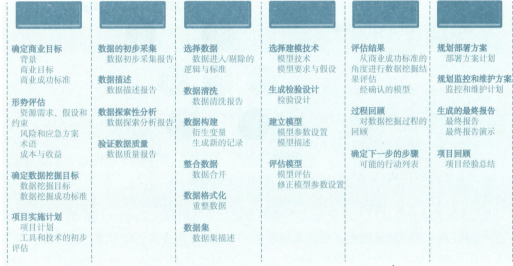

图 16-1　CRISP-DM 数据挖掘流程

所预测的因变量类型,树结构模型可以分为分类树和回归树两大类,而树模型常用的算法有 CHAID 算法、CRT 算法、QUEST 算法、C5.0 算法等。

(1) CHAID:是 chi-squared automatic interaction detector 的缩写,也是树模型中发展最早的一种算法。简单地说,就是用卡方检验作为树分类的基本方法。从其原理可知,CHAID 应当只适用于分类自变量,因此用途受限。SPSS 对 CHAID 做了扩展,提供了穷举 CHAID 方法,分析效果更好,但仍然只能用于分类自变量。

(2) CRT:即分类树与回归树的缩写,当因变量为分类变量时,即为分类树,若因变量为连续变量则为回归树。其基本目的是将总研究人群通过某些特征(自变量取值)分成数个相对同质的亚人群。每一亚人群内部因变量的取值高度一致,相应的变异/杂质尽量落在不同亚人群间。简单地说,就是按照预测误差最小化的原理,依次按照二分法将总样本划分为多个子样本的过程。

(3) QUEST:即 quick unbiased efficient statistical tree 的缩写。它是 Loh 和 Shih 于 1997 年对 CHAID 算法加以改进,提出的一种新的二叉树算法,该算法将变量选择和分叉点选择分开进行,可适用于任何类型的自变量,同时克服了 CHAID 算法的某些缺点,在变量选择上基本无偏。

(4) C5.0 算法:C5.0 算法以信息熵的下降速度作为确定最佳分支变量和分割阈值的依据,通常不需要很长的训练次数进行估计,而且在面对数据遗漏和输入字段很多的问题时非常稳健。

决策树模型举例,以母亲给女儿介绍男朋友为例,如图 16-2 所示。

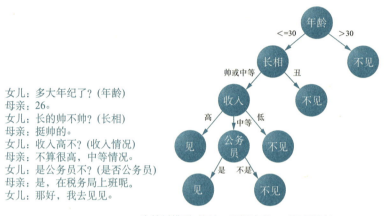

图 16-2 决策树模型示例

近几年随机森林算法越来越流行,随机森林算法是决策树算法的延伸,随机森林属于集成算法,"森林"从字面理解就是由多棵决策树构成的集合,而且这些子树都是经过充分生长的 CART 树;"随机"则表示构成多棵决策树的数据是随机生成的,生成过程采用的是 Bootstrap 抽样法。

该算法有两大优点,一是运行速度快,二是预测准确率高,被称为最好用的算法之一。该算法的核心思想就是采用多棵决策树的投票机制,完成分类或预测问题的解决。对于分类问题,将多棵树的判断结果用作投票,根据少数服从多数的原则,最终确定样本所属的类型;对于预测性问题,将多棵树的回归结果进行平均,最终用于样本的预测值。

将随机森林的建模过程形象地绘制出来,如图 16-3 所示。

图 16-3 最左边为原始的训练数据集,包含 N 个观测和 P 个自变量;最右边为随机森林的输出结果。可以将图中随机森林的建模过程详细描述如下以四方面。

(1) 利用 Bootstrap 抽样法,从原始数据集中生成 k 个数据集,并且每个数据集都含有 N 个观测和 P 个自变量。

(2) 针对每一个数据集,构造一棵 CART 决策树,在构建子树的过程中,并没有将所有自变量用作节点字段的选择,而是随机选择 p 个字段。

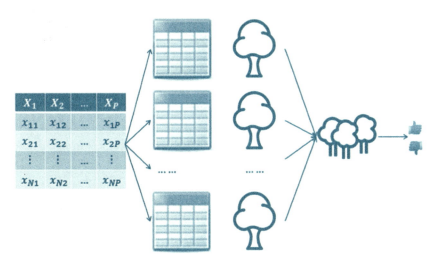

图 16-3 随机森林算法示例

(3) 让每一棵决策树尽可能地充分生长,使得树中的每个节点尽可能"纯净",即随机森林中的每一棵子树都不需要剪枝。

(4) 针对 k 棵 CART 树的随机森林,对分类问题利用投票法,将最高得票的类别用于最终的判断结果;对回归问题利用均值法,将其用作预测样本的最终结果。

从上面的描述可知,随机森林的随机性体现在两个方面,一是每棵树的训练样本是随机的,二是树中每个节点的分裂字段也是随机选择的。两个随机性的引入,使得随机森林不容易陷入过拟合。如果随机森林所生成的树的数量趋近无穷大,根据大数定律原理,可以认为训练误差与测试误差是相逼近的,也同样能够得到随机森林是不容易产生过拟合的结论[1]。

2. 神经网络

人工神经网络(artificial neural networks,ANNs)简称为神经网络,是一种模仿动物神经网络行为特征,进行分布式并行信息处理的数学模型。这种网络依靠系统的复杂程度,通过调整内部大量节点之间相互连接的关系,从而达到处理信息的目的。在理论上,神经网络可以很容易地解决具有上百个参数的问题,为解决高度复杂度问题提供了一种相对比较有效的简单方法。在结构上,可以把一个神经网络划分为输入层、输出层和隐藏层。输入层的每个节点对应预测变量。输出层的节点对应目标变量,可有多个。在输入层和输出层之间是隐含层(对神经网络使用者不可见),隐含层的层数和每层节点数决定了神经网络的复杂度。最初,网络中的所有权重都是随机生成的,并且从网络输出的结果很可能没有意义,但是网络可通过学习训练样本中的信息来变得有价值:向该网络重复应用已知结果的示例,并将网络给出的结果与已知结果进行比较。从此比较中得出的信息会传递回网络,并逐渐改变权重。随着训练的进行,该网络对已知结果的复制会变得越来越准确。一旦训练完毕,就可以将网络应用到未知结果

---

[1] 刘顺祥:《从零开始学 Python 数据分析与挖掘》,清华大学出版社 2017 年版。

的案例中。神经网络在应用中也遇到了很多问题,最大的问题是过度拟合,即网络对训练样本的预测效果很好,但是对验证样本的预测效果则较差。

如图16-4,神经网络就是将许多个单一"神经元"联结在一起,这样,一个"神经元"的输出就可以是另一个"神经元"的输入。神经网络最左边的一层叫做输入层(input layer),最右的一层叫做输出层(output layer)。中间所有节点组成的一层或多层叫做隐藏层(hidden layer)。神经网络算法包括以 BP 网络为代表的前馈网络、以 Hopfield 网络为代表的联想记忆网络、径向基函数网络、Boltzmann 机、特征映射网络(SOFM 网络与 ART 网络)以及小脑模型网络等。

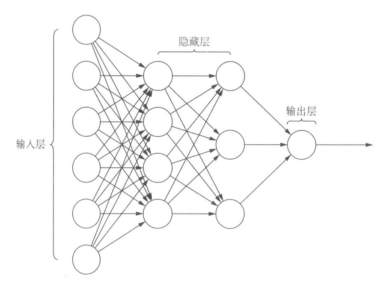

图16-4 神经网络算法

3. 支持向量机

支持向量机(Support Vector Machine,SVM)是一项功能强大的分类和回归技术,可最大化模型的预测准确度,而不会像神经网络那样过度拟合训练数据。SVM 特别适用于分析预测变量字段非常多(数千个)的数据。支持向量机方法建立在统计学理论的 VC 维理论和结构风险最小原理基础上,根据有限的样本信息在模型的复杂性(即对特定训练样本的学习精度)和学习能力(即无错误地识别任意样本的能力)之间寻求最佳折中,以期获得最好的推广能力。

SVM 的目标是找到一个超平面,这个超平面能够很好地解决二分类问题,所以先找到各个分类的样本点离这个超平面最近的点,使得这个点到超平面的距离最大化,最近的点就是虚线所画的。由超平面公式计算得出大于 1 的就属于打叉分类,如果小于 0 的属于圆圈分类。这些点能够很好地确定一个超平面,而且在几何空间中表示的也是一个向量,那么就把这些能够用来确定超平面的向量称为支持向量(直接支持超平面的生成),于是该算法就叫做支持向量机(SVM)了,如图16-5所示。

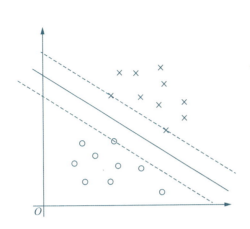

图 16-5　支持向量机算法示例

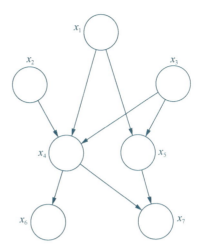

图 16-6　贝叶斯网络算法示例

4. 贝叶斯网络

贝叶斯网络又称信度网络,是贝叶斯方法的扩展,它对解决复杂设备不确定性和关联性引起的故障有很大的优势,是目前不确定知识表达和推理领域最有效的理论模型之一。

贝叶斯网络是一种图形模型,可显示数据集中的变量(通常称为节点)以及概率,还可以显示这些变量之间的条件和独立性。贝叶斯网络可呈现节点之间的因果关系,但网络中的链接(也称为 arcs)没有必要呈现直接因果关系。例如,当指出是否存在某些症状并提供其他的相关数据时,如果图形中所显示的症状和疾病之间的概率独立性属实,则贝叶斯网络可用来计算患者患有某种特殊疾病的几率。这种网络非常稳健,即使在信息缺失时,也可以利用现有的任何信息做出最佳预测(见图 16-6)。

先了解下贝叶斯派的思考方式,比如假设全国的创业成功率是 9%,而你身边有两个好友甲和乙,你根据你对甲和乙创业多因素综合的了解(包括创业领域、创业团队、技术是否有先进性、有哪些核心竞争优势等),你会估算甲和乙的创业成功概率各是 7% 和 60%,那么这里的全国创业成功率 9% 是先验概率(或边沿概率),而你根据对好友甲和乙的多因素综合了解对甲乙创业成功率 7% 和 60% 的判断是后验概率(或条件概率)。

条件概率(又称后验概率)就是事件 B 在另外一个事件 A 已经发生条件下的发生概率。条件概率表示为 $P(B|A)$,读作"在 A 条件下 B 的概率"。

比如图 16-7,在同一个样本空间 Ω 中的事件或者子集 A 与 B,如果随机从 Ω 中选出的一个元素属于 B,那么这个随机选择的元素还属于 A 的概率就定义为在 B 的前提下 A 的条件概率:$P(A|B)=P(A\cap B)/P(B)$。

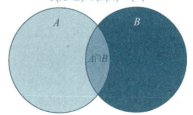

图 16-7　条件概率示例

综合起来看,则好比是人类刚开始时对大自然只有少得可怜的先验知识,但随着不断观察、实验获得更多的样本、结果,使得人们对自然界的规律摸得越来越透彻。所以,贝叶斯方法既符合人们日常生活的思考方式,也符合人们认识自然的规律,经过不断的发展,最终占据统计学领域的半壁江山,与经典统计学分庭抗礼。贝叶斯网络又可分为朴素贝叶斯、马尔科夫模型等。

5. 最近邻元素分析

最近邻元素分析(k-nearest neighbor classification, KNN)是根据观测值与其他观测值的类似程度分类个案的方法。在机器学习中,将其开发为识别数据模式的一种方法,而不需要与任何存储模式或观测值完全匹配。相似个案相互邻近,非相似个案则相互远离。因此,两个观测值之间的距离是其不相似性的测量依据。有一个很简单的比喻可以帮助大家理解最近邻分析的原理:如果有一个动物,它的腿像猫,身体像猫,尾巴也像猫,那么它应当被判断为是什么动物呢?显然最佳答案是猫。最近邻元素分析既可以用于判别预测,也可以用于聚类,该方法还可用于计算连续目标的值。在这种情况下,使用最近邻元素的均值或中位数目标值来获取新个案的预测值。最近邻元素分析既可以用于判别预测,也可以用于聚类,该方法还可用于计算连续目标的值。在这种情况下,使用最近邻元素的均值或中位数目标值来获取新个案的预测值。

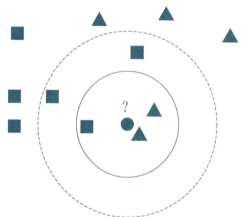

图 16-8 最近邻元素分析示例

最近邻元素分析举例:

如图 16-8 所示,有两类不同的样本数据,分别用蓝色的小正方形和红色的小三角形表示,而图正中间的那个绿色的圆所标示的数据则是待分类的数据。也就是说,现在,我们不知道中间那个绿色的数据是从属于哪一类(蓝色小正方形 or 红色小三角形),KNN 就是解决这个问题的。

如果 $K=3$,绿色圆点的最近的 3 个邻居是 2 个红色小三角形和 1 个蓝色小正方形,少数从属于多数,基于统计的方法,判定绿色的这个待分类点属于红色的三角形一类。

如果 $K=5$,绿色圆点的最近的 5 个邻居是 2 个红色三角形和 3 个蓝色的正方形,还是少数从属于多数,基于统计的方法,判定绿色的这个待分类点属于蓝色的正方形一类。

因此我们看到,当无法判定当前待分类点是从属于已知分类中的哪一类时,我们可以依据统计学的理论看它所处的位置特征,衡量它周围邻居的权重,而把它归为(或分配)到权重更大的那一类。这就是最近邻算法的核心思想。

6. 关联规则与序列分析

(1) 关联规则。关联规则主要应用于零售业的购物分析,有时候它会和购物篮分析(market basket analysis)这一术语混用,购物篮指的是超级市场内供顾客购物时使用的装商品的篮子,当顾客付款时这些购物篮内的商品被营业员通过收款机一一登记结算并记录。所谓的购物篮分析就是通过这些购物篮子所显示的信息来研究顾客的购买行为。也就是说,当一个消费者购买其中一个产品的情况下,有多大的可能性会同时购买另外一个或多个产品。关联规则方法可以将特定结论(特定产品的购买)与一组条件(若干其他产品的购买)关联起来。例如,下列规则:

$$啤酒 \leqslant 罐装蔬菜 \ \& \ 冷冻食品(173, 17.0\%, 0.84)$$

表述的是:啤酒经常与罐装蔬菜和冷冻食品一起被购买。该规则可靠率为84%,并适用于17%的数据或分析用数据集中的173条记录。

关联规则里经常用到支持度、置信度、提升度的介绍如下:

支持度(support):表示同时包含 A 和 B 的事务占所有事务的比例。如果用 P(A)表示使用 A 事务的比例,那么 $Support = P(A\&B)$;

可信度(confidence):表示使用包含 A 的事务中同时包含 B 事务的比例,即同时包含 A 和 B 的事务占包含 A 事务的比例。公式表达:$Confidence = P(A\&B)/P(A)$;

提升度(lift):表示"包含 A 的事务中同时包含 B 事务的比例"与"包含 B 事务的比例"的比值。公式表达:$Lift = (P(A\&B)/P(A))/P(B) = P(A\&B)/P(A)/P(B)$。

提升度反映了关联规则中的 A 与 B 的相关性,提升度>1 且越高表明正相关性越高,提升度<1 且越低表明负相关性越高,提升度=1 表明没有相关性。

10 000 个超市订单(10 000 个事务),其中购买三元牛奶(A 事务)的 6 000 个,购买伊利牛奶(B 事务)的 7 500 个,4 000 个同时包含两者。

那么通过上面支持度的计算方法我们可以计算出:

三元牛奶(A 事务)和伊利牛奶(B 事务)的支持度为:$P(A\&B) = 4\ 000/10\ 000 = 0.4$。

三元牛奶(A 事务)对伊利牛奶(B 事务)的置信度为:包含 A 的事务中同时包含 B 的占包含 A 的事务比例。$4\ 000/6\ 000 = 0.67$,说明在购买三元牛奶后,有 0.67 的用户去购买伊利牛奶。

伊利牛奶(B 事务)对三元牛奶(A 事务)的置信度为:包含 B 的事务中同时包含 A 的占包含 B 的事务比例。$4\ 000/7\ 500 = 0.53$,说明在购买伊利牛奶后,有 0.53 的用户去购买三元牛奶。

上面我们可以看到 A 事务对 B 事务的置信度为 0.67,看似相当高,但是其实这是一个误导,为什么这么说?

因为在没有任何条件下,B 事务的出现的比例是 0.75,而出现 A 事务,且同时出现 B 事务的比例是 0.67,也就是说设置了 A 事务出现这个条件,B 事务出现的比例反而降低了。这说明 A 事务和 B 事务是排斥的。

下面就有了提升度的概念。

我们把 0.67/0.75 的比值作为提升度,即 $P(B|A)/P(B)$,称之为 A 条件对 B 事务的提升度,即有 A 作为前提,对 B 出现的概率有什么样的影响,如果提升度等于 1 说明 A 和 B 没有

任何关联,如果小于1,说明A事务和B事务是排斥的,如果大于1,我们认为A和B是有关联的,但是在具体的应用之中,我们认为提升度>3才算作值得认可的关联。

(2)序列分析。序列分析可以被看作是关联规则中的一类特殊形式,同样以购物行为举例,购物序列分析是指通过分析买家对商品的先后购买顺序来研究顾客的购买行为。也就是说,当一个消费者在先前已经购买过某种或某些商品的情况下,有多大的可能性会在未来一定时期内购买另外一种或多种产品。显然,购物序列的分析结果可以非常有效地应用在老客户身上,以最大限度地发掘老客户的潜在购买需求。除购物序列外,序列分析还可用于网站访问行为的监测和界面优化,通过分析访问者经常采用的页面访问顺序,可以得知网站界面和架构应当进行怎样的修改,以改善使用者的感受。

以上是一些常用数据挖掘算法简介,读者若有兴趣进一步研究各种算法,可查阅相关资料,笔者觉得以下网站不错:https://www.cnblogs.com/mantch/,读者可到该网站查阅相关算法。

第二节 IBM SPSS Modeler 数据挖掘软件及数据挖掘示例

一、IBM SPSS Modeler 的发展历程

IBM SPSS Modeler 前身是 SPSS 公司的数据挖掘软件 Clementine,也是行内知名的数据挖掘软件,Clementine 是 ISL(Integral Solutions Limited)公司开发的数据挖掘工具平台,1998 年 SPSS 公司收购了 ISL 公司,对 Clementine 产品进行重新整合和开发,之后 Clemetine 已经成为 SPSS 公司的又一亮点,2009 年 IBM 收购 SPSS,该产品改名为 IBM SPSS Modeler。

二、IBM SPSS Modeler 产品的优点

(1)整个建模过程只需拖拽图标即可实现,无需写代码。
(2)使用自动数据准备及建模,更轻松高效地完成建模工作。
(3)全局的数据审核功能让数据的基本信息一目了然。
(4)通过选择或填写框快捷实现参数调整与设置。
(5)直观易读的图形表格加文字化的结果集。
(6)数据挖掘流程易于统一管理、方便重复利用与共享。
(7)系统全面的中英文帮助文档说明。

三、IBM SPSS Modeler 产品软件下载

读者可自行前往 IBM 官网下载 Modeler 软件,可支持 30 天免费试用。具体网址为 https://www.ibm.com/cn-zh/products/spss-modeler,点击"SPSS 企业版免费试用"或"SPSS 免费试用"下载安装。

四、IBM SPSS Modeler 官方在线帮助文档及教程

Modeler 官方在线帮助文档及教程是非常不错的,读者可自行前往官网查阅,具体网址为 https://www.ibm.com/support/knowledgecenter/zh/SS3RA7_sub/modeler_tutorial_ddita/modeler_tutorial_ddita-gentopic1.html。

Modeler 软件自带一些"演示示例",读者可跟着网上教程及帮助文档,用这些软件自带的"演示案例"进行自学,讲解比较详细,读者跟着网上教程逐步操作即可。Modeler 软件自带的"演示案例"打开方法如下,点击"打开现有流"的文件夹,并点击中间"小钻石"图标,在下拉框中选择"演示",则可进入"演示"文件夹。在演示文件夹中点击"Streams"文件夹,即可进入演示示例文件。在演示文件夹中选择即可打开相应的演示 Stream。

五、Modeler 软件数据挖掘示例

接下来笔者将以 Modeler 软件自带的"演示示例"为例,展示数据挖掘示例。之所以选择 Modeler 软件自带的"演示示例",主要原因是一方面这些自带的"演示示例"读者只要装了 Modeler 软件即可打开,数据及数据挖掘 Stream 可得性非常方便,另一方面读者也可参照之前我们提到的 Modeler 官方在线帮助文档及教程,跟着官方在线教程逐步操作即可,笔者这里的写作也是参考官方在线教程,同时结合自己的理解,以期做到通俗易懂,让读者迅速把握数据挖掘要点。

1. 药物治疗(涉及算法:决策树 C5.0)

打开 Modeler 软件自带的"druglearn.str"和"drugplot.str"。业务场景:假设您是一位收集研究数据的医学研究人员。您已收集了关于身患同一疾病的一组患者的数据。在治疗过程中,每位患者均对五种药物中的一种有明显反应。您的其中一项职责是通过数据挖掘找出适用于今后患有此疾病的患者的药物。表 16-1 和图 16-9 是数据字段描述和部分数据记录。

表 16-1 数据字段描述

数据字段	描述
年龄	(数值)
性别	男或女
BP	血压:高、正常或低
胆固醇	血胆固醇:正常或高
Na	血液中钠的浓度
K	血液中钾的浓度
Drug	对患者有效的处方药

图 16-9 药物治疗字段及数据集

(1) 读取数据。打开"drugplot.str",在下方源选择"变量文件",点击右边"…",打开 Demos 目录,然后选择名为 DRUG1n 的文件,确保选中"从文件中读取字段名",且字段界定

符是"逗号"。

（2）数据理解及数据准备。可以通过分布图查看 Drug 药物的分布情况,点击"运行"：

由此得出,药物 Y 的对症患者最多,而药物 B 和药物 C 的对症患者最少。

然后,创建散点图,在"散点图"选项卡中,选择"Na"作为 X 字段,选择"K"作为 Y 字段,并选择药物"$Drug$"作为交叠字段,单击"运行"。

可以清楚地显示了一个阈值,高于此阈值时的对症药物始终为药物 Y,而低于此阈值时的对症药物不是药物 Y。此阈值是一个比率,即钠(Na)与钾(K)的比率,因此我们根据这个创建导出一个新的字段 Na_to_K(钠钾比)。

同时,我们对新的字段 Na_to_K(钠钾比)做直方图(以药物 Drug 为交叠字段)。

由直方图可直观看出,当 Na_to_K 字段的值等于或大于 15 时,药物 Y 为有效治疗药物。

（3）构建模型。打开"druglearn.str",在之前的过程中我们知道 Na_to_K 字段是有用的字段,在建模过程中为避免信息重复,我们去掉 Na 和 K 两个字段。

同时,为了方便建模,我们在"类型"节点中设置目标变量(即因变量)和输入变量(即自变量)。

将决策树 C5.0 算法节点添加到 Stream 流的末端,并点击"运行",等运行结束后,点击所生成的 C5.0 模型结果(在图上表示为一个小金矿)。

在"模型"选项卡里,左侧为各种治疗药物 Drug 的规则集,右侧为预测变量(即输入变量)重要性的倒序排序,依次为 Na_to_K、BP、Cholesterol、Age。点击"全部",并点击"％",即可查看不同药物的规则集。

由规则集可直观看出不同药物 Drug 所适用的规则,比如：当 Na_to_K＞14.642 时,适用药物是 drugY；当 Na_to_K＜＝14.642,且 BP＝High,且 Age＜＝50 时,适用药物是 drugA。

点击"查看器"选项卡可直观决策树的树形切割分析结果。

（4）模型评估。在模型之后添加"分析"节点,并在分析选项卡勾选"重合矩阵",然后点击"运行"。

本模型各个药物的预测正确率为 100％。当然,由于本数据样本量比较小,且为示例数据,在实际应用中一般准确率不会这么高。

2. 市场购物篮分析(涉及算法：关联规则)

打开 Modeler 软件自带的"baskrule.str"。

业务场景：本示例处理描述超级市场购物篮内容(即所购买的全部商品的集合)的虚构数据,以及购买者的相关个人数据(可通过忠诚卡方案获得)。目的是寻找购买相似产品并且可按人口统计学方式(如按年龄、收入等)刻画其特征的客户群。

数据字段描述如表 16-2 所示,部分数据记录如图 16-10 所示。

（1）读取数据。同之前操作方法,打开 Modeler 软件自带数据"BASKETS1n.csv"。接下来我们要画网络图及做关联规则分析,因此在"类型"节点做好相应的设置,即将购物篮所涉及购物设置为双向。

表 16－2　数据字段描述

数据归类	数据字段	描述
购物篮摘要	cardid	购买此篮商品的客户的忠诚卡标识
	value	购物篮的总购买价格
	pmethod	购物篮的支付方法
持卡人的个人详细信息	sex	性别
	homeown	卡持有者是否拥有住房
	income	收入
	age	年龄
购物篮内容(若顾客购买该产品,则标记为“T”,否则标记为“F”)	fruitveg	水果蔬菜
	freshmeat	新鲜的肉类
	dairy	牛奶及乳品
	cannedveg	罐装蔬菜
	cannedmeat	罐装肉类
	frozenmeal	冻肉
	beer	啤酒
	wine	酒
	softdrink	软饮料
	fish	鱼
	confectionery	甜食(糖果、巧克力等)

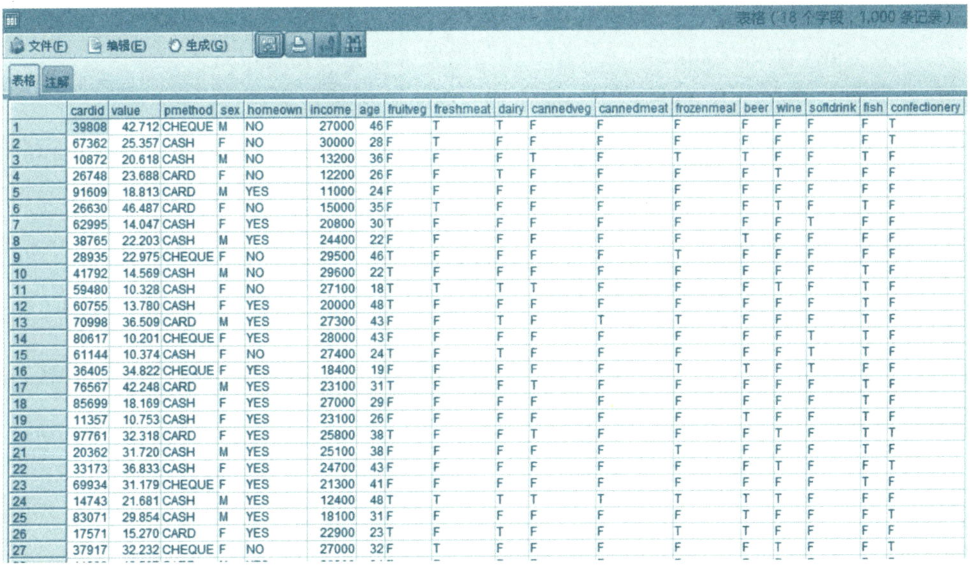

	cardid	value	pmethod	sex	homeown	income	age	fruitveg	freshmeat	dairy	cannedveg	cannedmeat	frozenmeal	beer	wine	softdrink	fish	confectionery
1	39808	42.712	CHEQUE	M	NO	27000	46	F	T	T	F	F	F	F	F	F	F	T
2	67362	25.357	CASH	F	NO	30000	28	F	T	F	F	F	F	F	F	F	F	T
3	10872	20.618	CASH	M	NO	13200	36	F	F	F	T	F	T	T	F	F	T	F
4	26748	23.688	CARD	F	NO	12200	26	F	F	T	F	F	F	F	T	F	F	F
5	91609	18.813	CARD	M	YES	11000	24	F	F	F	F	F	F	F	F	F	F	F
6	26630	46.487	CARD	F	NO	15000	35	F	T	F	F	F	F	F	T	F	T	F
7	62995	14.047	CASH	F	YES	20800	30	T	F	F	F	F	F	F	F	T	F	F
8	38765	22.203	CASH	M	YES	24400	22	F	F	F	F	F	F	T	F	F	F	F
9	28935	22.975	CHEQUE	F	NO	29500	46	T	F	F	F	F	T	F	F	F	F	F
10	41792	14.569	CASH	M	NO	29600	22	T	F	F	F	F	F	F	F	F	T	F
11	59480	10.328	CASH	F	NO	27100	18	T	T	T	T	F	F	F	T	F	T	F
12	60755	13.780	CASH	F	YES	20000	48	T	F	F	F	F	F	F	F	F	T	F
13	70998	36.509	CARD	M	YES	27300	43	F	F	T	F	T	T	F	F	F	T	F
14	80617	10.201	CHEQUE	F	YES	28000	43	F	F	F	F	F	F	F	F	T	T	F
15	61144	10.374	CASH	F	NO	27400	24	T	F	T	F	F	F	F	F	T	T	F
16	36405	34.822	CHEQUE	F	YES	18400	19	F	F	F	F	F	T	T	F	T	F	F
17	76567	42.248	CARD	M	YES	23100	31	T	F	F	T	F	F	F	F	F	T	F
18	85699	18.169	CASH	F	YES	27000	29	F	F	F	F	F	F	F	F	F	T	F
19	11357	10.753	CASH	F	YES	23100	26	F	F	F	F	F	F	T	F	F	T	F
20	97761	32.318	CARD	F	YES	25800	38	T	F	F	T	F	F	F	T	F	T	T
21	20362	31.720	CASH	M	YES	25100	38	F	F	F	F	F	T	F	F	F	T	F
22	33173	36.833	CASH	F	YES	24700	43	F	F	F	F	F	F	F	T	F	F	T
23	69934	31.179	CHEQUE	F	YES	21300	41	F	F	F	F	F	F	F	F	F	T	F
24	14743	21.681	CASH	M	YES	12400	48	T	T	T	T	T	T	T	T	F	F	F
25	83071	29.854	CASH	M	YES	18100	31	F	F	F	F	F	F	T	F	F	F	T
26	17571	15.270	CARD	F	YES	22900	23	T	F	T	F	F	T	T	F	F	F	F
27	37917	32.232	CHEQUE	F	NO	27000	32	F	T	F	F	F	F	F	T	F	F	T

图 16－10　购物篮数据集理解

(2) 数据理解及数据准备。通过网络图可以直观看出购物篮所购物品的关联强度,添加"网络"节点,并将购物篮所涉及 11 个字段放入字段中,同时勾选"仅显示 true 值标志",并点击"运行",查看所生成的网络图。

因为大多数产品类别组合都会出现在多个购物篮中,所以此网络图上的强链接太多,无法显示模型表示的客户群。我们做相应的设置,点击展开双箭头,选择"控制"选项卡,选择"大小显示强/正常/弱","强链接下限"输入 100,"弱链接上限"输入 90。

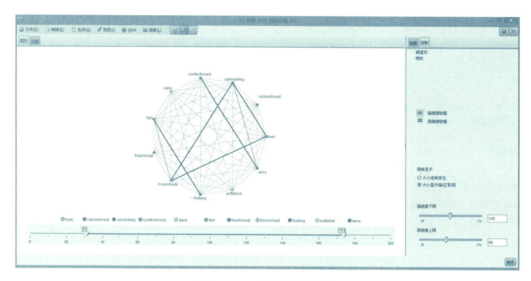

图 16-11 网络图输出结果

由图 16-11 可以直观看出,有三个客户群突出显示:
① 购买 fish(鱼)和 fruitveg(水果蔬菜)的客户,可将这类客户称为"健康食客";
② 购买 wine(酒)和 confectionery(甜食比如糖果或巧克力)的客户;
③ 购买 beer(啤酒)、frozenmeal(冻肉)和 cannedveg(罐装蔬菜)的客户。

图 16-12 关联规则分析结果

(3) 构建模型。将 Apriori 节点(关联算法的一种)附加到"类型"节点,勾选"仅包含标志变量的 true 值",并点击"运行"。

打开关联规则分析结果,由分析结果客户可知 beer(啤酒)、frozenmeal(冻肉)和 cannedveg(罐装蔬菜)的关联度比较高,支持度百分比在 17% 左右,置信度百分比在 85% 左右(见图 16-12)。

后续本示例会根据不同客户群做

其相应的 C5.0 决策树模型,C5.0 决策树模型在之前已有涉及,这里不再赘述,读者若有兴趣可根据官方教程进一步查阅。

3. 评估新车辆产品(涉及算法:最近邻分析 KNN)

打开 Modeler 软件自带的"car_sales_knn.str"。

业务场景:某家汽车制造商开发了两款新车(轿车和货车)的原型(在数据集中是第 158 条和第 159 条记录)。在将新车型引入其产品系列前,该制造商想确定市场上哪些现有车辆与原型产品最接近,即哪些车辆是它们的"最近相邻元素",并以此确定它们将与哪些车型展开竞争。

该制造商收集了有关现有车型的不同类别的数据,并添加了其原型产品的详细信息。需要在不同车型间进行比较的类别包括以千为单位的价格(price)、发动机尺寸(engine_s)、马力(horsepow)、轴距(wheelbas)、车宽(width)、车长(length)、整车重量(curb_wgt)、油箱容量(fuel_cap)和燃油效率(mpg)。

以下是数据字段描述和部分数据记录如表 16-3 和图 16-13 所示。

表 16-3 数据字段描述

数据字段(标签名)	描述
Manufacturer	制造商
Model	车模型
Sales in thousands	销售额
4-year resale value	4 年后重新销售额
Vehicle type	车辆类型,分为 Automobile 和 Truck 两种类型
Price in thousands	销售价格
Engine size	发动机尺寸
Horsepower	马力
Wheelbase	轴距
Width	车宽
Length	车长
Curb weight	整车重量
Fuel capacity	油箱容量
Fuel efficiency	燃油效率
Log-transformed sales	销售额对数转换
partition	焦点标志,其中第 158 条和第 159 条记录标志记为 1,标志两款新车(newCar 和 newTruck)

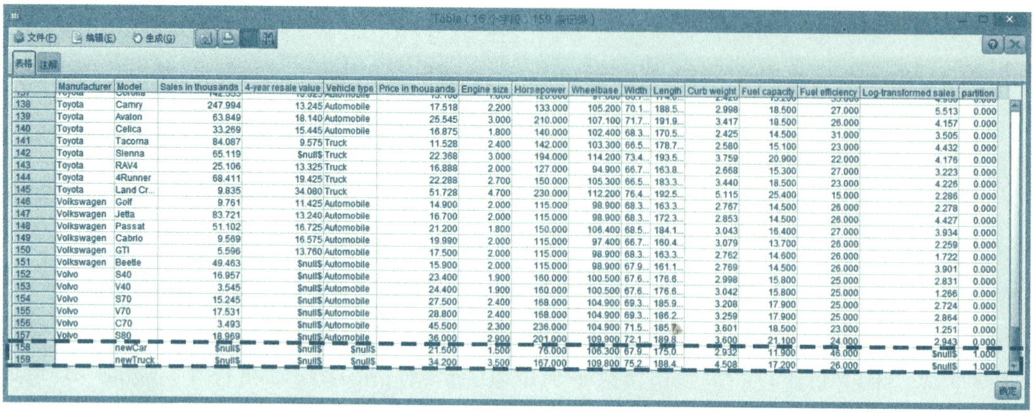

图 16-13 汽车数据集理解

(1) 读取数据。同之前操作方法,打开 Modeler 软件自带数据"car_sales_knn_mod.sav"。我们主要分析新车与已有原型产品的比较分析,因此将车相关的属性字段设为"输入"角色,将 partition 字段值设置为"标记",角色设置为"输入"。

(2) 构建模型。添加"KNN"建模节点至类型节点之后,在目标选项卡下选择"只识别最相邻值",在设置选项卡勾选"识别焦点记录"并下拉选择"partition"字段,并点击"运行"。

打开所生成的 KNN 分析模型,查看分析结果:其中左侧是焦点记录(在本示例中是第 158 条和第 159 条记录)和其他记录在三个变量(Engine size、Horsepower、Price in thousands)的三维空间散点图,点击进去还可以旋转查看。

右侧默认是对等图(焦点记录和最近相邻记录),下拉查看的"对等"框切换成"邻元素和距离表"框。

在本例中,newCar(即第 158 条记录)最近邻的三条记录分别是 Saturn SC(第 131 条记录)、Saturn SL(第 130 条记录)和 Honda Civic(第 58 条记录);newTruck(第 159 条记录)最近邻的三条记录分别是 Nissan Quest(第 105 条记录)、Mercury Villager(第 92 条记录)和 Mercedes M-Class(第 101 条记录)。

由"对等图"选项卡可看出 newTruck(第 159 条记录)的 Engine size 均大于其最近相邻元素(105 条、92 条、101 条记录),newCar(第 158 条记录)的 Engine size 均小于其最近邻记录(105 条、92 条、101 条记录),同样地,newCar(第 158 条记录)的 Fuel efficiency(燃油效率)均大于其最近邻记录(105 条、92 条、101 条记录)。此外,若点击"选择预测变量"可选择其他汽车属性变量进行比较。

通过分析可知,newCar(即第 158 条记录)与其最近邻均为中型轿车,因此 newCar 的市场定位不错,特别是它具有优秀的 Fuel efficiency(燃油效率)。

newTruck(即第 159 条记录)Price in thousands 价格相对较为昂贵,并且是同类中 Curb weight 最重的车辆。不过,其 Fuel efficiency(燃油效率)优于最接近的对手,因此值得青睐。

4. 预测贷款拖欠者(涉及算法:贝叶斯网络)

打开 Modeler 软件自带的"bayes_bankloan.str"。

业务场景:假设某个银行希望了解不偿还贷款的潜在情况。如果先前的贷款拖欠数据可用于预测哪些潜在客户可能难以偿还贷款,那么可以对这些"风险大"的客户减少贷款或者为他们提供替代产品。本示例主要讲述使用现有贷款拖欠数据来预测今后出现的潜在贷款拖欠者,并观察了三个不同的贝叶斯网络模型类型,从而确定在这种情况下哪个类型的预测效果更好。表16-4和图16-14是数据字段描述和部分数据记录。

表16-4 数据字段描述

数据字段	描述
age	年龄
ed	教育程度
employ	在目前公司的工作年数
address	居住在目前住宅的年数
income	家庭收入
debtinc	债务收入比(债务/收入*100)
creddebt	信用卡负债
othdebt	其他负债
default	以往是否违约(1为违约,0为无违约)

图16-14 贷款数据集理解

(1) 读取数据。打开"bayes_bankloan.str",添加类型节点,并将default设置为目标变量(即因变量),其他变量设置为输入变量(即自变量)。将default为null值(即空值)的记录去掉。

(2) 构建模型。这里我们将构建三个不同类型的贝叶斯网络,并进行比较。添加贝叶斯网络节点,第一种模型为树扩展朴素贝叶斯(TAN)模型,在贝叶斯建模节点做如下设置,在结构类型中选择"TAN",并将模型命名为"TAN"。

第二种模型为马尔科夫覆盖模型,在贝叶斯建模节点做如下设置,在结构类型中选择"马尔科夫覆盖",并将模型命名为"Markov"。

第三种模型为马尔科夫FS模型,在贝叶斯建模节点做如下设置,在结构类型中选择"马尔科夫覆盖",勾选"包括特征选择预处理步骤"并将模型命名为"Markov-FS"。

点击执行这三个建模节点,并查看分析结果,以TAN模型为例,左侧为贝叶斯网络图,如果鼠标点住目标变量或输入变量可进行拖拽,右侧为预测变量重要性的排序。

如果我们点击某个输入变量,或者在右侧查看中选择"条件概率"便可查看其概率分布,以点击"ed"教育程度自变量为例。条件概率选项卡从左往右看,可见随着教育程度的升高,违约概率越来越低;从上往下看,可见随着家庭收入的增长,违约概率越来越低。

同样地,我们也以此方法查看"Markov"和"Markov-FS"分析结果。

(3) 模型评估。为了更直观评估模型,对根据不同模型做的预测结果变量进行重命名。添加"评估"节点和"分析节点",进行模型评估。

从模型正确率可看出"TAN"模型的正确率最高,"Markov"和"Markov-FS"模型的正确率差别不大(见图16-15)。

图 16－15　三种分析结果评估比较

从评估图(图 16－15)也可看出,“TAN”模型的效果最好,“Markov”和“Markov-FS”模型的效果差别不大。

当然,我们在实际应用中要综合考虑,虽然“TAN”模型效果最好,但所涉及的自变量比较多,运算时间会比较长,如果数据量太大,模型跑得比较慢,可用“Markov-FS”模型分析建模。

5. 细胞样本分类(涉及算法:支持向量机 SVM)

打开 Modeler 软件自带的“svm_cancer.str”。

业务场景:一位医学研究人员获得了一个包含大量人体细胞样本的特征的数据集,这些样本是从被认为可能会患上癌症的患者身上提取的。对原始数据的分析表明,良性样本与恶性样本之间的很多特征显著不同。该研究人员希望开发一个 SVM 模型,使该模型可以使用其他患者样本中的这些细胞特征值尽早发现他们的样本是良性还是恶性。表 16－5 和图 16－16 是数据字段描述和部分数据记录。

表 16－5　数据字段描述

字段名称	描述
ID	患者标识
Clump	肿块的厚度
UnifSize	细胞大小的均匀度
UnifShape	细胞大小的均匀度
MargAdh	边际粘连
SingEpiSize	单层上皮细胞的大小
BareNuc	裸核
BlandChrom	温和的染色质
NormNucl	正常的核仁
Mit	有丝分裂
Class	良性或恶性,值 2 为良性,值 4 为恶性

	ID	Clump	UnifSize	UnifShape	MargAdh	SingEpiSize	BareNuc	BlandChrom	NormNucl	Mit	Class
1	1000025	5	1	1	1	2	1	3	1	1	2
2	1002945	5	4	4	5	7	10	3	2	1	2
3	1015425	3	1	1	1	2	2	3	1	1	2
4	1016277	6	8	8	1	3	4	3	7	1	2
5	1017023	4	1	1	3	2	1	3	1	1	2
6	1017122	8	10	10	8	7	10	9	7	1	4
7	1018099	1	1	1	1	2	10	3	1	1	2
8	1018561	2	1	2	1	2	1	3	1	1	2
9	1033078	2	1	1	1	2	1	1	1	5	2
10	1033078	4	2	1	1	2	1	2	1	1	2
11	1035283	1	1	1	1	1	1	3	1	1	2
12	1036172	2	1	1	1	2	1	2	1	1	2
13	1041801	5	3	3	3	2	3	4	4	1	4
14	1043999	1	1	1	1	2	3	3	1	1	2
15	1044572	8	7	5	10	7	9	5	5	4	4

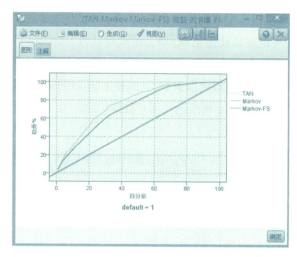

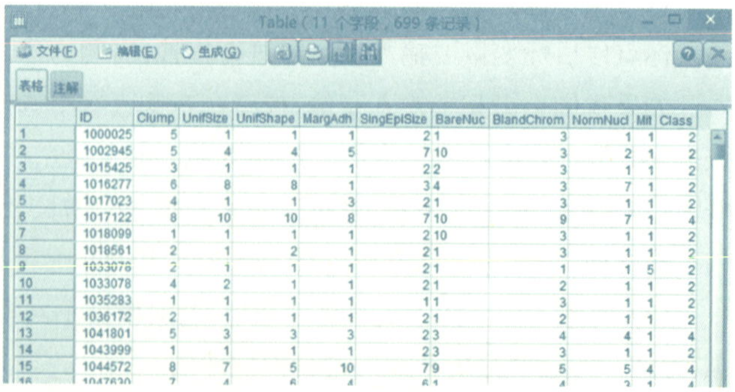

图 16－16　细胞样本数据集理解

(1) 读取数据。打开"svm_cancer.str",在类型节点做目标变量和输入变量的设置。

(2) 构建模型。这里我们将构建两个不同类型的 SVM,并进行比较。添加 SVM 建模节点,第一种模型为 SVM-RBF 模型,在专家选项卡模式当中选择"专家",内核模型选择"RBF",在分析选项卡中勾选"计算预测变量重要性"。

第二种模型为 SVM-POLY(多项式)模型,在专家选项卡模式当中选择"专家",内核模型选择"多项式",运行后点击 SVM-RBF 的分析结果。

从预测变量的重要性可看到最重要的三个自变量依次为 BareNuc、UnifShape 和 Clump。

(3) 模型评估。为了更直观评估模型,对根据两个模型做的预测结果变量进行重命名,添加"分析节点",进行模型评估。

由上可知,POLY(多项式)模型的正确率为 100%(本数据为示例数据,样本量较小,因此正确率较高),优于 RBF 模型。

6.零售促销(涉及算法:神经网络)

打开 Modeler 软件自带的"goodslearn.str"。

业务场景:研究零售产品线和促销对销售的影响,据此预测商品销售增长情况。表 16-6 是数据字段描述和部分数据记录。

表 16-6 数据字段描述

字段名称	描述
Class	商品类别
Cost	商品成本
Promotion	促销上所花费的金额指数
Before	促销之前的销售收入
After	促销之后的销售收入

图 16-17 零售促销数据集理解

(1) 数据理解和数据准备。打开"goodslearn.str",本示例我们主要研究商品促销效果,因此创建销售增长百分比的字段作为目标变量,添加类型节点,并设置目标变量和输入变量。

从输入变量(或自变量)的重要性看,Class(商品类别)最重要,其次是 Promotion(促销上所花费的金额指数)。

因目标变量 Increase 是定量变量,这里做一个 Increase 实际值与预测值的散点图可以比较直观看预测效果,从结果(见图 16-18)可以直观得看出 Increase 实际值与预测值基本呈 45 度直线关系,相关性较强,说明模型拟合不错。

图 16-19 是神经网络图(中间一层神经元),线越粗,说明输入变量(即自变量)越重要。可切换选择样式之下的"系数"查看神经网络的宽度系数。

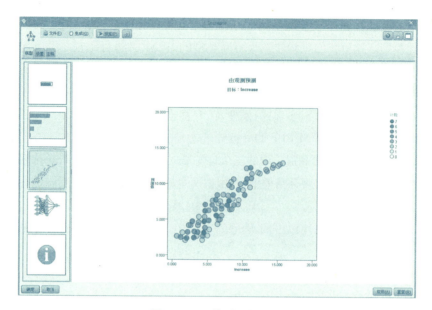

图 16-18　模型分析结果

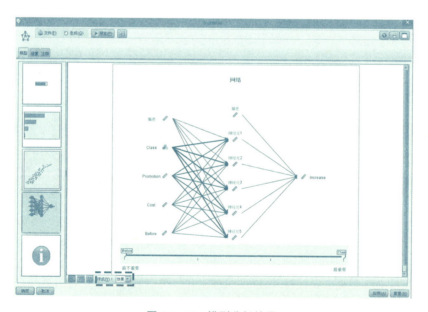

图 16-19　模型分析结果

(2) 模型评估。

同时,我们再建一个 C&RT 决策树模型,将模型结果放在神经网络模型结果之后,并添加"分析节点"并点击运行。

因目标变量是定量变量,我们一般用 Increase 实际值与预测结果的相关系数评估模型效果,在本例中 Increase 实际值与神经网络模型的预测结果的相关系数为 0.919,Increase 实际值与 C&RT 决策树模型的预测结果的相关系数为 0.904,从预测效果看,神经网络模型优于

C&RT 决策树模型。但因神经网络算法一方面是黑箱模型(即不清楚里面具体的系数及规则),决策树模型可以知道具体的规则(方便从商业角度看模型跟实际业务是否相差很大),另一方面神经网络算法比较容易导致过度拟合(即在模型训练时表现得很好,但外推和预测效果较差),因此如果在预测效果相差不是太大的情况下,实际中会更多采用决策树模型。

此外,在数据挖掘中,为了防止模型过度拟合(即模型建模效果很好,但外推效果比较差),一般会将整个数据集分为训练集和验证集,一般训练集为70%～80%数据,验证集为20%～30%数据,如果模型在训练集和验证集都表现不错,说明模型比较稳健,不会出现过拟合情况。同时,为了防止过拟合,也有将训练集分成几等分(比如5等分)的,在之后的建模过程中,在训练集内部进行模型的交叉验证(cross validation),即比如将训练集分成5等分,其中4等分进行建模,另外1等分进行验证,这5等分交替着建模和验证,使模型更加稳健。

第三节 | R 语言软件介绍

一、R 语言的优点

1. R 是自由软件

这意味着它是完全免费,开放源代码的。可以在它的网站及其镜像中下载任何有关的安装程序、源代码、程序包及其源代码、文档资料。标准的安装文件自身就带有许多模块和内嵌统计函数,安好后可以直接实现许多常用的统计功能。

2. R 是一种可编程的语言

作为一个开放的统计编程环境,语法通俗易懂,很容易学会和掌握语言的语法。而且学会之后,我们可以编制自己的函数来扩展现有的语言。这也就是为什么它的更新速度比一般统计软件,如,SPSS、SAS 等快得多。大多数最新的统计方法和技术都可以在 R 中直接得到。

3. 所有 R 的函数和数据集是保存在程序包里面的

只有当一个包被载入时,它的内容才可以被访问。一些常用、基本的程序包已经被收入了标准安装文件中,随着新的统计分析方法的出现,标准安装文件中所包含的程序包也随着版本的更新而不断变化。在另外版安装文件中,已经包含的程序包有:base-R 的基础模块、mle-极大似然估计模块、ts-时间序列分析模块、mva-多元统计分析模块、survival 生存分析模块,等等。

4. R 具有很强的互动性

除了图形输出是在另外的窗口处,它的输入输出窗口都是在同一个窗口进行的,输入语法中如果出现错误会马上在窗口中得到提示,对以前输入过的命令有记忆功能,可以随时再现、编辑修改以满足用户的需要。输出的图形可以直接保存为 JPG、BMP、PNG 等图片格式,还可以直接保存为 PDF 文件。另外,和其他编程语言和数据库之间有很好的接口。

5. R 是统计学家思维聚集地

如果加入 R 的帮助邮件列表,每天都可能会收到几十份关于 R 的邮件资讯,可以和全球一流的统计计算方面的专家讨论各种问题,可以说是全世界最大、最前沿的统计学家思维的聚集地。

二、R 语言的弱点

R 语言的弱点在于 R 是解释性语言,R 在计算分析时数据全部读入内存,同时 R 也是单线程计算的,因此内存管理、速度与效率可能是 R 语言面临的几大最为严峻的挑战,当然我们也可以想尽各种办法提高改进 R 的效能。

三、R 语言应用最热门的领域

(1) 统计分析包括统计分布、假设检验、统计建模。
(2) 金融分析包括量化策略、投资组合、风险控制、时间序列、波动率。
(3) 数据挖掘包括数据挖掘算法、数据建模、机器学习。
(4) 互联网包括推荐系统、消费预测、社交网络。
(5) 生物信息学包括 DNA 分析、物种分析。
(6) 生物制药包括生存分析、制药过程管理。
(7) 全球地理科学包括天气、气候、遥感数据。
(8) 数据可视化包括静态图、可交互的动态图、社交图、地图、热图、与各种 JavaScript 库的集成。

四、R 语言的安装

1. R 语言包括基础包和扩展包

(1) 基础包(Base),顾名思义为 R 的基本核心系统,是默认下载和安装的包,由 R 核心研发团队(Development Core Team,简称 R Core)维护和管理。基础包支持各类基本统计分析和基本绘图等功能,并包含一些共享数据集供用户使用。

(2) 扩展包(Contrib)是由 R 的全球性研究型社区和第三方提供的各种包的集合。迄今为止,共享包中的"小包"已多达 7 000 多个,涵盖了各类现代统计和数据挖掘方法,涉及地理数据分析、蛋白质质谱处理、心理学测试分析等众多应用领域。使用者可根据自身的研究目的,有选择地自行指定下载、安装和加载[1]。

2. R 的下载及安装

(1) 登录 R 的官方网站 https://www.r-project.org/,点击"download R"或者点击"CRAN"。

R 的基础包、相关文档和大多数共享包以 CRAN(comprehensive R archive network,

---

[1] 薛薇:《R 语言数据挖掘方法及应用》,电子工业出版社 2016 年版。

http://CRAN.R-project.org)的形式集成在一起。同时,为确保不同地区 R 用户的下载速度,在全球众多国家均设置了镜像链接地址。镜像可视为一种全球范围的缓存,每个镜像地址对应一个镜像站点(Mirror Sites),它们有各自独立的域名和服务器,存放的 R 系统是主站点的备份,内容与主站点完全相同。用户下载 R 时,需首先鼠标单击 CRAN 链接,选择一个镜像链接地址。国内的 R 用户可以选择 R 在中国的镜像站点,如中国科技大学(University of Science and Technology of China)、清华大学(TUNA Team,Tsinghua University)等[1]。

(2)点击"China"镜像下任一站点。

(3)根据自己的电脑系统,选择相应系统的 R,比如 Windows 系统则点击"Download R for Windows"。

(4)点击"base"或者"install R for the first time"。

(5)点击"Download R 3.6.3 for Windows"。

(6)下载完成后安装即可,安装完后在桌面即可出现 R 的快捷方式,双击该快捷方式即可进入 R 界面。

3. RStudio 的下载及安装

R 语言是统计领域广泛使用的工具,是属于 GNU 系统的一个自由、免费、源代码开放的软件,是用于统计计算和统计绘图的优秀工具,但 R 界面比较丑,不方便编程及操作。R 是 RStudio 的基础,必须先安装 R,再安装 RStudio。RStudio 自身并不附带 R 程序,但可以辅助我们使用 R 进行编辑的工具。RStudio 是一款 R 语言的集成开发环境(IDE,Integrated Development Environment),R 自带的环境操作起来可能不是很方便,而 RStudio 很好地解决了这个问题,而且它还具有调试、可视化等功能,支持纯 R 脚本、Rmarkdown(脚本文档混排)、Bookdown(脚本文档混排成书)、Shiny(交互式网络应用)等。以下是安装 RStudio 的步骤:

(1)打开 RStudio 官方网站 https://www.rstudio.com/products/rstudio/download/,点击"Free"下的"Download"。

(2)随后自动跳转到下载链接处。在"Installers for Supported Platforms"中,对应自己的系统,选择合适的版本。

(3)下载完成后安装即可,安装完成后在桌面即可出现"RStudio"的快捷方式。

(4)测试安装是否成功。双击"RStudio"打开"IDE",并在控制台(Console)输入 1+1,并按回车,看是否出现结果 2。

RStudio 界面介绍如图 16-20 所示。

打开 RStudio 之后,会出现上图所示的窗口,其中有三个独立的面板。最大的面板是控制台窗口,这是运行 R 代码和查看输出结果的地方。也就是运行原生 R 时看到的控制台窗口。其他面板则是 RStudio 所独有的。隐藏在这些面板中的包括一个文本编辑器、一个画图界面、一个代码调试窗口、一个文件管理窗口等。

---

[1] 薛薇:《R 语言数据挖掘方法及应用》,电子工业出版社 2016 年版。

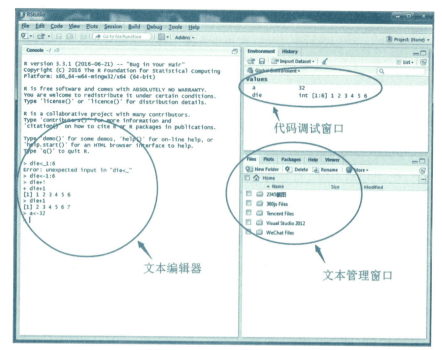

图 16-20 RStudio 界面介绍

五、R 数据挖掘案例示例

1. R 的常用基本操作

(1) 如何获得帮助

R 有强大的在线帮助功能,可使用 help.start 打开帮助首页,要查看某个函数的帮助,可使用?mean 或者 help(mean),也可使用模糊查询帮助方法,相关帮助文档会出现在右侧窗口,使用者可详细阅读帮助文档(帮助文档且有具体举例)。

(2) 共享包(或扩展包)的安装和加载。

可使用以下两种方式安装共享包,一种是敲入 R 命令,比如我们要安装 ggplot2 共享包,则敲入 intall.packages("ggplot2")命令,另一种是通过 RStudio 菜单命令,点击 Tools,然后选择 Install Packages,然后敲入需要安装的共享包。安装好共享包以后,加载所需的共享包,则采用 library(ggplot2)命令。

R 语言同样也可以做诸如决策树、神经网络、支持向量机、关联规则等数据挖掘,感兴趣的读者可自行查阅相关书籍,这里重点介绍一下 R 语言文本挖掘。

2. R 语言文本挖掘示例

在现实世界中,可获取的大部信息是以文本形式存储在文本数据库中的,由来自各种数据源的大量文档组成,如新闻文档、研究论文、书籍、数字图书馆、电子邮件和 Web 页面。由于电子形式的文本信息飞速增长,文本挖掘已经成为信息领域的研究热点。

文本挖掘指的是从文本数据中获取有价值的信息和知识,它是数据挖掘中的一种方法。

文本挖掘中最重要最基本的应用是实现文本的分类和聚类,前者是有监督的挖掘算法,后者是无监督的挖掘算法。文本挖掘是一个多学科混杂的领域,涵盖了多种技术,包括数据挖掘技术、信息抽取、信息检索,机器学习、自然语言处理、计算语言学、统计数据分析、线性几何、概率理论甚至还有图论。文本挖掘比较多的应用包括文本分类、文本聚类、舆情分析、情感分析、自动问答、自动文摘等。

文本挖掘一般包括以下以下步骤:

① 获取文本及文本预处理:搜集文本数据,比如通过网络爬虫(Spider)获取网页中的文本数据库(数据集)。同时对文本进行预处理,包括过滤掉不需要的文本、对文本进行分类等。

② 数据结构化:文本数据大部分是字符串组成的非结构化数据,这种数据类型并不能直接进行数据挖掘,需要将文本数据转变成结构化的数据,一般会将文本转换成词频矩阵(DTM:Document Term Matrix)或 TF-IDF(Term Frequency & Inverse Document Frequency)矩阵。该步骤是文本挖掘中的关键步骤,会用到诸如分词、词性标注、去除停用词(Stop Words)等文本语言学处理技术。

③ 数据挖掘建模:根据分析目的进行分析(如文本聚类)或建模(如情感分析)等。

接下来我们重点介绍 R 中用于文本挖掘的 text2vec 包,text2vec 包是由 Dmitriy Selivanov 于 2016 年 10 月所写的 R 包。此包主要是为文本分析和自然语言处理提供了一个简单高效的 API 框架。text2vec 包也可以说是一个文本分析的生态系统,可以进行词向量化操作(Vectorization)、Word2Vec 的"升级版 GloVe 词嵌入表达、主题模型分析以及相似性度量四大方面,可以说非常的强大和实用。本部分 R 文本挖掘示例主要参考 text2vec 包官方网站 http://text2vec.org/index.html 及 https://www.jianshu.com/p/ed8dc1fa2963 文章而撰写。

DTM 矩阵是对文本数据结构化的一种方式,假设有两个 document 分别名为 D1,D2。

D1:I like database

D2:I hate database

那么这两个 document 的 DTM 矩阵如表 16 - 7 所示。

表 16 - 7　DTM 矩阵

	I	like	hate	database
D1	1	1	0	1
D2	1	0	1	1

也就是说 DTM 矩阵是每个 document 中每个 term(单词,或是词汇表 vocab)出现的次数。这是一种非常直观的,将本文句子转化成为数字的一个方法。

但是,如果计算每一个词的频次,那么最后出现的矩阵,是一个非常大的稀疏矩阵。所以就有一个问题,我们是不是需要计算每一个 term 的频次呢,有些词出现太少了,统计出来没有意义。有些词,出现很频繁但是没有什么意义,比如"的""是"。于是就有了 TF-IDF, TF-IDF 的原理是:评估一个字词对于一个文件集或一个语料库中的其中一份文件的重要程度,字词的重要性随着它在文件中出现的次数成正比增加,但同时会随着它在语料库中出现的频率成反比下降。简单地说,如果一个词对一个文档很有代表作用(或者很重要),那么这个词在这个文档里面肯定会出现很多次,但是这个词不会在其他文档也出现这么多次。举个例子,比如假设有一篇关于蔚来汽车的新闻稿,"蔚来"这个词在这个新闻文档里出现很多次,但在其他新闻文档里很少出现,说明"蔚来"这个词对这篇新闻文档很有代表作用(或很重要);"汽车"这个词在这个新闻文档里出现很多次,同时在其他新闻文档里也会出现一些,说明"汽车"这个词对这篇新闻文档具有中等作用;"的"这个词在这个新闻文档里出现很多次,同时在其他新闻文档里也会出现很多次,说明"的"这个词对这篇新闻文档作用很小。

TF:在一份给定的文件里,词频(term frequency,TF)指的是某一个给定的词语在该文件中出现的次数。这个数字通常会被正规化,以防止它偏向长的文件,计算公式如下:

$$tf_{i,j} = \frac{n_{i,j}}{\sum_k n_{k,j}}$$

上式中 $n_{i,j}$ 是该词语在文件 d_j 中的出现次数,而分母则是在文件 d_j 中所有字词语的出现次数之和。

IDF:逆向文件频率(inverse document frequency,IDF)是一个词语普遍重要性的度量。某一特定词语的 IDF,可以由总文件数目除以包含该词语之文件的数目,再将得到的商再取以 10 为底的对数得到,计算公式如下:

$$idf_i = \lg \frac{|D|}{|\{j : t_i \in d_j\}|}$$

其中,$|D|$ 为语料库中的文件总数;分母表示包含词语 t_i 的文件数目(即词的文件数目),如果该词语不在语料库中,就会导致分母为零,因此在这种情况下使用 1 作为分母。

而 TFIDF 为 TF 和 IDF 的乘积:

$$tfidf_{i,j} = tf_{i,j} \times idf_i$$

举个例子,假设一篇文档的总词语数是 100 个,而词语"母牛"在这篇出现了 3 次,那么"母牛"一词在该文档中的 TF(词频)就是 3/100=0.03。而计算 IDF(逆向文档频率)的方法是文档集里包含的文档总数除以有多少份文档出现过"母牛"这一词语。所以,如果"母牛"一词在 1 000 份文档出现过,而文档总数是 10 000 000 份的话,其 IDF(逆向文档频率)就是 lg(10 000 000/1 000)=4。最后的 TFIDF 的分数为 0.03 * 4=0.12。

如上例所示,某一特定文档内的高词语频率,以及该词语在整个文档集合中的低文档频率,可以产生出高权重的 TF-IDF。因此,TF-IDF 倾向于过滤掉常见的词语,保留重要的词语,这就是 TF-IDF 的思想。

接下来我们将以 text2vec 包自带的"movie_review"数据为例演示文本挖掘。

"movie_review"取两条数据,样例如表 16-8 所示。

表 16-8　text2vec 包自带的"movie_review"示例

id	sentiment	review
8196_8	1	I don't know why people think this is such a bad movie. Its got a pretty good plot, some good action, and the change of location for Harry does not hurt either. Sure some of its offensive and gratuitous but this is not the only movie like that. Eastwood is in good form as Dirty Harry, and I liked Pat Hingle in this movie as the small town cop. If you liked DIRTY HARRY, then you should see this one, it's a lot better than THE DEAD POOL. 4/5
10633_1	0	I watched this video at a friend's house. I'm glad I did not waste money buying this one. The video cover has a scene from the 1975 movie Capricorn One. The movie starts out with several clips of rocket blowups, most not related to manned flight. Sibrel's smoking gun is a short video clip of the astronauts preparing a video broadcast. He edits in his own voiceover instead of letting us listen to what the crew had to say. The video curiously ends with a showing of the Zapruder film. His claims about radiation, shielding, star photography, and others lead me to believe is he extremely ignorant or has some sort of ax to grind against NASA, the astronauts, or American in general. His science is bad, and so is this video.

其中 id 字段是每段电影评论的唯一编号,sentiment 字段是该段电影评论的总体评价(1 代表正面评论,0 代表负面评论),review 字段里的内容即为对某部电影评价的文字内容,每条 review 即一条 doc,该数据总共有 5 000 条电影评论。

(1) 创建 DTM。

首先调入相关的 R 包(若未安装相应的扩展包,则需先安装),并将数据集划分为训练集(4 000 条评论)和测试集(1 000 条评论),代码如下:

```
require(tidyverse)
require(text2vec)
require(data.table)
data("movie_review")
setDT(movie_review)
setkey(movie_review, id)
set.seed(2016L)
all_ids = movie_review$id
train_ids = sample(all_ids, 4000)
test_ids = setdiff(all_ids, train_ids)
train = movie_review[J(train_ids)]
test = movie_review[J(test_ids)]
```

接下来对 4 000 条训练数据构建 DTM,代码、相关注释(以 # 开头)及输出结果如下:

```
prep_fun = tolower    #把评论都转换小写
```

```
tok_fun = word_tokenizer    #用于拆分字符串的工具
#步骤 1.设置分词迭代器
it_train = itoken(train$review,    #这个是语料,即电影评论内容
                  preprocessor = prep_fun,
                  tokenizer = tok_fun,
                  ids = train$id,    #也可以不设置 Id
                  progressbar = FALSE)
#步骤 2.分词#消除停用词
stop_words = c("i", "me", "my", "myself", "we", "our", "ours", "ourselves", "you",
"your", "yours")
```

#通常意义上,停用词(Stop Words)大致可分为如下两类:

① 使用十分广泛,甚至是过于频繁的一些单词。比如英文的"i"、"is"、"what",中文的"我"、"就"之类词几乎在每个文档上均会出现,查询这样的词搜索引擎就无法保证能够给出真正相关的搜索结果,难于缩小搜索范围提高搜索结果的准确性,同时还会降低搜索的效率。因此,在真正的工作中,Google 和百度等搜索引擎会忽略掉特定的常用词,在搜索的时候,如果我们使用了太多的停用词,也同样有可能无法得到非常精确的结果,甚至可能得到大量毫不相关的搜索结果。

② 文本中出现频率很高,但实际意义又不大的词。这一类主要包括了语气助词、副词、介词、连词等,通常自身并无明确意义,只有将其放入一个完整的句子中才有一定作用的词语。如常见的"的"、"在"、"和"、"接着"之类。

```
#分词函数 :create_vocabulary,传入一个迭代器,和停用词
vocab = create_vocabulary(it_train, stopwords = stop_words)
View(vocab)
```

vocab 数据文件部分输出结果如图 16 - 21 所示。

	term	term_count	doc_count
29155	lange	6	5
29156	lara	6	5
29157	largest	6	4
29158	laser	6	6
29159	laundry	6	6
29160	lauren	6	6

图 16 - 21　vocab 数据文件部分输出结果

如图 16 - 21 所示,"largest"这一词语总共在 4 条评论(doc 或 review)中出现,总共出现了 6 次(term_count)。经过分词后的 vocab 数据总共有 38 450 条数据,由于有些词语出现的次数太少,对我们的分析意义不大,因此我们对频数少于 10 的词语进行修剪去除,代码如下:

```
pruned_vocab = prune_vocabulary(vocab,term_count_min = 10,
                                doc_proportion_max = 0.5,
                                doc_proportion_min = 0.001)
```
View(pruned_vocab)

pruned_vocab 数据文件部分输出结果如图 16－22 所示。

	term	term_count	doc_count
32666	acceptance	12	12
32667	acquired	12	10
32668	addictive	12	10
32669	adopted	12	11
32670	affairs	12	12

图 16－22　pruned_vocab 数据文件部分输出结果

修剪后的 pruned_vocab 数据集数据条数大大减少,总共为 6 591 条数据。

#步骤 3.设置形成语料文件

vectorizer = vocab_vectorizer(pruned_vocab)

head(vectorizer)

输出结果如下:

```
1 function (iterator, grow_dtm, skip_grams_window_context, window_size,
2     weights, binary_cooccurence = FALSE)
3 {
4     vocab_corpus_ptr = cpp_vocabulary_corpus_create(vocabulary$term,
5         attr(vocabulary, "ngram")[[1]], attr(vocabulary, "ngram")[[2]],
6         attr(vocabulary, "stopwords"), attr(vocabulary, "sep_ngram"))
```

#步骤 4.构建训练数据 DTM 矩阵,通过传入分词迭代器和语料文件

dtm_train = create_dtm(it_train, vectorizer)

head(dtm_train)

输出结果如下:

```
6 x 6591 sparse Matrix of class "dgCMatrix"
   [[ suppressing 38 column names '1948', '1951', '1966' ... ]]

6748_8    . . . . . . . . . . . . . . . .
1294_7    . . . . . . . . . . . . . . . .
11206_10  . . . . . . . . . . . . . . . .
1217_10   . . . . . . 1 . . . . . . . . .
10395_8   . . . . . . . . . . . . . . . .
6531_8    . . . . . . . . . . . . . . . .
```

如上所示,DTM 矩阵已构建好,比如 id 为 1217_10 的记录,出现了"1948"这个词语,并在交叉处标示出"1"。

同样地,也可对测试数据构建 DTM,代码如下:

prep_fun = tolower　　#转换大小写

#代表词语划分到什么程度

```
tok_fun = word_tokenizer    # 用于拆分字符串的工具
#步骤1.设置分词迭代器
it_test = itoken(test$review,    # 这个是语料
                 preprocessor = prep_fun,
                 tokenizer = tok_fun,
                 ids = test$id,
                 progressbar = FALSE)
dtm_test = create_dtm(it_test, vectorizer)
head(dtm_test)
```

(2) 创建 TF-IDF。

在 DTM 基础上(即分别在 dtm_train 和 dtm_test 基础上)创建 TF-IDF,代码如下:

```
tfidf = TfIdf$new()
tm_train_tfidf = fit_transform(dtm_train, tfidf)
# 构建测试集合的 tfidf
prep_fun = tolower    # 转换成小写
tok_fun = word_tokenizer    # 用于拆分字符串的工具
#步骤1.设置分词迭代器
it_test = itoken(test$review,    # 这个是语料
                 preprocessor = prep_fun,
                 tokenizer = tok_fun,
                 progressbar = FALSE)
dtm_test_tfidf = create_dtm(it_test, vectorizer) %>% fit_transform(tfidf)
tm_train_tfidf
dtm_test_tfidf
```

部分输出结果如下:

```
4000 x 6591 sparse Matrix of class "dgCMatrix"
   [[ suppressing 36 column names '1948', '1951', '1966' ... ]]
   [[ suppressing 36 column names '1948', '1951', '1966' ... ]]

6748_8    .    .    .    .    .    .    .    .    .    .    .    .
1294_7    .    .    .    .    .    .    .    .    .    .    .    .
11206_10  .    .    .    .    .    .    .    .    .    .    .    .
1217_10   .    .    .    .    .    0.07684566    .    .    .    .    .
```

如上所示,TF-IDF 矩阵已构建好,比如 id 为 1217_10 的记录,"1948"这个词语的 TF-IDF 值为 0.0768。

(3) 使用 DTM 构建情感模型。

接下来我们把数据集分为训练集和测试集,以 sentiment 为因变量(1 代表正面评论,0 代

表负面评论),以 DTM 词频文本矩阵为自变量构建 Logistic 情感回归模型,并进行模型验证。这里使用 glmnet 包来构建模型,NFOLDS 用于指定多少折交叉验证,binomial 用来指定构建 Logistic 情感回归,计算 auc 值,同时使用 confusion Matrix 计算预测结果的混淆矩阵及评估模型,代码如下:

```
library(glmnet)
NFOLDS = 4
glmnet_classifier = cv.glmnet(x = dtm_train, y =
train[['sentiment']],family = 'binomial',
alpha = 1,
type.measure = "auc",
nfolds = NFOLDS,
thresh = 1e-3,
maxit = 1e3)
plot(glmnet_classifier)
glmnet_classifier
preds = predict(glmnet_classifier, dtm_test, type = 'response')[,1]
glmnet:::auc(test $ sentiment, preds)
preds[preds< = 0.5] = 0
preds[preds>0.5] = 1
preds <- as.integer(preds)
caret::confusionMatrix(table(preds,test $ sentiment))
```

部分输出结果如图 16-23 所示。

```
Confusion Matrix and Statistics

preds   0   1
    0 399  70
    1  99 432

               Accuracy : 0.831
                 95% CI : (0.8063, 0.8537)
    No Information Rate : 0.502
    P-Value [Acc > NIR] : < 2e-16

                  Kappa : 0.6619

 Mcnemar's Test P-Value : 0.03125

            Sensitivity : 0.8012
            Specificity : 0.8606
         Pos Pred Value : 0.8507
         Neg Pred Value : 0.8136
             Prevalence : 0.4980
         Detection Rate : 0.3990
   Detection Prevalence : 0.4690
      Balanced Accuracy : 0.8309

       'Positive' Class : 0
```

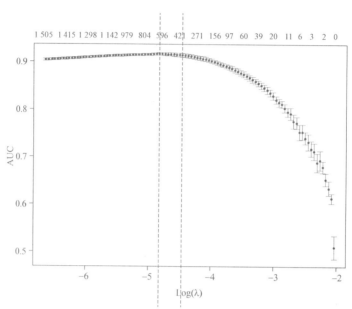

图 16-23 DTM 构建的情感模型部分输出结果

如上所示,测试数据集的 AUC 为 0.919,Accuracy(准确率)为 0.832,说明构建的情感模型预测效果非常不错。

(4) 使用 TF-IDF 构建情感模型。

同样地,我们以 sentiment 为因变量(1 代表正面评论,0 代表负面评论),以 TF-IDF 文本矩阵为自变量构建 Logistic 情感回归模型,并进行模型验证,代码如下:

```
library(glmnet)
NFOLDS = 4
glmnet_classifier = cv.glmnet(x = tm_train_tfidf, y = train[['sentiment']],
family = 'binomial',
    alpha = 1,
    type.measure = "auc",
    nfolds = NFOLDS,
    thresh = 1e-3,
    maxit = 1e3)
plot(glmnet_classifier)
preds = predict(glmnet_classifier, dtm_test_tfidf, type = 'response')[,1]
glmnet:::auc(test $ sentiment, preds)
preds[preds <= 0.5] = 0
preds[preds > 0.5] = 1
preds <- as.integer(preds)
```

```
caret::confusionMatrix(table(preds,test$sentiment))
```
部分输出结果如图 16-24 所示。

```
Confusion Matrix and Statistics

preds   0   1
    0 385  64
    1 113 438

               Accuracy : 0.823
                 95% CI : (0.7979, 0.8462)
    No Information Rate : 0.502
    P-Value [Acc > NIR] : < 2.2e-16

                  Kappa : 0.6459

 Mcnemar's Test P-Value : 0.0003087

            Sensitivity : 0.7731
            Specificity : 0.8725
         Pos Pred Value : 0.8575
         Neg Pred Value : 0.7949
             Prevalence : 0.4980
         Detection Rate : 0.3850
   Detection Prevalence : 0.4490
      Balanced Accuracy : 0.8228

       'Positive' Class : 0
```

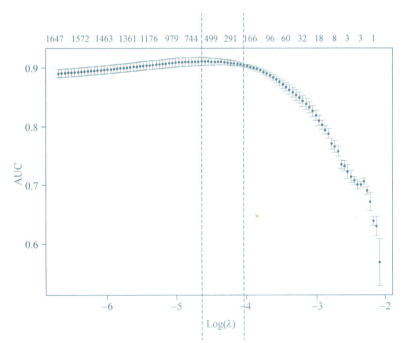

图 16-24　TF-IDF 构建的情感模型部分输出结果

如上所示,测试数据集的 AUC 为 0.903,Accuracy(准确率)为 0.823,说明构建的情感模型预测效果还是不错的。

(5) LDA 主题模型模型以及实现。

什么是 LDA 模型,LDA 是一种非监督机器学习技术,可以用来识别大规模文档集

(document collection)或语料库(corpus)中潜藏的主题信息。它采用了词袋(bag of words)的方法,这种方法将每一篇文档视为一个词频向量,从而将文本信息转化为易于建模的数字信息。但是词袋方法没有考虑词与词之间的顺序,这简化了问题的复杂性,同时也为模型的改进提供了契机。每一篇文档代表了一些主题所构成的一个概率分布,而每一个主题又代表了很多单词所构成的一个概率分布。由于 Dirichlet 分布随机向量各分量间的弱相关性(之所以还有点"相关",是因为各分量之和必须为 1),使得我们假想的潜在主题之间也几乎是不相关的,这与很多实际问题并不相符,从而造成了 LDA 的又一个遗留问题。对于语料库中的每篇文档,LDA 定义了如下生成过程(generative process):①对每一篇文档,从主题分布中抽取一个主题;②从上述被抽到的主题所对应的单词分布中抽取一个单词;③重复上述过程直至遍历文档中的每一个单词。简单的理解就是对文档的聚类,将文档根据不同的主题聚类起来。

简言之,LDA 模型类似聚类分析,可以理解为根据文本内容进行聚类,分析出不同的主题。同样地,构建 LDA 模型首先也还是需要先将文本转化成为 DTM 矩阵或者 TF-IDF 矩阵,然后进行构建,代码跟之前构建 DTM 矩阵及 TF-IDF 矩阵一样,这里我们构建 10 个主题,构建 LDA 代码如下:

```
install.packages("LDAvis")
library(LDAvis)
lda_model = LDA $ new(n_topics = 10)

lda_model
doc_topic_distr = lda_model $ fit_transform(dtm_train, n_iter = 20)
doc_topic_distr
lda_model $ plot()
```

部分输出结果如下:

```
             [,1]        [,2]        [,3]        [,4]        [,5]        [,6]
6748_8   0.106232295 0.047592068 0.064872521 0.053257790 0.04249292 0.427762040
1294_7   0.094444444 0.088888889 0.186111111 0.058333333 0.11111111 0.100000000
11206_10 0.091228070 0.033333333 0.061403509 0.108771930 0.13333333 0.036842105
1217_10  0.114102564 0.064102564 0.066666667 0.098717949 0.05384615 0.076923077
10395_8  0.100000000 0.071739130 0.071014493 0.085507246 0.15217391 0.175362319
6531_8   0.130263158 0.113157895 0.068421053 0.096052632 0.07105263 0.168421053
1190_1   0.073846154 0.140000000 0.056923077 0.087692308 0.06307692 0.063076923
2090_2   0.121739130 0.055072464 0.113043478 0.092753623 0.14637681 0.098550725
             [,7]        [,8]        [,9]       [,10]
6748_8   0.03484419 0.06600567 0.07308782 0.08385269
1294_7   0.07222222 0.15833333 0.05833333 0.07222222
11206_10 0.11578947 0.22280702 0.06842105 0.12807018
1217_10  0.15384615 0.22179487 0.05769231 0.09230769
10395_8  0.13840580 0.04565217 0.07101449 0.08913043
6531_8   0.07631579 0.13421053 0.06973684 0.07236842
1190_1   0.18923077 0.12461538 0.09846154 0.10307692
2090_2   0.13623188 0.09275362 0.04492754 0.09855072
```

如上所示,每一行代表每条 review 属于不同主题的概率,比如 id 为 6748_8 的这条 review,属于第 6 个主题的概率最大为 42.7%。同时,也会在网页上跳出 LDA 的可视化图形。

10个主题根据两个主成分排列在图上,同时10个主题的距离远近代表各个主题之间的相似性,当然主题的命名也跟聚类分析一样,需要我们根据业务实际情况命名。同时,鼠标放在任一主题上,右侧图形会跟左侧对应的主题有交互,显示该主题下不同词语的降序排序。

对于R文本挖掘,有兴趣的读者也可登录以下网址,查阅并学习R文本挖掘电子书,网址为:https://www.tidytextmining.com/index.html。

复习思考题

1. 如何用IBM SPSS Modeler构建决策树模型及随机森林模型?
2. 文本挖掘的基本原理及如何用R语言实现?

第十七章 大数据市场营销案例

> **学习要点**
>
> - 什么是用户标签体系及用户画像
> - 如何构建用户画像

第一节 用户标签体系构建及用户画像案例

一、什么是用户画像

用户画像可以简单理解成是海量数据的标签,根据用户的目标、行为和观点的差异,将他们区分为不同的类型,然后每种类型中抽取出典型特征,赋予名字、照片、一些人口统计学要素、场景等描述,形成了一个人物原型(personas)。

Persona 这一概念是由 lan Cooper 提出的,在《赢在用户》这本书中将其翻译为"人物角色",是在上面的海量数据分析基础上,进行具象化得到一个的虚拟用户。

Persona 的含义具体如下。

(1) P 代表基本性(primary research),指该用户角色是否基于对真实用户的情景访谈。

(2) E 代表移情性(empathy),指用户角色中包含姓名、照片和产品相关的描述,该用户角色是否引起同理心。

(3) R 代表真实性(realistic),指对那些每天与顾客打交道的人来说,用户角色是否看起来像真实人物。

(4) S 代表独特性(singular),每个用户是否是独特的,彼此很少有相似性。

(5) 代表目标性(objectives),该用户角色是否包含与产品相关的高层次目标,是否包含关键词来阐述该目标。

(6) N 代表数量(number),用户角色的数量是否足够少,以便设计团队能记住每个用户角色的姓名,以及其中的一个主要用户角色。一个产品,一般最多满足 3 个角色需求。

(7) A 代表应用性(applicable),设计团队是否能使用用户角色作为一种实用工具进行设计决策。

举个例子:男,31 岁,已婚,月收入 1 万元以上,爱美食,团购达人,喜欢红酒配香烟。这样一串描述即为用户画像的典型案例。如果用一句话来描述,即用户信息标签化(见图 17-1、图 17-2 和图 17-3)。

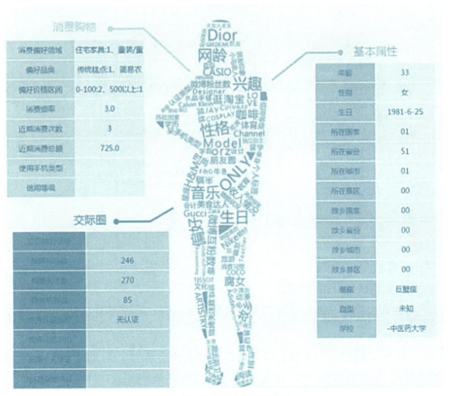

图 17-1 用户画像例子

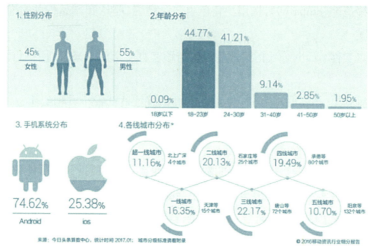

图 17‑2　今日头条基础用户画像

图 17‑3　YY 用户画像

二、用户画像的属性、标签

用户画像一般包括以下四个属性。

（1）第一类：人口属性。比如说性别、年龄、常驻地、籍贯，甚至是身高、血型，这些东西叫做人口属性。

（2）第二类：社会属性。因为我们每个人在社会里都不是一个单独的个体，一定有关联关系的，如婚恋状态、受教育程度、资产情况、收入情况、职业，我们把这些叫做社会属性。

（3）第三类，兴趣偏好。摄影、运动、吃货、爱美、服饰、旅游、教育等，这部分是最常见的，也是最庞大的,难以一一列举完。

(4) 第四类,意识认知。消费心理、消费动机、价值观、生活态度、个性等,是内在的和最难获取的。举个例子,消费心理/动机。用户购物是为了炫耀,还是追求品质,还是为了安全感,这些都是不一样的。

用户画像标签举例如图17-4、图17-5和图17-6所示。

基本特征	社会身份	顾客用户生命周期	类目偏好	购物属性	风险控制	其他偏好	群族
• 性别 • 母婴年龄预测 • 顾客消费层级 • 顾客年龄 • 地域气候	• 家庭用户 • 学生 • 公司白领 • 中老人 • 顾客职业的行业	• 注册用户转新客 • PC转移动 • 类目半新客转化 • 流失得分	• 果粉 • 吃货 • 高品质生活 • 家庭日用品 • 手机数码达人 • 辣妈、丽人 • 礼物礼券	• 跨区域购买用户 • 日用品周期购买 • 顾客价值得分 • 促销敏感 • 积分获取异常用户得分	• 黄牛小号判别得分 • 注册异常用户判别得分	• 购买力 • 关键词 • 品牌 • 单品 • 店铺 • 销量 • B/C	• 用户基于语义空间的聚类 • 用户活跃度分群 • 达人 • 微群

类目标签(主题推荐)

女装	饼干/糕点	茶叶	流行首饰	身体护理	公共
• 甜美文艺 • 职业通勤 • 个性接头 • 妩媚性感 • 气质名媛	• 三高人群 • 瘦身减脂 • 独爱花香 • 香甜 • 鲜咸	• 清热解暑 • 补血益气 • 清肝明目 • 呵护女性 • 健胃消食	• 恋恋深情 • 卡通图案 • 平安 • 乔迁 • 金饰	• 抗敏感 • 滋润型 • 中草药 • 清香型 • 防晒隔离	• 儿时回忆 • 懒人必备 • 便携旅游 • 送礼必备 • 宴会待客

图 17-4 用户画像标签示例

图 17-5 银行用户标签体系

用户画像标签举例三：美妆标签体系构建

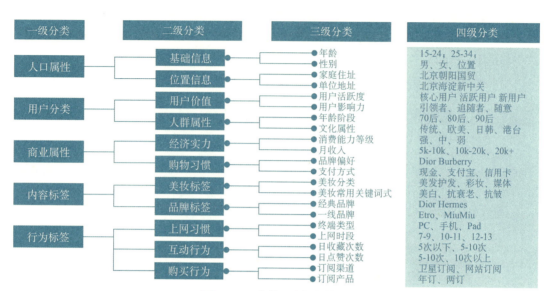

图 17-6 美妆用户标签体系

三、用户画像的应用

1. 精准营销

从粗放式到精细化，将用户群体切割成更细的粒度，辅以短信、推送、邮件、活动等手段，驱以关怀、挽回、激励等策略。

2. 市场细分和用户分群

市场营销领域的重要环节。比如在新品发布时，定位目标用户，切分市场。这是营销研究公司经常会用的方式。

3. 数据化运营和用户分析

后台 PV\UV\留存等数据，如果能够结合用户画像一起分析就会清晰很多，揭示数据趋势背后的秘密。

4. 定向投放

比如某产品新款上市，目标受众是白领女性，在广告投放前，就需要找到符合这一条件的用户，进行定向广告投放。

5. 各种数据应用

如推荐系统、预测系统，未来所有应用一定是个性化的，所有服务都是千人千面的。而个性化的服务，都需要基于对用户的理解，前提就需要获得用户画像。

四、用户画像的构建流程

用户画像的构建流程如图 17-7 所示。

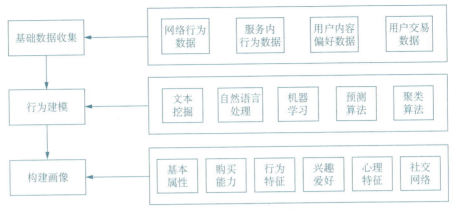

图 17-7　用户画像构建流程

(1) 基础数据收集:收集用户在网站内外的静态数据和动态数据。

(2) 行为建模:基于用户的基础数据,通过技术手段进行行为建模。

(3) 构建画像:通过行为建模,可以输出一系列的用户标签,每个用户的标签都可以形成一个集合,这个标签的集合可以表示出这个用户的特点。

五、用户画像:金融行业用户画像应用

1. 银行用户画像实践

银行具有丰富的交易数据、个人属性数据、消费数据、信用数据和客户数据,用户画像的需求较大。但是缺少社交信息和兴趣爱好信息。

到银行网点来办业务的人年纪偏大,未来消费者主要在网上进行业务办理。银行接触不到客户,无法了解客户需求,缺少触达客户的手段。分析客户、了解客户、找到目标客户、为客户设计其需要的产品,成了银行进行用户画像的主要目的。银行的主要业务需求集中在消费金融、财富管理、融资服务,用户画像要从这几个角度出发,寻找目标客户。

银行的客户数据很丰富,数据类型和总量较多,系统也很多。可以严格遵循用户画像的五大步骤。先利用数据仓库进行数据集中,筛选出强相关信息,对定量信息定性化,生成 DMP 需要的数据。利用 DMP 进行基础标签和应用定制,结合业务场景需求,进行目标客户筛选或对用户进行深度分析。同时利用 DMP 引入外部数据,完善数据场景设计,提高目标客户精准度。找到触达客户的方式,对客户进行营销,并对营销效果进行反馈,衡量数据产品的商业价值。利用反馈数据来修正营销活动和提高 ROI。形成市场营销的闭环,实现数据商业价值变现的闭环。另外 DMP 还可以深度分析客户,依据客户的消费特征、兴趣爱好、社交需求、信用信息来开发设计产品,为金融企业的产品开发提供数据支撑,并为产品销售方式提供场景数据。

简单介绍一些 DMP 可以做到的数据场景变现。

(1) 寻找分期客户。

利用银联数据+自身数据+信用卡数据,发现信用卡消费超过其月收入的用户,推荐其进行消费分期。

(2) 寻找高端资产客户。

利用银联数据＋移动位置数据(别墅/高档小区)＋物业费代扣数据＋银行自身数据＋汽车型号数据,发现在银行资产较少,在其他行资产较多的用户,为其提供高端资产管理服务。

(3) 需找理财客户。

利用自身数据(交易＋工资)＋移动端理财客户端/电商活跃数据。发现客户将工资/资产转到外部,但是电商消费不活跃客户,其互联网理财可能性较大,可以为其提供理财服务,将资金留在本行。

(4) 找境外游客户。

利用自身卡消费数据＋移动设备位置信息＋境外强相关数据(攻略、航线、景点、费用),寻找境外游客户为其提供金融服务。

(5) 寻找贷款客户。

利用自身数据(人口属性＋信用信息)＋移动设备位置信息＋社交购房/消费强相关信息,寻找即将购车/购房的目标客户,为其提供金融服务(抵押贷款/消费贷款)。

2. 保险行业用户画像实践

保险行业的产品是一个长周期产品,保险客户再次购买保险产品的转化率很高,经营好老客户是保险公司一项重要任务。保险公司内部的交易系统不多,交易方式不是很复杂,数据主要集中在产品系统和交易系统之中,客户关系管理系统中也包含丰富了信息,但是数据集中在很多保险公司还没有完成,数据仓库建设可能需要在用户画像建设前完成。

保险公司主要数据有人口属性信息,信用信息,产品销售信息,客户家人信息。缺少兴趣爱好、消费特征、社交信息等信息。保险产品主要有寿险,车险,保障,财产险,意外险,养老险,旅游险。

保险行业 DMP 用户画像的业务场景都是围绕保险产品进行的,简单的应用场景可以是:

A:依据自身数据(个人属性)＋外部养车 App 活跃情况,为保险公司找到车险客户

B:依据自身数据(个人属性)＋移动设备位置信息－户外运动人群,为保险企业找到商旅人群,推销意外险和保障险

C:依据自身数据(家人数据)＋人生阶段信息,为用户推荐理财保险,寿险,保障保险,养老险,教育险

D:依据自身数据＋外部数据,为高端人士提供财产险和寿险

3. 证券行业用户画像实践

传统证券行业现在面临的主要挑战是用户交易账户的争夺,证券行业如何增加新用户、如何留住用户、如何提高证券行业用户的活跃、如何提高单个客户的收入,是证券行业主要的业务需求。

证券行业拥有的数据类型有个人属性信息例如用户名称,手机号码,家庭地址,邮件地址

等。证券公司还拥有交易用户的资产和交易纪录,同时还拥有用户收益数据,利用这些数据和外部数据,证券公司可以利用数据建立业务场景,筛选目标客户,为用户提供适合的产品,同时提高单个客户收入。

证券公司可以利用用户画像数据来进行产品设计,以下是一些用户画像数据:

(1) 理财客户:账户余额高＋交易不频繁用户

(2) 基金客户:年化投资收益<5% ＋ 交易不频繁

(3) 融资客户:年化投资收益高＋交易频繁

(4) 财富管理客户:账户余额很高＋年化投资收益低＋交易不频繁

第二节 揭开欧莱雅真相:一家披着美妆外衣的数字技术公司

美妆行业的半壁江山其实可以用一个词概括:欧莱雅。

许多人一听欧莱雅,会误以为是在说中国第一大美妆品牌"巴黎欧莱雅",但事实上后者只是前者的子品牌之一。其实还有许多知名品牌同样归属于欧莱雅集团,比如:兰蔻、科颜氏、乔治·阿玛尼、圣罗兰美妆、碧欧泉、法国欧珑、植村秀、郝莲娜、科莱丽、羽西、美即面膜、美宝莲纽约、巴黎卡诗、薇姿、理肤泉、美国修丽可⋯⋯

从大众到高档,从进口到国货,欧莱雅建立了一个覆盖全网的品牌矩阵。而最令人动容的,是这头大象竟然还可以像猎豹一样飞速奔跑。

2020年3月5日是24节气中的惊蛰,就在这一天,欧莱雅也在年度沟通会上一鸣惊人。据欧莱雅透露,2019年中国区销售额实现了35%的增长,是15年来的最高增速。

而从全球视野来看,根据欧莱雅集团2019年的财报披露,他们实现了销售额298.7亿欧元,同比增长8%;营业利润55.4亿欧元,同比增长12.7%;净利润39.8亿欧元,增长9.3%;亚太市场成为集团第一大市场,销售额达到96.5亿欧元,同比增长25.5%;全球电商业务销售额占总销售额的15.6%(欧莱雅中国线上渠道销售额占比达35%,远超全球均值),达到46.6亿欧元,同比增长高达52.4%,超过行业平均增速的27%,电商是驱动增长的主动力。

而助大象奔跑的,是数字化的力量。在世界著名研究机构 Gartner L2 最新发布的中国美妆品牌数字化排行榜前十位中,欧莱雅旗下的巴黎欧莱雅和兰蔻分别位居第1、第2,圣罗兰美妆排名第4,科颜氏排名第6,美宝莲排名第7。欧莱雅旗下的品牌不仅霸榜,并且还是以巨大的数字化优势占据高位排名。

远超行业数字化水平的欧莱雅,其实是一家伪装成美妆企业的科技公司。我们找到了"证据":(1) 庞大的数字化团队,其中有上百位数字化营销的专家;(2) 2018年单年内,申请505项专利,投资研发创新9.14亿欧元;(3) 拥有遍布欧洲6个区域的21个研究中心、3个全球研究中心，14个评估中心；(4) 22 000名员工接受数字技术培训计划，约占总员工数的25%；(5) 2019年收购了全球领先的增强现实和人工智能科技先驱——ModiFace公司。

不提名字，很难相信这些投入是美妆品牌做的事。

更值得注意的是，Gartner L2认为美妆品牌通过数字化建设"owned channels"（直译：自有渠道），是他们获取成功的最大要素之一。但如果更生动地翻译这个英语单词，"owned channels"，其实就是我们一直在说的"私域流量"。

有趣的是，在这些国外的商业分析师眼里，私域流量被视为"一个高度完善的用户忠诚度计划"（sophisticated loyalty program）。这是一个值得探讨的视角，或许用户忠诚，才是私域流量的核心与起点。

一、精准标签下的数字用户

"我是谁，从哪里来，要到哪里去？"这是人类自诞生之始就想弄明白的问题。情理总是相通的，若突然将一万份用户数据摆在你面前，或许你也会提出类似追问：这些用户是谁？数据从哪儿来？能怎么用？

而欧莱雅通过数据整合一次性回答了上述问题。

从"用户是谁？"这一问题来看，实质是问如何用数据高度准确地形容一个人。这在理想情况下是一点都不难的：假若没有任何限制，只要掌握了A的身份证号，就可以在教育局里找到他的受教育经历，在车管所里找到他的出行信息，又或是居住情况、饮食规律、兴趣爱好、健康水平……身份证就像一份账号密码，借此我们可以找到各个平台之中的属于A的数据信息，整合起来，就能高度还原他生活中的每一面。

当然这只是电影中的故事，现实里即使有能力这么做，获得的也不是增长，而是手铐。但原理是相通的，欧莱雅使用了另一份"账号密码"——用户手机号。

图17-8中间就是用户在天猫上搜索科颜氏（本书举例中的各品牌皆为欧莱雅旗下品牌，下同）时呈现的商城封面，在用户的第一眼中，他们首先放上引导注册会员信息，并借此获取用户的手机号。同样的事情也发生在小红书、微信、微博上。

随后欧莱雅将通过手机号整合该用户在各个平台上的轨迹，形成对单个用户的精确数据描述。而数以千万计的高度精确的用户数据，将指引欧莱雅做出最有效的推广方案。

比如第一例C2B创新（消费者反向创新）的案例巴黎欧莱雅零点面霜。据称欧莱雅用了59天时间挖掘了上千名18~30岁消费者对"理想面霜"的诉求，得出结论：熬夜而引起的肌肤损伤是她们最迫切、最想要解决的问题！基于夜间使用场景，欧莱雅迅速投入研发并推出了零点面霜，该面霜上市当天就卖出了10万件。

站在消费者的角度而言，若戏谑一些或许会更好理解：大家的秘密在数据事实面前，再也藏不住了。

我的同事小彭在微信上是端庄白领，但在微博中却是熬夜追星的饭圈少女。不同社交平台有着不同的身份一直是她的小秘密，但某天微信广告竟弹出了她偶像代言的零点面霜，她点

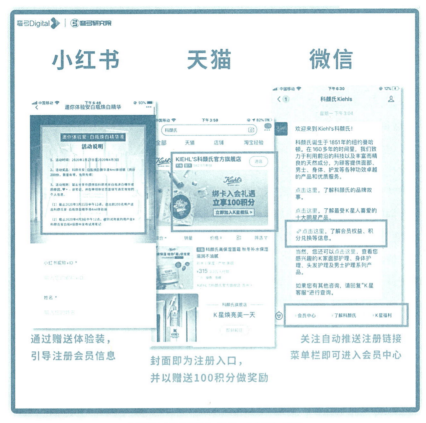

不同平台上的会员积分、功能、数据都是相通的

图 17-8　不同平台吸引用户注册,用户手机号是相通的

进去看,发现里面竟然还有她在天猫消费获得的会员积分。

这不是腾讯、新浪、阿里巴巴三家握手言和互相开放数据了,而是欧莱雅的数字化能力实在过于优秀了。

其实欧莱雅的成功也给行业带来了反思——在人人都知道千人千面的个性化营销能带来增长的今天,"个性化"到底能做到什么程度?潦草地区分男女,精准地区分不同年龄层的网络用语习惯,似乎都称得上个性化。但根据 Gartner L2 对 7 个行业的 103 个品牌的数据收集、沟通和营销实践调查,2018 年只有 23% 的品牌根据用户数据输入对其网站进行了个性化设计,只有 13% 的企业能提供具有高度针对性的消息。

而如今,欧莱雅给出了一个参考答案——打通多渠道数据。

这不仅是一个可以跨平台积分通兑的用户体验更好的会员系统,更是一个私域流量池:基于多维度数据的用户画像,让你了解用户到底是一个怎样的人,并提供反复触达与互动的功能机制,从而建立与用户的长期对话,最终培养出真正的用户忠诚。

但这一切是如何实现的?弯弓创始人梅波在走访中了解,无论是数据整合、分析、推送,实质都有赖于欧莱雅对营销技术(MarTech)的使用。

二、科技美妆的数字底层

我们可以从"整体与细节"两个角度去看。其一是在营销技术（MarTech）上的整体布控情况，其二是一些欧莱雅推出的或用于营销的黑科技产品。

1. 整体布控

据梅波介绍，欧莱雅最大的成功是构建了一个强大的数据中台。这个中台打通了第一、第二、第三方的数据，并形成了一个中央的数据处理中心。

欧莱雅自身统计，2018年他们在全球有350亿的社交网络粉丝，官网有1.2亿次的访问量。面对如此庞大的数字世界，欧莱雅在国内与一些MarTech公司进行长期合作，构建SCRM、CDP等技术应用，并将部分运营的工作委派过去。

但由于数据安全原因，再加上大品牌也不可能把数据给到第三方技术公司掌控，欧莱雅建立了一个"沙池"用来中转数据信息。在接到指令以后，第三方的技术与运营团队就分别对两端的数据进行数据接驳，采集相关信息，最终指定目标人群。

梅波举例说，某技术公司已建立了一个100多人的团队服务于欧莱雅。通过数据中台与完善的数字化底层建设，欧莱雅的品牌总经理基本上不用考虑营销触点的问题，针对用户的一切问题都可以交由中台进行管理，而品牌总经理的主要工作则是用户价值分析，根据不同人群和地区进行产品的适配和开发。

欧莱雅运营非常精细化，他们还建立了公众号端的千人千面。其中一个做法是，一个陌生用户关注了公众号之后，欧莱雅会运用强大数据系统寻找用户标签，并根据这个用户标签特征进行有针对性的回复和交流。比如在用户关注的第一瞬间就给出有针对性的问候语。

2. 黑科技产品

前文所提到的欧莱雅收购全球领先的增强现实和人工智能科技先驱——ModiFace公司，在美妆业内一直被广泛探讨，探讨的核心是这到底能否给欧莱雅带来经济上的收益。

2019年7月5日，欧莱雅宣布，携手腾讯微信上线首个动态虚拟试妆小程序。这款小程序可在手机上呈现"零售店级"试妆品质，同时还支持试妆图片拍摄、图片保存、妆前妆后图片分屏对比及分享等便捷功能，帮助消费者一键完成试妆体验、挑选、下单、分享、推荐的全消费过程。据欧莱雅称，通过虚拟试妆技术可有效提升流量转化，转化率高达原先的2倍。

另一个例子是，欧莱雅针对用户检测紫外线的小痛点，单独设计了一个产品：UV Sense，这是全球首款可测量个人接受紫外线照射量的无电池可穿戴电子传感器，搭配手机App使用，可告知用户何时应留意紫外线照射。据亿欧报道，在这个产品既不是欧莱雅的主要产品，甚至多数用户都不是欧莱雅的消费者的前提下，最后的反馈数据显示，多数用户在穿戴过程中慢慢地对欧莱雅旗下品牌有了更多的认知，成为欧莱雅真正的用户。

"美妆有了科技的赋能，能够给消费者带来更加个性化的体验，而科技通过美妆的方式体现，能够变得更加人性化。因为每个消费者都需要不一样的方式满足自己对美的要求，这是欧莱雅特别重视和积极引领的一个方向。"欧莱雅中国CEO费博瑞表示，"我们认为科技能够填补消费者向往的，和消费者实际上能得到的之间的差异。所以美妆需要科技，科技也需要美妆。"

这个全球最大的化妆品集团,不仅通过电商把产品推向更广阔的二、三、四线城市,还通过科技把用户体验也推向这些地区,形成全域的营销矩阵。

三、拥抱最前沿的社交媒体玩法

近几年,各大美妆品牌都在涌向社交媒体,品牌运营产生声量,投放广告产生销量。欧莱雅中国大众化妆品部数字营销及阿里电子商务总经理王茜媛表示:"我们通过社交媒体去传播新品上线的消息,站外先用 KOL 种草,通过 KOL 和粉丝互动。"Gartner 预估,2018 年,中国 KOL/KOC 市场预估为 171.6 亿美元,预计到 2020 年,这个数字将增长近 2.5 倍,达到 430 亿美元。

而在玩法上,欧莱雅率先采用的"美妆小分队"战术或许值得我们思考。

这个战术简单来讲,就是在同样投放预算的前提下,将原先对单个 KOL 的投放,拆解成对多个小型 KOL 或 KOC 的投放。比如欧莱雅在英国放弃拥有 1 100 万粉丝的美妆达人 Zoella,转而把钱投给了 5 个粉丝仅数十万的小博主(KOC),并以这 5 名加起来不到 500 万粉丝的 KOC 组成"美妆小分队"进行宣传与投放。

其一是带来更高的真实感,其二是更深入地切入垂直细分市场。

所谓"真实感"建立在一个认知之上:如今连路人都明白明星带货是怎么一回事,在电影里主角拿起蒙牛牛奶的一瞬间,他们可能就会脱口而出"哦,蒙牛给了钱啊……这个软广看起来有点硬"。

因此如何让产品推荐更为真实可信?除了找李佳琦和薇娅之外,品牌就需要找那些与粉丝互动更频繁、垂直领域有专长的小众 KOL/KOC。

而所谓"垂直"的意义可以从欧莱雅对 KOC 的选择上看出:虽然 5 个加起来没有 Zoella 的一半粉丝多,但他们各自拥有护肤、护发、彩妆、搭配等方面的专业知识,使她们在对应的垂直领域有更高的发言权。

其二是 YSL 圣罗兰美妆的"公众号版小红书"更是引起了国外研究机构的注意:"On WeChat, it created a Mini Program that emulates the features of RED, allowing the creation of user-generated content and product tagging."(在微信上,YSL 创建了一款模仿小红书的小程序,让会员用户分享内容和产品标签。)

具体而言,在其官方公众号"YSL 圣罗兰美妆"底部菜单栏里,有两个小程序入口:Y 秀场、Y 粉圈。Y 秀场的功能很简单,只要用户在小红书、

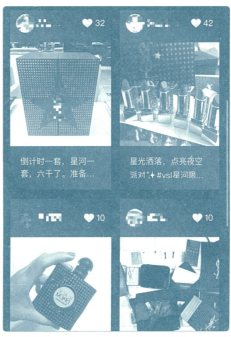

图 17-9　公众号"YSL 圣罗兰美妆"Y 粉圈

微博、微信等平台晒出带有♯YSL Dare&Love♯标签的 YSL 相关内容,并在晒出后 1 个月内截图上传至这个小程序里,审核通过即可获得 100 积分。Y 粉圈的功能则是依照小红书进行复刻,用户可以上传图片并点评分享,并选择相应的产品标签。

而吸引会员参与的关键则是,会员只要分享 Y 粉圈笔记,或者在 Y 粉圈种草了其他用户(其他用户通过自己发布的笔记在微信商城上购买了产品)就能获得大量的会员积分。

这些玩法不仅给 YSL 圣罗兰美妆提供了大量的用户素材,更是通过普普通通的积分,引导了大量用户将优质评价分享到微博以及真正的小红书上,从而产生了巨大的社交媒体声量。

四、柔性而敏捷的数字供应链

上文零点面霜中的案例中有一个小小的 bug 没有提及:调研后就能立刻开展研发、生产、推广,是不是太过轻易了?尤其对大型企业而言,研发部门、生产部门、市场部门……无数人就这样毫无阻滞地携手把这件事情完成了?

对欧莱雅而言,似乎真的如此。在研发上的投入与积累,有着百余年历史的欧莱雅自然不必多说。但在生产上,据虎嗅报道,2016 年,欧莱雅位于巴黎郊区的拉西尼工厂就开始通过计算机管理下的敏捷生产线进行生产。这种敏捷生产线的特点是高度灵活,可以满足不同产品小批量生产之间的快速切换。目前这条生产线可以快速切换 20 多种不同的产品形式,比如从 YSL 口红切换到另一个系列只需 20 分钟。

而在推广上,欧莱雅中国的数字化能力,已经使电商渠道在业绩中占比超过了 35%,与之相比,国外的电商比例通常只占 10%。而从单个品牌的销量来看,据悉 YSL 圣罗兰美妆的 48% 销售额,都是来自没有实体柜台的一些地区和低线城市。

这些数据都得益于来自欧莱雅中国对下沉市场的开拓,来自传统渠道难以覆盖的新兴消费群体——欧莱雅称之为"小镇剁手族"。

而零点面霜的调研与目标用户,其实就是他们。在抓住了需求之余,欧莱雅也通过天猫数据踩准了"小镇剁手族"的心理价位,为他们"创造新品",最终发售当天,刷新了天猫的面霜单日销售记录。换句话说:这条集策划、研发、生产、推广于一体的数字化供应链,使欧莱雅创造了中国目前最受欢迎的面霜单品,没有之一。

五、数字化是一种企业文化

其实探究欧莱雅数字化进程,给人印象最深的或许是"数字化离不开企业文化"。

数字化未必总是客观的,数据分析也并不只有理智,它始终摆脱不了一定程度的主观判断。我们曾写过宝洁(P&G)的大衰落,而欧莱雅总是在宝洁衰落之时成为一个正面例子:有着同样的品牌矩阵,面临相似的行业竞争压力,欧莱雅却始终保持敏捷,并逆势增长,能持续保持自己被新生代消费者喜欢。

然而宝洁作为世界级的行业巨头,难道真的没有掌握中国新生代消费者的数据吗?欧莱雅和宝洁作为两家数千亿美元市值的国际企业,竞争胜败的关键就真的只是一些用户数据或者会员系统吗？

其实在现实执行中，无论多么详尽的用户画像数据，不同市场人员可能都会有不同的解读，如何尽可能地逼近"真相"？这要视乎品牌对消费者的态度究竟是高高在上，还是愿意认真地深入交流。

这需要一些数据之外的"数字工作"。欧莱雅中国 CMO Asmita Dubey 在接受虎嗅的专访中曾提到：

"我们有一个内部的交换项目，公司里的 90 后会定期与公司高层进行一个交流，一月一次，跟他们分享年轻人之间的新趋势，流行的新 app，美妆领域又出现了哪些新概念等。这一交流会非常的轻松随意，我们都要求高层要摆出谦虚学习的姿态，这能让他们及时地捕捉到最新的数字化趋势动态。"

"我们为这项目建了一个群，里面都是参与过交流培训的 90 后们，现在有 94 个人了。他们每次跟高管交流结束后，会把自己的分享经历 po 到群里，当然还有和高层的合照。我们还给高管们制定了一些简单的要求，例如，你不可以迟到，你不能摆老板派头，要虚心，要好学。在当下的这种数字化时代中，我们必须打破一些旧的层级观念，要让以往高高在上的这些管理层跟年轻人多交流多学习，因为没有人比他们更了解现在流行什么。"

和同样不缺钱不缺技术的宝洁相比，欧莱雅身上的数字化光环未必是致胜的内核。数字化或许只是一个技术问题，它最终也是一个企业文化问题。

欧莱雅成功的核心有几点。

(1) 高度重视中国市场，并保持良好的敏锐度，尤其对于中国用户需求变化把握很准，无论高端人士还是"小镇青年"，他们都能与时俱进。

(2) 重视用户资产管理和运营，建立了庞大的用户池，能够触及 10 亿以上的数据人群，同时委托全球领先的技术公司进行技术部署和运营，全国建立了多个呼叫中心，能够直接通过公众号和视频对接用户需求。

(3) 建立强大的业务中台，能够通过深入细致的用户洞察和不同社交平台管理，实现千人千面的用户服务，并打通了公域、私域和他域，实现全域流量运营。

复习思考题

1. 用户画像的营销应用包括哪些方面？
2. 欧莱雅的数字营销有哪些优点值得借鉴？

第十八章

市场分析（一）

学习要点

- 市场分析的目的和程序
- 市场分析的基本类型
- 消费者购买行为研究的意义
- 心理、个性、社会、文化因素对消费行为的影响
- 消费者购买决策过程分析

开篇案例

海尔"直盯"消费者

海尔的成功原因何在？关键就是对消费者"真诚到永远"，着眼于把消费者潜在的需求转化为现实的市场需求，从而创造了一个个"海尔市场"。

重庆市一位客户来信说：他家老母年迈，女儿尚小，每天他上班，老人、孩子开启空调和设计温度都不方便，能不能设计一种远距离的遥控器？据此，他们很快开发出中国第一台"电话指挥"智能变频空调，一投放市场就到处告缺。

> 山东昌邑市有一位消费者在来信中问,有没有送风距离较远的空调?于是,海尔"帅英才"应需而生,全国各地纷纷预约定货……"海尔"根据用户的建议、要求,先后开发出200多个适销对路的新产品,其中有23个产品一直脱销。
>
> "从用户中来"的开发思路,使得海尔最终达到了"到用户中去"的目的,也使得海尔完成了由"销售我生产的产品"到"生产我要销售的产品"的历史性转变。同样,在服务上,他们坚持用户有什么样的潜在需求,他们就开发什么样的服务项目,即使开发这样的服务项目暂时有困难,也要千方百计去解决,给用户一个"意想不到的惊喜和满足"。比如他们推出的"您只需打一个电话,其余的由我们来做"的"星级服务",做到白天黑夜,不管逢年过节,只要用户打来电话,遍布在全国各地就近的海尔营销中心,随时登门实行"四免"(免收设计费、免收送货费、免收安装费、免收材料费)服务,在全国消费者中引起强烈共鸣。

第一节 市场分析的目的和程序

一、市场分析的目的

随着社会生产力水平的提高和技术更新速度的加快,市场需求呈现多元性、复杂性和易变性的特点。企业必须认真研究市场需求及其可能出现的各种形态;并在对内外环境条件分析的基础上,充分利用市场机会和一切条件,有效地利用企业的内部资源,采取适当的生产组织方式和市场营销策略,主动、充分地满足市场需求,才能最终取得消费者、企业和社会整体利益的最大化。因此,卖者市场分析的目的就是界定需求的质与量。

1. 质的分析

质的分析,就是在定性分析的基础上,科学地确定市场的正需求、负需求、零需求。从整个市场角度看,市场需求可以分为正需求、负需求和零需求3种形态。

(1) 正需求。正需求是被市场肯定的需求,它可以是已经表现出来并有相应购买力的现实需求,也可以是尚未表现出来的潜在需求。需求有充分需求、动摇性需求、不规则需求、超饱和需求、潜在需求5种形式。

① 充分需求,也称饱和需求。是指市场上的需求水平、需求时间与企业预期的需求水平、时间基本上一致,供需之间大致趋于平衡的状况。

② 动摇性需求,也称退却性需求。这是指市场上对某种产品或服务的需求逐渐减少,出现了动摇或退却的现象。

③ 不规则需求,也称波动需求。这是指市场需求量和供应能力之间在时间上或地点上不吻合或不均衡,表现为时超时负、此超彼负的波动现象。

④ 超饱和需求,也称过度需求或增长性需求。这是指市场需求超过了企业的供应能力,呈

现供不应求的现象。

⑤ 潜在需求,也称潜伏需求。这是指消费者对某些产品或服务的购买欲望尚未表现出来,购买力也尚未得到实现的状况。

(2) 负需求。负需求是不受市场欢迎的需求,它有否定需求和有害需求两种存在形式。

① 否定需求。这是指全部或多数消费者对某些产品(或服务)不但不产生需求,反而对其持回避或拒绝的态度,这可能是由于消费者对某种产品(或服务)存在误解,或该产品(或服务)本身的确不适宜消费者。

② 有害需求,也称无益需求或不健康需求。这是指那些无论是从消费者利益、社会利益甚至生产者利益来看,都会给人们带来危害的需求。

(3) 零需求。零需求就是无需求,它不同于负需求,不是由于消费者对产品产生厌恶或反感情绪而对产品采取否定态度;而是由于对产品还缺乏了解或缺乏使用条件,因而对产品不感兴趣或漠不关心,既无正感觉,也无负感觉。

2. 量的分析

量的分析就是市场定量化,它将确定市场需求的规模数量,主要有三种潜量。

(1) 总市场潜量。总市场潜量是指在一定期间内,一定水平的行业市场营销力量下,在一定的环境条件下,一个行业中所有企业可能达到的最大销售量。

(2) 区域潜量。正在进入或者将要进入的区域在一定期间内、一定水平的营销力量下,一个行业中所有企业可能达到的最大销售量。

(3) 企业潜量。企业潜量是在一定的竞争力量和确定的营销努力前提下,该市场上企业需求所能达到的极限量。

市场分析的研究对象是整个市场,这个对象可以从纵横两个角度去考察。从纵向角度看,市场分析要研究从生产者到消费者的所有商业活动,揭示生产者和消费者各自在从事市场活动中的行为和遵循的规律。无论是生产者还是消费者,在其从事市场活动中都必须既要了解自己,又要认识对方。生产与消费是一对矛盾,它们在整个市场活动中达到对立的统一。生产者和消费者只有按照其固有的规律行事,才能成为把生产和消费有机统一起来的桥梁。从横向角度看,在现代市场经济体制中,市场活动是一个全方位的活动。一方面,不同的国家和地区由于受其政治、文化等方面的影响,它们的市场活动是有差异的,因此,市场分析必须揭示这些市场活动的特点和规律。另一方面,即便是同一市场活动的主体,由于各种不同市场的交互作用,它们活动的内容是极为广泛的,也就是说,市场的类型有多种多样,各种不同类型的市场的特点和运行规律,就成了市场分析的又一重点的研究对象。总之,市场分析的研究对象是极为广泛和复杂的,广泛性和复杂性是市场分析研究对象的重要特点。

市场调查的重要性,促使资本主义国家中的一些学者对它进行专门研究和探索。1911年美国冠帝斯出版公司开始设立第一个市场分析组织。1919年唐旨博士出版了第一本有关市场分析的书。1920年心理学家参加了这项工作,市场调查与分析开始受到社会重视。1930年统计学家又涉足这一领域,市场调查和分析工作开始发展。第二次世界大战以后,出于统计学的进步和计算机的发展,促使市场调查与分析工作飞速发展。在美国,一家大的市场调查公司每年的营业额可达1亿美元以上。日本电通公司的市场调查部门员工达1 000余人。可见市场调查与分析工作之重要。如今,市场分析已成为一门综合性科学,它涉及经济学、统计学、经济计量学、运筹学、心理学、社会学、语言学等学科。市场分析已经成为现代企业管理人员不可缺少的分析技术。

二、市场分析的基本程序

如果说界定需求是市场分析的目的,那么,市场分析的基本方法就是要遵守一定的程序,也就是要通过从环境分析中发现市场机会,从机会分析中确定目标对象,从对象分析中界定行为特征,从行为分析中测量市场规模。

1. 分析环境以发现市场机会

市场环境是指与卖方(企业)有潜在关系的所有外部力量与机构的体系,是企业运行的约束条件。一般有:宏观环境,即对企业产生间接、宏观影响的人口、经济、政治、法律、科技、自然、文化等七大因素;中观环境,即对企业产生直接、中观影响的行业、竞争、消费、协作、大众等五大因素,这些环境的变化将影响需求的产生、发展和实现。

市场环境变化对任何一个企业生产都可能有三个方面的影响:一是有利的影响,这对企业就是机会;二是不利的影响,这对企业就是威胁;三是中性的,对企业没有影响。市场分析的重要工作就是要分清环境变化对企业有利的和不利的影响,并在此基础上争取避开威胁,把握住机会,化不利为有利。

因此,市场分析的第一步,就是分析环境,以发现机会避免风险。

2. 分析机会以界定目标对象

机会是市场需求的可能性空间,其可行性如何,则需要进一步分析,以确定目标对象。目标对象就是具有购买欲望和购买能力的消费者,也就是说,还需要分析机会,以进一步确定其消费对象是谁。

① 评估机会。一般有:辨别环境的主要因素、评估因素的影响程度两大步骤。如人口常常是影响保健品消费市场的重要因素,经济形势常常是影响钢材原料市场的重要因素。

② 细分市场。试图从需求的差别当中,寻找和发掘某些共同或相关的因素,以此划分为一个个需求大体接近的消费群体。

③ 确定目标。选择自己最有优势、把握最大的一个或若干个分市场,作为企业有能力服务的消费群体。

3. 分析对象以把握行为特征

确定目标对象,只是界定了市场是谁,还需要确定这些对象怎么想又怎么做。因此,还需要进一步分析目标对象的购买动机、购买程序、购买形态和购买类型。

① 购买动机。动机是推动购买行为的内在力量。一般而言,有生存性购买动机、习惯性购买动机、理智性购买动机、自信性购买动机、冲动性购买动机、保守性购买动机。

② 购买程序。程序是购买的行为路径。一般为收集信息、评估信息、购买决策、购后感受等内容。

③ 购买形态。形态是购买的行为方式。一般分析内容有,何人购买、何时购买、何处购买、如何购买等。

④ 购买类型。类型是购买行为的习惯化。它是在购买程序和购买形态的稳定性和习惯性基础上分析出来的,以便于界定购买行为的特征。

在上述分析基础上,就可以判定把握目标对象的购买行为特征。

4. 分析行为以测量需求规模

市场分析不仅仅是种定性分析,还需要在行为判定的基础上定量分析,也就是将各种定性分析精确地转换成以产品、区域、顾客等来分类表示的特定需求的定量估计,这就是市场需求预测和估量。

只有严格地遵守上述操作程序,才能科学地分析市场,正确确定市场需求的性质和规模;才能把握机遇,避免风险,创造更大的效益[1]。

三、市场分析在企业经营决策中的作用

市场分析可以帮助企业解决重大的经营决策问题,比如说通过市场分析,企业可以知道自己在某个市场有无经营机会或是能否在另一个市场将已经获得的市场份额扩大。市场分析也可以帮助企业的销售经理对一些较小的问题做出决定,如公司是否应该立即对价格进行适当的调整,以适应顾客在节日期间的消费行为;或是公司是否应该增加营销成本"以加强促销工作的力度"。

市场分析在企业经营决策中的重要作用主要有以下四个方面。

第一,市场分析可以帮助企业发现市场机会并为企业的发展创造条件。企业若想在一个新的市场开辟自己的业务,除了要了解那一市场的市场需要之外,还要了解该市场商业上的竞争对手,这些工作都要通过各种分析手段来完成。只有通过细致的市场调查和分析,企业才有可能对自己的营销策略做出正确的决策,就这点而言,公司的规模越大,市场分析工作也就越显得重要,也就越需要在市场分析方面进行大量的投资。

第二,市场分析可以加强企业控制销售的手段。促销活动是企业在推销产品过程中的主题活动,然而企业如何进行促销活动和选择什么样的促销手段则要特别依靠市场分析工作。以广告为例,商业广告的途径和种类很多,但究竟哪一种广告的效果好,还需要进行细致的分析研究。比较性广告似乎更容易给消费者留下印象,因为它通过直接比较两种相似产品的各种功能与特点来突出其中的主题产品。不过,并不是所有的商品都适宜于用比较性广告。因此,何时、何地、在何种情况下企业应该运用比较性广告来宣传自己的产品,就需要进行分析研究。另外,广告向消费者传播以后效果如何,也要通过对产品的销售记录进行分析以后才能得出。

---

[1] 郭昀:《市场分析》,经济日报出版社 2001 年版,第 5—11 页。

第三，市场分析可以帮助企业发现经营中的问题并找出解决的办法。经营中的问题范围很广，包括企业、企业责任、产品、销售、广告等各个方面。造成某种问题的因素也不是那么简单，尤其是当许多因素相互交叉作用的时候，市场分析就显得格外重要。某企业一个时期内销售收入大幅度下降，可是却搞不清问题是出在下调了的价格上还是出在广告的设计上，于是市场分析就只能从两个要点来着手了。根据销售记录，人们发现价格降低以后，销售量并没有明显的增加，说明产品需求的价格弹性小于1，降价的决策是错误的。如果通过对广告效果的调查发现广告媒介的错误导致广告效果不好，那问题就出在广告方面，当然企业销售额大幅度下降的原因也可能出在产品方面，比如产品质量下降或是市场上出现其他企业的优质产品等。

第四，市场分析可以平衡企业与顾客的联系。市场分析通过信息及对信息的分析和处理把顾客和企业联系起来。正是由于有了这些信息，才使市场分析人员能够确定市场中存在的问题，检查市场营销活动中不适当的策略与方法，同时找出解决这些问题的办法。

第二节 市场分析的基本类型

一、基本类型

1. 宏观环境分析

(1) 人口环境分析需要熟悉人口环境的构成内容、了解人口环境的具体途径。

(2) 经济环境分析需要了解经济增长状况、判断经济发展的水平、透视经济机制的作用。

(3) 政治环境分析需要了解相关政治政策、弄清政治制度特性、知晓政治体系特点。

(4) 其他环境分析有法律环境分析、科技环境分析、自然环境分析、文化环境分析。

2. 中观环境分析

(1) 行业环境分析有四个方面：分析经济特征，确定所属的类型；分析行业结构，确定行业的地位；分析发展动因，确定行业的阶段；分析吸引力量，确定竞争的状况。

(2) 竞争环境分析需要明确竞争力量和规模、掌握竞争结构和规则、了解竞争内容和手段、分析竞争对手。

(3) 消费环境分析需要了解消费结构和规模、分析消费水平和质量、透视消费能力和倾向、把握消费流行和风俗。

(4) 其他环境分析有协作环境分析、大众环境分析。

3. 目标对象界定

(1) 分析市场机会有判定市场机会和评价市场机会两方面。

(2) 市场细分化有三个方面：市场细分化的意义、市场细分化的标准、市场细分化的方法和程序。

(3) 确定目标市场有两个方面：目标市场的评估和目标市场的选择。

4. 消费者购买行为分析

(1) 了解消费市场的基本状况有三个方面:消费市场的特征、消费品的类型、消费市场的需求特点。

(2) 分析影响消费者购买的因素有四个方面:个人因素、群体因素、社会因素、企业因素。

(3) 分析消费者的购买过程有两个方面:购买行为动机和购买行为程序。

(4) 分析消费者的购买模式有两个方面:购买形态分析和购买类型分析。

5. 组织市场购买行为分析

(1) 了解组织市场的需求状况有三个方面:组织商品的分类、组织市场需求的特点、影响组织市场需求的因素。

(2) 分析产业组织的购买行为有三个方面:产业用品的购买形态、影响产业购买行为的因素、产业用品的购买决策。

(3) 分析其他组织的购买行为有三个方面:转卖者市场、政府市场、非营利性团体市场。

6. 市场需求测量

(1) 需求测量的基本内容有两个方面:市场需求和企业需求。

(2) 市场潜量的预测有两个方面:预测的内容和预测的方法。

(3) 企业销售的预测有两个方面:定性分析法和定量分析法。

(4) 市场预测的步骤有六个方面:确定预测目标、搜集整理资料、选择预测方法、提出预测模型、评价和修正结果、编写预测报告[1]。

二、具体方法

所谓系统,是指由若干相互联系、相互影响、相互制约的因素按照一定的秩序结合起来的有机整体。系统分析法,就是把研究对象看作一个系统,分析内部各因素的组合方式和相互联系。市场是一个多要素、多层次组合的系统,既有营销要素的结合,又有营销过程的联系,还有营销环境的影响。运用系统分析的方法进行市场分析,可以使研究者从企业整体上考虑营业经营发展战略,用联系的、全面的和发展的观点来研究市场的各种现象,既看到供的方面,又看到求的方面,并预见到它们的发展趋势,从而做出正确的营销决策。

比较分析法是把两个或两类事物的市场资料相比较,从而确定它们之间相同点和不同点的逻辑方法。对一个事物是不能孤立地去认识的,只有把它与其他事物联系起来加以考察,通过比较分析,才能在众多的属性中找出本质的属性和非本质的属性。运用比较分析法时,应注意以下三个问题。

(1) 比较可以在同类对象之间进行,也可以在异类对象之间进行(同类和异类的差别是相对的)。

(2) 要分析可比性。把可比的事物与不可比的事物相混淆不能进行科学的比较,也就得不

---

[1] 郭昀:《市场分析》,经济日报出版社 2001 年版。

出正确的结论。

（3）比较应该是多层次的。

在市场分析中,通过市场调查资料,分析某现象的结构及其各组成部分的功能,进而认识这一现象本质的方法,称为结构分析法。在市场分析中运用结构分析法,要着重分析以下三方面的内容。

（1）分析结构,即对某一被调查事物的各个构成部分中,哪一部分构成起主要作用,哪一部分起次要的、协同的作用,通过分析以加深对这一事物的认识并确定对其施加影响的切入点。

（2）分析内部功能,包括：确定功能关系的性质、研究功能存在的必要条件和揭示满足功能的机制,即分析促使各要素之间发生相互影响和作用的手段及方法。

（3）分析外部功能,即把研究对象放到市场之中,考察其对市场各方面的影响和作用,包括分析其功能和对象、性质以及程度等。

演绎分析法就是把市场整体分解为各个部分、方面、因素,形成分类资料,并通过对这些分类资料的研究分别把握特征和本质,然后将这些通过分类研究得到的认识联结起来,形成对市场整体认识的逻辑方法。

所谓案例分析,就是以典型企业的营销成果作为例证,从中找出规律性的东西。市场分析的理论是从企业的营销实践中总结出来的一般规律。它来源于实践,又高于实践。用它指导企业的营销活动,能够取得更大的经济效果。

第三节　消费者购买行为分析

一、消费者行为研究的意义

1. 市场营销中的作用

了解消费者的需要、欲望和行为是企业一切市场营销活动的焦点。也就是说,企业的一切决策,都应该以市场为核心,以市场为焦点。企业研究消费者行为的意义,至少有下列三个方面。

（1）开发新的市场营销机会。通过消费者行为的研究,就可以发现消费者还有哪些未满足的需要和欲望,以及何处还有未满足的现象存在。于是企业就可以设计新的产品来满足这些需求和欲望,然后从产品的供给上获取利润。

（2）有效地进行市场细分。消费者的需求是复杂多变的,不同的人其需求及偏好差异很大,而企业资源总是有限的,即使是势力很大的跨国公司,也很难"包打天下",满足消费者的所有需求,中小企业就更是如此。所以企业首先必须知道消费者偏好分布的情形,然后将消费者加以分类,并依照不同的类别拟定市场营销策略,这就是所谓的市场细分。通过消费者行为研究,我们可以充分了解消费者的生活背景、社会属性及行为特性,从而知道某一类的消费者喜欢的产品特性为何？不喜欢的产品特性又是什么？这样，市场细分就可以水到渠成了。

(3) 促进目前的市场营销活动。市场是企业竞争的场所，一个企业必须随时接受竞争企业的挑战，否则市场必定会遭对手蚕食。因此企业必须了解消费者在购买其产品方面的情况，以制定市场营销上的攻守策略。下面我们以消费者行为研究中常用的"消费者满意程度和购买方式矩阵"(见表18-1)为例来加以说明。

表 18-1 消费者满意程度和购买方式

满意度 使用次数	非常满意	部分满意	非常不满意
经常用	(1) 品牌忠诚度高，不寻找采用其他品牌	(2)	(3) 不忠诚的使用者，接受竞争品牌的消息
偶尔用	(4)	(5) 购买行为非常不稳定	(6)
不用	(7) 不购买的原因并非是产品上的问题	(8)	(9)

当然，企业最希望拥有像表18-1第一格所示的消费者。此群体的消费者对产品非常满意，所以没有任何改变的企图，而且拒绝接受竞争企业的广告。而消费者(3)，虽然也购买这种产品，但他对竞争产品的消息却非常敏感，而且经常密切注意。也许读者会说，既然对产品不太满意，那怎么可能还经常使用呢？实际上，这是可能的，譬如当市面上没有更令人满意的产品，消费者没有选择的余地；消费者惠顾的商店，刚好没卖其他品牌的产品；甚至他根本不知道还有其他更好的产品存在。通过研究各格子内消费者行为，企业就可以拟定其对策了。例如，如何使消费者的满足感由右边移到左边呢？如何使使用次数由下往上移呢？又如，假使消费者行为的类型如(3)所述的一样，则企业应采取哪一种高超营销策略呢？此外，利用这种方式，我们也可以分析竞争企业的市场营销状况，然后制定市场营销战略和策略，以打入对方的市场或地盘；或由方阵的资料，改进目前的市场营销计划[1]。

2. 4P-2C-4O 模式

企业在争取市场顾客时，有4个可以控制的工具，即产品、价格、分销渠道、促销。这4P组合策略是针对市场需求情况、竞争压力以及成本水准来制定的，其中以市场为基本因素，其他则为配合因素。图18-1中给出了上述要素之间的关系，称为市场营销管理4P-2C-4O模式。

图中心的目标市场行为的4O代表了市场营销的"心脏"——顾客行为；中心两侧的2C代

---

[1] 郑宗成等：《市场营销实务》，科学出版社1994年版。

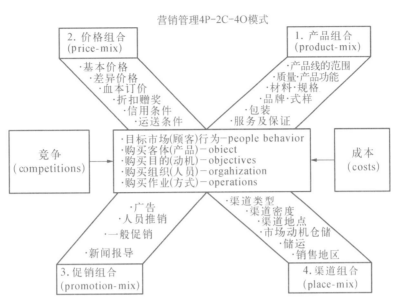

图 18-1 4P-2C-4O 模式

表了两个"干扰"因素——竞争和成本;而中心伸出的 4 条"支柱"是市场营销人员的策略,为可以操纵的因素,也是达成企业目标的工具或武器。

市场营销学家科特勒(Kotler)认为:企业要掌握市场的基本结构,必须研究以下七个问题:

(1) 购买什么——购买的产品。

通过分析消费者希望购买什么,企业就可以知道消费者需要什么样的产品,从而制造出消费者所需要的适销对路的产品来供应市场。

(2) 为什么要购买——购买目的。

购买行为是人类行为的一部分,它会受很多种因素的影响,通过分析购买动机的形成和表现,才能了解消费者的购买目的,从而可以采取相应的市场策略。

(3) 购买者是谁——购买组织。

分析购买者是个人,还是家庭? 购买的产品供谁使用? 谁是购买的决策者、执行者、影响者、建议者? 根据对这些问题的分析,企业可以组织相应的产品、渠道、定价和促销组合去与之适应。

(4) 如何购买——购买组织的作业行为。

根据消费者购买行为的不同类型,有针对性地提供不同的市场营销服务。消费者的购买行为,随着产品的复杂性和购买情境的不同而异,通常可以粗分为三种类型。

① 例行性购买行为。当产品比较简单,顾客对它比较熟悉而又有一定购买经验时,购买行为常是习惯性例行行为。

② 冲动式购买。冲动式购买行为是另一种在日常消费品中常见的购买形式,它和例行性购买行为相反,而是凭一时的冲动而购买了产品。

③ 计划性购买行为。所谓计划性购买行为是指在购物之前,消费者已做过详细的购买计

划。这种购买方式,在购买之前,消费者已经收集了所需购买产品的有关信息,并且对这些信息也作了评估,对于购买什么产品,什么品牌,花多少钱,在什么时间,到什么地点购买有一定意向。因此,他们一走进商店,就会指定产品和品牌来购买。

在实际消费者调查中,除上述四个问题外,常常还需要了解下列问题。

(5) 何时购买——购买时机。

分析购买者是在什么时候购买产品的,消费者购买产品的时间,影响到产品策略。

购买时间的季节性对企业的定价策略亦有影响。如果企业产品的销售有淡、旺季之分,企业可以利用差别定价或其他市场营销方法来减少淡、旺季需求水准的差异。

(6) 何处购买——购买场合。

分析消费者对不同商品购买的地点要求,如果企业能找出消费者希望在何处购买其产品,企业当然就必须在那里提供其产品并布置好购买点广告。

(7) 购买多少——购买数量。

分析消费者每次购买商品的数量和花费、购买次数,我们就可以估计目标市场的规模。从而可以估计企业进入该市场的前景如何。

二、影响消费者购买的因素分析

消费者购买行为与很多因素有关,这些因素可以归纳为四大类:心理因素、个人特征、社会因素和文化因素。这四类因素之间的关系可用表18-2表示。

表18-2 与购买行为相关的四种因素

文化因素				
文化	社会因素			
	社会阶层	个人特征		
	参考群体	年龄和家庭生活周期职业	心理因素	
	家庭	经济情况	动机	消费者
亚文化		生活方式	知觉	
		个性及自我概念	学习	
			态度	

1. 心理因素

消费者行为的研究,必须从个人身上开始,为了了解及预测消费者购买行为,首先必须能够解释个人的行为。下面我们就从动机、知觉、学习态度等心理因素来探讨和解释个人的消费行为。

(1) 动机。

① 马斯洛(Maslow)动机理论。

一个人为什么要购买某项产品?他要满足的究竟是什么需要?

马斯洛把人的各种需要，依需要的重要程度依次划分为五个层次：

● 生理需要，即维持基本生理活动的需要。

● 安全需要，即对安全保障、免遭危险和威胁的需要。

● 社会需要，即社交和归属的需要。人们作为社会的一员，会有对友谊、爱情的追求，有得到别人关怀的期望(社交欲)；也会有希望成为社会某群体成员的归属欲。

● 尊重需要，即自尊或受人尊重的需要。

● 自我成就需要。要求充分发挥个人的才能，获得成就，对理想、事业、哲学观念的追求等。

上述不同层次的需要形成阶梯状态，前两种需要为低层次的基本需要；后三种需要构成高层次的发展需要。消费者的购买动机，归根到底是由这些需要决定的。

② 购买动机的分类。

为了帮助市场营销人员了解一般消费者购买产品的动机，我们将它分为与产品有关的动机和与购买地点有关的动机两类。

● 产品动机。消费者为什么要买这个产品而不买其他产品的原因，可以从"感情"和"理智"两方面来分析。

● 感情动机。感情动机是指由生理的与精神的感觉、感情所引起的购买愿望。

竞争或好胜：购买商品是为向他人看齐，甚至要设法超过别人，才能满足内心的需要。

尝新的欲望：购买最新式的音响、电视机、录影机等，驾驶第一部出厂的汽车，看首映电影，以吸引他人的注意。

舒适的欲望：在收入及购买力所及范围内，为求个人或家庭的舒适，尽量在衣、食、住、行上讲究，购买最舒适的产品。

● 理智的动机。理智动机指由实际利益引起的购买动机。它同感情动机的主要区别就在于，它应用的是判断力或推论，而不是用感情。理智动机主要从如下方面考虑是否购买：

容易使用：如构造精巧，易于使用，如易拉罐即是。

提高效率：如复印机，可以增加工作效率。

使用可靠：产品安全可靠，如购买自来水笔，不漏水；购买花布保证不褪色等。

服务良好：如发生故障时，打电话服务就来。

耐用性：经久耐用，不易折损。

便利：如若干啤酒、罐头，其包装分量刚合一餐之用，打开即可佐餐，搭配非常方便。

经济：价钱比较低。

● 地点动机。地点动机是指消费者为什么在某商店购买而不在其他商店购买的动机。

地点便利，时间节省：如超级商场，选择适当地点，而且每天早上7点到晚上11点都开店，假日不休息，极为方便。

品类齐全，不需到处寻找：如百货公司，尽管百货公司的价钱常常比小商店贵些，但产品多，样样可以买得到，还是值得去光顾。

质量优良,新鲜可口:如水果、蔬菜讲究新鲜,即使价格稍贵亦属值得。

售货员礼貌、服务周到:无论购买与否,售货员都能做到礼貌周到,引起顾客的亲切感,有事无事也光顾。

商誉良好:百年老店、货真价实、公平交易、童叟无欺,近悦远来,声誉广布。

提供优惠的信用条件:如准予分期付款,而且负责运送,不满意可退换,等等。

炫耀身价:如专在最贵的商店购买,以便向别人炫耀其身价。

(2) 知觉。

我们知道,每个人处在一个大环境之中,无时无刻不受着环境的影响。在商店里或货物的购买上,许多商品都会给消费者造成刺激。然而对于相同的产品刺激,即使在完全相同的环境中,不同的人其反应是不同的,甚至可能是完全相反的。为什么会出现这种现象呢?我们得从感官说起。首先,刺激由个人的感觉器官接收进来,这称为感觉,通常有5项感觉:视觉、听觉、嗅觉、触觉和味觉。但是人们对这五类感觉信息的注意、组织和解释却是各凭自己的方式。因此不同的人会赋予相同的环境刺激以不同的意义。所谓知觉乃是一种"程序",个人经过这个程序来选择、组织和解释各项输入信息,从而产生对客观世界的一幅有意义的图像。因此知觉代表个人对刺激事物的印象。

(3) 态度、信念和价值观念。

① 什么是信念。所谓信念是人对于某一事物所持的一种看法和相信程度。消费者对产品的信念,构成了产品形象,也构成了品牌形象。人的行为也多少会受他们的信念的影响。因此企业非常关心消费者对其产品和服务的信念。如果发现消费者对其产品的某些信念不正确,就必须马上设法改变消费者的信念。

② 什么是态度。态度是人对于某一事物所持的较长期的评价、感觉及行动倾向,许多社会心理学家认为态度是由三个因素组成的:认知因素、感觉(感情)因素、行动因素,这三个因素是互相关联的,并且构成对某一事物的整体态度。

③ 态度在市场营销中的应用。企业在市场营销中,必须了解消费者对其产品或服务的态度,假如消费者对其产品或服务的印象良好,那么企业就可以通过沟通系统的设计,来维持并增强消费者良好的形象。反之,假如消费者对产品的印象不佳,则改变态度的过程是必要的,而对新产品而言,企业必须面临创造良好态度的挑战。

企业应设法使其产品配合消费者的态度,而不轻易决定改变消费者的态度。因此,企业宁可针对新的购买者及具有更换品牌特性的人,去进行说服工作,也不改变那些使用其他品牌的死硬派者的态度。有时,为了避免改变消费者对旧产品的不良态度,干脆介绍新产品进入市场,创造良好的态度。

态度可以用来解释品牌的市场占有率。Achenbaum 发现态度与产品的使用有直接的关系,图18-2给出了对香烟品牌态度的好坏和使用百分比的关系。

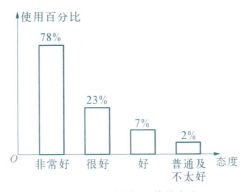

图 18-2 对香烟品牌的态度

由图可见,当个人对品牌的态度良好时,则使用该品牌的可能性也较大;当个人对品牌的态度不佳时,则使用该品牌的可能性也较小。

此外态度的改变和行为的改变有非常密切的关系。因此,我们可以利用消费者态度的改变来预测消费者行为,并测量广告的有效性[1]。

(4) 生活价值观观念。不同时代的人具有不同的个性特征,他们对商品也有不同的品位要求。随着经济的不断发展,我国一些大城市如上海、北京、广州、深圳等地相继出现了"Z"世代新人类。所谓"Z"世代人类从它出现的那一天起,到目前已经经过了"X""Y""Z"三个世代。通常"X"世代是指 1963～1973 年出生的人,"Y"世代是包括 1972～1979 年间出生的人,"Z"世代则是所谓 1980～1984 年间出生的年轻人。根据台湾东方消费者行销资料库所做的生活形态调查,人们可以分析出,现今我国大城市内 15 岁至 19 岁的 Z 世代青少年的生活价值观有以下七个特点。

① 全新的两性婚姻观。Z 世代认为,女性可以主动地向男性表示好感,结婚以后不一定要小孩,提供一个快乐的家庭并不是女性婚后的主要任务,而人生目标也不在于一定要结婚生子和有安定的生活。

② 颠覆传统规范。他们常常会挑战社会上既定的观念。对传统艺术没有兴趣,不参加宗教活动,认为民间信仰、求神问卜等是非常可笑且劳精费神的迷信。

③ 十足的喜新厌旧。消费习惯是抱有与其修理旧的不如再买新的态度,爱更换最新的品牌。购买标准在于商品是否时髦新奇,而且很看准欧洲名牌、美国和日本的国际名牌,不在乎其价格是否会贵一些。

④ 个人主义随意生活。由内到外都希望表现发挥出自我的特色并且与众不同,渴望过浪漫的生活。起居作息十分不规律,有深夜听广播的习惯,饮食也不定,常吃速食。对于社会活动并不热心,也不关心时事。

⑤ 崇尚流行。如果因为 Z 世代不关心时事就以为他们不食人间烟火,那就大错特错了。正相反,他们对时尚具有高度灵敏的感受力,并且是流行的忠实信徒,身体力行着时髦的生活,

---

[1] 郑宗成等:《市场营销实务》,科学出版社 1994 年版。

并且能够不断地随着新的流行趋势集体快速地变身。

⑥ 对 Z 世代来说,朋友对个人具有很大的影响力,能够吸引异性注意是其成就感的主要来源。他们会期待着别人来肯定自己存在的价值,但又常常觉得自己的能力不如别人,有点自卑。

⑦ Z 世代的特征是,一方面追求创新前卫,另一方面又快速地喜新厌旧。Z 世代人需要创造一种可以信仰膜拜的生活主张,而这必须要一个强势的符号象征,可以是人物,也可以是符号图腾,或是两者的结合。

Z 世代人的消费方式近来成为国外营销专家的研究对象。随着媒体资讯的日渐完善,Z 世代所能接触的信息是以几何级量增长的,而 Z 世代所关注的话题也与一般人有所差异:如 Z 世代最常看的频道是香港卫视中文台,高达 43.6%。而"男 Z"世代观看各种体育频道赛事如职业棒球、美式足球、网球、大满贯等远超过女性。"女 Z"世代人则倾向音乐、八卦和偶像剧等[1]。

2. 个人特征

消费者的购买行为,除受个人的心理因素影响外,还受个人特性的影响,例如年龄、家庭生命周期的阶段、经济情况、生活方式、个性和自我概念等。

(1) 年龄和家庭生命周期阶段。个人购买商品和服务常随年龄而变化。例如人年幼时吃的是婴儿食品,成年时普食各类食品,晚年则转而有特别的食单和食物禁忌。今天,在某些国家,十四五岁的青少年们往往独立于父母,因此他们的行为受伙伴的影响较大。在青少年里,受到注目及购买的产品有唱片、衣服、化妆品、清凉饮料及汽车等。在这些产品项目上,青少年人往往是最先采用的人。因此,青少年人可以说是独自形成一个产品市场,我们可以直接向他们推销。此外,厂商对这个市场发生兴趣的主要原因有三:①对某些产品而言,青少年人是最大的市场;②青少年人对消费趋势及购买决策,有很大的影响力;③为了塑造产品未来的品牌忠实性,必须对青少年人灌输有利的消息。

购买决策除受年龄影响外,也受婚姻状况、有无子女和子女年龄的影响。国外学者把这些因素统合为"家庭生命周期"的概念。

家庭生命周期分为 6 个阶段(也有分为 9 个阶段的,见案例 18-1)。

① 单身阶段:其特征是单身成员,年龄较轻。

② 新婚阶段:年轻夫妇,没有孩子。

③ "满巢"阶段 1:年轻夫妇,有幼年子女。

④ "满巢"阶段 2:夫妇年龄较大,子女年龄也较大。

⑤ "空巢"阶段:中老年夫妇,子女自立离开家庭。

⑥ 丧偶独居阶段:老年单身独居。

在不同阶段,家庭需要和购买行为有各自特点。

---

[1] 韦箐等:《营销调查》,经济管理出版社 2000 年版。

市调案例18-1

家庭生命周期和购买行为概述

家庭生命周期阶段	购买和行为能力
1. 单身阶段：年轻、不住在家里	几乎没有经济负担，新观念的带头人，娱乐导向。购买：一般厨房用品和家具、汽车、模型游戏设备、度假
2. 新婚阶段：年轻、无子女	经济比下一阶段要好，购买力最强、耐用品购买力高。购买：汽车、冰箱、电炉、耐用家具、度假
3. 满巢阶段一：最年幼的子女不到6岁	家庭用品采购的高峰期，流动资产少，不满足现有经济状态。储蓄部分钱，喜欢新产品，如广告宣扬的产品。购买：洗衣机、烘干机、电视机、婴儿食品、胸部按摩器和咳嗽药、维生素、玩具娃娃、手推车、雪橇和冰鞋
4. 满巢阶段二：最年幼的子女满6岁或超过6岁	经济状况较好，有的妻子有工作，对广告不敏感，购买大包装产品，配套购买。购买：各色食品、清洁用品、自行车、音乐课本、钢琴
5. 满巢阶段三：年长的夫妇和尚未独立的子女同住	经济状况仍然较好，许多妻子有工作，一些子女也有工作，对广告不敏感，耐用品购买力强。购买：新颖别致的家具、汽车旅游用品、非必需品、船、牙齿保健服务、杂志
6. 空巢阶段一：年长的夫妇，无子女同住，户主仍在工作	大量拥有自己的住宅，经济富裕有储蓄，对旅游、娱乐、自我教育尤感兴趣，愿意施舍和捐献，对新产品无兴趣。购买：度假用品、奢侈品、家用装修用品
7. 空巢阶段二：年老的夫妇，无子女同住，已退休者	收入锐减，赋闲在家。购买：有助于健康、睡眠和消化的医用护理保健产品
8. 丧偶独居阶段一：尚在工作	收入仍较可观，但也许会售出房子
9. 丧偶独居阶段二：退休	需要与其他退休群体相仿的医疗用品，收入锐减，特别需要得到关注、情感和安全保障

(2) 生活方式:一个人的生活方式是一个在世界上所表现的他的活动、兴趣和看法的生活模式。

一些实证研究证明了生活方式的心理图示不论对于生产消费品的厂家,还是广告公司来说都是一种有用的工具,例如妇女时装的制造厂,可分别为"朴实"的妇女、"时髦"的妇女、"男性化"的妇女设计不同的服装,卷烟厂也可为"大胆"的吸烟者、"偶尔"吸烟者和"谨慎"吸烟者分别发展不同的品牌等。

3. 社会因素

影响消费者购买行为的社会因素有:社会阶层、参考群体、家庭等。

(1) 社会阶层。

① 什么是社会阶层。

在资本主义国家里,当人们在形容周围不同的人群的时候,经常可以听到:"蓝领"、"白领"、中层阶级、上层阶级等。那什么叫社会阶层?所谓社会阶层是指按生活方式、价值观念、行为态度等方面,把社会划分成许多等级不同的阶层,各阶层有高低之别,但同一阶层的成员则有共同的生活方式、价值观念和行为态度。

例如,在美国社会阶层的划分如下:

上上层(人数占美国总人数的比例少于1%)。上上层是继承有大量财产、具有显赫的家庭前景的社会名流。他们捐助大笔的财富举办慈善事业,掌握社会大权,拥有不只一处的住宅,送子女进最好的学校就读。他们是珠宝、古董、住宅和度假等市场的主要顾客。他们频繁购物,穿着保守,且不喜欢虚荣矫饰。由于这一阶层中的人数很少,他们多成为其他群体模仿的相关群体。

上下层(约占2%)。上下层是在职业或生意中具有超凡活力,而获得较高收入或财富的那些人。他们往往出身于中间阶层,在社会和公众事务上时常采取主动积极的态度。总是为他自己或他们的子女购买一些足以代表其身份的昂贵住宅、游艇及汽车,送子女进贵族学校,建造豪华游泳池。这一阶层中还有所谓的暴发户,他们摆阔挥霍,向位于他们之下的人炫耀。

中上层(约占12%)。中上层既没有高贵的家庭地位,也没有太多的财富。他们对其"事业前途"相当关注,他们已获得专门职业者、独立企业家和公司经理等职业,他们相信教育很重要,希望他们的子女能接受高等教育,发展专业或管理技巧免落入较低的阶层中。这一阶层中的人通常谈论理念和"高级文化",他们热衷参加各种社团组织,非常关心社会福利,他们是优良住宅、服装、家具和家用电器的最佳市场。他们往往在布置优雅的家中招待朋友和同事。

中间层(约占31%)。中间层是中等收入的白领和蓝领工人,他们居住在"城市中较好的一侧",并且力图"干一些与身份相符的事"。他们通常购买赶潮流的产品。25%的人拥有进口汽车,其中大部分人注重时尚,追求"一种良好的品牌"。其理想居住条件是在城市较好一侧,有个"好邻居"的"一所好住宅",还要有"好的学校"。中间层认为有必要为他们的子女在"值得学习的见识"方面花较多的钱,要求他们的子女接受大学教育。

劳动阶层(约占38%)。劳动阶层包括中等收入的蓝领工人和那些过着"劳动阶层生活方式"而不论他们收入多高、学校背景及职业怎样的人。劳动阶层主要依靠亲朋好友在经济上和道义上的援助,依靠他们介绍就业机会,购物听从他们的忠告,困难时依靠他们的帮助。度假对于劳动阶层来说,指的是"呆在城里","外出"指的是到湖边去,或常去不到两小时路程远的地方。劳动阶层仍然保留着明显的性别分工和陈规旧习,他们喜爱的汽车类型是标准型号或大型号的汽车,对国内外的小型汽车从不问津。

下上层(约占 9%)。下上层的工作与财富无缘,虽然他们的生活水平刚好在贫困线之上,他们无时不在追求较高的阶层,却干着那些无技能的劳动,工资低得可怜。下上层往往缺少教育。虽然也是几乎掉到财政贫困线上,但他们千方百计,表现出一副"严格自律的形象",并"努力保持清洁"。

下下层(约占 7%)。下下层与财富不沾边,一看就知道贫穷不堪,常常失业或干"最肮脏的工作",他们极少对求职感兴趣,长期靠公众或慈善机构救济。他们的住宅、衣着、财物是"脏乱的"、"破烂不堪的"和"无一完好"的。

② 社会阶层在市场营销上的应用。

产品使用。不同社会阶层对于产品的使用和品牌的选择,存在着很大的差异。低收入阶层对高档产品的购买就受到限制。教育程度的高低与艺术品的消费有很大关系。职业的好坏与追求安逸的程度也有关系,较高地位的人所从事的职业,一般来说对安逸的追求会多些。

商店的挑选。社会阶层的不同,其购买时所选择的商店也有很大的差别。例如高社会阶层的人,喜欢在名气大的商店购买商品。市场营销人员应根据其产品销售对象所在的社会阶层,来确定销售其产品的零售商店。

媒体的接触和广告信息的接受。不同的社会阶层,有不同的媒体接触面,较高的社会阶层接触杂志报纸较多,较低的社会阶层虽然也阅读报纸、杂志,但是他们多偏好体育版、电影杂志、爱情故事杂志。对于电视节目,不同社会阶层也有不同的喜好,较高阶层多喜欢新闻节目和戏剧节目,较低者则喜看喜剧片、武打片。此外对广告信息的接受,各阶层也有差异。例如利用名人的赞赏来证明产品优良的广告,对低社会阶层的人效果较大,但对高社会阶层的人效果就不大,因为他们根本不会相信名人的话是真的。也有研究证明,采用单词的说服方式来说服消费者,教育程度低者比教育程度高者容易被说服。

(2) 参考群体。

① 什么是参考群体。每个人无论在什么时候,都会寻找外在的信息,以便评价自己及自己的行为。例如,今天,我究竟做对了,还是做错了? 别人能接受我的行为吗? 还是排斥我的行为? 我买的东西有没有买贵的,还是买了便宜货? 而参考群体正是外在信息的来源之一。

所谓参考群体,也称参照群体,是指能够影响一个人的价值观念、态度及行为的社会群体,它可能是个人所属的群体,亦可能是个人"心向往之"的群体。消费者个人的参考群体有许多种,例如家庭、朋友、邻居、专业协会等。通常,对个人而言,参考群体具有两种作用:一是社会比较:个人通过和别人的比较,来评价自己;一是社会确认:个人以群体为准则,来评价自己的态度、信念及价值观念。

② 参考群体在市场营销上的应用。对于某些产品而言,购买者的选择通常不受参考群体的影响,例如肥皂、水果罐头等。假如参考群体的影响力对消费者购买产品,或选择品牌没有影响的话,则广告必须强调产品的属性、质量、价格及效用比竞争产品为佳。

但也有许多产品,参考群体的影响力往往是产品和品牌选择的一项强烈因素,例如香烟、啤酒等。假如参考群体具有影响力,则广告应该强调某些群体成员曾购买该产品,使消费者产生刻板化印象,以购买产品。此时,我们必须了解消费者的参考群体为何,具有何种产品。以便在广告诉求时,一针见血,一击中的。此外还可以运用群体的"意见领袖"的影响,为此,需要了解意见领袖的个人特性,并进而找出谁是意见领袖。

4. 文化因素

文化因素对消费者的行为具有最广泛和最深远的影响。

文化及亚文化是人类欲望和行为最基本的决定因素。在社会中成长的儿童通过其家庭和其他主要机构的社会过程学到了基本的一套价值、知觉、偏好和行为的整体观念。美国长大的儿童就有如下的价值观:成就与功名、活跃、效率与实践、上进心、物质享受、自我、自由、形式美、博爱主义和富有朝气。

亚文化包含着能为其成员提供更为具体的认同感和社会化的较小的亚文化群体。亚文化群体包括民族群体、宗教群体、种族群体和地理区域。

市调案例18-2

营销者瞄准两个重要的细分市场:拉美消费者和黑人消费者

当前亚文化发展至足够大和丰富多彩,公司经常为满足他们的需要而设计特定的方案。下面是两个在美国重要的亚文化群体。

1. 拉美消费者

许多年以来,营销者认为拉美消费者市场——美国的墨西哥人、古巴人和维多里格人——是少数且生活贫困,但这种理解如今已完全过时了。到2000年,拉美人将超过4 000万,是第二大和发展最快的少数民族。他们每年的购买力达1 340亿美元。半数以上的拉美人生活在六个大城市——洛杉矶、纽约、旧金山和芝加哥等。企业接近他们很容易,只要通过迎合他们的西班牙语广播和印刷媒体。拉美人长期以来的购买目标是食品、饮料和护理产品。但拉美人的购买力在上升,他们的兴趣日益表现在高价产品,如电器、金融服务、照相设备、大型器具、人寿保险和汽车。拉美人消费者有强烈的品牌意识、质量意识——一般不好宁愿不买。也许更为重要的是,拉美人对品牌非常忠诚,他们偏爱对他们有特别兴趣的公司。许多公司为他们准备了较大的市场服务和特别诉求,以博得他们的青睐。由于他们是有强烈品牌意识的细分群体,这些公司在迅速发展的市场中争取他们就必须重视第一步的工作,打好第一步市场基础。

> **2. 黑人消费者**
> 黑人是感情丰富和复杂的。黑人消费更多的是衣服、个人用品、家具和香水,相对白人消费少的是食品、运输。

(1) 文化在市场营销上的应用。

① 在产品销售方面的意义。由于文化因素对人类生活方式的影响力极大,所以企业在推销产品时,必须考虑到这个因素。一般说来,某些产品(包括娱乐方面的产品、省力的设备及方便食品等)的消费,在许多国家传布很快。反之,在有的社会下,这些产品的推广则困难重重。原因是因为这些产品的使用和原来的文化形态冲突,于是,个人在使用这些产品时,会产生罪恶感。例如,在西方国家,通常认为妇女不会煮咖啡是一种羞耻的事,因此妇女只好喝这种咖啡了。由于文化因素的影响,我们无法保证在某地畅销的产品,在另外一个地方也必然畅销。所以在中国销路好的产品,在美国不见得好销。因此企业在拟订销售策略,或在做市场细分等时,必须顾及文化差异的存在。

② 在促销方面的意义。显然,假使我们兼顾到文化的因素,来拟定促销计划,则可收到事半功倍的效果。因为要改变现存的文化及创造新的需要,是不太简单的。例如,在美国通常认为男人比较理性化,而且对家庭收入的支出,占有重要的地位,因此,汽车的购买往往由男人负责,而女人则选择家具装饰等的色彩。换句话说,文化对个人角色的期望必定会影响个人的购买行为,所以企业在刊登广告时,必须考虑这个因素,否则效果必差。例如,假如一家汽车制造商,只对妇女做广告,则效果必然不彰。

文化价值观不但影响了人们的主要消费形态(例如该不该买某种产品),而且也影响了个人对产品的知觉(产品对个人生活的意义)。因为文化赋予产品不同的意义,由此影响了个人的经验与看法。因此,做广告时,必须考虑到文化因素,依照广告心理学家 White 的看法,广告在强调产品的质量及特性以激发潜在购买者购买以前,必须先了解整个社会价值结构,然后调查某些产品的属性,来增强人们的社会价值观,则广告可收到事半功倍的效果。亦即,只有在文化的限制之下,来激发消费者购买行动,才有意义。

色彩对每种文化具有不同的意义。有一系列的海产食品在墨西哥销售得很快,而且不费吹灰之力。其主要的原因是,海产食品包装的颜色红、白、绿,这正是墨西哥国旗的颜色。在马来西亚,绿色让人们想到丛林与疾病。因此曾经有一个马来西亚的进口商,要求一位制造商不要输入绿色的产品,因为马来西亚人购物只看颜色,而不管包装上的说明。

③ 文化在开发国外市场上的意义。例如,一个企业要开发国外市场,但这个国家是他所不熟悉的,则他在介绍新产品以前,他必须斟酌:

决定在某文化下的各种动机:在文化的影响之下,本产品能够满足哪些需求,现在都已经获得满足了吗?

(2) 案例:某红木家具调查。

① 受某红木家具商的委托,神州调查公司在前几年进行过红木家具的调查,在此研究中,

我们一再强调文化在销售中的作用：

衣食住行无不打上地域文化的烙印。由于地域的差异，在文化上也会表现出各自的特点。如北京，她的政治味与文化味就特别浓重。有人戏言，北京人打喷嚏都带着文化味。这种"文化味"必然会对家具消费产生影响。北京人豁达的处世态度、开阔的视野，决定了他们在选购家具上的兼收并蓄和精深博大。上海是国际大都市，长期受海派文化影响，使上海人变得细致、干练。追求时尚是其特色。风尚所及，表现在家具消费上，豪华、气派、精巧、实用就成了上海人必然的追求。北京人富起来，首选的市场是汽车市场。享受坐汽车满世界游弋的乐趣。人们戏称"现代游牧民族"。上海则反之，第一步是营筑小巢，蜗居了几十年的上海人终于宽松起来。有调查表明：1/3 的上海人把购买商品房列为今后两年的消费计划的首位。有了新房便大张旗鼓装潢，购置豪华家具，把整个家雕琢得琼瑶仙境一般。有钱人如此，工薪阶层亦不甘落后，纷纷效仿。上海人追求体面的家。"面子"光彩与否，家的体面至关重要。红木家具（商场）在上海遍地开花，印证了这一点。因为红木是高贵的象征，是看得见摸得着的体面。

② 推广家具文化，增加品牌附加值。

家具文化落实于品牌，品牌依附于家具文化，这是家具发展的大趋势。

家具是一种文化，一种生活，一种品质，除体现功能和实用性外，还体现一定的审美修养及人文精神。

家具，其实是一种带有浓烈文化色彩的商品。走入一个家庭，家具可以向你无声地介绍它的主人。这便是家具的个性化了。

随着人们对家具文化含量要求越来越高，家具生产者必须在原来结实、实用的基础上不断提高产品的品位。独特的造型使人感觉到它们的与众不同。

家具作为一种文化载体，信息时代，历经文化冲撞后的家具文化，呈现出多元化。

调查显示，上海几乎没有红木厂商能说出自己产品的文化渊养、风格，厂商并没有重视自己产品文化内涵。营销通路上除了折扣，买此赠彼外，没有新花样。普遍缺少文化宣传意识，没有运用和创造文化。

厂商的突破之路：赋予红木家具情感和文化灵性，使之成为有感情的商品，使红木家具带上文化亲和力，创造市场空间。

日本商人曾面对积压的巧克力，愁眉苦脸，结果精明的日本商人编造出美丽的爱情神话，给巧克力灌输情人节的文化，终于使巧克力成为情人节的联袂礼品，完美地实现了销售目的。

③ 概念营销深受品牌企业的青睐。因为，商品与商品之间已同质化，它们之间的差异很细微，具体表现在价格相近，功能相同，面对如此众多的资讯，消费者往往无所适从。这种情形之下，概念成为影响消费者决策的重要因素，概念营销以特别的词汇强调某项功能，达到区别竞争品牌的目的。

宝洁公司在推出洗发水时，4 个不同品牌推出不同概念，创造出"海飞丝"是"去头屑"专家，"潘婷"是因拥有"维他命原 B5"、拥有健康，当然亮泽的使者；"飘柔"是"柔顺"的代言人，"沙宣"则成为"保湿的能手"。其实洗发水的差异是很小的，只不过是创造出"概念"，制造出新的"卖点"。

彩电业也把营销概念推陈出新从"小屏幕"到"大屏幕",从"平面直角"到"锐平""超平",新概念一次次把彩电业市场搞得热火朝天。

杭州西湖彩电,仅仅以3个月的时间就完成了全国性市场扩张,就是凭借数码电视,这个概念的大旗插向了消费者的心,占了不少市场份额。

饮用水行业的"概念"营销更是玩得淋漓尽致,"乐百氏"纯净水二十七层净化推出"纯净"概念。农夫山泉推出"有点甜"概念,使之异军突起,占尽风光,其实众多品牌纯净水,矿泉水哪一个不"纯净",哪一个不"有点甜"(只要你尝尝就知道了!)。娃哈哈则把卖水变成卖"爱"。因为它宣称:"爱你等于爱自己"的概念,表示:如果你不喝娃哈哈你就不爱自己;喝了就爱自己!

家具作为耐用消费品,概念营销可以创造出个性,制造与众不同的差异性。在概念营销时,概念不能太多,以单一为主,否则消费者记不得,就难以达到期望的效果[1]。

三、消费者购买决策过程分析

1. 购买决策内容分析

一个购买决策一般包含下述七个方面的决策内容。

(1) 产品种类的决定。消费者认识到自己有某方面的需求,就会据此决定购买某一类商品。

(2) 产品式样的决定。由本人的生理、心理特点及客观条件(如职业、收入、爱好、兴趣等)决定购买产品的功能、档次、规格、造型。

(3) 品牌、商标的决定。根据对各种不同品牌、商标的同类产品的了解和喜好,决定购买某一品牌产品。

(4) 购买地点的决定。即决定到何处去购买。

(5) 数量决定。决定购买多少产品,是少量、中量还是大量,这会因需要和商品种类而不同。

(6) 时间的决定。何时购买,何时更新,何时突击性购买,时间的决定可完全不同。

(7) 付款方式的决定。采用何种方式付款,用现金、信用卡、分期付款等方式,也是购买决策的一项内容。

2. 购买行为的决策过程

通过对许多顾客购买产品的过程进行分析,营销调查人员会发现顾客购买产品的过程大体上可以分为五个阶段:确认问题,收集信息,备选品牌评估,购买决定和购后行为。这五个阶段可用图18-3表示。

其购买过程的阶段模式主要适用于购买单位价值高的高度介入

图18-3 顾客购买产品的五个阶段

---

[1] 上海神州市场调查公司:《上海市红木家具市场调查报告》。

的产品。对于低度介入产品的购买,顾客可能跳过某些阶段。例如一位购买一般品牌牙膏的女士,可能会从牙膏的需要直接到购买决策,跳过了信息收集和备选品牌评估的阶段。

(1) 确认问题。购买过程始于购买者对某种需求或问题的确认。这个需要可由内在或外在刺激所引发,一个人的正常需要,如饥饿、干渴等,上升到一定的高度就变成一种驱动力,并去寻找能满足该驱动力的物品。

需要是内在的,有时也可能被外在刺激所引发。例如,刘小姐路过一家面包店,当她看到新出炉的面包时就会产生饥饿感。

(2) 收集信息。一个受到引诱的顾客可能会寻求更多的信息。如果这个顾客的需要驱动力很强,并且能买得起的物品购买时又非常方便,那么该顾客当时可能会购买这种物品。否则,顾客的需要只会储存在记忆中。

如果顾客从事收集信息活动,我们就可以将其活动分为两种类型:一是较温和的收集状态,另一种是主动收集信息状态。较温和的收集状态称为重点式注意,这时刘小姐只是对电脑信息较为敏感。她注意电脑广告、朋友新买的电脑和有关电脑的谈话。也可能进入主动收集状态,这时她会查阅材料,打电话询问等。顾客信息源一般来自以下 4 个方面,即人际来源、商业来源、公众来源、经验来源。

(3) 备选品牌评估。通过上述内容,我们已经知道顾客是如何利用信息以造成产品选择组合的。决策评估过程有好几种,其中最有代表性的决策评估过程是认知导向,即认为顾客主要是在有意识和理性的基础上对产品进行判断的。这一理论有助于调研人员掌握顾客产品选择的评估过程。

(4) 购买决策。决定实现购买意愿的顾客在决定了要购买的产品后,还要作出以下 4 种决策:向谁购买的决策(或在哪里购买的决策)、购买数量决策、购买时间决策以及付款方式决策。这些决策不一定要按此顺序进行。一般来说,日用品的购买牵涉较少的决策,花费较少的精力。

(5) 购后行为。顾客在购买了某产品之后,必然会体验到某种程度的满足或不满足。对调查人员而言,产品销售出去以后,营销工作并没有就此结束,而要继续到购后期。

购后行为包括:购后满足、购后行动、购后作用及处置。

四、消费行为调查方法的项目设置

1. 购买情况的调查项目
(1) 是否购买过某类产品。
(2) 购买产品的品牌、型号、式样、包装、容量、口味。
(3) 购买时间。
  ① 通常在什么时候购买产品。
  ② 最近一次购买产品的时间。
  ③ 购买时间是否有季节性。

④ 在什么情况下(如送礼、节日等)会购买产品。

(4) 购买地点及选择该购买地点的原因。

① 一般在什么地方购买产品。

② 为什么会去那里购买产品。

(5) 购买数量。

① 通常一次购买产品的数量。

② 最近一次购买产品的数量。

(6) 购买次数。

① 过去某段时间内购买过多少次产品。

② 隔多长时间购买一次产品。

(7) 购买花费。

① 购买产品的单位价格。

② 最近一次购买产品时的花费。

(8) 购买者是谁。

① 家中由哪一位负责购买日常家庭用品。

② 个人用品是由自己还是由家人购买。

③ 购买产品的决定者。

④ 品牌的选定者。

(9) 购买方式。

① 第一次购买还是例行购买。

② 指名购买还是推荐购买或冲动式购买。

2. 购买动机的调查项目

(1) 购买目的。自己用或家人用、送礼等。

(2) 购买产品的原因。价格便宜、质量可靠、耐用、提高效率、使用方便、交货迅速、售后服务良好、满足自己的喜好等。

(3) 购买产品时所重视的因素。价格、质量、耐用程度、使用难易、式样、颜色、售后服务、厂家、品牌、是否新产品、是否进口产品。

(4) 选择某一品牌的原因。对生产厂家的信赖、品牌知名度高、产品的设计新颖、高质量、报纸和电视广告、销售点广告、商店内的陈列位置、售货员推荐。

(5) 不购买产品的原因。

3. 购买信息及品牌知名的来源

(1) 通过个人社会关系。亲友、邻居、同事、同学的介绍。

在亲友、邻居家看到该产品或品牌。

(2) 通过公开发表的信息。报纸、杂志、广播、电视的专题报道。

消费者组织颁发的信息或印刷品、消费者杂志。

(3) 通过商品信息。各种广告：报纸、杂志、电台、电视、直接邮寄、购买点、路牌、汽车/电车车厢、霓虹灯。商店内分发的目录、小册子。售货员的推荐介绍。

(4) 通过个人亲身经验。到商店看到过该产品。参观展销会。从前用过该产品。

4. 使用情况的调查项目

(1) 是否使用过某类产品。没有用过、过去用过现在不用、现在还在使用。

(2) 使用产品的种类、品牌、型号、式样、包装、容量、品味。

(3) 使用时间。

　　① 一般在什么时候使用产品。

　　② 最近一次使用的时间。

　　③ 什么季节使用较多。

　　④ 开始使用的时间。

(4) 使用地点。家里、单位/学校、亲友家、外出旅游点。

(5) 什么情况下使用(偏重于产品用途方面)。口渴、疲劳、聊天、饥饿、陪亲友。

(6) 使用数量。

　　① 通常一次使用多少。

　　② 过去某段时间内使用多少。

(7) 使用次数。

　　① 过去某段时间内使用过多少次。

　　② 隔多长时间使用一次。

(8) 家里谁使用最多，他(她)的年龄、性别。

(9) 使用产品或品牌的原因。

以前用过、便宜、附有赠品、企业信用好、广告好、售货员推荐、他人推荐、送货上门、味道好。

(10) 不使用或停止使用产品或品牌的原因。质量不好；性能不好；不如想象的那样有用；无质量保证书；表现与实际不符；使用不方便；保管不便；售后服务不佳；价格太高。

(11) 更换品牌的原因。质量更好、价钱比一般便宜、有赠品、售货员或他人推荐、对该企业的信赖感更强、广告的影响。

5. 产品、品牌使用后的评价

使用后要对产品、品牌属性进行评价。表18-3是一则收音机产品属性的调查表。

表18-3 产品属性评价表

	非常满意	比较满意	一般	不太满意	完全不满意
灵敏度	1	2	3	4	5
耗电量	1	2	3	4	5
接收频率的波段	1	2	3	4	5
接收力强	1	2	3	4	5

续表

	非常满意	比较满意	一般	不太满意	完全不满意
收音清晰度	1	2	3	4	5
键钮灵活	1	2	3	4	5
音质输出	1	2	3	4	5
外观	1	2	3	4	5
携带方便	1	2	3	4	5
耐用	1	2	3	4	5
音量	1	2	3	4	5
体积	1	2	3	4	5
电源	1	2	3	4	5
钟控功能/时钟显示	1	2	3	4	5

第四节 顾客满意度指数分析

客户满意涉及心理学、社会学和经济学等多个领域研究的问题,是指客户对其明示的、通常隐含的或必须履行的需求或期望已被满足的程度的感受。满意度是客户满足情况的反馈。它是对产品或者服务性能,以及产品或者服务本身的评价;给出了(或者正在给出)一个与消费的满足感有关的快乐水平,包括低于或者超过满足感的水平,是一种心理体验。

一般造成产生客户满意度心理原因通常可以追溯归纳 5 个深层次的差距:

理解差距:客户预期质量与管理者感知之间的差距,管理者不能正确感知用户的需求。

程序差距:管理者的感知与服务质量规范之间的差距,管理者可能正确感知了客户的需求,但是没有建立量化的质量标准。

行为差距:服务质量规范和服务提供之间的差距,电信企业员工由于缺乏训练,没有能力或不愿意按标准提供服务。

促销差距:服务提供与外部沟通之间的差距,客户预期质量会受到广告或宣传的影响,如果广告或宣传不真实,这种外部沟通就扭曲了客户的预期质量。

感受差距:感知服务质量与预期服务质量之间的差距。不同层次的客户用不同的方式来衡量服务质量。

客户满意度测评在电信行业得到了比较广泛的应用,下面我们就以上海神州市场调查公司所做的某市电信行业满意度测评项目为例,对客户满意度测评进行简单介绍。

一、满意度测评研究计划和实施情况

1. 满意度测评研究计划

(1) 测评目的。

电信行业,维系着国计民生,维系着现代人的生活,维系着社会的稳定和发展。电信业的行业风气不仅直接影响到企业的形象,影响到行业的形象,也影响到我们的城市形象,影响到我们的生活。为此,某市通信管理局委托上海神州市场调查公司对2006年度某市电信行业的满意度进行测评调研。以了解广大用户对电信行业各方面的要求和评价,推进电信行业的服务更加完善。

2006年度某市电信行业的满意度测评主要了解用户对运营商所提供的各类服务的满意程度,获晓广大用户对电信运营商取得的成就、不足,以及建议;同时,为某市的电信服务建立比较科学的评价体系;提升某市电信的服务层次,促进某市电信业的发展。

(2) 测评对象(略)。

(3) 测评方法。

① 焦点访谈:召集有待进行测评的单位负责人,以座谈会的形式,了解各运营商在之前满意度测评中的经验教训及关注的问题,为问卷设计和定量研究提供依据。

② 电话调查:根据所需调查的内容设计问卷,以CATI系统电话调查的形式采集数据;利用SPSS软件和EXCEL软件进行因子分析、频次分析、交互分析;利用SPSS软件和LISREL软件进行结构方程分析。

(4) 抽样方法。

每项业务每个测评对象需要完成300个有效样本(考虑到用户拒访、无法联系等因素,固定电话按1∶10的比例、移动电话按1∶20的比例、宽带按1∶30的比例抽取调查样本)。若测评对象某项测评业务用户数未占到所有企业该项业务总用户数10%以上的需完成100个有效样本。

(5) 样本分布:每家公司300份成功样本。

2. 满意度测评实施情况

(1) 相关文献检索及专家信息咨询;

(2) 召开进行满意度测评单位负责人座谈会;

(3) 设计电话访问提纲和电话调查问卷;

(4) 电话调查实施。

2006年度某市电信行业满意度测评情况如下:

(1) 时间安排。

为了降低被访者的拒访率,保证样本的代表性,电话访问时间定于双休日进行,即:11月5日(星期日)、11月11日(星期六)、11月12日(星期日)、11月18日(星期六)、11月19日(星期日)、11月25日(星期六),具体时段为每日9点到17点。

(2) 实施情况。

本次调查由神州市场调查公司使用CATI电话调查系统实施。电话访问样本总量:通过电话调查获得3 100份有效样本(见表18-4)。

表 18-4　电话访问情况一览表

	接触数量	成功个数	成功率	有效样本	作业时间
B	2 414	322	13.34%	300	11 月 05 日
D	3 165	308	9.73%	300	11 月 11 日
F	2 656	305	11.48%	300	11 月 11 日
K	3 054	312	10.22%	300	11 月 12 日
A	1 499	312	20.81%	300	11 月 12 日
E	1 238	307	24.8%	300	11 月 18 日
G	1 813	318	17.54%	300	11 月 18 日
C	1 827	317	17.35%	300	11 月 19 日
H	1 294	312	24.11%	300	11 月 19 日
J	670	105	15.67%	100	11 月 25 日
I	1 353	314	23.21%	300	11 月 25 日

(3) 测评结果,如图 18-4 所示。

固定电话：　　A 满意度指数　　76.15 分
　　　　　　　C 满意度指数　　71.35 分
　　　　　　　J 满意度指数　　61.22 分
移动电话：　　B 满意度指数　　76.11 分
　　　　　　　D 满意度指数　　70.73 分
　　　　　　　F 满意度指数　　68.44 分
　　　　　　　K 满意度指数　　58.98 分
网络宽带：　　E 满意度指数　　70.12 分
　　　　　　　G 满意度指数　　66.54 分
　　　　　　　H 满意度指数　　61.91 分
　　　　　　　I 满意度指数　　61.40 分

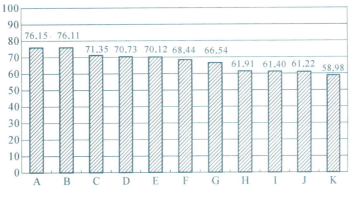

图 18-4　电信行业满意度指数总排名

二、满意度测评模型简介

1. 满意度测评模型

本次测评参考了国外客户满意度指数研究的成果,包括瑞典客户满意度指数模型 SCSB、美国客户满意度指数模型 ACSI、欧洲客户满意度指数模型 ECSI 及国内比较通行的由清华大学中国企业研究中心市场研究室构建的中国客户满意度指数模型 CCSI,并结合电信行业的实际情况,建立了电信行业客户满意度测评模型,用于本次的测评工作(见图 18-5 和表 18-5)。

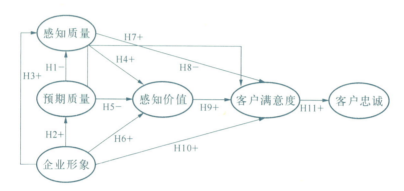

图 18-5 满意度测评模型

表 18-5 满意度测评指标

潜在变量	测量指标
企业形象(ξ)	企业特征 x_1 员工素质 x_2 社会形象 x_3
预期质量(η_1)	预期的服务态度 y_1
感知质量(η_2)	感知的服务态度 y_2 感知的服务质量 y_3 感知的通信质量 y_4
感知价值(η_3)	给定质量下的价格评价 y_5 给定价格下的质量评价 y_6
顾客满意度(η_4)	与预期相比较的满意度 y_7 与理想状况相比较的满意度 y_8 与其他服务商相比较的满意度 y_9 总体的满意度 y_{10}
顾客忠诚度(η_5)	继续使用的可能性 y_{11} 增加使用的可能性 y_{12} 推荐使用的可能性 y_{13}

$$\begin{pmatrix} x_1 \\ x_2 \\ x_3 \end{pmatrix} = \begin{pmatrix} \lambda_1 \\ \lambda_2 \\ \lambda_3 \end{pmatrix} \xi + \begin{pmatrix} \delta_1 \\ \delta_2 \\ \delta_3 \end{pmatrix} \quad \begin{pmatrix} y_1 \\ y_2 \\ y_3 \\ y_4 \\ y_5 \\ y_6 \\ y_7 \\ y_8 \\ y_9 \\ y_{10} \\ y_{11} \\ y_{12} \\ y_{13} \end{pmatrix} = \begin{pmatrix} \lambda_{11} & 0 & 0 & 0 & 0 \\ 0 & \lambda_{22} & 0 & 0 & 0 \\ 0 & \lambda_{32} & 0 & 0 & 0 \\ 0 & \lambda_{42} & 0 & 0 & 0 \\ 0 & 0 & \lambda_{53} & 0 & 0 \\ 0 & 0 & \lambda_{63} & 0 & 0 \\ 0 & 0 & 0 & \lambda_{74} & 0 \\ 0 & 0 & 0 & \lambda_{84} & 0 \\ 0 & 0 & 0 & \lambda_{94} & 0 \\ 0 & 0 & 0 & \lambda_{104} & 0 \\ 0 & 0 & 0 & 0 & \lambda_{115} \\ 0 & 0 & 0 & 0 & \lambda_{125} \\ 0 & 0 & 0 & 0 & \lambda_{135} \end{pmatrix} \begin{pmatrix} \eta_1 \\ \eta_2 \\ \eta_3 \\ \eta_4 \\ \eta_5 \end{pmatrix} + \begin{pmatrix} \varepsilon_1 \\ \varepsilon_2 \\ \varepsilon_3 \\ \varepsilon_4 \\ \varepsilon_5 \\ \varepsilon_6 \\ \varepsilon_7 \\ \varepsilon_8 \\ \varepsilon_9 \\ \varepsilon_{10} \\ \varepsilon_{11} \\ \varepsilon_{12} \\ \varepsilon_{13} \end{pmatrix}$$

上述概念模型可线形表示为如下公式：

$$\begin{pmatrix} \eta_1 \\ \eta_2 \\ \eta_3 \\ \eta_4 \\ \eta_5 \end{pmatrix} = \begin{pmatrix} 0 & 0 & 0 & 0 & 0 \\ \beta_{21} & 0 & 0 & 0 & 0 \\ \beta_{31} & \beta_{32} & 0 & 0 & 0 \\ \beta_{41} & \beta_{42} & \beta_{43} & 0 & 0 \\ 0 & 0 & 0 & \beta_{54} & 0 \end{pmatrix} \begin{pmatrix} \eta_1 \\ \eta_2 \\ \eta_3 \\ \eta_4 \\ \eta_5 \end{pmatrix} + \begin{pmatrix} \gamma_{11} \\ \gamma_{21} \\ \gamma_{31} \\ \gamma_{41} \\ 0 \end{pmatrix} \xi + \begin{pmatrix} \zeta_1 \\ \zeta_2 \\ \zeta_3 \\ \zeta_4 \\ \zeta_5 \end{pmatrix}$$

注：β_{ij} 和 γ_{ij} 是估算出的关系参数，ζ 是误差向量，η 和 ξ 是内在与外生潜在变量。更精确地说，ξ 企业形象，η_1 期望质量、η_2 感知质量、η_3 感知价值、η_4 顾客满意度和 η_5 顾客忠诚度。

2. 客户满意度指标体系

客户满意度指标体系如图 18-6 所示。

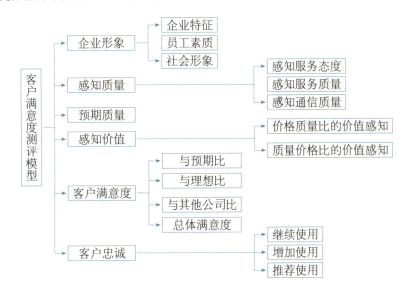

图 18-6 满意度指标体系

三、数据分析过程简介

本研究使用 lisrel8.70 版来进行结构模型分析。不少研究显示，在多数情况下，就算变量不是正态分布，MI 估计仍是合适的，即 ML 估计是稳健的[1]。在许多非正态的情况下，用 ML 分析原始分数，各参数的估计仍然是合理的，有参考价值[2]。

以某公司为例，程序如下：

```
LISREL MODEL FOR CUSTOM SATISFACTION
DA NI=16 NO=300
LA
PQ1 PQ2 PQ3 EQ2 EI1 EI2 EI3 PV1 PV2 CS1 CS2 CS3 CS4 CL1 CL2 CL3
CM   SY
1.00
.715 1.00
.486 .547 1.00
.637 .509 .393 1.00
.390 .378 .290 .350 1.00
.580 .561 .336 .500 .445 1.00
.510 .545 .471 .415 .455 .423 1.00
.455 .488 .526 .455 .286 .370 .429 1.00
.481 .574 .594 .473 .275 .386 .424 .778 1.00
.500 .522 .534 .469 .313 .459 .493 .554 .640 1.00
.565 .595 .508 .507 .367 .468 .511 .614 .693 .737 1.00
.500 .529 .436 .453 .344 .387 .440 .540 .542 .549 .622 1.00
.531 .563 .530 .472 .321 .403 .427 .601 .627 .570 .638 .672 1.00
.297 .304 .314 .309 .206 .239 .255 .283 .333 .322 .358 .257 .327 1.00
.222 .269 .256 .250 .103 .213 .262 .121 .186 .233 .181 .173 .192 .173 1.00
.316 .305 .275 .322 .379 .351 .348 .301 .313 .329 .351 .300 .356 .301 .339 1.00

SE
1 2 3 4 8 9 10 11 12 13 14 15 16 5 6 7
MO NY=13 NE=5 NX=3 NK=1 TD=DI,FR TE=DI,FR BE=FU,FI
LE
PERQUALITY EXPQUALITY PERVALUE SATISFACTION LOYALTY
LK
IMAGE
FR LY 2 1 LY 3 1 LY 4 2 LY 6 3 LY 7 4 LY 9 4 LY 10 4 LY 11 5 LY 12 5 LX 2 1
LX 3 1 BE 5 4 BE 4 3 BE 4 2 BE 4 1 BE 3 2 BE 3 1 BE 1 2
FI TE 4 4
VA 1 LY 1 1 LY 5 3 LY 8 4 LY 10 4 LY 13 5 LX 1 1
PA GA
1 1 1 1 0
PD
OU MI SS SC EF
```

---

[1] 侯杰泰、温忠麟、成子娟：《结构方差模型及其应用》，教育科学出版社 2004 年版。
[2] 同上。

本项研究中用 11 个指标来衡量模型与数据的拟合程度(见表 18-6)。第一个指标是卡方统计量(x^2 值)。x^2 值越不显著,表明模型与数据的拟合程度越好。海尔(Hair Joseph F. Jr.)等人认为,样本量在 150 与 200 之间时,x^2 值与自由度之比(x^2/df)在 1.0 与 2.0 之间,表明模型拟合程度是可接受的[1]。然而,卡方统计量易受样本规模的影响。当样本超过 200 时,用卡方统计量检验模型拟合程度的可靠性下降[2]。因此,本研究主要根据规范拟合指数(NFI)、不规范拟合指数(NNFI)、比较拟合指数(CFI)、增量拟合指数(IFI)、相对拟合指数(RFI)、拟合优度指数(GFI)、调整后拟合优度指数(AGFI)、均方根残差(SRMR)和近似的均方根误差(RMSEA)等指标衡量模型与数据的拟合程度。学术界普遍认为,NFI、NNFI、CFI、IFI、RFI、GFI 和 AGFI 的值越大越好,SRMR 的值小于 0.08,RMSEA 的值小于 0.085,表明模型与数据的拟合程度较高(见表 18-6)。

表 18-6 数据拟合程度表

拟合程度指标	理想值[3]	某公司
自由度(df)	—	94
卡方统计量(x^2)	—	224.50
P 值	—	0.00
卡方统计量与自由度之比(x^2/df)	2.0～5.0	2.39
规范拟合指数(NFI)	越大越好	0.97
不规范拟合指数(NNFI)	>0.90	0.98
比较拟合指数(CFI)	>0.90	0.98
增量拟合指数(IFI)	>0.90	0.98
相对拟合指数(RFI)	>0.90	0.96
拟合优度指数(GFI)	越大越好	0.91
调整后拟合优度指数(AGFI)	越大越好	0.88
均方根残差(SRMR)	<0.08	0.048
近似的均方根误差(RMSEA)	<0.100	0.068

某公司结构变量分值如图 18-7 所示。

---

[1] Hair Joseph F. Jr., Rolph E. Anderson, Ronald L. Tatham, and William C. Black. Multivariate Data Analysis. 5th ed. Upper Saddle River, NJ: Prentice Hall, 1998: 654.
[2] Hair Joseph F. Jr., Rolph E. Anderson, Ronald L. Tatham, and William C. Black. Multivariate Data Analysis. 5th ed. Upper Saddle River, NJ: Prentice Hall, 1998: 655.
[3] 此表中的理想值,除 RFI,其余均引自《结构方程模型及其应用》一书(侯杰泰、温忠麟、成子娟,2004)。

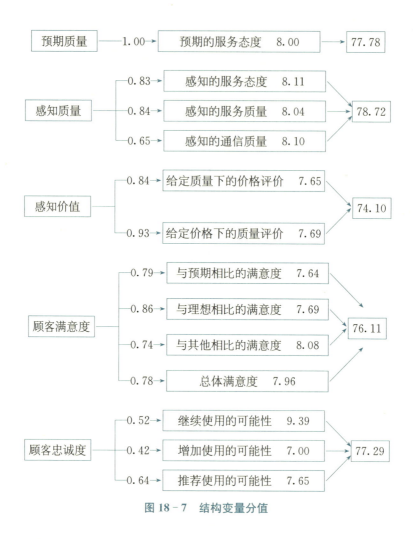

图 18-7　结构变量分值

复习思考题

1. 市场分析的目的是什么？它的一般程序如何？
2. 举例说明市场分析的基本类型。
3. 消费者行为研究在市场营销中的作用。
4. 简述 4P-2C-4O 模式。
5. 消费市场研究与产业市场研究的异同。
6. 影响消费者的购买决策的主要因素有哪些？试进行分析。
7. 如何进行消费者购买决策过程分析？

第十九章

市场分析(二)*

学习要点

- 为达成营销目标,设计诉求策略
- 制定与诉求策略紧密相关的媒介策略
- 品牌的定义和意义,品牌决策
- 品牌的优劣势分析图
- 站在整合营销的角度,制定广告的策略
- 掌握广告弱点的方法和基本流程

开篇案例

在营销活动中市场调查有多重要?请先看以下案例。

美国老字号婴幼儿服装品牌 Healthtex 濒临倒闭,在重整旗鼓的时候,请来了马丁广告公司来进行营销策划。调查结果则喜忧参半。

---

* 本章节由陈沛、周芸、易臻真参与编写。

一方面,市场调查显示:作为一个老字号婴幼儿服装品牌,妈妈们仍然给予了Healthtex很高的评价,以及比较高的购买倾向。

但市场调查也显示:任何婴幼儿服装的品牌都没有足以引起妈妈们兴奋或者共鸣的接触点。

那么,接触点是什么呢?

马丁广告公司在仔细调研后发现:所有的广告上都是在展示干净、整洁而漂亮的宝宝们,而真正的生活并非如此。妈妈们需要担心的是那种令人手忙脚乱和蓬头垢面的生活。

于是,在马丁广告公司的帮助下,Healthtex及时推出了一款带有小提手的婴儿服装,并设计了两则广告,让妈妈们感到即使在非常忙乱或者公公婆婆突然出现的情况下,也能够一把将婴儿抱起来,从而省去了许多麻烦。Healthtex也因为新产品的成功而很快起死回生(见图19-1)。

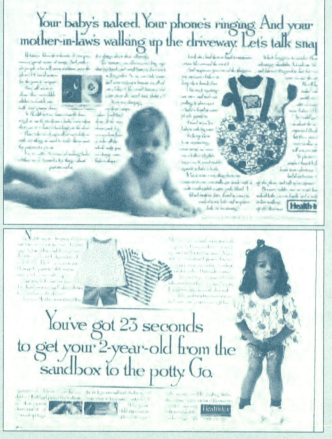

图19-1 马丁广告公司为Healthtex带有小提手的婴儿服装设计的两则报刊广告

要开展营销策划,有两方面的内容是必须了解的:一是营销策划的出发点——消费者以及消费者活动;二是营销策划的依据——营销调查。下面将分别讲述这两方面的内容。

第一节 营销战略分析

一、市场调查与营销

营销调查已经成为了一个世界性的产业,以尼尔森为首的前 25 名美国调查机构的收入占世界调查总收入(约 60 亿)的 60%(见图 19-2)。

图 19-2　尼尔森公司自身的营销广告

美国市场营销协会认为,市场调查是一种通过信息将消费者、顾客和公众与营销连接起来的职能。这些信息用于识别和确定营销机会及问题,产生、提炼和评估营销活动,监督营销业绩,改进人们对营销过程的理解。

营销调查是指市场调查中用于收集、记录、分析新信息以及帮助经理们制定营销决策的系统程序。

广告调查则是营销调查的一个分支,对信息进行系统的收集和分析,以便帮助广告公司制定或者评估广告战略、单独的广告或者整个广告战役。

在日本电通公司的《广告用语词典》中,对广告调查作了定义:广告调查是指伴随着广告活动而进行的一切调查活动。它主要包括以下九个方面。

(1) 为发现或决定广告的诉求点而做的调查。

(2) 为购买者显在化而做的调查。
(3) 媒介的量的调查。
(4) 关于媒介特性的调查。
(5) 媒介的接触率调查。
(6) 商品或企业形象的调查。
(7) 广告影响力的调查。
(8) 关于购买动机的调查。
(9) 投入市场的广告量的调查。

二、营销调查的功能、分类和步骤

营销调查的功能有：协助识别消费者需求和细分市场；为开发新产品、制定营销战略提供信息；帮助经理们确定具体的营销规划与促销活动以及有助于财务规划、经济预测、质量控制以及制作广告等传统营销活动。

形象地说，营销调查的作用就是"3R"：吸纳新顾客（recruiting）、保持老顾客（retaining）、夺回失去的顾客（regaining）。

营销调查的分类有：(1)营销战略调查，明确产品概念或选择目标市场、广告信息或媒介载体；(2)营销创意调查，在概念阶段测定目标受众对不同创意思路的接受程度；(3)事前测定，在营销活动展开前诊断可能出现的传播问题；(4)事后测定，营销活动结束后对营销活动进行评估。

营销调查的一般步骤如图19-3所示。

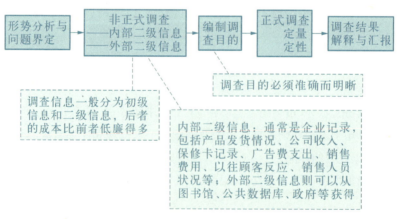

图 19-3 营销调查的一般步骤

三、营销战略分析

营销计划一般包括概述、营销战略分析、营销目标、营销战略、营销预算和营销效果评估六个主要部分。

概述的长度可以只有两段,也可以是两页,为广告计划提供背景,确定计划将要包含的内容,并指出计划中最重要的地方。概述部分又可以分为营销目标概述、营销战略概述和营销预算概述。

1. SWOT 分析

SWOT 分析是一种对企业的优势(strengths)、劣势(weaknesses)、机会(opportunities)、威胁(threats)进行综合分析的做法

在分析时,应把所有的内部因素即 S、W 都集中在一起,然后用外部的力量即 O、T 来对这些因素进行评估。

SWOT 分析是一个调查和头脑风暴并行的过程,须注意的是 SWOT 分析本身没有价值,使用了 SWOT 之后作出的决策及其结果才有价值。

市调案例19-1

中国移动通信厦门市场的 SWOT 分析

S(优势)
(1) 行业巨头,资历深厚
(2) 拥有庞大的中国移动用户群
(3) 中国移动网络品质优越
(4) 服务体系完善
(5) 业务更新速度快

W(劣势)
(1) 全球通的高月租费导致消费者心目中形成中国移动产品高价位的定势
(2) 宣传中优势凸显不足,没有统一
(3) 宣传形象树大招风,成为行业竞争靶子

O(机会)
(1) 中国移动网络质量稳定,是其他品牌所望尘莫及的
(2) 具有良好的口碑,品牌知名度广得到众多 SP(服务提供商)支持
(3) 中国移动梦网等新业务推出迅速,抢占市场

T(威胁)
(1) 高品质、高价位的形象,给徘徊在中国移动网络门外的消费者造成心理障碍
(2) 中国电信市场格局变数很多,新生的市场带来的机会,冤家的狭路相逢在所难免
(3) 从目前的价位来看,未来利润增长的百分比,联通更具优势。如果 CDMA 成功,联通的优势将更加明显
(4) 中国加入 WTO 在即,开放电信市场成为可能,竞争日益激烈

2. 波特五力模型

波特五力模型主要用于对行业中的竞争压力进行分析,它是一个非常有用的工具。具体

包括以下五个方面。

(1) 潜在进入者的威胁。它们会压低该行业产品的价格水平,减小利润空间,从而使整个行业的平均利润下降。当然,每个行业都有自己的壁垒,主要包括规模经济、产品间的差异、资本要求、转产成本、分配渠道、政府政策、与规模无关的成本优势、竞争者所做出的反应。如果行业的进入壁垒过低,原有厂商不能有效阻止新竞争者的进入时,这类威胁就会比较大。

(2) 替代产品或服务的威胁。如果替代品很有吸引力,消费者转移消费的成本很低,而且他们相信替代品能够带给他们相同或更高效用的时候,这种威胁就比较大。

(3) 供应商的讨价还价。如果供应商的作用非常重要且难以被取代,他们就可以很大程度地提高原料价格,以至于影响整个行业的盈利能力,如石油产品供应商。

(4) 购买者的讨价还价。当购买者能够更有效地控制价格、质量、服务或者其他与销售有关的方面的时候(比如购买者可以以较低的转换成本从其他渠道购买到相同的产品或服务),这种来自购买者的威胁就比较明显。多见于工业消费者。

(5) 行业内竞争的威胁。这类竞争手段包括价格竞争、广告战、产品定位、努力在某些领域占据优势等。它是波特五力中最强的一种力量,为了获得竞争优势,企业间相互排挤的激烈的竞争程度就显示了这种威胁的影响力,有时还会演变成恶性竞争。

3. BCG 矩阵

BCG 矩阵是以著名的战略管理咨询公司——波士顿咨询公司(Boston Consulting Group)命名的。如图 19-4 所示,其横轴代表公司的相对市场份额,纵轴代表其相应的增长速率。市场份额高且增长率也较高的企业无疑发展前景良好,被称为明星类;市场占有率高但增长率较低的企业也因为拥有稳定的现金流,被称为奶牛类。那些产品市场占有率低,增长率却很高的

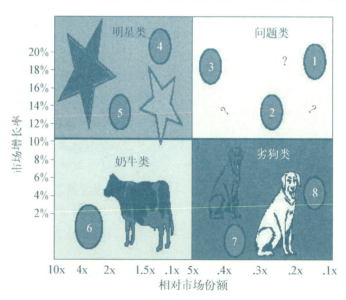

图 19-4 相对市场份额和市场增长率

业务常常是一些投机性产品,带有较大的风险或者是刚刚问世的新产品,是否值得投资,前景究竟如何,还难以下定论,故被称作问题类产品。最后一类双低的产品或公司被视为没有发展前途,甚至不断亏损,姑且称之为瘦狗(劣狗)类。

四、营销目标和战略

1. 营销目标

(1) 对目标的量化表述,具体的数量或百分比。

(2) 实现目标所需的时间长度。

(3) 衡量的方法。

2. 营销战略的总体主张应符合的标准

(1) 提供足够的想象空间,让消费者感到惊讶而不流于沉闷;(2) 可信度及说服力;(3) 持久;(4) 能够将自己的品牌与竞争品牌加以区隔。

3. 具体流程

(1) 定位概念以及营销活动应从哪几方面来表现这一概念。

(2) 确定目标受众——营销将要针对的具体消费人群,并确定目标受众与目标市场的关系、目标受众排序(主要/次要/补充)。

(3) 传播策略,包括:精确区隔消费者——根据消费者的行为及对产品的需求来区分;提供一个具有竞争力的利益点——根据消费者的购买诱因;确认目前消费者如何在心中进行品牌定位;建立一个突出、整体的品牌个性,以便消费者能够明白本品牌与竞争品牌之不同;确立真实而清楚的理由,以说服消费者相信我们的品牌提供的利益点;发掘关键"接触点",了解如何才能更有效率地接触到消费者;为策略的失败或成功建立一套责任评估准则;确认未来市调及研究的需要为策略修正的参考。

(4) 执行策略,详细地叙述如何接触到各种会影响销售的族群,包括:区隔清楚的广告,对象明确的有效行销,公共关系活动,促销活动,商标设计,产品样式,对业界的展示、商展、销售展,配送政策,定价策略,陈列,产品包装,股东和公司内部沟通,帮助销售的印刷品,消费者所属的俱乐部或工作团体,消费者的朋友、双亲、同事,政府与相关管理当局,售后追踪:印刷品保证书、调查。

(5) 媒介策划。媒介策划的目的是构思、分析和巧妙地选择适当的传播渠道,从而使营销信息能在适当时机、适当的场合传递给适当的受众。

在进行媒介策划时必须考虑以下问题:何处?(哪些媒介载体)何时? 频率? 是否使用 IMC(整合营销策略)? 是否与其他营销手段一起推出(如公关,访谈调查等"附加值")? 媒介策划人员则必须具备精湛的财务能力和数据分析能力,以及出色的创意与活跃的思维。

整个营销战略活动的流程如图 19-5 所示。

图 19-5 营销战略活动的流程

五、营销预算和评估

1. 营销预算制定的方法

(1) 销售百分比法。销售百分比法根据头年的销售额或者当年的预计销售额来计算营销预算。其优点是便于理解和操作,在中国内地通常会将这个比例控制在 2%~12%。

缺点是难以根据实际的销售状况和市场状况实施动态调节,也容易使业主花费过多,因为业主常常会想方设法花完预算的额度。而按照整合营销传播的视角,这种算法没有把营销预算和营销目标挂钩。而是想当然地认为预算和销售额之间有直接的、线性的因果关系,而忽略了对营销活动本身进行分析和评估。

(2) 市场份额/营销份额法。在这种预算方法中,企业要检测各个重点竞争对手在营销上的花费,然后拿出与竞争对手营销费用额度相等的营销预算,或按本企业与竞争对手各自所占的市场份额比例分配营销经费。

这种方法常用于为新产品的推出而制定的营销预算。在中国内地比较流行的做法是,如果业主希望第一年的市场份额达到 2%,那么,业主在同行业的营销费预算总额中所占的比例一般需要达到 8% 左右。

市场份额法的缺点是涉及市场伦理问题,而且关于竞争对手营销费用的准确信息并不容易获得。另外也容易陷入"聪明的陷阱",即必须跟着竞争对手的预算走。

(3) 目标任务法。目标任务法的操作从明确的营销目标入手,将制定成本、目标受众到达、诉求效果、媒介投放、活动周期等相关的目标都具体化,然后根据实现不同目标所需的具体任务来确定营销预算。

2. 具体流程

(1) 明晰营销目标。

(2) 累加项目费用:一般来说要考虑到达率、频次、时间周期、制作成本、媒介支出、辅助材料费以及其他推广整合活动费用等方面的费用。

(3) 与行业内的销售百分比或营销份额进行比较(既可以与行业内的其他竞争对手的销售百分比或者营销份额进行比较,也可以与自身过去的百分比或者份额进行比较)。

(4) 调整和修改预算。

(5)决定资金到位的时间。

注意事项:预算必须尽量清晰合理,同时在预算制作中须预留一定的灵活性。

3. 效果评估

(1)营销内容的效果评估,(2)营销方法的效果评估,(3)营销成本的效果评估。

市调案例19-2

微软是怎样动用各种渠道进行 Windows95 的营销的

在 Windows95 窗体的推广活动中,微软开展了一个共计 7 亿美元的整合营销广告计划,其中直接投放于媒介的就有 2 亿美元。整个营销活动共使用了十几种语言,到达 22 个国家。具体措施则令人眼花缭乱。

(1)杂志:买下了当日的所有《时代》杂志,向伦敦人免费派送;在 USA Today 和 Wall Street Journal 上发布八页的广告。

(2)街头广告:在纽约的帝国大厦上,披挂上 Windows95 的标志。

(3)店面促销:在美国的软件专卖店里,消费者可以免费享受匹萨饼。

(4)促销品:赠送航空公司优惠券和长途电话卡。

(5)其他:在波兰,请媒体记者乘潜艇下海,让他们看看"如果没有 Windows,世界将会怎样?"

市调案例19-3

宜家(IKEA)的整合营销四部曲

1. 提升消费者的价值
   (1)降低消费者的购物成本。
   (2)提高消费者满意度。
2. 重视接触点管理——"让购买家具更为快乐"
   (1)提供便利。
   (2)详尽的信息。
   (3)完善的售后服务。
3. 与消费者循环沟通

建立消费者数据库。

> 4. 品牌形象
> LOGO，家居的感觉，热衷环保与负有社会责任的形象。
> 注：整合营销传播(intergrated marketing communication)是一个管理与提供给顾客或者潜在顾客的与产品或服务有关的所有来源的信息的流程，以驱动顾客购买企业的产品或服务并保持顾客对企业产品、服务的忠诚度。

整合营销的核心是从 4Ps(product、price、place、promotion)理论到 4Cs(customer、cost、convenient、communication)理论。

4Ps 到 4Cs 转变的特点是将与消费者有关的一切都纳入营销范围内。整合行销传播将营销的焦点置于消费者和潜在消费者身上，一切活动均以影响消费者行为为出发点，并影响其现在与未来的购买过程。而从不同渠道所获得的消费者资料，是整合行销传播成功的关键。

第二节 品牌决策研究

一、品牌的定义及其意义

品牌是一种名称、术语、标记、符号、设计，或是它们的组合运用，其目的是借以辨认某个销售者或某群销售者的产品或服务，并使之同竞争对手的产品或服务区别开来。菲利普·科特勒将品牌所表达的意义分为六层：属性；利益；价值；文化；个性；使用者。

举个例子，在全世界所有的牛仔裤品牌当中，利维(Live's)像一棵百年常青之树，从 1873 年利维牛仔裤创始人 Levi Strauss 生产出第一条牛仔裤之日起，它就天然地同美国的淘金热、西部牛仔以及美国军队联系在一起，甚至成为美国历史的一部分。世界上很难有一种服装品牌能够像利维这样历经一百多年风风雨雨，从一个国家流行到全球，品牌个性始终保持如一，并且成为全世界男女老幼都可以接受的时装和牛仔裤的领导品牌，这不能不说是利维品牌创造的一个世纪神话。经过五代人一个多世纪的努力奋斗，已经在全球 160 多个国家进行商标注册登记的利维品牌一直代表着独创、正直和创新。它的产品品质不仅以耐磨坚固而著名，同样，它的品牌广告也是屡获大奖，为世人所称道[1]。

品牌的形成主要依赖于三个要素：产品的知名度、企业的社会形象、经营者的能力和个人魅力。品牌对于产品生产者，有利于树立一个良好的企业形象并约束企业的不良行为、有利于扩大产品的组合并且有利于企业实施市场细分战略；对于消费者，有利于消费者辨认、识别及选购商品、有利于维护消费者利益，另外为了提升品牌的价值，保持品牌的地位，企业总是会想方设法促进产品改良，满足消费者的需求，就这一点来说也是对消费者有利的。

---

[1] 乔远生：《Live's，五代人磨砺的一块品牌》。

二、品牌决策和品牌研究

1. 品牌决策

品牌决策是企业经营者对其生产或经销的商品品牌有关事项所做的选择和决定。包括品牌有无决策、品牌归属决策、品牌统分决策、品牌命名和设计决策、多品牌决策等,是关于产品品牌名称、标志、商标的具体策略。

(1) 品牌有无决策。

(2) 品牌归属决策包括这样几种模式:企业品牌或生产者品牌;中间商品牌;混合品牌,即以上两种特征兼有。

(3) 品牌统分决策包括的模式有:统一品牌,比如三星,其所有产品包括手机、显示屏、MP3、家用电器都是用统一的一个品牌;个别品牌,即每个产品使用不同的品牌;分类品牌比如宝洁旗下的飘柔洗发水、高露洁牙膏、潘婷护发素等;企业名称与个别品牌的结合,比如 GM - BUICK 汽车。

(4) 品牌战略决策包括产品线扩展、品牌延伸、多品牌、新品牌、合作品牌。

(5) 品牌重新定位决策:品牌重新定位也称再定位,就是指全部或部分调整或改变品牌原有市场定位的做法。

2. 品牌研究

(1) 品牌知名度的研究。品牌知名度是一个受到地域范围限制的概念,通常是指在某一地区,某一品牌产品在消费者中知道该品牌的人数占该地区总人数的百分比,用数学公式表示:

$$品牌知名度 = (该地区知道该品牌的人数 \div 该地区的总人数) \times 100\%$$

消费者在决定购买某件产品时,往往会首先考虑自己所熟悉的品牌,或者是很自然想到有哪些品牌,一种信赖感由此产生。尤其是大件物品,他们不愿意冒险去尝试一些自己从来没有接触过的牌子。因此,一种品牌能否被消费者知晓,对于决定消费者最后是否购买这一品牌的产品起着非常重要的作用。

比如,妈妈们在给宝宝选择奶粉的时候,往往会想到电视里常常有广告宣传的那几个大品牌,比如雀巢、雅培、惠氏、亨氏、多美滋等,她们熟知哪种奶粉是适合哪一年龄阶段的孩子。走进超市的时候,便会把这几个自己熟悉的品牌作为自己选择购买的考虑范围,而一些不知名的奶粉,就很难引起妈妈们的注意了。

品牌知名度的类型有三种。

① 第一提及知名度是指在询问被调查者某同类产品时,首先提及的该类产品的某一品牌的人数占调查总人数的比例,即

$$第一提及知名度 = (首先回答该品牌的人数 \div 调查总人数) \times 100\%$$

② 提示前知名度是指在没有任何提示的前提下,想到某一产品类别时就想起某一品牌的人数比例,即

$$提示前知名度 = (回答该品牌的人数 \div 调查总人数) \times 100\%$$

它反映出消费者对品牌的回忆状况,是真正的知名度,提示前知名度对于消费者是否购买该产品的影响更大。

③ 提示后知名度是指在有一定提示的状态下,被访者想起某一品牌的比例,即

提示后知名度=[(第一提及的人数+提示后回答的人数)÷总人数]×100%

它反映出消费者对一个品牌的认知度,这对于一个新的品牌进入市场后,了解其品牌的推广状况很有意义。

在通过调查搜集到知名度研究的相关数据后,我们可以通过 Graveyard 模型对这些数据进行分析,通过模型去了解这些品牌在市场上的现状和潜力。

Graveyard 模型主要是以提示前知名度和提示后知名度作为变量,提示前知名度和提示后知名度在品牌研究中非常重要,尤其是提示前知名度,反映出消费者对某一品牌的认知度,对其购买决策起着直接的作用。我们可以通过 Graveyard 模型来发现这两种知名度之间的内在联系。Graveyard 模型是一个两维图(见图 19-6),X 轴代表提示后知名度,Y 轴代表提示前知名度,对所有品牌的提示前知名度和提示后知名度做回归分析,得到回归直(曲)线。

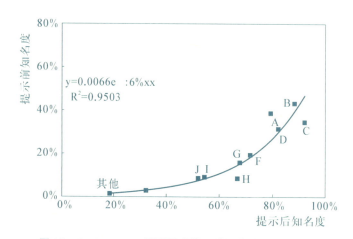

图 19-6 Graveyard 模型展现的两种知名度的内在联系

根据回归(直)曲线,我们可以将品牌分为四种类型:①正常品牌,位于回归直(曲)线周围;②衰退品牌,提示前知名度很低,说明很容易被人遗忘,位于回归直(曲)线右下方;③利基品牌,这一类品牌的提示后知名度不高,但是消费者对其忠诚度很高,位于回归直(曲)线左上方;④强势品牌,提示前和提示后知名度都很高,位于回归直(曲)线右上方。

(2) 品牌渗透率研究。品牌渗透率是指使用过某种品牌产品的人数占被调查总人数的比例,一个衡量品牌实际占有市场份额的绝对量指标。

品牌渗透率有三个指标。

① 某品牌的曾经使用率=(使用过某品牌的人数÷总样本的人数)×100%

曾经使用率比较能够反映新品牌的渗透率。

② 过去六个月某品牌的使用率＝(过去六个月使用过某品牌的人数÷总样本的人数)×100%

③ 过去三个月某品牌的使用率＝(过去三个月使用过某品牌的人数÷总样本的人数)×100%

对于一些比较老的品牌,过去六个月或者是过去三个月的数据更能够有效反映其品牌渗透水平。

通过品牌的渗透率,计算出品牌的采用指数,以此来反映消费者对品牌的认同程度。某品牌的采用指数＝(过去三个月使用过某品牌的人数÷过去六个月使用过某品牌的人数)×100%,对于新上市的品牌,还可以通过这个公式计算出采用指数：

$$\text{某新品牌的采用指数} = \left(\frac{\text{过去三个月使用过某品牌的人数}}{\text{曾使用过某品牌的人数}} \right) \times 100\%$$

采用指数越低,说明消费者对该品牌认同程度越低。但是若采用指数接近于1,也不代表认同程度非常高。

(3) 品牌忠诚度研究。品牌忠诚度是体现消费者在一段时间内,对于特定品牌所保持的选择偏好与重复性购买的程度。对于品牌,最重要的是消费者对它的"持之以恒",庞大、忠诚的客户群体是一个品牌成就的来源。通常通过一系列指标来测量消费者对于某一品牌的忠诚度。

品牌忠诚度的测量指标主要有四个。

① 常用品牌的保持率。

$$\text{最常用A品牌的保持率} = \left(\frac{\text{现在和以前均最常用A的人数}}{\text{以前最常用A的人数}} \right) \times 100\%$$

最常用品牌由A转移到B的比率＝(以前最常用A且现在最常用B的人数÷以前最常用A的人数)×100%,这个比率还能发现B是否是A最大的竞争对手。

② 购买品牌的决策方式。

购买品牌的决策方式反映品牌忠诚度表现为：最常使用该品牌的消费者去商店购买产品时,已事先决定好品牌且最后也购买了这个品牌的比率。比率越高,说明消费者对该品牌的忠诚度也就越高。

③ 品牌固恋水平。

品牌固恋水平是指,最常使用该品牌的人中,去商店购买产品时,商店没有该品牌,但仍然坚持要购买该品牌而不愿意购买其他品牌的人占该品牌最常使用者的比率,比率越高,则说明忠诚度越高。

将同类产品的各主要品牌的品牌固恋水平的数值列成表格,就可以形成品牌谱,从品牌谱可以发现消费者对哪些品牌的忠诚度高。

④ 品牌忠诚/保持指数。

$$\frac{某品牌忠诚}{保持指数} = \left(\frac{最常使用该}{品牌的人数} \div \frac{过去六个月内使用}{过该品牌的人数}\right) \times 100\%$$

(4) 品牌的吸引力研究。

品牌的吸引力可以从两个比较容易混淆的概念开始讨论,即品牌引力和产品引力。在日常生活中,一般消费者认为"吸引力"这个词很容易理解,就是这样东西能不能引起我的注意而很想去得到它;然而,在市场调查中,这两个概念是完全不同的,针对不同的概念有不同的调查目的和调查内容。

品牌引力,即一个品牌吸引消费者去尝试的能力,其中包含了两重因素:首先是品牌的知名度,再是品牌的使用率。产品的知名度很高,但是使用的人很少,不能说明该品牌很能吸引人;当然,如果知名度低,也谈不上使用率会如何高了。所以,品牌的知名度和品牌的使用率在品牌引力的测量中缺一不可:

某品牌的试用指数 = (曾经使用过该品牌的人数 ÷ 知道该品牌的人数) × 100%
　　　　　　　　 = (该品牌的曾经使用率 ÷ 知道该品牌的提示后知名度) × 100%

对于老品牌,品牌转换指数能更准确地反映品牌的吸引力:

某品牌的转换指数 = (过去六个月使用过该品牌的人数 ÷ 知道该品牌的人数) × 100%
　　　　　　　　 = (该品牌过去六个月的使用率 ÷ 知道该品牌的提示后知名度) × 100%

产品引力是指一个品牌吸引消费者经常使用的能力,以品牌忠诚/保持指数来作为衡量标准,即

$\frac{某品牌忠诚}{保持指数}$ = (最常使用该品牌的人数 ÷ 过去六个月内使用过该品牌的人数) × 100%

　　　　 = (该品牌的最常使用率 ÷ 过去六个月内该品牌的使用率) × 100%

这两个指标看似相似,都反映了品牌产品对消费者的吸引能力,其实反映的是不同的吸引内容。品牌引力反映的是人们对某品牌是否愿意试用,只考虑是否用过;而产品引力则反映试用过某品牌产品后的消费者对某品牌是否愿意长期使用,表现出了忠诚度。可以将两者结合起来分析某一品牌的吸引力。

我们往往通过品牌最常使用率来研究某品牌的市场占有率,而品牌最长使用率与品牌引力、产品引力有着非常密切的联系,它们的关系可以表现为下面这个等式:

某品牌的最常使用率 = 提示后知名度 × 品牌引力 × 产品引力

通过观察这个等式,我们可以发现,等式右边的提示后知名度、品牌引力、产品引力恰好分别和宣传力度、销售环节、产品质量联系起来,这三方面的成功与否共同决定一个品牌在市场上的地位。

三、品牌优劣势分析图

1. 品牌优劣势分析图的意义

每一种产品都由各种要素组成,是人们考虑是否购买的因素。比如在选购食品时,我们会考虑它的口味、原料、营养成分、新鲜程度甚至视觉感受,如果要馈赠亲友还会考虑包装。针对各要素,不同品牌的产品有各自的强项和弱项。如果能够将同类产品各要素的重要性以及品牌自身在每一要素上的表现结合在一起,那么就能很清楚地看到某品牌的优势在哪里,什么地方需要继续改善加强,什么地方做得还非常不够,这就是品牌优劣分析图的作用。

2. 具体分析方法

品牌优劣势分析图通常是一平面坐标图(见图19-7),X轴表示产品要素的重要性,从左至右,重要性加强;Y轴表示品牌的表现,从下至上,表现越来越好。共有四个象限,根据某一具体因素的重要性和品牌在这一因素上的表现,在坐标内定位,根据其所在位置,确定产品的优劣势。

第一象限,称为高影响区,落在这一象限的点表示该因素既非常重要,而且该品牌在这一方面的表现也很不错,这些因素是需要继续保持的。

第二象限,称为低影响区,落在这一象限的点表示虽然该因素不太重要,但是品牌表现也还是很好。

第三象限,称为无关紧要区,落在这一象限的点表示因素本身不重要且品牌表现也不佳,可以不予考虑。

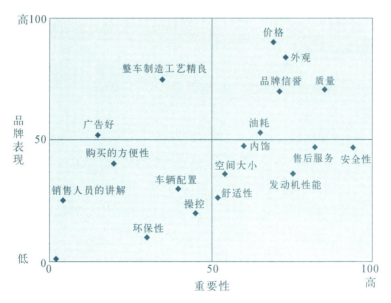

图 19-7 某品牌汽车优劣势分析图

第四象限,称为因素重要区,落在这一象限的点表示该因素非常重要,但是品牌的表现却差强人意,是需要立刻引起注意的。

复习思考题

1. SWOT 分析、IMC、波特五力和 BCG 矩阵各包括哪些要素?
2. 以 Graveyard 模型说明提示前知名度与提示后知名度的内在联系及对品牌的意义。

第二十章

市场调查报告

学习要点

- 认识市场调查报告的重要作用
- 了解市场调查报告的结构和内容
- 掌握调查成果口头报告的技巧
- 市场调查报告的评价和推广

开篇案例

某地区的一个调研人员曾谈起他为某国一家最大的糖果制造商精心准备的长达250页的报告(包括图表和统计数据)的故事。在经历了大约6个月的艰苦调研后,他直接向公司3名最高决策者作口头汇报。他信心百倍,自以为他的报告中有许多重大发现,包括若干个可开发的新细分市场和若干条产品理念方面的创意。

然而,在听了一个小时的充满事实、数据与图表的汇报后,糖果公司的总经理站起来说道:"打住吧,伙伴!我听了一个多小时枯燥无聊的数字,完全给搞糊涂了,我想我并不需要一份比字典还要厚得多的报告。明天早晨8点前务必把一份5页纸的摘要放到我的办公桌上。"说完就离开了房间。在此,这个调研人员遇到了将使他受益整个职业生涯的一个教训。

> 调查报告的作用是什么呢？市场调研者如何才能更有效地表达？一份"好"报告应包括什么？撰写调查报告时应避免哪些错误？什么因素决定使用还是不使用调查报告的发现？
>
> 以上诸问题将在本章中得到解答。
>
> 无论调查设计得多么科学，数据分析多么恰当，市场多么具有代表性，问卷调查表达得如何仔细，数据收集的质量控制得多么严格，以及调查本身是多么与调查目标相一致，如果调查者不能够与决策者进行有效地沟通，那么，这一切努力都将付诸东流。

第一节 调查报告的重要作用

调查报告是调查活动的结果，是对调查活动工作的介绍和总结。调查活动的成败以及调查结果的实际意义都表现在调查报告上。所以，调查报告的撰写显得特别重要。

一项市场调查活动的成败，调查报告的内容和质量很关键。拙劣的调查报告能把即使是控制最好的调查活动弄得黯然失色；相反，写得好的报告可以使调查结果锦上添花。报告的好坏有时甚至影响到调查结果在有关决策中的作用。

一、调查报告是市场调查工作的最终成果

我们知道，市场调查活动是一个有始有终的活动，它从制订调查方案、搜集资料、加工整理和分析研究，到撰写并提交调查报告，是一个完整的工作程序，缺一不可。所以，调查报告是市场调查成果的集中体现。

调查报告中应对已完成的市场调研项目做完整而又准确的描述。也就是说，内容必须详细，完整地向读者传达调研目标、主要背景信息、调研方法的评价、以表格或形象化的方式来展示调研结果、调研结果摘要、结论、建议等内容。

二、调查报告是从感性认识到理性认识飞跃过程的反映

调查报告比起调查资料来，更便于阅读和理解，它能把死数字变成活情况，起到透过现象看本质的作用，使感性认识上升为理性认识，便于更好地指导实践活动。

一旦报告被报送或分发给决策者，它便开始自己的使命。从这方面看，它像一个价值卓著的参考文件，大多数研究都包括几个目标和一系列意义重大的信息。然而，通常让决策者在某一特定时间记住这些内容是不可能的，因此，调查者会发现，决策者及其他一些开展二手信息调查研究的人常拿出原报告，重新阅读，以便熟悉调查的基本内容。例如，某公司每年对公司形象进行年度评估，决策者借往年的报告来察觉形象优劣势方面的改变。

三、调查报告是为各部门管理者、为社会、为企业服务的一种重要形式

一份好的调查报告,能对企业的市场活动提供有效的导向作用,同时对各部门管理者了解情况、分析问题、制定决策和编制计划以及控制、协调、监督等各方面都起到积极的作用。因此报告必须能够建立并保持研究的可信度,这一点无论如何强调都不过分。报告必须让读者感受到调查者对整个调查项目的重视程度和对调查质量的控制程度。事实上,一位管理人员通常不仅重视调查方法的描述而且会直接查看调研的结果、结论和建议。同时,调查者也会发现,调查报告自身的直观形象会极大地影响调研工作的可信度。换句话讲,例如印刷的错误、粗糙的图表、不统一的页边空白和标题的安排,甚至挂靠本身的封面与装订等,都会影响读者对研究可信度的评价。这种情况是不幸的,但却是事实。

第二节　调查报告的结构内容

一、调查报告的结构

没有统一的可接受的报告结构。例如,把摘要放在开头还是放在序言之后,不存在硬性不变的法则,而是调查人员必须开发一种使人感觉舒适的结构。一种建议性的结构可以是:标题、目录、摘要、调查概况、调查结果、结论建议、附录。

这些是主要章节的标题,它们之下有涵盖详细问题的各节。每部分或每章以及每节用数字标示。

1. 标题

标题页也可能是报告的封面。它需要创造一种专业形象和引起读者的兴趣,鼓励人们拿起来并阅读。标题必须清楚地说明是关于什么的报告,而且最好简短明了,对准重点并能引起好奇心和阅读欲。如果报告属于机密的,应该在标题页的某处清楚说明。可能有一个可在该页的某个角上折叠起来的档案记录或成果号码。

有时,展示在标题页上的其他信息还有工作完成人或公司,调研赞助人的姓名。应该标明出版日期和版本号数(如果适当的话)。

封面一般只有一张纸,其内容包括四个方面。

(1) 调查报告的题目或标题。题目一般只有一句话,有时可加上一个副标题。文字可长可短,但应该将调查内容概括出来。

(2) 调查研究机构的名称。如果是单一的机构执行,写上该机构名称即可;如果是多个机构合作进行,则应该将所有机构的名称都写上,也可以同时附上调查机构的联络方式。

(3) 调查项目负责人的姓名及所属机构。即写清楚项目主要负责人的姓名及其所在机构。

(4) 日期。即报告完稿的日期。

至于封面的版面如何设计,则视调查公司的要求或研究者的兴趣而定,但一般要求是严

肃、精致。图20-1是封面内容及版面结构的一种形式,供读者参考。

```
CMR 市场调查公司
Add：中国上海柏树大厦××楼      Tel：(86)21-××××××××
Post：××××××              Fax：(86)21-××××××××
        * * * * * * * * * * * * * * * * * * * * * * * * *
                ×××化妆品消费者调查报告
                    项目经理：×××


                    ××××年××月××日
```

图 20-1　调查报告封面例示

摘要的形式与设计要认真注意。写摘要通常用语言,但根据目标和调研结果,表、图也能起到增强效果的作用。摘要可用段落分成20个左右的关键点,每一段只含少量句子。即使它是摘要,句子也不应该缩写。

2. 目录

目录是关于报告中各项内容的完整一览表。报告的目录跟书的目录一样,一般只列出各部分的标题名称及页码(见图20-2),但由于结果部分的内容通常比较多,为了读者阅读方便,可以将细目也列进去。目录的篇幅以不超过一页为宜。

```
                    目    录
一、摘要 ……………………………………………………………………  1
二、调查概况 ………………………………………………………………  2
    1. 研究背景及目的 ……………………………………………………  2
    2. 研究内容 ……………………………………………………………  6
三、研究方法 ………………………………………………………………  7
四、消费者调查结果 ……………………………………………………… 10
    1. ×××的知名度 …………………………………………………… 10
    2. ×××××××× …………………………………………………… 13
    3. ×××××××× …………………………………………………… 17
    4. ×××××××× …………………………………………………… 20
    5. ×××××××× …………………………………………………… 25
    6. ×××××××× …………………………………………………… 27
    7. ×××××××× …………………………………………………… 30
五、零售商调查结果 ……………………………………………………… 34
    1. ×××××××× …………………………………………………… 34
    2. ×××××××× …………………………………………………… 36
    3. ×××××××× …………………………………………………… 39
    4. ×××××××× …………………………………………………… 43
    5. ×××××××× …………………………………………………… 48
六、结论及建议 …………………………………………………………… 51
附录一　消费者调查问卷 ………………………………………………… 56
附录二　消费者问卷的原始统计数据 …………………………………… 70
附录三　零售商调查问卷 ………………………………………………… 90
附录四　零售商问卷的原始统计数据 …………………………………… 90
```

图 20-2　目录例示

在报告中,如果图、表资料比较多,为了阅读方便,可列一张图、表索引,也可以分别列出图、表的资料索引。索引的内容与目录相似,列出图表号、名称及在报告中的页码。

3. 摘要

摘要是对调查活动所获得的主要结果作概括性的说明。阅读调查报告的人往往对调查过程的复杂细节没有什么知识或兴趣,他们只想知道调查所得的主要结果和结论,以及他们如何根据调查结果行事。因此,摘要可以说是调查报告极其重要的一节。它也许是从调查结果得益的读者唯一阅读的部分。由于这一部分如此重要,所以它应当用清楚、简洁而概括的手法,扼要地说明调查的主要结果,详细的论证资料只要在正文中加以阐述即可。

调查结果的摘要应简短,一般最多不要超过报告内容的十分之一。例如,它可以包括下列各方面的非常简要的资料。

(1) 本产品与竞争对手当前的市场状况;(2) 产品在消费者心目中的优缺点;(3) 竞争对手销售策略和广告策略;(4) 本产品销售策略的成败及其原因;(5) 影响产品销售的因素是什么;(6) 根据调查结果应采取的行动或措施等。

在结论性资料的阐述时,必要的话还应加上简短的解释。

调查结果摘要是相当重要的报告内容,在调查报告中不可忽视。无论忽视这一部分的原因是什么都有损于调查报告的价值,应该引起调查人员的重视和注意。

无疑地,摘要是报告的最重要部分,占据每位读者必读的前部重要位置。确实,某些人将只读这一部分。尽管它处于报告的最前面,摘要却是最后写成的部分。设定了它的重要性,写摘要时就得小心认真,它肯定不是调研人员对项目腻烦,并将转到另一项目的最后时刻匆匆凑合出来的一部分。

4. 调查概况

调查概况也有称之为"序言"的,是摘要之后介绍报告的一章,告诉读者为什么做此调查,调查人员安排做什么以及怎样得出结果。这些问题可包括在 3 个子标题下:背景、目标和方法。

标为"背景"的部分设定情景,描述导致委托研究的因素。这可能包括简短罗列调研委托面临的问题。

"目标"部分叙述总体研究目的以及所包含信息的范围。读者看到只用一句话来表达的简短目的叙述是有好处的。

序言一章的第三节应该描述获得信息的方法,提到资料来源和初步调研中的抽样程序。根据主题或报告的类型,方法部分的长度可以变化极大。某些行业项目中的方法,可能只有桌面调研和少量的非正式访问。消费者调研中,习惯上包括详细的样本描述,数据资料是怎样收集和何时收集的,数据资料是否权衡过,以及被访者是否受到过激励等。

5. 调查结果

调查结果构成报告的主体。它们提供调研人员收集到的所有相关事实和观点,但不企图对调查委托方的计划做任何暗示,因为这是结论部分的任务。

调查结果部分讨论的主题,当然会因项目而异。有时它们包含市场规模、市场份额和市场趋势;其他时候可能只限于形象或态度资料。不管是什么内容,次序上应符合逻辑。例如,公司在购买者中的知名度,应在考虑对公司的态度之前讨论。开放问题的结果应在提示性问题的结果之前。调查结果将自始自终使读者由一般到特殊。

要使调查结果在行业内或赞助人中有重要影响。这就不可避免地要求达到一定的一般化概括,虽然这不排除特别说明例证和重点。引语(也叫逐字的注解或只叫逐字照抄)增加报告的真实可靠性,且使全部结果更可信。要使引语有意义,有必要把它们归于一定类型的人或公司,但是被访人保持匿名很重要。例如,可以采用如下的说法:

"理查德森的泵是废物一堆,因为它们常坏。——某动力站的工厂工程师"

引用的说明对于增加报告的活泼性和个性特别有用。它们有力地提醒读者,所表达的观点是被访人的而不是调查人员的。调查人员有责任保证,引语真正反映普通观点,不是选择来支持个人的偏见。记住下面一点也很重要:引用了一整串引语,但不提供有意义的说明,而是让读者去试着提炼模型中的某些结论。

因此,调查结果部分是将调查所得资料报告出来,包括数据图表资料以及相关的文字说明。在一份调查报告中,常常要用若干统计表和统计图来呈现数据资料,但是仅用图表将调查所得的数据资料呈现出来还不够,研究人员还必须对图表中数据资料所隐含的趋势、关系或规律加以客观的描述和分析,也就是说,要对调查的结果作出解释。

对调查结果的解释是找出数据资料中存在的趋势和关系,识别资料中所隐含的意义,并用适当的语言加以描述。原始资料经过简化和统计处理并制成图表资料后,虽然其中隐含的趋势关系可以看得出来,但是如果没有经过一定的训练,要准确领会图表的全部内涵也不是那么简单,因此研究者对图表资料加以解释是必要的。

对研究结果的解释,包括三个层次:即说明、推论和讨论。

(1) 说明。说明是指根据调查所得统计结果来叙述事物的状况、现象的情形、事物发展的趋势、变量之间的关系等。说明不是数据结果的简单描述,而是利用已有的资料或逻辑关系作较为深入的分析。下面举一个例子来说明。

假设经调查,各种收入家庭的彩色电视机拥有情况如表 20-1 所示。

表 20-1 拥有彩色电视机的比例(%)

彩色电视机	每月平均家庭收入(元)			
	600 以下	600~1 000	1 000 以上	总 计
有	30	50	80	53
无	70	50	20	47
总 计	100	100	100	100

根据表 20-1,可作如下三点说明。

第一,调查对象中大约有一半的家庭拥有彩色电视机(事实的叙述);

第二,随着家庭收入的增多,彩色电视机的拥有率也随之提高(趋势描述);

第三,家庭收入的高低对电视机的购买有一定的影响(因果关系说明)。

在第三点说明中,数据资料并没有直接提示这种因果关系,它是研究者依据收入和拥有彩色电视机的先后逻辑关系作出推断的。

(2) 推论。大多数市场调查所得的数据结果都是关于部分调查对象的资料,但研究的目的往往是要了解总体的情形。因此研究者必须根据调查的数据来估计总体的情况,这就是推论。

推论不是简单地用样本的调查结果来代替总体,还必须考虑到样本的代表性。当样本的代表性强时由样本结果直接估计总体结果的误差就小;反之当样本代表性差时,必须十分谨慎,否则就容易犯错误。

在问卷调查结果的推论中,如果调查中对抽样误差作了估计,那么就可以根据抽样误差对总体作出估计。以表 18-1 中的数据为例。假定抽样统计资料显示,在置信度为 95% 时最大允许误差不超过 3%,那么就可以作出以下推论,即调查对象总体中,拥有彩色电视机的家庭占 50%~56%。作出这一结论犯错误的概率不超过 5%。如果调查中无法估计抽样误差,推论时就必须十分小心。

在市场实验中,如果实验设计合理、科学,实验单元的抽取和实验处理的分配符合随机性原则,研究结果的推论就比较简单。例如,某品牌产品为了检查 3 种包装(A、B、C)哪一种在上海地区更好销售,随机抽取 9 个商店作主实验单位,并把 3 种包装随机分派到这 9 个商店销售。经过 4 个月的销售,发现 A 包装明显比 B 包装和 C 包装的销量大,那么即可直接作推论,在上海地区 A 包装比 B 包装和 C 包装更有利于销售。

(3) 讨论。讨论主要是对调查结果产生的原因作分析。例如,根据上述"在上海地区 A 包装比 B 包装和 C 包装更利于销售"这一结论,讨论的问题便是:为什么 A 包装比 B 包装和 C 包装更有利销售?

讨论可以根据理论原理或事实材料对所得的结论进行解释,也可以引用其他研究资料作解释,还可以根据研究者的经验或主观设想作解释。例如有一项抽样调查得出如下结论:能描述清楚 A 品牌商标图案的消费者远比能描述清楚 B 品牌商标图案的消费者多。对于这一结论,研究者可以作如下三点解释。

① A 品牌商标图案比较简洁(事实)。

② A 品牌商标图案比较具体,B 品牌的商标图案比较抽象(事实)。

③ A 品牌商标图案的广告重复次数多,消费者见过该商标图案的机会也比较多(事实或假设)。

调查结果部分的内容通常比较多,篇幅比较大。为了让阅读报告的人容易把握整个调查结果,在调查结果的报告中,一般要将所有内容分成若干小部分依次呈现出来,每一个小部分分别拟一个标题,它们分别与调查目的相对应,分别回答通过调查所要解决的问题。[1]

---

[1] 万文、黄合水:《市场调查概论》,东方出版中心 2000 年版。

6. 结论建议

在这一部分研究人员要说明调查获得哪些重要结论，根据调查的结论应该采取什么措施。结论的提出方式可用简洁而明晰的语言对调查前所提出的问题作明确的答复，同时简要地引用有关背景资料和调查结果加以解释、论证。

结论有时可与调查结果合并在一起，但要视调查课题的大小而定。一般而言，如果调查课题小、结果简单，可以直接与调查结果合并成一部分来写。如果课题比较大、内容多，则应分开写为宜。

作为一份调查报告的展示橱窗，结论与摘要同等重要。它们为调查人员提供一个超越某些较平凡信息的显示机会，这些平凡信息经常构成调研结果的主体。一份市场调查报告的结论可能比较简短，但它可能被几乎每人阅读和细察详审。总之，结论中显示出报告的意义并且指出了前进道路。

一份市场调研报告的结论把调查结果协同一致。结论不简单地是个摘要，然而可能用调查结果的一个摘要引导到它们。它们提供述说对调查结果有兴趣的主题的机会，有时除此之外还提供解决特殊问题的建议。因此，结论与建议是可用事实和价值判断来评价的，并且这些与调查结果清楚地分开非常重要。

在撰写结论与建议时，调研人员可以转回到建立的模型作为一种结构。为了得出结论，一种适用和检验过的范例是，考虑使市场机会与威胁达到平衡的委托公司的优点与弱点。通常把这归入 SWOT 分析，它应包括如下四方面。

(1) 优势。委托公司在支持产品的管理结构、产品的范围和质量、它的顾客基础和分配、价格、促销以及对顾客服务等方面的长处是什么？

(2) 弱点。委托公司在上述相同问题——即它的管理基础、产品、顾客基础、价格等欠缺的是什么？

(3) 机会。委托公司以外发生了什么对它和它的产品有益的事吗？比如，市场增长得有多快？竞争对手出了什么事？是否有待通过的有利的法律？是否存在提供机会的有利汇率？等等。

(4) 威胁。SWOT 分析的最后一件重要事情，就是确认是否存在一定限度内的威胁，如果有的话，是什么威胁和什么地方。像机会一样，这些都是委托公司以外的因素，可能来自经济、政治、人口统计或法律力量。

某些报告可能要求调研人员进一步对委托公司提供建议。作为一种适宜的结构，这里我们可以看看"4 个 P"。

(1) 产品。产品设计、质量和范围怎样变化才能更适应市场要求？包装怎样从各方面改善？与产品相配合的哪些服务事项(比如交货、技术咨询、回答询问的速度等)可以改进？有什么作用？

(2) 价格。产品及相关服务的定价怎么变化才能保证从市场上得到其最大收益？对诸如折扣策略或付款事项等定价结构能做什么改善？

(3) 地点。公司怎样才能改善它的顾客基础？可用什么方法改变它的顾客划分以达到较好的效果，对它的分销网络能做何改进？

(4) 促销。为了建立知名度、购买该产品的兴趣和要求，必须做些什么？应该传播什么消息？应该运用哪种媒介(电视、印刷品、杂志、邮递员、直接营销等)？多大规模的活动才有效？促销活动中个人销售起什么作用？

调研人员，特别是那些工作远离委托方的调研人员，不可能接近公司所有的资料和目标。这一点可能限制 SWOT 和"4 个 P"分析的深度。为了不在做介绍的那一天对一份报告、一堆原始素材和许多建议返工，劝告调研人员首先应该与委托方就这些材料的合理性与可行性核实一下。除非保证建议是适当的和可接受的，某些没有意义的空话得放弃。

7. 附录

作为资料的附录有时对读者可能有价值，但对提供调查结果和结论不是重要的。它们可包括问卷、信息来源、统计方法、详细表、描述和定义以及任何相关的支持文献。

附录不应该孤立存在。应在正文中参考过它们，而且只有当它们真正是调研结果的补充时才能入选。附录的长短无硬性不变的规定，但是它们不是关系模糊不清的材料的垃圾场，而且应保持报告与附录长度之间的合理平衡[1]。

二、调查报告的程序

调查报告的写作，主要有调查、研究、写作三大环节。

1. 调查

搞好调查是写好调查报告的基础。搞好调查，要坚持没有调查就没有发言权的态度、实事求是的态度、艰苦深入的态度以及满腔热情的态度等。这是因为调查是件麻烦人的事情，需要被调查者的合作和支持。

调查方法较多，总的说来有间接调查法(带着某种目的到被调查单位查阅文字或音像图片材料)和直接调查法(开调查会、个别访问或问卷调查等)两种。

2. 研究

对调查材料进行梳理、分析、研究、概括。作出调查结论，是调查报告写作的第二个环节，也是不可或缺的环节。这里包括思考材料(审查、核实、分类、归纳比较形成初步看法)、概括结论(通过对材料的综合分析、理性思维、概括出来理性认识)、提炼观点句(简短明确地表明看法即调查结论)和取舍材料(对某些材料选取，其余舍去，以便更加简洁明快、节约篇幅)四方面工作。

3. 写作

调查报告通常由标题、前言、主体、结尾四部分组成。

(1) 标题。通常有四种写法，即用结论作标题、用问题作标题、用调查对象作标题、双行作标题。

---

[1] 保罗·海格等：《市场调研》，中国标准出版社 2000 年版。

(2) 前言。常见的有四种写法,即阐述调查的意义、陈述调查结论、介绍调查对象的概况、交代调查的时间、地点、经过。

(3) 主体。主体是调查报告最主要的部分,占调查报告大部分篇幅,包括调查材料和结论。

调查报告的内容从篇幅和文字比例来看,调查报告以陈述调查材料为主(70%甚至90%的文字用以陈述调查材料,而只有很少的篇幅和20%左右的文字表达调查结论或调查者对材料的思考,但属于研究性质的调查报告议论的文字可以多一些,不过一定不能写成议论文)。

主体的段落结构方式主要有两种,即垂直式结构(按时间顺序或事物发展顺序来写)和并列式结构(按材料内容从不同角度、不同方面逐一报告)。

主体部分内容丰富、结构安排力求条理清晰,简洁明快。可以采用小标题、序码、分段等手法将段落层次显示给读者,尽量减少阅读上的困难。

(4) 结尾。此部分可有可无,调查报告的结尾部分的内容有时写结论、有时写思考、有时写建议、有时写对策、有时写问题。

第三节 调查成果的口头报告

调查报告形式多样,通常可分为书面报告(written reports)和口头报告(oral reports)两种。上一节所论述的调查报告的结构内容多用于书面报告,尽管口头报告也大致应该包括以上的这些内容,然而作为口头报告也有一些区别于书面报告的不同特点。

一、口头报告的重要性及特点

在很多情况下,需要将市场调查报告的结果向管理层或委托者作口头报告。口头报告可以帮助管理部门或委托方理解书面调查报告的内容并接纳书面报告,同时,可以针对委托人提出的问题及时做出解答。口头报告对于有关人士迅速掌握和理解报告内容具有重要的作用。

与书面报告相比,口头报告具有以下四个特点。

(1) 口头报告能用较短的时间说明所需研究的问题。

(2) 口头报告生动、具有感染力,容易给对方留下深刻印象。

(3) 口头报告能与听者直接交流,便于增强双方的沟通。

(4) 口头报告具有一定的灵活性,一般可根据具体情况对报告内容、时间作出必要的调整。

用于口头汇报的有以下四种辅助材料。

1. 汇报提要

每位听众都应该有一份关于汇报流程(主要部分)和主要结论的提要。需要注意的是,这份提要中不应出现统计资料图表,同时应预留出充裕的空间以利于听众记录或评述。

2. 视觉辅助

最常见的视觉辅助是投影机、幻灯机或高架投影机。现在,越来越多的调研者使用个人电脑和诸如幻灯软件之类的汇报软件。依靠这些现代化手段,不仅可以显示传统图表,还可显示电子图表。调研者能根据听众提出的问题,展示出"如果……那么"的假设情况。摘要、结论和建议也应制作成可视材料。

3. 执行性摘要

每位听众都应有一份执行性摘要的复印件(最好在几天前就发出),这样可以使经理们在听取口头汇报前就能思考所要提出的问题,使汇报中的讨论更热烈、更有收获。

4. 最终报告的复印件

报告是调查结果的一种实物凭证。调研者在口头汇报中省略了报告中的许多细节。作为对此的补充,在口头汇报结束时应准备一些报告复印件,以备对此感兴趣者索取。

二、口头报告成功的基本要素

口头报告虽具有一些优点,但能否发挥其效果,还取决于许多因素,其中心内容可以归纳为3P,即取决于你是否进行了充分的准备(prepare)、你是否进行了充分的练习(practice)、你是否进行了成功的演讲(perform)。现具体归纳为以下八点。

1. 按照书面调查报告的格式准备好详细的演讲提纲

用口头报告方式并不意味着可以随心所欲、信口开河。它同样需要有一份经过精心准备的提纲,包括报告的基本框架和内容。当然,其内容和风格要与听众的情况相吻合。这就首先要了解听众的状况:他们的专业技术水平怎样?他们理解该项目的困难是什么?兴趣是什么?能认识多少等。

2. 进行充分的练习

在演讲时,经常会出现紧张,为减少紧张,可以采取做深呼吸和穿着舒适、贴身服装等方法加以缓解,但更重要的是要做充分的练习,真正掌握你的演讲资料是减少紧张的有效途径。演讲中最紧张的时刻常发生在报告开始时,为减少心理障碍,尤其要注意练习报告的开头部分。

介绍的技巧是非常个性化的,调研人员必须努力发现自己的风格。记住这句格言——问题不在于你说什么而在于你怎么说。如果介绍者缺乏热情,即使最有趣的数据资料听起来也会烦人。

3. 尽量借助图表来增加效果

人们常说:"一张图表胜似千言万语。"在做口头报告时,要善于用图表来辅助和支持你的演讲。注意的要点有:第一,要使你制作的图表显得十分重要和有权威性;第二,绝对保证你的图表都是清晰易懂的;第三,图表要有选择性,不要有太多的图表,一张图表上也不要有太多的内容,以免使你的听众望而却步;第四,图表可借助黑板、幻灯、录像和计算机等可视物加以表现,选择何种媒介可根据听众多少和会场设施而定,但都要保证使室内最后面的人看清。

4. 做报告时要充满自信

有些人常在演讲开始时和过程中对其所讲的话道歉，这实际上是不明智的和不自信的表现，一方面，暗示了你没有付出足够的努力准备你的演讲；另一方面，无谓的道歉浪费了宝贵的时间。

5. 要使听众"易听、易懂"

由于听比讲更难集中注意力，故要求语言要简洁明了，通俗易懂，要有趣味性和说服力。如果你有一个十分复杂的问题需要说明，可先做一简要、概括的介绍，并运用声音、眼神和手势等变化来加深听众的印象。

如果可用时间只有半小时，介绍就必须简洁有力，集中在总体画面上，光线停留在分图上，抓住问题直至结束。同样地，一次两小时的介绍也需要控制节奏。在这种情况下，有必要展开数据资料，并形成一幅保持人们兴趣的图景。

6. 要与听众保持目光接触

演讲时要尽量看着听众，不要低头看着你的讲稿或看着别处，与听众保持目光接触，有助于判断他们对讲话的喜欢或厌烦状况和对内容的理解程度。

7. 回答问题时机的把握

在报告过程中最好不要回答问题（有关演讲清晰性问题除外），以免出现讲话思路被打断、使听众游离报告主题或造成时间不够等现象。在报告开始前可告之听众，你会在报告后回答问题并进行个别交流，注意不要忘记这一承诺。

8. 在规定的时间内结束报告

口头报告常有一定的时间限制，在有限的时间内讲完报告是最基本的要求。滔滔不绝的演讲不仅浪费听众时间，也影响报告的效果。

最后几分钟提供创造一种有利的持久印象的机会。为事先构思结束语而充分准备是值得的。最后几句话不必华丽和可笑，但应该精通熟练。适宜的题目可以是感谢听众的参与，解释根据递交的报告下一步会发生什么，或者简单地提议每个人适当休息一下喝点咖啡。

口头报告结束后，还要请用户或有关人士仔细阅读书面报告。

第四节　调查报告的评价推广

一、基本要求

一份优秀的调查报告，起码要符合以下五方面要求。

1. 语言简洁

报告的读者阅读报告的目的是从报告中快速地获得信息，而不是为了像欣赏小说一样欣赏报告。所以言语不必追究华丽，但要讲究简洁、准确，要让读者一眼就能看懂。

2. 结构严谨

在撰写调查报告时，各部分内容的中心意思要突出，各部分之间的关系逻辑性要强，努力使读者看一遍报告就能明白整个调查的基本过程和结果。千万不可把一大堆资料简单地堆积在一起。

3. 内容全面

调查报告要将一项调查的来龙去脉详详细细地加以介绍，让读者通过阅读报告能够了解调查过程的全貌，能够对调查的质量作评价，能够对调查所获得的结果有一个清楚的认识，能够明确调查对他们有哪些用处、调查能够帮助他们解决什么问题。也就是说，报告要回答或说明研究为何进行，采用什么方法进行研究，得到什么结果和结论，有什么建议。

4. 资料翔实

将调查过程中各个阶段搜集到的全部有关资料组织在一起，不能遗漏掉重要的资料，但也不能将一些无关的资料统统地写进报告之中。

5. 结论明确

在调查报告中，对调查获得什么样的结论要明确地加以阐述，不能模棱两可，含糊其辞。

二、调查报告中容易出现的问题

撰写调查报告的过程中会遇到一些常见的错误。对此，我们应牢记并在写作过程中尽量避免。

1. 篇幅不代表质量

调查报告中常见的一个错误观点是："报告越长，质量越高。"通常经过对某个项目几个月的辛苦工作之后，调研者已经全身心投入，并试图告诉读者他所知道的与此相关的一切。因此，所有的证明、结论和上百页的打印材料被纳入报告当中，从而导致了"信息超载"。很难说服一名年轻的调查者相信大多数经理人员根本不会通读全部报告。事实上，如果报告组织得不好，这些经理或许根本连看也不看。总之，调查的价值不是用重量来衡量的，而是以质量、简洁与有效的计算来度量的。

2. 解释不充分

某些调研者只是简单地重复一些图表中的数字，而不进行任何解释性工作。尽管大多数人能够读懂图表，可人们仍把解释资料意义的工作当做作者应有的责任。而且，有些事实会比页码更能转移读者注意力。如果某一页有统计数字而未做出任何解释，读者就会疑惑为什么在这儿会有图表？

3. 偏离目标或脱离现实

在报告中堆满与调研目标无关的资料是报告写作中的另一常见毛病。读者想知道的是，对营销目标来说调研结果意味着什么？现在能达到目标吗？是否需要其他资料？产品或服务是否需要重新定位？

不现实的建议同脱离目标的结论一样糟糕。如果产品定位中把"A"和"B"视作同等产品，那么,建议生产两种产品也许就是轻率的。在银行形象研究中提出将贷款官员成批开除的建议肯定会被认为是不切实际的。

4. 过度使用定量技术

一些报告作者会因"泡沫工作"而感到惭愧。所谓"泡沫工作"是指通过高技术手段和过度使用多样化的统计技术却是由于错误的目标与方法导致的。一个非技术型营销经理往往会拒绝一篇不易理解的报告。因为在报告使用者心目中,过度使用统计资料常会引发对调查报告质量合理性的怀疑。

5. 虚假的准确性

在一个相对小的样本中,把引用的统计数字保留到两位小数以上常会造成或毫无理由的对准确性的错觉或虚假的准确性。例如,"有68.47%的被调查者偏好我们的产品"这种陈述会让人觉得68%这个数是合理的。读者会认为,调研者已经把数字保留到0.47%,那么68%肯定是准确无误的了。

6. 调研数据单一

某些调研者把过多精力放在了单一统计数据上,并依此回答客户的决策问题。这种倾向在购买意向测试和产品定位中时常见到。测试的关键点在于购买意向,如果"确实会买"和"也许会买"的人加在一起达不到预想的标准,比如75%,那么这种产品概念或测试产品就被放弃了。但在产品定位的问卷调查中可能包含着50个用以获取定位信息、市场细分资料和可预见的优劣势的问题。然而,所有这些问题都从属于购买意向。事实上,并不能根据某一个问题决定取舍,也不存在某一个预先确定好的一刀切的标准。过度依赖调研数据有时会错失良机,在某些情况下会导致营销错误的产品。

7. 资料解释不准确

调研者有义务对目标做出正确的解释,但有时也会出现失误。例如,在不精确的数据分析中,比例分析就是比较容易出现的一种。调研者测试咖啡产品"A"和"B",当用−2,−1,0,+1和+2的分值衡量从"非常苦"到"一点都不苦"的5个等级时,A产品的平均得分是1.2,B产品是0.8。前者减去后者,然后计算一个简单的百分比,结果是"B"要比"A"苦50%以上。

但如果使用不同的权数,又会出现另外一种情况。假设1~5代表上面所指"非常苦"到"一点都不苦"的程度,"A"的得分为4.2,"B"为3.8,在同样的受调查者、同样的咖啡和同样的调查问卷的条件下,却得出不同的百分比差异,即仅有11.5%。那么现在看起来咖啡B还不算太坏。

现在第三次来看同样的资料。此时,调研者使用1~5级别,但改变了顺序,"一点都不苦"现在是1,而"非常苦"等于5,这就使咖啡"B"的得分为2.2,咖啡"A"的得分为1.8,那么其差别的百分比仅为18.2%。

要想准确地解释问题,报告撰写者必须熟悉比率假设、统计方法并了解各研究方法的局限性。

8. 虚张声势的图表

一图抵千言,但一张糟糕的图不仅毫无用处,而且还会产生误导。它也许是艺术化、绚丽多彩和引人注目的作品,但却不能履行它的使命。图表能使事实形象生动,但有些图表却过于令人眼花缭乱了,这类图表称作虚张声势图(gee-whiz)。

三、调查报告的评价

一篇调查报告提出之后,马上会遭到消费者的品头论足,所谓内行看门道,外行看热闹,调查报告撰写者若知道评价的重点,对于产品在制造过程中便可以加以修正,甚至在调查设计之初便有此认识,对于撰写出高水准的调查报告甚有帮助。

1. 调查题目方面

(1) 是否简明清楚,让人了解其意义?

(2) 能否明确界定题目的范围?

如果题目明确了,便可根据其调查的对象和地区给予更明确的界定。

2. 问题陈述方面

(1) 是否依照问题陈述要点?

(2) 问题是否具有了解或解决问题的价值?

(3) 重要名词是否均加以明确界定?

(4) 研究假设可否加以验证?

3. 文献探讨方面

(1) 重要的文献资料是否皆收入?

(2) 文献资料是否加以系统整理?

(3) 文献资料是否能指出研究重点和方向?

(4) 文献资料是否均有研究者的评论?

(5) 文献资料有无摘要?此摘要与研究主题有无关联?

4. 研究方法与步骤方面

(1) 是否详加说明调查设计?

(2) 调查设计能否回答调查研究之问题?

(3) 调查问卷编制之过程是否适当?

(4) 抽样的方法与程序是否适当?

(5) 调查实施步骤是否详述,有无缺失?

(6) 资料分析是否正确?

5. 结果之分析与讨论部分

(1) 统计图表是否依规定格式设计?

(2) 统计图表是否简明扼要?

(3) 结果之解释是否合乎要求?

(4) 是否规避讨论与研究不一致的资料?

(5) 是否比较讨论其他相关的调查资料?

6. 结论与建议部分

(1) 结论是否摘述整个调查步骤和结果？

(2) 结论与研究目的是否相符合？

四、促使委托方使用调查信息

如何促使委托方（具体指该单位的老总、经理等）更多地使用调查信息？有人认为，开展增值性调研对加大外界使用调研信息是非常重要的。以下市调案例20-1就是相关经理们需要增值型的战略信息。

市调案例20-1

经理们需要增值型的战略信息

绝大多数的营销经理都相信市场调查是非常有用、非常有价值的，但他们又表示他们所见到的大多数报告并没有给他们提供所需要的信息。

把一个传统的营销调研部门转换成增值型的战略调研团队需要时间、投入以及调研所必须擅长的事务——调查。在此，需要探讨的第一个问题是公司要从它的调查团队那里得到什么？我们从决策审计工作开始来寻找答案。

在调研者能改变现状之前，他们应该了解他们过去所做的项目对企业产生的影响。每个报告都做了哪些决策，为此发生了多少成本？做出了哪些建议，其中又有哪些被采纳了？这些问题的答案可以使人们清楚组织是怎样运作的，以及它们对调研工作的重要性。

行动说明

除了诸如"去开拓""去决定""去了解"之类的含糊用语之外，每份调研建议都必须说明调查的原因。在顾客导向性组织中，调查目标就是"决策"。调研者还必须确定用于决策的标准，调查中的每项行动都必须与这些标准直接相关。这些可以让调研部门与管理部门聚集起来共同讨论可能的行动系列与各项行动的决策标准。

行动建议

每份报告都应包括行动建议。在研究型组织中，他们的调查报告包含了大量的数据，但没行动建议。事实上，研究型组织的报告的第一部分通常就是方法的讨论，而这却是委托商最不感兴趣的方面。一些建议者和命令接受者型的组织趋向于忽略调查者的建议。他们的报告也许会谈到顾客想什么，感觉到什么，但却避开了最基本的——需要去做什么。

报告是以建议开始的，紧接着是方案中列出的行动建议和标准的陈述。并不奇怪，这些建议没有给有关调研投资的价值、结果的含义等问题的讨论留下太多的空间。

> 研究的汇报
> 光靠40页报告中的执行性摘要并不能有效地影响决策者。在办公室之间以邮件形式发出报告的方式应该被淘汰。我们应该把主要人物集合起来,一起对调查结果进行逐项检查。这为提出意见、探讨以后的措施提供了机会。
> 秘诀
> 要让高层管理者参与到调查中来。通常来说,他们最能接近顾客的方式就是一份书面报告或一次正式的口头汇报。如果能实现经理与顾客之间面对面的沟通,这无疑是为实时建立观念和讨论战略决策提供了机会。[1]

复习思考题

1. 调查报告的重要作用是什么?
2. 调查报告的主要内容是什么?
3. 简述市场调查报告的写作步骤。
4. 在因特网或局域网上发布报告有什么好处?
5. 调查成果口头报告的成功应具备哪几个基本要素?
6. 简述调查报告的评价推广。
7. 推荐一份你认为优秀的市场调查报告,并进行介绍分析。

---

[1] Feannine Bergers Everett, The Missing Link, *Marketing Research* (Spring 1977), Reprinted by Permission of the American Marketing Association.

附录 统计用表

（一）随机数表

10 09 73 25 33	76 52 01 35 86	34 67 35 48 76	80 95 90 91 17	39 29 27 49 45
37 54 20 48 05	64 89 47 42 96	24 80 52 40 37	20 63 61 04 02	00 82 29 16 65
08 42 26 89 53	19 64 50 93 03	23 20 90 25 60	15 95 33 47 64	35 08 03 36 06
99 01 90 25 29	09 37 67 07 15	38 31 13 11 65	88 67 67 43 97	04 43 62 76 59
12 80 79 99 70	80 15 73 61 47	64 03 23 66 53	98 95 11 68 77	12 17 17 68 33
66 06 57 47 17	34 07 27 68 50	36 69 73 61 70	65 81 33 98 85	11 19 92 91 70
31 06 01 08 05	45 57 18 24 06	35 30 34 26 14	86 79 90 74 39	23 40 30 97 32
85 26 07 76 02	02 05 16 56 92	68 66 57 48 18	73 05 38 52 47	18 62 38 85 79
63 57 33 21 35	05 32 54 70 48	90 55 35 75 48	28 46 82 87 09	83 49 12 56 24
73 79 64 57 53	03 52 96 47 78	35 80 83 42 82	60 93 52 03 44	35 27 38 84 35
98 52 01 77 67	14 90 56 86 07	22 10 94 05 58	60 97 09 34 33	50 50 07 39 98
11 80 50 54 31	39 80 82 77 32	50 72 56 82 48	29 40 52 42 01	52 77 56 78 51
83 45 29 96 34	06 28 89 80 83	13 74 67 00 78	18 47 54 06 10	68 71 17 78 17
88 68 54 02 00	86 50 75 84 01	36 76 66 79 51	90 36 47 64 93	29 60 91 10 62
99 59 46 73 48	87 51 76 49 69	91 82 60 89 28	93 78 56 13 68	23 47 83 41 13
65 48 11 76 74	17 46 85 09 50	58 04 77 69 74	73 03 95 71 86	40 21 81 65 44
80 12 43 56 35	17 72 70 80 15	45 31 82 23 74	21 11 57 82 53	14 38 55 37 63
74 35 09 98 17	77 40 27 72 14	43 23 60 02 10	45 52 16 42 37	96 28 60 26 55
69 91 62 68 03	66 25 22 91 48	36 93 68 72 03	76 62 11 39 90	94 40 05 64 18
09 89 32 05 05	14 22 56 85 14	46 42 75 67 88	96 29 77 88 22	54 38 21 45 98
91 49 91 45 23	68 47 92 76 86	46 16 28 35 54	94 75 08 99 23	37 08 92 00 48
80 33 69 45 98	26 94 03 68 58	70 29 73 41 35	53 14 03 33 40	42 05 08 23 41
44 10 48 19 49	85 15 74 79 54	32 97 92 65 75	57 60 04 08 81	22 22 20 64 13
12 55 07 37 42	11 10 00 20 40	12 86 07 46 97	96 64 48 94 39	28 70 72 58 15
63 60 64 93 29	16 50 53 44 84	40 21 95 25 63	43 65 17 70 82	07 20 73 17 90
61 19 69 04 46	26 45 74 77 74	51 92 43 37 29	65 39 45 95 93	42 58 26 05 27
15 47 44 52 66	95 27 07 99 53	59 36 78 38 48	82 39 61 01 18	33 21 15 94 66
94 55 72 85 73	67 89 75 43 87	54 62 24 44 31	91 19 04 25 92	92 92 74 59 73
42 48 11 62 13	97 34 40 87 21	16 86 84 87 67	03 07 11 20 59	25 70 14 66 70
23 52 37 83 17	73 20 88 98 37	68 93 59 14 16	26 25 22 96 63	05 52 28 25 62
04 49 35 24 94	75 24 63 38 24	45 86 25 10 25	61 96 27 93 35	65 33 71 24 72
00 54 99 76 54	64 05 18 81 59	96 11 96 38 96	54 69 28 23 91	23 28 72 95 29
35 96 31 53 07	26 89 80 93 54	33 35 13 54 62	77 97 45 00 24	90 10 33 93 33
59 80 80 83 91	45 42 72 66 42	83 60 94 97 00	13 02 12 48 92	78 56 52 01 06
46 05 88 52 36	01 39 09 22 86	77 28 14 40 77	93 91 08 36 47	70 61 74 29 41

续表

32 17 90 05 97	87 37 92 52 41	05 56 70 70 07	86 74 31 71 57	85 39 41 18 38
69 23 46 14 06	20 11 74 52 04	15 95 66 00 00	18 74 39 24 23	97 11 89 63 38
19 56 54 14 30	01 75 87 53 79	40 41 92 15 85	66 67 43 68 06	84 96 28 52 07
45 15 51 49 38	19 47 60 72 46	43 66 79 45 43	59 04 79 00 33	20 82 66 95 41
94 86 43 19 94	36 16 81 08 51	34 88 88 15 53	01 54 03 54 56	05 01 45 11 76
98 08 62 48 26	45 24 02 84 04	44 99 90 88 96	39 09 47 34 07	35 44 13 18 80
33 18 51 62 32	41 94 15 09 49	89 43 54 85 81	88 69 54 19 94	37 54 87 30 43
80 95 10 04 06	96 38 27 07 74	20 15 12 33 87	25 01 62 52 98	94 62 46 11 71
79 75 24 91 40	71 96 12 82 96	69 86 10 25 91	74 85 22 05 39	00 38 75 95 79
18 63 33 25 37	98 14 50 65 71	31 01 02 46 74	05 45 56 14 27	77 93 89 19 36
74 02 94 39 02	77 55 73 22 70	97 79 01 71 19	52 52 75 80 21	80 81 45 17 48
54 17 84 56 11	80 99 33 71 43	05 33 51 29 69	56 12 71 92 55	36 04 09 03 24
11 66 44 98 83	52 07 98 48 27	59 38 17 15 39	09 97 33 34 40	88 46 12 33 56
48 32 47 79 28	31 24 96 47 10	02 29 53 68 70	32 30 75 75 46	15 02 00 99 94
69 07 49 41 38	87 63 79 19 76	35 58 40 44 01	10 51 82 16 15	01 84 87 69 38

（二）标准正态分布表（正态曲线的各部分面积）

（Z=标准值）

Z	.00	.01	.02	.03	.04	.05	.06	.07	.08	.09
0.0	.000 0	.004 0	.008 0	.012 0	.015 9	.019 9	.023 9	.027 9	.031 9	.035 9
0.1	.039 8	.043 8	.047 8	.051 7	.055 7	.059 6	.063 6	.067 5	.071 4	.075 3
0.2	.079 3	.083 2	.087 1	.091 0	.094 8	.098 7	.102 6	.106 4	.110 3	.114 1
0.3	.117 9	.121 7	.125 5	.129 3	.133 1	.136 8	.140 6	.144 3	.148 0	.151 7
0.4	.155 4	.159 1	.162 8	.166 4	.170 0	.173 6	.177 2	.180 8	.184 4	.187 9
0.5	.191 5	.195 0	.198 5	.201 9	.205 4	.208 8	.212 3	.215 1	.219 0	.222 4
0.6	.225 7	.229 1	.232 4	.235 7	.238 9	.242 2	.245 4	.248 6	.251 8	.254 9
0.7	.258 0	.261 2	.264 2	.267 3	.270 4	.273 4	.276 4	.279 4	.282 3	.285 2
0.8	.283 1	.291 0	.293 9	.296 7	.299 5	.302 3	.305 1	.307 8	.310 6	.313 3
0.9	.315 9	.318 6	.321 2	.323 8	.326 4	.328 9	.331 5	.334 0	.336 5	.338 9
1.0	.341 3	.343 8	.346 1	.348 5	.350 8	.353 1	.355 4	.357 7	.359 9	.362 1
1.1	.364 3	.366 5	.368 6	.371 8	.372 9	.374 9	.377 0	.379 0	.381 0	.383 0
1.2	.384 9	.386 9	.388 8	.390 7	.392 5	.394 4	.396 2	.398 0	.399 7	.401 5
1.3	.403 2	.404 9	.406 6	.408 3	.409 9	.411 5	.413 1	.414 7	.416 2	.417 7
1.4	.419 2	.420 7	.422 2	.423 6	.425 1	.426 5	.427 9	.429 2	.430 6	.431 9
1.5	.433 2	.434 5	.435 7	.437 0	.438 2	.439 4	.440 6	.441 8	.443 0	.444 1
1.6	.445 2	.446 3	.447 4	.448 5	.449 5	.450 5	.451 5	.452 5	.453 5	.454 5
1.7	.455 4	.456 4	.457 3	.458 2	.459 1	.459 9	.460 8	.461 6	.462 5	.463 3
1.8	.464 1	.464 9	.465 6	.466 4	.467 1	.467 8	.468 6	.469 3	.469 9	.470 6
1.9	.471 3	.471 9	.472 6	.473 2	.473 8	.474 4	.475 0	.475 8	.476 2	.476 7

续表

Z	.00	.01	.02	.03	.04	.05	.06	.07	.08	.09
2.0	.4772	.4778	.4783	.4788	.4793	.4798	.4803	.4808	.4812	.4817
2.1	.4821	.4826	.4830	.4834	.4838	.4842	.4846	.4850	.4854	.4857
2.2	.4861	.4865	.4868	.4871	.4875	.4878	.4881	.4884	.4887	.4890
2.3	.4893	.4896	.4898	.4901	.4904	.4906	.4909	.4911	.4913	.4916
2.4	.4918	.4920	.4922	.4925	.4927	.4929	.4931	.4932	.4934	.4936
2.5	.4938	.4940	.4941	.4943	.4945	.4946	.4948	.4949	.4951	.4952
2.6	.4953	.4955	.4956	.4957	.4959	.4960	.4961	.4962	.4963	.4964
2.7	.4965	.4966	.4967	.4968	.4969	.4970	.4971	.4972	.4973	.4974
2.8	.4974	.4975	.4976	.4977	.4977	.4978	.4979	.4980	.4980	.4981
2.9	.4981	.4982	.4983	.4984	.4984	.4984	.4985	.4985	.4986	.4986
3.0	.49865	.4987	.4987	.4988	.4988	.4988	.4989	.4989	.4989	.4990
3.1	.49903	.4991	.4991	.4991	.4992	.4992	.4992	.4992	.4993	.49993
4.0	.49997									

取自 H. Arkin and R.R.Colton. Tables for Statisticians. 2nd edition, Harper & Row. 1963.

(三) Z 检验表

Z 检定：常用的显著度(p)与否定域($|Z| \geq$)

$p \leq$	$|Z| \geq$	
	一 端	二 端
0.10	1.29	1.65
0.05	1.65	1.96
0.02	2.06	2.33
0.01	2.33	2.58
0.005	2.58	2.81
0.001	3.09	3.30

(四) t 分布表

$P(t > t_a) = a$

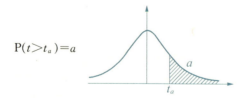

df	a=0.25	0.10	0.05	0.025	0.01	0.005
1	1.000 0	3.077 7	6.313 8	12.706 2	31.820 7	63.657 4
2	0.816 5	1.885 6	2.920 0	4.302 7	6.964 6	9.924 8
3	0.764 9	1.637 7	2.353 4	3.182 4	4.540 7	5.840 9
4	0.740 7	1.533 2	2.131 8	2.776 4	3.746 9	4.604 1
5	0.726 7	1.475 9	2.015 0	2.570 6	3.364 9	4.032 2
6	0.717 6	1.439 8	1.943 2	2.446 9	3.142 7	3.707 4
7	0.711 1	1.414 9	1.894 6	2.364 6	2.998 0	3.499 5
8	0.706 4	1.396 8	1.859 5	2.306 0	2.896 5	3.355 4
9	0.702 7	1.383 0	1.833 1	2.262 2	2.821 4	3.249 8
10	0.699 8	1.372 2	1.812 5	2.228 1	2.763 8	3.169 3
11	0.697 4	1.363 4	1.795 9	2.201 0	2.718 1	3.105 8
12	0.695 5	1.356 2	1.782 3	2.178 8	2.681 0	3.054 5
13	0.693 8	1.350 2	1.770 9	2.160 4	2.650 3	3.012 3
14	0.692 4	1.345 0	1.761 3	2.144 8	2.624 5	2.976 8
15	0.691 2	1.340 6	1.753 1	2.131 5	2.602 5	2.946 7
16	0.690 1	1.336 8	1.745 9	2.119 9	2.583 5	2.920 8
17	0.689 2	1.333 4	1.739 6	2.109 8	2.566 9	2.898 2
18	0.688 4	1.330 4	1.734 1	2.100 9	2.552 4	2.878 4
19	0.687 6	1.327 7	1.729 1	2.093 0	2.539 5	2.860 9
20	0.687 0	1.325 3	1.724 7	2.086 0	2.528 0	2.845 3
21	0.686 4	1.323 2	1.720 7	2.079 6	2.517 7	2.831 4
22	0.685 8	1.321 2	1.717 1	2.073 9	2.508 3	2.818 8
23	0.685 3	1.319 5	1.713 9	2.068 7	2.499 9	2.807 3
24	0.684 8	1.317 8	1.710 9	2.063 9	2.492 2	2.796 9
25	0.684 4	1.316 3	1.708 1	2.059 5	2.485 1	2.787 4
26	0.684 0	1.315 0	1.705 6	2.055 5	2.478 6	2.778 7
27	0.683 7	1.313 7	1.703 3	2.051 8	2.472 7	2.770 7
28	0.683 4	1.312 5	1.701 1	2.048 4	2.467 1	2.763 3
29	0.683 0	1.311 4	1.699 1	2.045 2	2.462 0	2.756 4

参 考 书 目

1. 阿尔文·C.伯恩斯等:《营销调研》,中国人民大学出版社、Prentice Hall 出版公司,2001 年。
2. 保罗·海格等:《市场调研——市场、方法与评估》,中国标准出版社、科文(香港)出版有限公司,2000 年。
3. 陈启杰:《市场调研与预测》,上海财经大学出版社,1996 年。
4. 反町胜夫:《怎样进行市场调查》,复旦大学出版社,1997 年。
5. 范伟达:《现代社会研究方法》,复旦大学出版社,2001 年。
6. 菲利浦·科特勒:《营销管理》,中国人民大学出版社,Prentice Hall 出版公司,2001 年。
7. 郭昀:《市场分析》,经济日报出版社,2001 年。
8. 胡旭呈:《市场预测方法百种》,首都经济贸易大学出版社,1993 年。
9. 黄合水:《市场调查概论》,东方出版中心,2000 年。
10. 纪宝成:《市场营销学教程》,中国人民大学出版社,1989 年。
11. 柯惠新等:《市场调查与分析》,中国统计出版社,2000 年。
12. 拉西·珀西:《市场调查》,机械工业出版社,2000 年。
13. 林南:《社会研究方法》,农村读物出版社,1976 年。
14. 刘德寰:《市场调查》,经济管理出版社,2000 年。
15. 刘利兰:《市场调查和预测》,经济科学出版社,2000 年。
16. 刘小红:《服饰市场营销》,中国纺织出版社,1998 年。
17. 任春艳:《经典营销》,四川人民出版社,1998 年。
18. 宋小敏等:《市场营销案例实例与评析》,武汉工业大学出版社,1992 年。
19. 万力:《国际市场调查》,民主与建设出版社,2002 年。
20. 王文利等:《现场实施操作手册》,中国国际广播出版社,2000 年。
21. 韦箐等:《营销调查》,经济管理出版社,2000 年。
22. 小卡尔·迈克丹尼尔等:《当代市场调研》,机械工业出版社,2002 年。
23. 于海江:《如何做市场调查》,大连理工大学出版社,2000 年。
24. 张华等:《市场调查与预测——110 方法和实例》,中国国际广播出版社,2000 年。
25. 郑方辉等:《市场研究典型案例》,华南理工大学出版社,2001 年。
26. 郑宗成等:《市场营销实务》,科学出版社,1994 年。
27. A.B.Blankenship and Geore Eduaid Breen, Format Follows Function, *Marketing Tools*, 1997.
28. Alvin Achenbaun, Market Testing: Using the Marketplace as a Laboratory, *Handbook of*

Marketing Research, 1974.
29. Feannine Bergers Everett, The Missing Link, *Marketing Reseanch*, 1977.
30. GregLyles, Getting Coffee to Go, *Marketing Tools*, 1994.
31. J. Walker Smith, The Promise of Single Source — Who, Where, When and How, *Marketing Research*, 1990.
32. James C. Anderson and James A. Narus, *Business Market Management：Understanding, Creating and Delivering Value*, NJ：Prentice Hall, 1998.
33. Kathic Julian and Sarab Coffin, Kaleidoscope of Change, *Marketing Research*, 1996. Reprinted by Permission of the American Marketing Association.
34. Kevin M. Waters, Designing Screening Questionnaires to Minimige Dishonest Answers, *Applied Marketing Research*, 1991.
35. Lynn Newman, That's a good question, *American Demographics*, 1995.
36. Martin Weinberger, Seven Perspectives on Consumer Research, *Marketing Research*, 1989.
37. Petez D. Bennett, ed., *Glossary of Marketing Terms*, American Marketing Association, 1988.
38. Raymond R. Burke, Virtual Shopping：Breakthrough in Marketing Research, *Harward Business Review*, 1996.
39. Rowland T. Moriarity Jr and Robert E. Speckman, An Empirical Investigation of the lnformation Sources Used During the Industrial Buying Process, *Journal of Marketing Research*, 1984.

图书在版编目(CIP)数据

市场调查教程/范伟达,张宇客编著. —3 版. —上海:复旦大学出版社,2021.9
(博学·大学管理类教材丛书)
ISBN 978-7-309-15787-1

Ⅰ.①市… Ⅱ.①范…②张… Ⅲ.①市场调查-高等学校-教材 Ⅳ.①F713.52

中国版本图书馆 CIP 数据核字(2021)第 123614 号

市场调查教程(第三版)
SHICHANG DIAOCHA JIAOCHENG(DI SAN BAN)
范伟达　张宇客　编著
责任编辑/谢同君

复旦大学出版社有限公司出版发行
上海市国权路 579 号　邮编:200433
网址:fupnet@ fudanpress.com　http://www.fudanpress.com
门市零售:86-21-65102580　　　团体订购:86-21-65104505
出版部电话:86-21-65642845
上海崇明裕安印刷厂

开本 787×1092　1/16　印张 25.5　字数 571 千
2021 年 8 月第 3 版第 1 次印刷

ISBN 978-7-309-15787-1/F·2810
定价:68.00 元

如有印装质量问题,请向复旦大学出版社有限公司出版部调换。
版权所有　侵权必究